BLACK ATHENA

黑色雅典娜

古典文明的亚非之根

（全三卷）

2

考古学和
书面证据（上）

[英] 马丁·贝尔纳 —— 著

李静滢 —— 译

MARTIN BERNAL

VOLUME II

THE ARCHAEOLOGICAL
AND DOCUMENTARY EVIDENCE（Ⅰ）

THE AFROASIATIC ROOTS OF CLASSICAL CIVILIZATION

南京大学出版社

纪念我的父亲，

约翰·德斯蒙德·贝尔纳，

他教导我：

事物有趣地配合在一起

目录

迈锡尼文明的崩溃

结论

前言和致谢

  《黑色雅典娜》第一卷的出版改变了我的人生。在那之前我一直独自从事研究，或者更准确地说是，我与少数亲密的朋友和同事一起研究，经常与他们进行卓有成效的讨论和通信。不管怎么说，我的观点多数是自己凭空想象出来的，只是我头脑中独属于自己的想法。然而，随着这本书的问世，这些想法进入了公众的视野。听到别人就我的观点争论辩驳，我既开心又不安。我的想法变成了公共所有，基本上脱离了我的控制，甚至脱离了我的影响。这当然并无不妥，因为与作者原初的、通常玄之又玄的意图相比，思想观念被接受的方式往往更加重要。

  多亏罗伯特·杨（Robert Young）和自由联合出版社（Free Association Books）全体成员的努力，《黑色雅典娜》取得了极其成功的开端。我原本只期待低调的、以反对为主的回应，但是在这本书于1987年3月出版之后没过几天，《卫报》（*Guardian*）就为之刊登了两个版面的特写，随后又涌现了一系列评论文章，一些支持和肯定我的观点，一些则是有褒有贬。与我的预想不同的是，在这本书出版后的头两年里，并没有人直接诋毁或正面质疑我是否有能力写这样一本书。那些有褒有贬的评论文章通常接受了我研究中有史料支持的部分，但是对考古方面的内容持保留意见，对我在语言学方面的主张更是表达了怀疑。

  这些书评吸引了很多美国大学出版社的兴趣，当初退回我的书稿的一些出版社也想重提出版事宜。不过，专业人士的评论再次否定了我的项目，尽管措辞比以前友好得多，也更显尊重。于是，在人文类图书编辑莱斯利·米奇纳（Leslie Mitchner）的热切支持下，罗格斯（Rutgers）大学出版社的主管肯尼斯·阿诺德（Kenneth Arnold）决定运用自己的权力，在一年之中连续出版了三本没有经过常规的专家评审程序的著作，目的就是无条件地接受《黑色雅典娜》这本书。这种做法回避了英国和美国出版界的常规途径，同时也回应了至少一位评论者对我的指责，因为该指责的内容就是：我声称大学出版社的常规做法限制了能得到发表的观点的范围，而我的书能够出版本身就否定了我自己的说法。总之，我现在有两位编辑了，他们就是罗伯特·杨和肯尼斯·阿诺德。感谢他们有勇气出版我的书。不过，自由联合出版社确实接受了赫尔（Hull）基金会的慷慨援助，该基金会向出版商提供资金，资助出版康奈尔大学教师的作品。

《黑色雅典娜》在英国与美国引起的反响存在有趣的相似之处和差异。最突出的差异是政治方面的。在英国引起的反响可以明确分为几类。一种是托洛茨基派的《社会主义工人报》（Socialist Worker）上刊登的极不友好的评论——我不清楚这反映的只是个别评论者的观点，还是托洛茨基派整体上的欧洲中心主义思想。不过总的来说，左派和自由主义者喜欢这本书，而以《独立报》（Independent）为分界的其他更倾向右派的报刊则忽视了这本书。

美国的接受模式更加复杂。从一开始，《黑色雅典娜》就受到了左派的欢迎，然而有趣的是，《洞见杂志》（Insight Magazine）上的一篇特写为之做出了极其公正的评论，而《洞见杂志》的编辑们自认为该杂志是"《时代周刊》（Time）的右翼版本"！来自美国的回应的分歧源于自由主义的做法；尽管《黑色雅典娜》越来越有新闻价值，但是《时代周刊》或《新闻周刊》（Newsweek）并没有就此刊出评论或进行讨论，并且《纽约时报》（New York Times）在很长时间里也采取了彻底忽视的态度。

不过，英美两国反应的相似之处多于差异。《黑色雅典娜》在英美两国都立即得到了黑人和其他非欧裔群体的积极回应。这些群体里的知识分子给予这本书肯定的评论，并且积极推动其销售，多次为我创造机会，让我可以在会议上和媒体访谈中表达我的想法。

《黑色雅典娜》也在很大程度上吸引了视觉艺术家和设计者的兴趣，关于这本书的很多最有见地的评论都刊登在艺术类杂志上。我猜想，造成这种情况的部分原因是，那些关注艺术的人整体上是激进的，并且拒绝接受正统说法，然而更重要的原因则是，《黑色雅典娜》提供的历史框架，可以解释他们早已察觉到的埃及艺术和希腊艺术之间的相似关系。

更令我惊奇的是，我发现在英美两国都有相当多的古代史学家和古典主义者支持我的观点，实际上他们已经开始提出类似的观点。这一发现尽管令人愉快，却也显示出我在社会学知识上的一个主要缺陷。尽管著名的古典主义者弗雷德·阿尔（Fred Ahl）是我的朋友，并在很多年里给了我很大的帮助和鼓励，但是我对作为庞大学科的古典学的印象一直简单得无以复加。我认为古典学是个对手，只有通过旁敲侧击的迂回路线才能战胜它，也就是说，我需要说服受过教育的非专业的公众，尤其是其他学科的专家。我的错误出在两方面。事实上，再没有谁比古典主义者更清楚，希腊人和罗马人在描述遥远的过去时都写了什么；而且，不论事情的真相如何，我与进行古典学研究的那些人都是沿着相同的路径展开思考的。进一步说就是，当时已经出现了私下里反对雅利安模式及其实证主义的历史编纂学的议论，而我对此并不了解。由于这些原因，加上其他一些理由，与那些对这一领域一无所知或所知甚少的非专业人士相比，相当多的古典主义者反而更容易接受我的观点。

就专业人士思想的开放性而言，最出人意料的例子就是莫莉·莱文（Molly Myerewitz Levine），这位古典主义者曾在以色列的巴尔-伊兰大学（Bar-Ilan University）任教，目前执教于霍华德（Howard）大学，后者是美国顶尖的黑人大学之一。她读了《黑色雅典娜》，也注意到了学生们对这本书的兴趣。她总体上是喜欢这本书的，但是并不确定是否该相信此书的内容并将之用于教学。因此，她组织了一个小组来讨论这本书，并提请美国语文学协会（American Philological Society）在年会上组织了一次有关会议。

莫莉·莱文询问我愿不愿意参加这样一次讨论会，我立刻答应了。但是我认定她的提议永远得不到通过，即使出于某种奇迹得到通过，讨论会也将遭到边缘化，只能被安排在某个冷清的时辰的某个偏僻的小屋。我完全想错了。在年会活动上，这一小组讨论会被誉为"主席讨论组"，在公共大厅里举行，时间更是黄金时段。

整体上看，那次会议和评论都是极其精彩的，但让我印象最深的则是听众的耐心，他们在闷热的房间里整整坐了三个小时。我不知道是否有人相信了我的观点。另一方面，人们无疑对正在讨论的话题有浓烈的兴趣，这也体现在下面这一事实中：有三本专业刊物想发表会议纪要，最后会议纪要发表在了古典学界最活跃的刊物《阿瑞梭莎》（*Arethusa*）的特刊上。

会议安排公布之后，我偶然遇到了历史学家和科学哲学家托马斯·库恩（Thomas Kuhn），那时会议尚未召开，他表示这次会议开得太早了，相关学科通常不会这样快地回应根本上的挑战。我的第一反应就是对他说，我们都生活在"后库恩时代"，在这个时代，所有的学科都可能发生基本的或范式上的转换。我的第二个回答是在另一个层面上的，我指出，古典主义者或许会为了满足自己而把我肢解。库恩对此的回答是，在会议上实际发生了什么是"完全无趣"的。重要的是，举办会议为我的观点赋予了合理性。

库恩无疑是正确的。自从 1989 年 1 月会议召开后，我所提出的观点尽管远未被古典主义者接受为"正统"，却已被普遍视为一种值得重视的正统观念的变体。这不是说没有反对意见；反对意见一直存在，但是到了 1989 年夏天就几乎彻底变得很微弱了。至于反对意见激烈到什么程度，可以从一位研究印欧语的语言学家的回应中有所了解。这位语言学家在私下交流时把我的研究与否认大屠杀曾经发生的"修正主义者"相比。这种对比至少在两方面是耐人寻味的。首先，把雅利安模式和大屠杀置于同样的整体趋势下，这是对我的研究的情绪化的回应；其次，这可以作为一个例证，表明某一学科的成员会相信，他们对遥远的语言关系的重建，与人类记忆中那数量众多且在很大程度上已被证实的历史事件相比，具有同样的准确度。不过，这就如同对我的能力的攻击一样，是晚餐聚会上讨论的话题，并非公开的言论或公开发表的文章。

1989 年夏天之后，这本书遇到了一些公开的反对意见，还有不少激烈的公开攻击。这种情况的发生既要归因于美国语文学协会召开的会议，也要归因于美国黑人对这本书的利用，两方面的原因都清楚地表明，《黑色雅典娜》中的观点没有简单地淡出人们的视野。

《新标准》（*New Criterion*）和《国家评论》（*National Review*）这两本极端右派的刊物开始攻击我的政治观点。《新标准》的评论者显然读了《黑色雅典娜》并进行了思考，他首先承认书中或许包含一些有趣的观点，但是他主张，由于这一项目根本上就是邪恶的，所以有趣的观点也都被我毁掉了。他认为我受到了信奉马克思主义的父亲的影响——我父亲研究晶体学和科学史，是个知名的共产党人。不过这名评论者准确地指出，马克思主义与雅利安模式非常契合，而且很多遵循雅利安模式的杰出的古典主义者也是马克思主义者，由此也就否定了自己的论述。

我认为这位评论者的观点有可取之处，那就是我受到了父亲的很大影响。不过这种影响更多地来自他思想的整体特征、他宽阔的历史视野和对底层群体的同情，而并不是他所相信的马克思主义的具体内容。

《国家评论》的攻击就没那么有趣，掌握的资料也没那么多。评论先是给出了一些不相关的荒诞说明，比如我是黑人，希罗多德（Herodotos）曾经写过希腊人是金发碧眼。不过在不久之后，我以前的学生发表了一封信，指责我是"白皮肤的"英国毛泽东主义者。令我既惊又喜的是，我的回信同样全文发表了。

保守的古典主义者的学术态度与政治保守主义并无必然关联，他们的方针是我所预料到的。他们常说，或至少暗示，我是能力不够的"狂人"。这种攻击倘若出现在 1987 年或 1988 年，或许会毁掉《黑色雅典娜》的学术声誉，但是现在已经为时过晚。

为时过晚的原因是，若以机构的或社会的标准来判断某人是或不是"怪胎"或"狂人"——我认为我们如果要避免彻底的主观性就必然如此——那我的资格是不够被冠以这些称谓的。古典学和埃及学这两个学科与我的观点最为相关，而美国这两个学科最顶尖的专业组织在举办年会时既然为这些观点安排了专门的讨论会，并且我这个写下这些观点的人既然会被请去在国际考古学大会上发言，而专业的期刊还为此出了两期特刊，那么再用"古怪"或"疯狂"来形容我的观点，未免就把这些称谓的含义拓展到了不能成立的程度。

我的另一种错误估计就是，英国和美国那些受过教育的非专业的公众会一起拥护我的观点。我的错误在于他们基本上对《黑色雅典娜》一无所知。如同我前面提到的，《独立报》《泰晤士报》（Times）、《星期日泰晤士报》（Sunday Times）和《泰晤士报文学增刊》（The Times Literary Supplement）的读者都不会在报上读到有关这本书的消息。在美国，《纽约时报》也没有刊出这本书的书评。这种忽视非常重要，而且令人好奇，因此需要考虑其细节。重构整个事件并不容易，不过按我的理解，《黑色雅典娜》最早提交给书评委员会时就遭到了断然拒绝，那是 1988 年。那年晚些时候，美国黑人学术界最有影响力的亨利·路易·盖茨（Henry Louis Gates）请我编辑了一系列评论和新闻条目，他出于好意，把我汇编的材料强力推荐给报纸。什么都未发生。那年年末，《纽约时报》的一名黑人通讯记者在纽约电视台脱口秀节目《就是如此》（Like It Is）上看到了我。他在以往的《纽约时报》上查找关于《黑色雅典娜》的评论，结果一无所获，于是请我送他一本书写书评。什么都未发生，尽管罗格斯大学出版社的编辑问起过这件事时，她得到的保证是不久就将发表。1989 年秋天，《阿瑞梭莎》出版了美国语文学协会会议特刊，之后罗格斯的编辑再次做了尝试，这一次《纽约时报》同意策划有关《黑色雅典娜》及其反响的特写文章。这在我看来似乎是最好的做法，因为这不会强迫评论者表明对这本书非此即彼的立场。我接受了有一定长度的采访，一位摄影师被派来拍摄我在书房的照片。就在那时，我接到了另一位《泰晤士报》记者的电话，她正在写一篇特写，主题是黑人关于埃及属于黑人的主张。她也采访了我一个多小时，后来她的特写文章发表了。由于《黑色雅典娜》只是与这一主题有些相关，它在这篇文章中当然没有占据主要位置，但文章的口吻是极不友好的、轻蔑的，目的显然不是鼓励读者阅读这本书。在那之后就再没有出现相关的特写文章。

究竟是什么力量，阻止了这家重要报纸讨论《黑色雅典娜》所蕴含的观点呢？我猜想事情是按顺序发生的：最初这本书被认为是荒诞不经，之后人们认为这本书值得一辩时，又难以找到愿意或能够这样做的专家。时间拖得越久，要承认自己反应滞缓就越是令人尴尬。最后新的因素介入了，他们开始担心，即使他们愿意对《黑色雅典娜》进行有效的攻击，也会收到一大堆来自我的黑人支持者的写满义愤的信件。我猜想，在这一过程背后存在着本质上的忧惧不安，而这不安就来自这样的观念：一个令人尊重的学科竟然会有种族主义的根源，而且种族主义已经渗透到了自由主义思想和卫道士的思想之中。

那些崇尚自由主义的、受过良好教育的、白种的美国人是如此依赖《纽约时报》，然而报上没有《黑色雅典娜》的书评，这意味着《黑色雅典娜》并未进入他们的视野。有关这本书的信息由学术界和黑人群体这两个中心向外界口头传播，这意味着它在美国的销售模式极为不同寻常。两年多里，书的销售额没有大起大落，而是保持着平稳增长。

现在若要彻底否定我提出的观点已经太晚了，它们已经成为一种得到确认的学术话语，正如尼克松的支持者约翰·霍尔德曼（John Haldemann）在水门事件后的出色表述："你不能把挤出来的牙膏挤回去。"《黑色雅典娜》已经强化了在美国黑人群体中久已有之的信念。我的一些朋友是古典主义者，他们问过我，《黑色雅典娜》被黑人种族主义者利用会不会让我感到困扰。我对此的回答是肯定的，因为我憎恨一切形式的种族主义。不过我更愿意停留在我的立场而不是他们的立场上，因为我并不关心白人种族主义，对黑人种族主义的关心程度更是少之又少，而白人种族主义者总是直接或间接地不断利用雅利安模式和古典世界的正统观点。无论如何，不管这种情形的政治表现如何，我之所以要把我的后半生投入这一研究项目之中，并不只是为了攻击白人种族主义，而是因为我相信修正的古代模式更准确地再现了它所关注的历史，并且我知道理清其分支是件奇妙的工作。

我想再次感谢我在第一卷前言中感谢过的那些人，包括康奈尔大学政府管理系的每一个人，他们不仅容忍我不合常规的行为，而且为我提供了鼓励和报酬。我要再次特别感谢 Frederick Ahl、Gregory Blue、Saul Levin 和 David Owen，在这个名单里我还要加上 Eric Cline、Susan Hollis、Edward Meltzer、Gary Rendsburg、Anthony Snodgrass 和 James Weinstein，所有这些人都曾为我提供过大量重要信息，并且不厌其烦地回答我没完没了的问题。

一些男士和女士在过去 3 年里支持了我的研究项目并给予了我莫大的鼓励，我对他们怀着深深的感激之情，这些人包括：Anouar Adbel Malik、Meg Alexiou、Tariq Ali、Ahmed Ben Bella、Geoffrey Chester、Eleni Cubitt、Basil Davidson、Margaret Drabble、Grégoire Dunant、Skip Gates、Angela Gilliam、Richard Gott、Shoma Keita、Molly Myerewitz Levine、Listervelt Middleton、Jonathan Miller、John Najemi、Gil Noble、John Peradotto、Jamil Ragep、John Ray、Nancy Ramage、Edward Said、Robert Stieglitz、Michael Vickers、Raymond Westbrook、Jack Winkler。

我还要感谢其他很多人，他们为我完成本卷书的写作提供了极大的帮助。这些人包括：Michael Baillie、George Bass、Patricia Bikai、John Coleman、D. O. Edzard、Lucy Goodison、Peter Huber、Bernard Knapp、Peter Kuniholm、A. Lambropoulou、Connie Lambrou-Phillipson、Ernest McClain、Sarah Morris、Scott Noegel、Kevin Pang、Andrew Ramage、Barry Strauss、Cornelius Vermeule、Emily Vermeule、Anita Yannai。

　　我想感谢 Bob Young、Ann Scott 和 1986/1987 年冬天在自由联合出版社工作的人员，他们付出了非凡的努力，推出了一本制作精美、足以吸引读者的书。这一次我要感谢如今在那里工作的人员。我要特别感谢我的编辑 Selina O'Grady，她不知疲倦地帮我修改杂乱无章的文本；我还要感谢校对者，Adaya Henis 和 Leofranc Holford-Strevens 博士，以及索引编写者 Jane Dieckmann，我的稿子中有一大堆错误，是他们帮我改正了其中一些。至于书中仍存的诸多事实错误和阐释错误，我当然要负全责。

　　除了感谢我在英国的出版者之外，我还要向美国的出版人表示感谢，特别是 Leslie Mitchner、Marilyn Campbell 和 Ken Arnold，他们一直不断地给予我鼓励、支持和有益的建议。我也非常感激 Jenny Jardine，我稿子中的素描十分粗略，甚至连方向都是含混不清的，是她以此为基础绘制出了精美的地图。

　　与以往一样，没有家人的爱和支持，我无法想象自己能完成这一卷书的写作。我要感谢我的妻子 Leslie 和我的孩子 Sophie、William、Paul、Adam 和 Patrick，我的女婿 Mark 和我的母亲 Margaret，正是他们让我始终生活在现实中。一旦脱离了现实，任何学术成就都毫无意义。

转写和表音拼法

埃及语

埃及语词汇所用的拼字法是被现代埃及学家所接受的标准拼字法，唯一的例外是用 ꜣ 来代表"兀鹫或双重 ꞌaleph"，它经常被印刷为两个紧挨着的逗号。

无论古埃及语中 ꜣ 的确切发音是什么，它在闪米特语文字中都被转写为 r，l，甚至 n。这一辅音值至少被保留到了公元前 17 世纪的第 2 中间期。在晚期埃及语中，它似乎变成了一个 ꞌaleph；后来，它像南部英语的 r 一样，仅仅变换邻近的元音。ꜣ 是埃及学家使用的字母表序列中的第一个符号，下面我会继续讨论其他具有晦涩或困难音值的字母。

埃及语 i 对应闪米特语的 ꞌaleph 和 yōd。在许多语言中都发现了 ꞌaleph，几乎在所有的亚非语中都有它的存在。它是元音前的喉塞音，正如伦敦东区土话中的"boꞌle"或者"buꞌe"（"bottle"和"butter"）。

埃及语 ꜥayin 也出现在大多数的闪米特语言中，它是发音的或口语的 ꞌaleph。埃及语形式似乎与"后"元音 o 和 u 有联系。

在早期埃及语中，符号 w 写作鹌鹑小鸟，可能有纯粹的辅音值。在晚期埃及语中，它似乎经常被读作元音 o 或者 u。晚期埃及语是对希腊语影响最大的埃及语形式。

写为 r 的埃及语符号在闪米特语和希腊语中通常转写为 l。在后来的埃及语中，它似乎和 ꜣ 一样被弱化，仅仅成为元音的变换者。

罗马字写为 h 的埃及语和闪米特语字母似乎被读作重读的 h。

埃及语和闪米特语 ḫ 代表的声音类似 "loch" 中的 ch。后来，它完全与字母 š 相混淆。

埃及语字母 ẖ 似乎代表着声音 ẖy。它也变得与 š 相混淆。

本书写作 s 的字母过去被转写为 s 或 z。

š 读作 sh 或 skh。后来，它变得与 ḫ 和 ẖ 非常混淆。

ḳ 代表着重读的 k。不一致的是，我遵从闪米特学家的普遍做法，用 q 来代表闪米特语中的相同声音。

字母 ṯ 大概原本读作 tʸ。但是，即使在中期埃及语中，它就已与 t 相混淆。

同样，ḏ 经常与 d 互换。

埃及名字

埃及神灵的名字根据最常见的希腊语转写方式进行元音化，例如 ꜣlmn 转写为 Amon。

君王的名字一般采用加德纳（Gardiner，1961）版本的著名法老的希腊名字，例如 Ramessēs。

科普特语

科普特语字母表的大多数字母来自希腊语，所以使用同样的转写形式。额外 6 个源自古埃及世俗体的字母的转写方式如下：

| ϣ š | ϩ ḥ | ϫ ḏ |
| ϥ f | ϩ h | ϭ ǧ |

闪米特语

闪米特语辅音的转写相对符合惯例。几种与埃及语有关的复杂情形上面已经提及。除此之外还有如下情况：

在迦南语中，ḫ音和ḥ音融为一体。本书的转写有时反映的是作为词源的ḫ，而非后来的ḥ。ṭ是重读的t。

通常转写为th的阿拉伯语发音在本书中写作tʸ。dh/dʸ是同样的情况。

乌加里特语中与阿拉伯语Ghain相对应的字母转写为ġ。

闪米特语中重读的k写作q，而非埃及语中的ḳ。

闪米特语字母tsade几乎可以肯定是读作ts，写为ṣ。在希伯来语中，从公元前一千纪起，字母shin就写作š。但在别处，它仅仅转写为s，而非š，因为我质疑后一发音的古代性和范围（Bernal，1988）。然而，这造成了与字母Samekh的混淆，后者也转写为s。字母Sin转写为ś。

转写中不标明字母中点（dagesh）或塞-擦字母（begadkepat）。[*]这是为了简单起见，也是因为我不确定它们是否出现在了古代及其出现的范围。

元音化

《圣经》马所拉本的元音化完成于公元9世纪和10世纪，但反映了古老得多的发音，其转写如下：

符号名称	无装饰	带ʸy	带ʷw	带ₕh
Pataḥ	בַ ba	—	—	—
Qåmeṣ	בָbå	bâ	—	בָּה båh
Ḥîreq	בִ bi	בִי bî	—	——
Ṣērê	בֵ bē	בֵי bê	—	בֵה bēh

---

[*] 字母中点（dagesh）指作为变音符号置于希伯来字母内的点，表示辅音重复，或者表示辅音是塞音，而非擦音，书写时通常省略。塞-擦字母（begadkepat）指古希伯来语的六个字母，它们有两种发音，加字母中点时为塞音，没有时是擦音。——译者注

Sᵉgōlbe	בֶ be	בֶּי bĕ	—	בֶה beh
Ḥōlem	בֹ bō	——	בּוֹ bô	בֹה bōh
Qibû	בֻ bu	——	בּוּ bû	——

弱化元音转写为：

בְ bᵉ ḥ ḥă ḥ ḥĕ ḥ ḥŏ

重音符号和祷文吟诵通常不标出。

希腊语

辅音的转写遵循的是标准的方式。

υ 转写为 y。

长元音 η 和 ω 写作 ē 和 ō，而长 α 则写作 ā，这是很重要的。

重音符号通常不标出。

希腊名字

译写希腊名字时不可能保持一致，因为一些名字太有名了，必须给出它们的拉丁语形式，例如 Thucydides（修昔底德）或 Plato（柏拉图），而非其希腊语形式 Thoukydidēs 或 Platōn。另一方面，把鲜为人知的人名或地名改写成拉丁语形式是荒谬的。因此，比较常见的名字以拉丁语形式给出，而其余名字直接从希腊语译写。只要有可能，我就会遵从彼得·列维（Peter Levi）对帕萨尼亚斯（Pausanias）的翻译，该译文保持的良好平衡符合我的品味。但是，这意味着在名字的转写中出现的许多长元音没有被标注。

地图和表

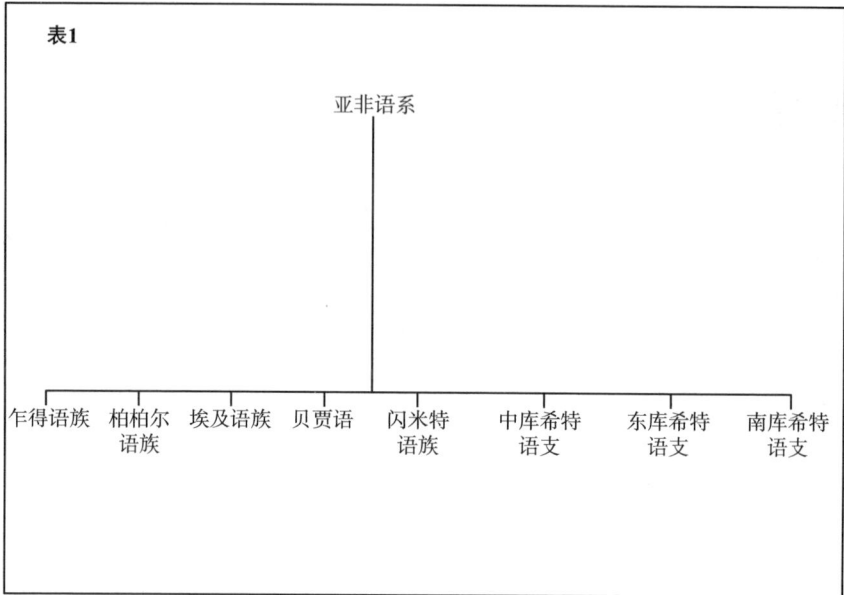

表1

亚非语系

乍得语族　柏柏尔语族　埃及语族　贝贾语　闪米特语族　中库希特语支　东库希特语支　南库希特语支

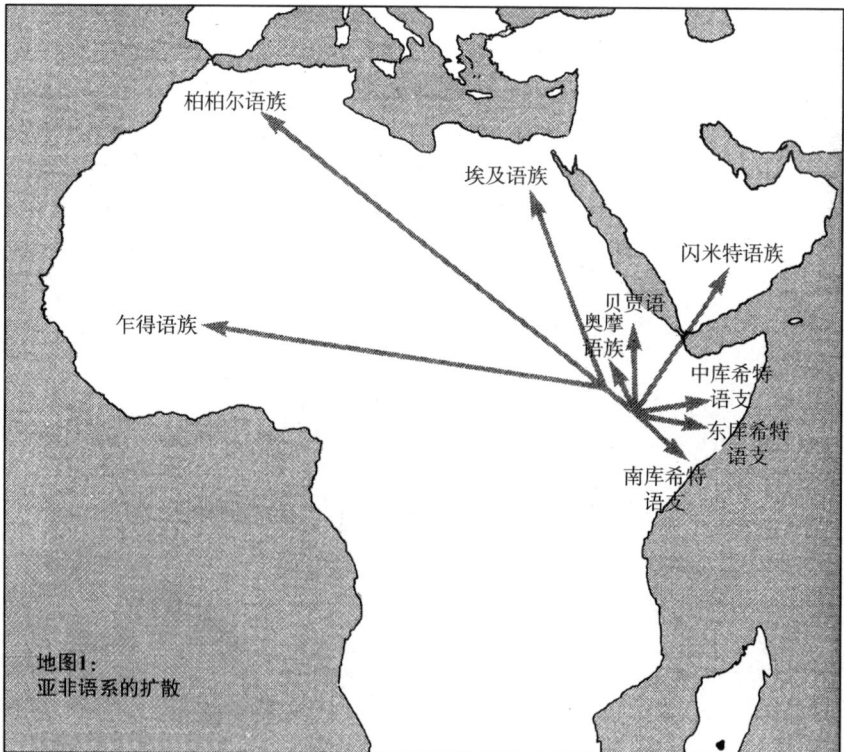

地图1：
亚非语系的扩散

古英语　弗里斯兰语　斯堪的纳维亚语　德语　　南斯拉夫语支 塞尔维亚语

哥特语　　西斯拉夫语支 波兰语　　捷克语　　立陶宛语　　现代印度语

罗曼语族　罗曼语族　日耳曼语族

拉丁语　奥斯坎语等　　　斯拉夫语族

拉脱维亚语　波斯语

意大利语族　希腊语　弗里吉亚语　　波罗的语族　伊朗语支　梵语

爱尔兰语　威尔士语 布列塔尼语　　　　阿尔巴尼亚语　波罗的-斯拉夫语族

吐火罗语

凯尔特语族　　　　　　　　亚美尼亚语　印度-伊朗语族

印欧语系

伊特鲁里亚语　吕底亚语　利西亚语　卢维语

利姆诺斯语　卡里亚语　巴莱语　赫梯语

安纳托利亚语族

印度-赫梯语系

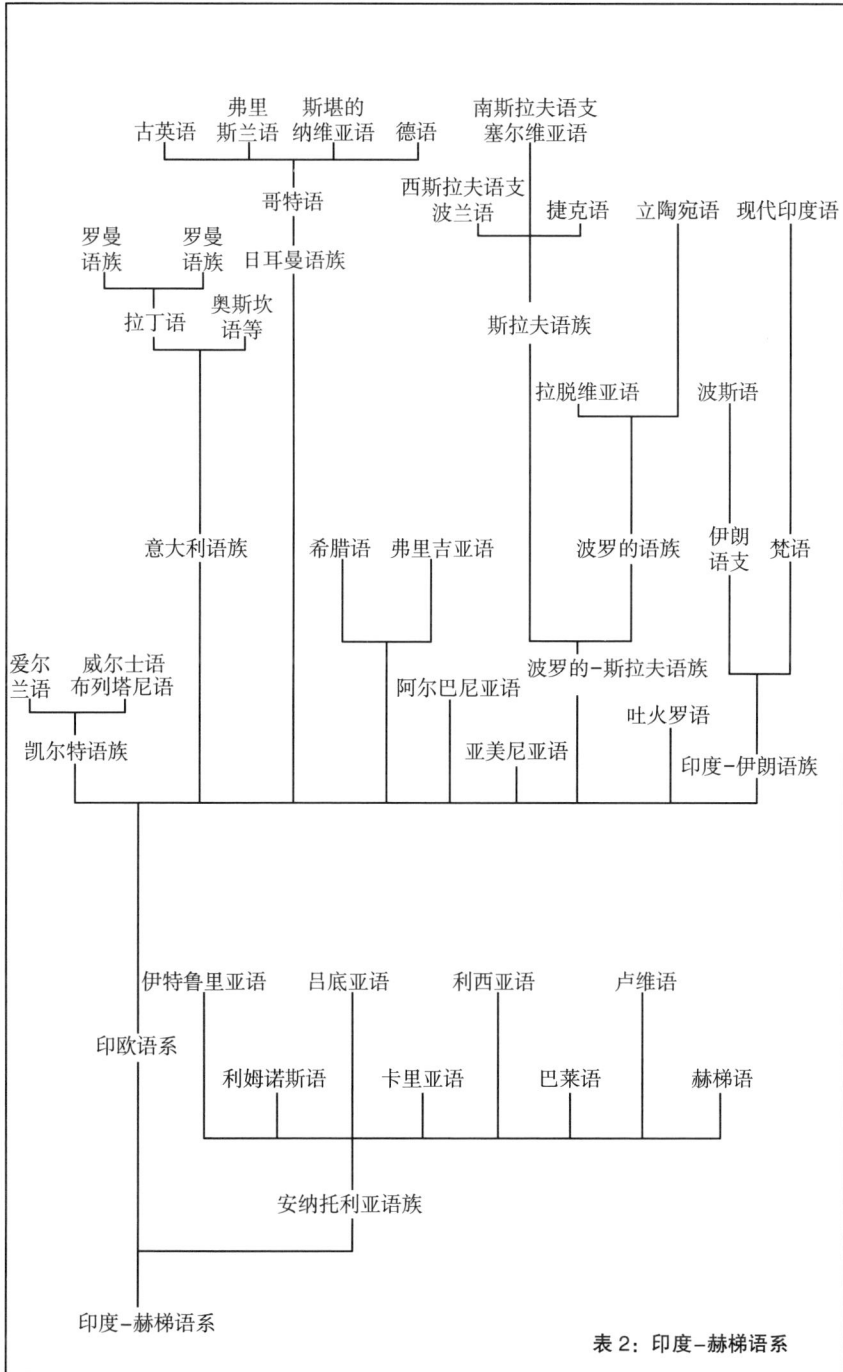

表 2：印度-赫梯语系

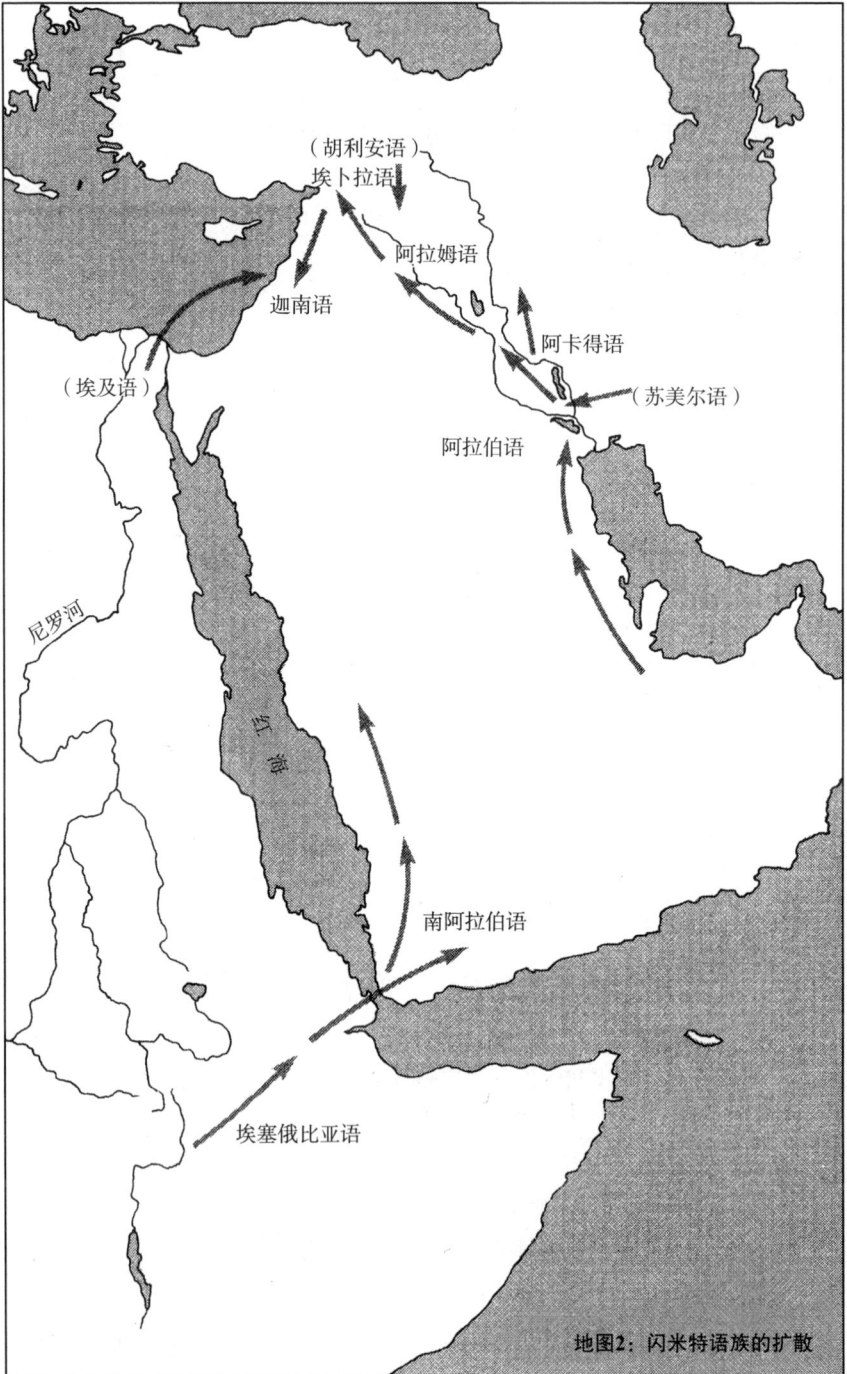

地图2：闪米特语族的扩散

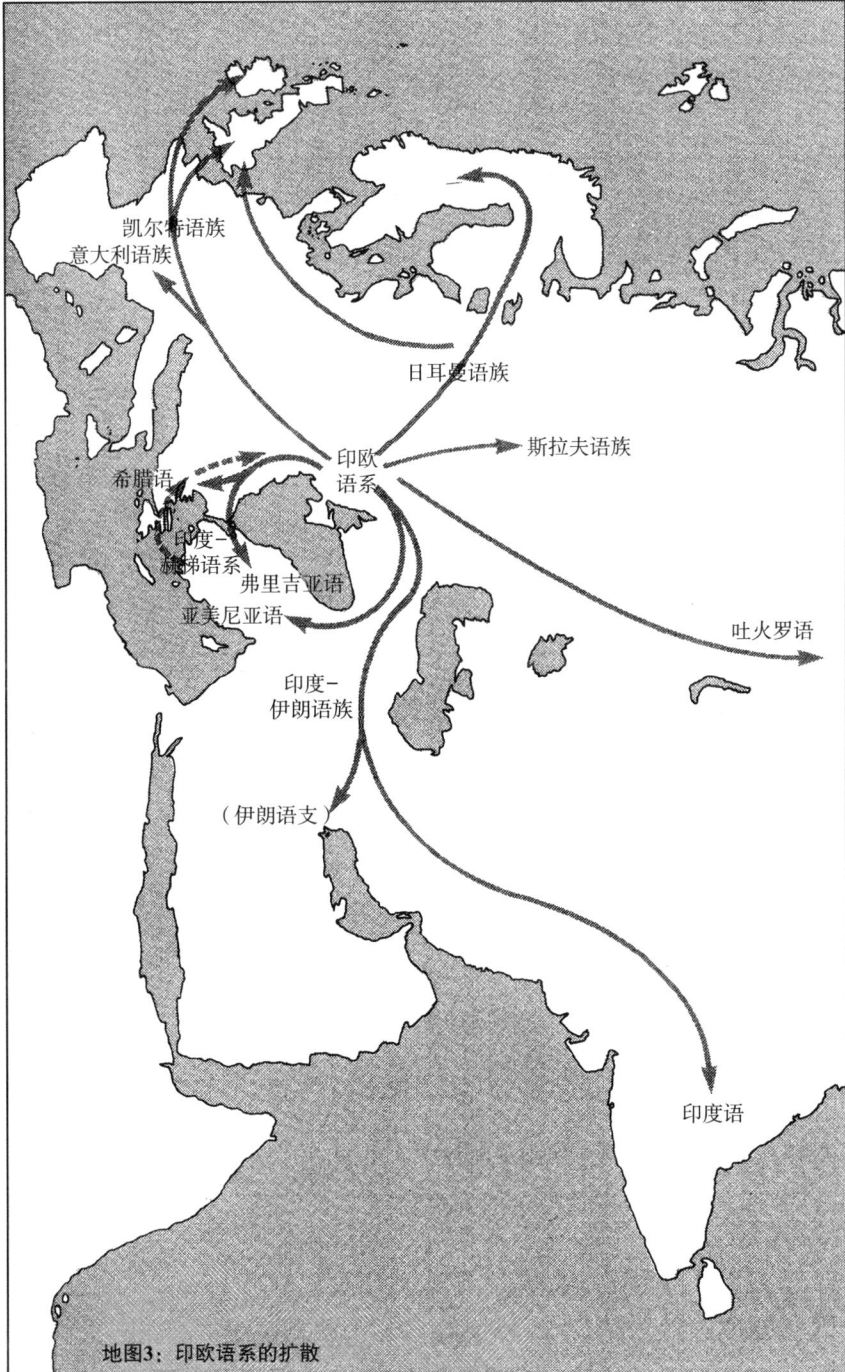

凯尔特语族
意大利语族

日耳曼语族

希腊语
印度－
赫梯语系

印欧
语系

斯拉夫语族

弗里吉亚语
亚美尼亚语

吐火罗语

印度－
伊朗语族

（伊朗语支）

印度语

地图3：印欧语系的扩散

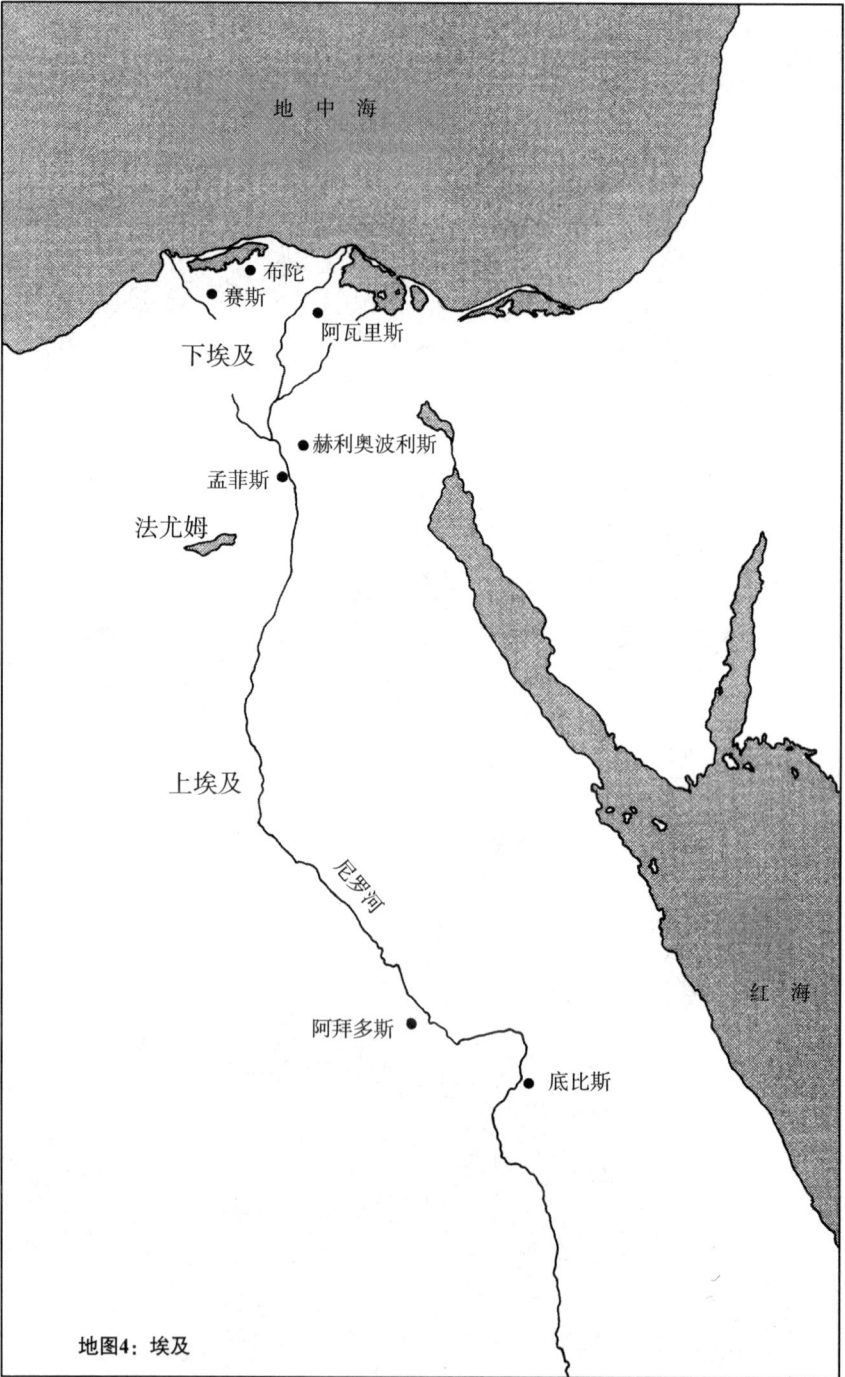

地 中 海

布陀
赛斯
阿瓦里斯
下埃及

赫利奥波利斯
孟菲斯
法尤姆

上埃及

尼罗河

红 海

阿拜多斯
底比斯

地图4：埃及

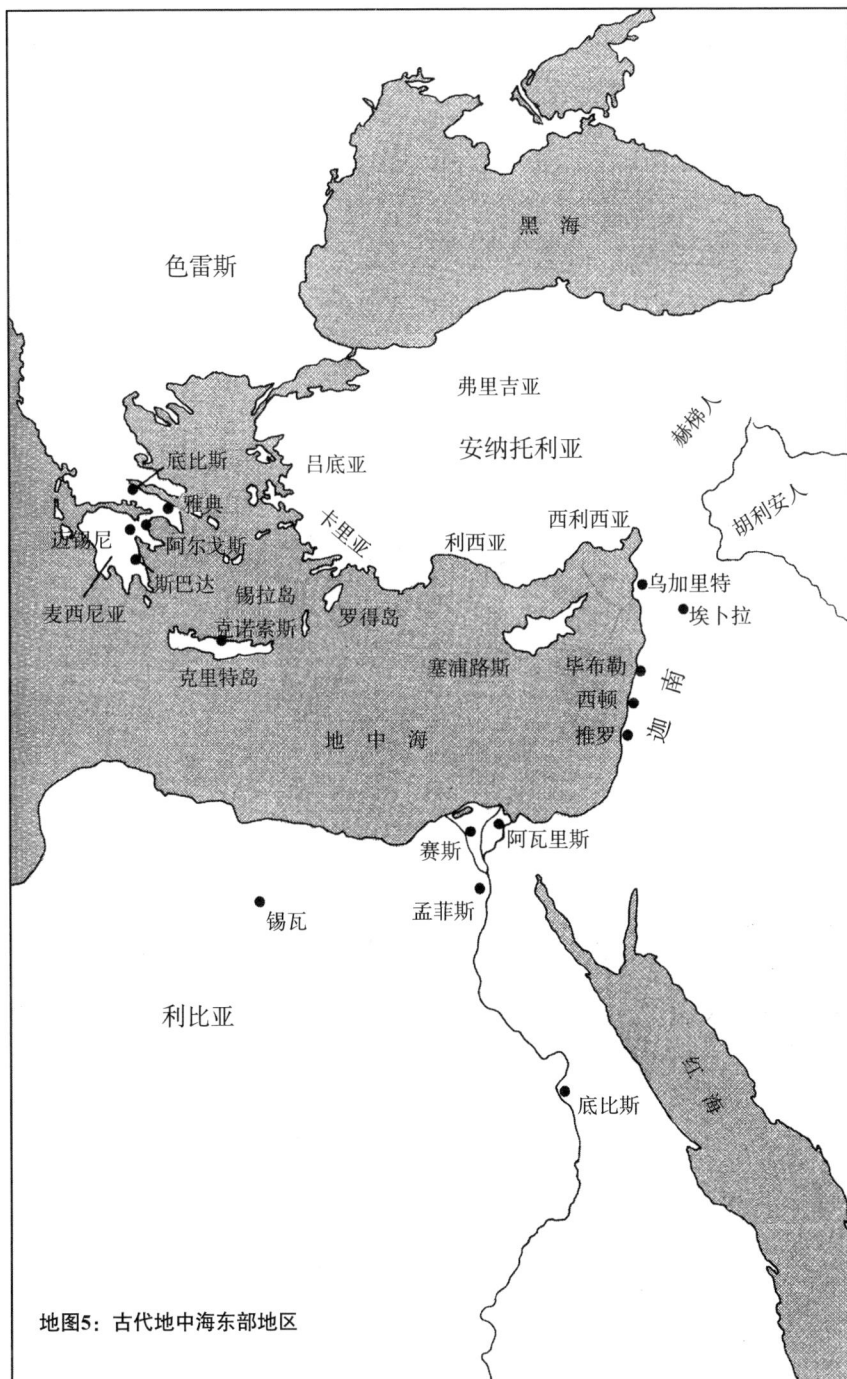

黑海

色雷斯

弗里吉亚

安纳托利亚

赫梯人

底比斯

吕底亚

卡里亚

利西亚

胡利安人

雅典

西利西亚

迈锡尼

阿尔戈斯

斯巴达

锡拉岛

乌加里特

埃卜拉

麦西尼亚

克诺索斯

罗得岛

塞浦路斯

毕布勒

克里特岛

地 中 海

西顿

推罗

迦南

赛斯

阿瓦里斯

锡瓦

孟菲斯

红海

利比亚

底比斯

地图5：古代地中海东部地区

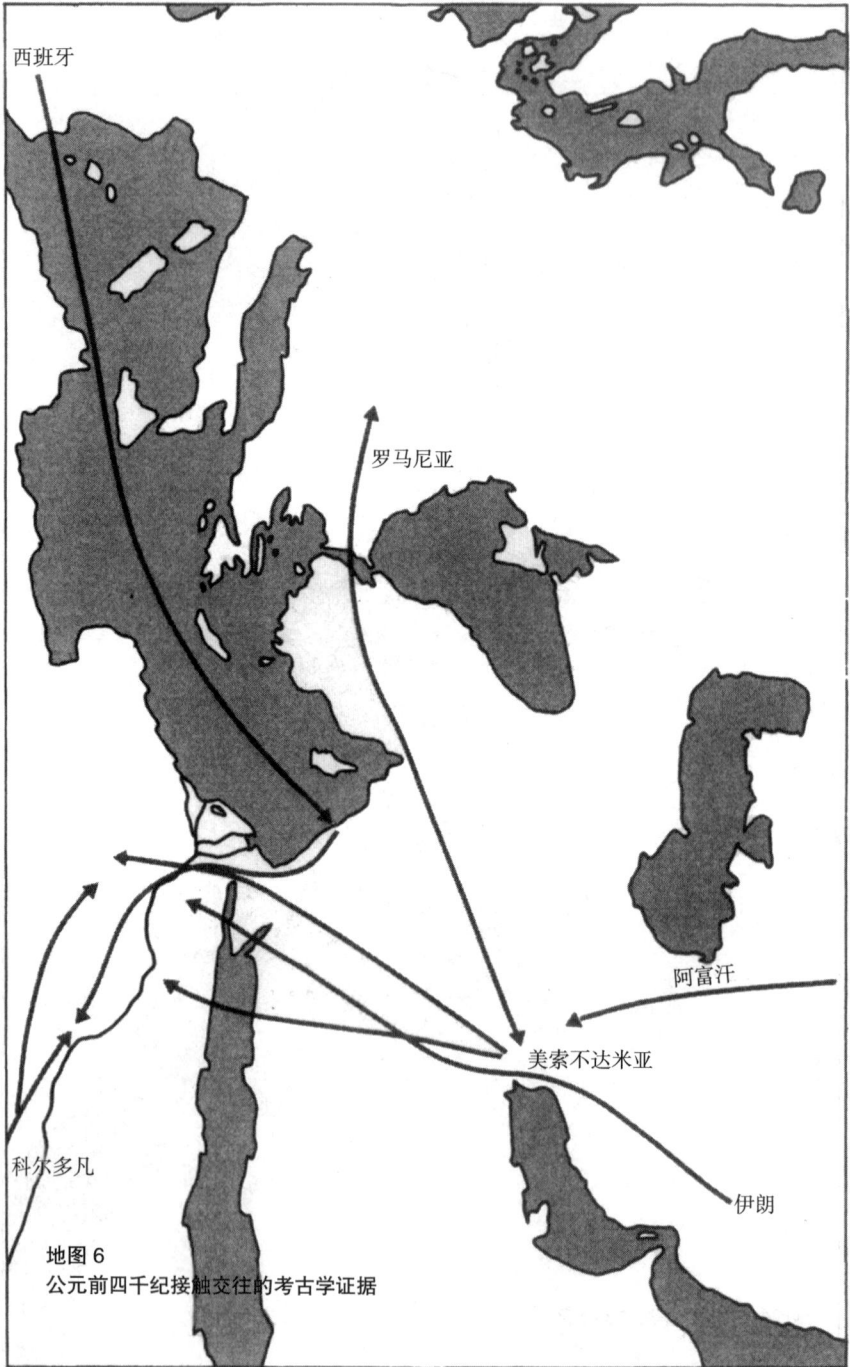

西班牙

罗马尼亚

阿富汗

美索不达米亚

科尔多凡

伊朗

地图 6
公元前四千纪接触交往的考古学证据

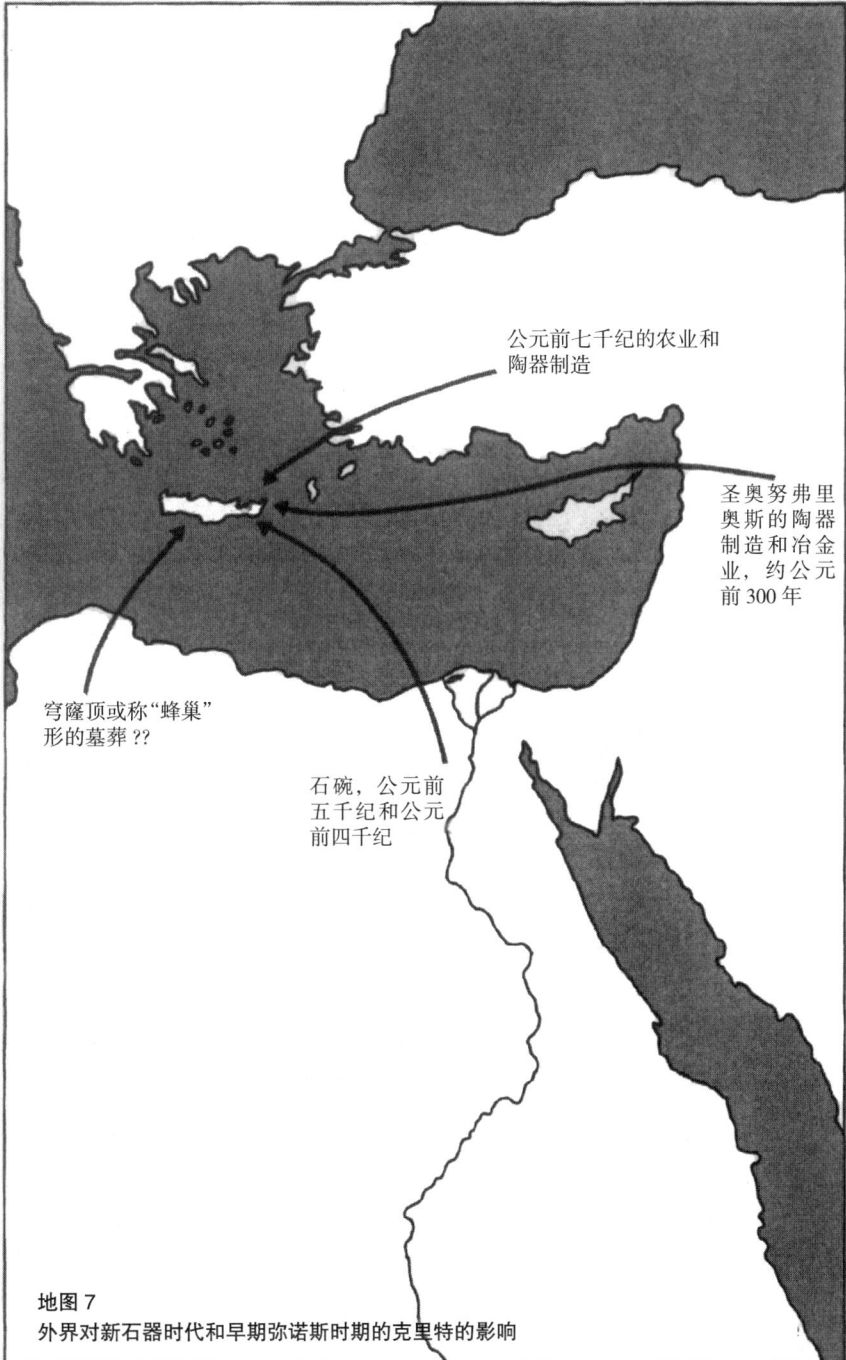

公元前七千纪的农业和
陶器制造

圣奥努弗里
奥斯的陶器
制造和冶金
业，约公元
前 300 年

穹窿顶或称"蜂巢"
形的墓葬 ??

石碗，公元前
五千纪和公元
前四千纪

地图 7
外界对新石器时代和早期弥诺斯时期的克里特的影响

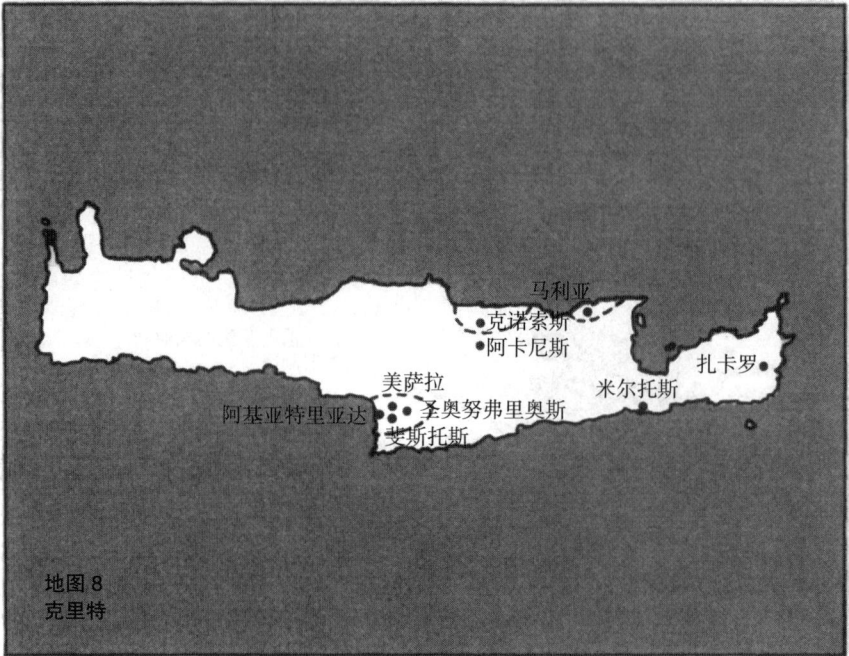

地图8
克里特

马利亚
克诺索斯
阿卡尼斯
扎卡罗
米尔托斯
美萨拉
阿基亚特里亚达
圣奥努弗里奥斯
斐斯托斯

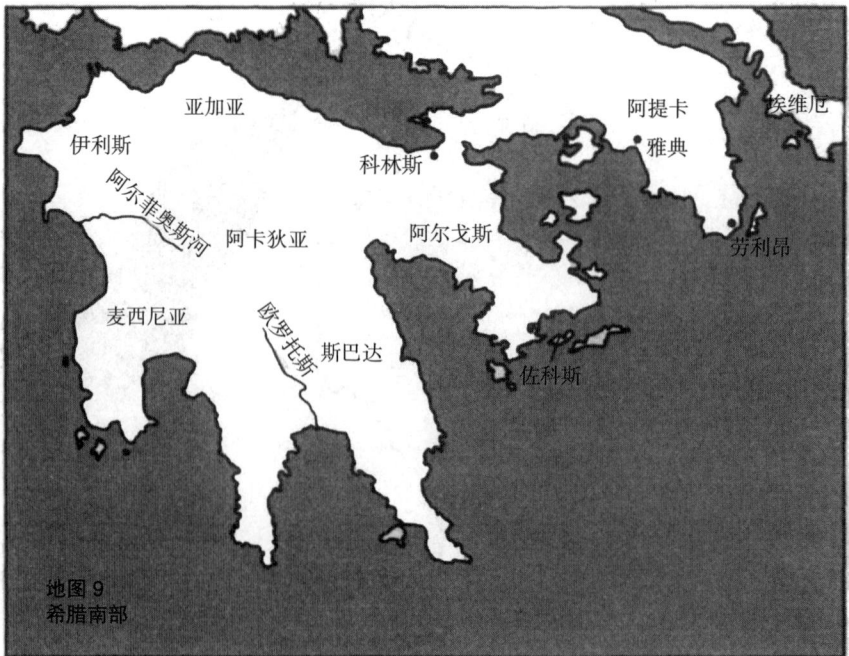

地图9
希腊南部

亚加亚
伊利斯
科林斯
阿提卡
埃维尼
雅典
阿尔菲奥斯河
阿卡狄亚
阿尔戈斯
劳利昂
麦西尼亚
欧罗托斯
斯巴达
佐科斯

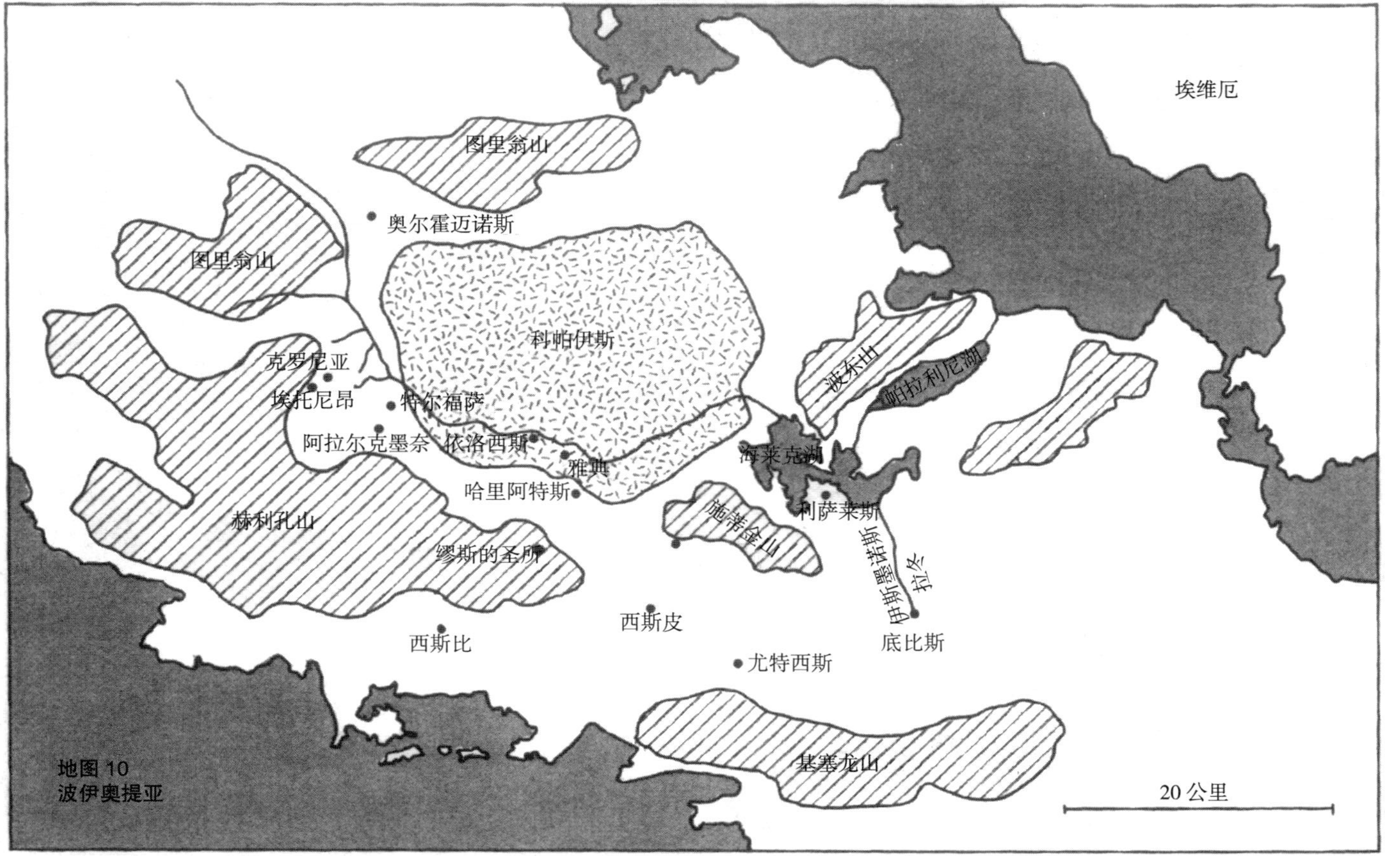

地图10
波伊奥提亚

20公里

埃维厄

科帕伊斯湖
希利卡

帕埃蒂斯
阿萨来斯
奥尔霍迈诺斯
希里拉诺斯

奥尔科墨那
埃托尼昂
阿拉尔克墨昂
哈里阿特斯
缪斯的圣所
赫利孔山

图里翁山

西斯比

塞来底斯
阿萨来斯
哈里阿特斯
雅典
哈里阿特斯
普拉塔伊
尤特西斯
底比斯
格利萨斯
坦纳格拉
西斯皮

塞荬龙山
施法钦山

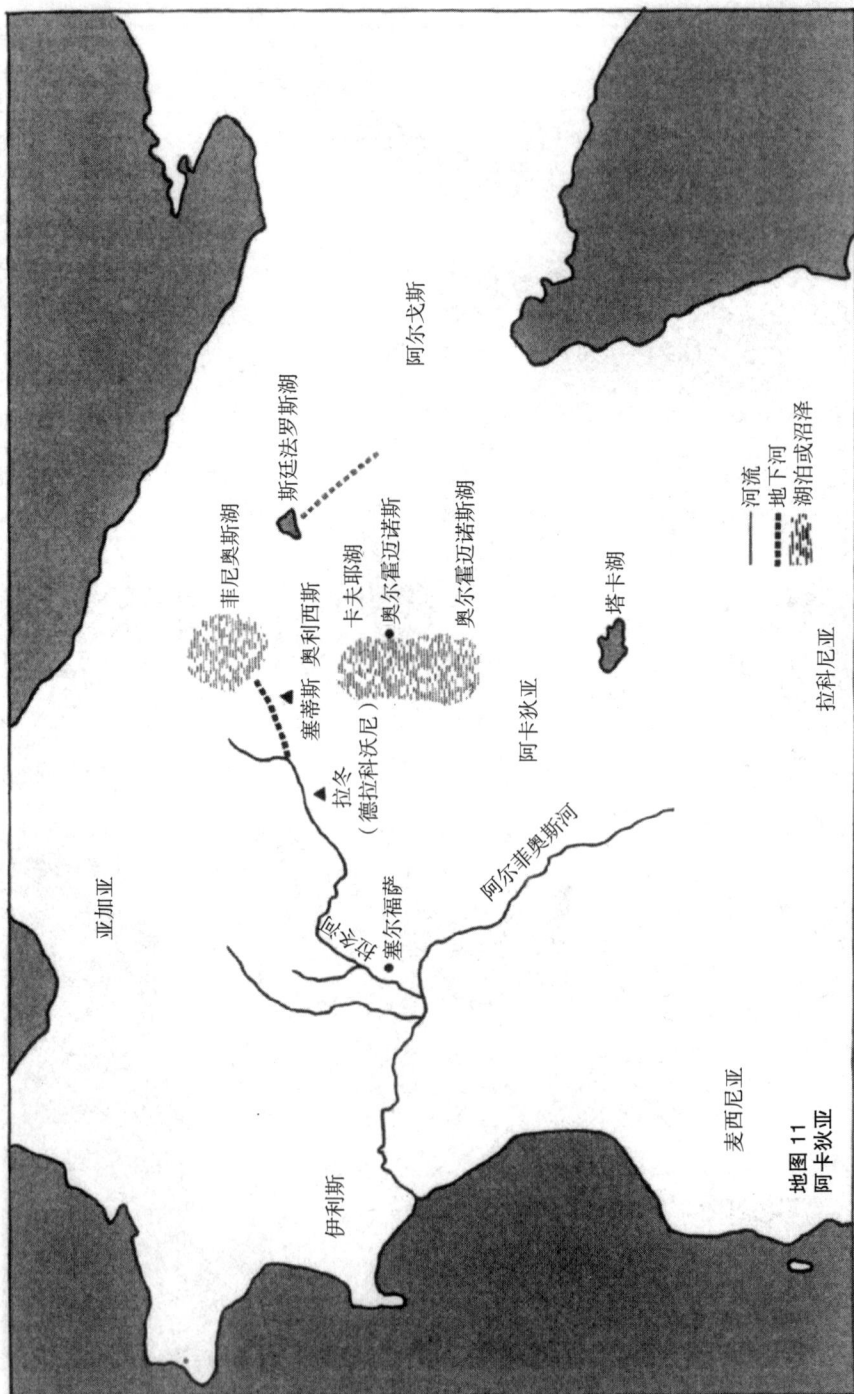

地图 11
阿卡狄亚

河流
地下河
湖泊或沼泽

麦西尼亚

拉科尼亚

亚加亚

伊利斯

阿尔戈斯

斯廷法罗斯湖

菲尼奥斯湖

塞蒂斯

奥利西斯

卡夫耶湖

奥尔霍迈诺斯

奥尔霍迈诺斯湖

塔卡湖

拉冬
（德拉科沃尼）

阿卡狄亚

曼
蒂
尼
塞尔福萨

阿尔菲奥斯河

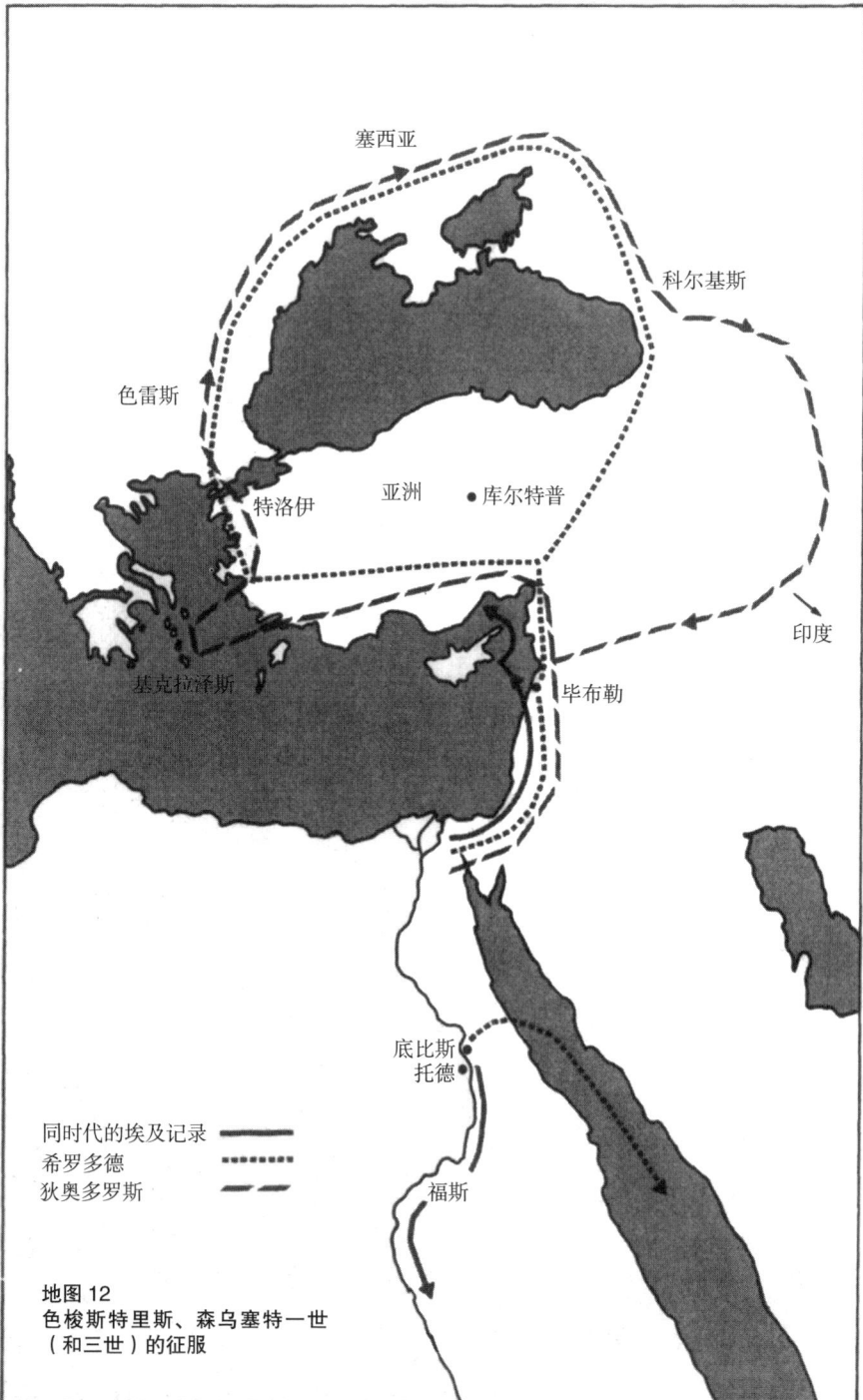

地图 12
色梭斯特里斯、森乌塞特一世
（和三世）的征服

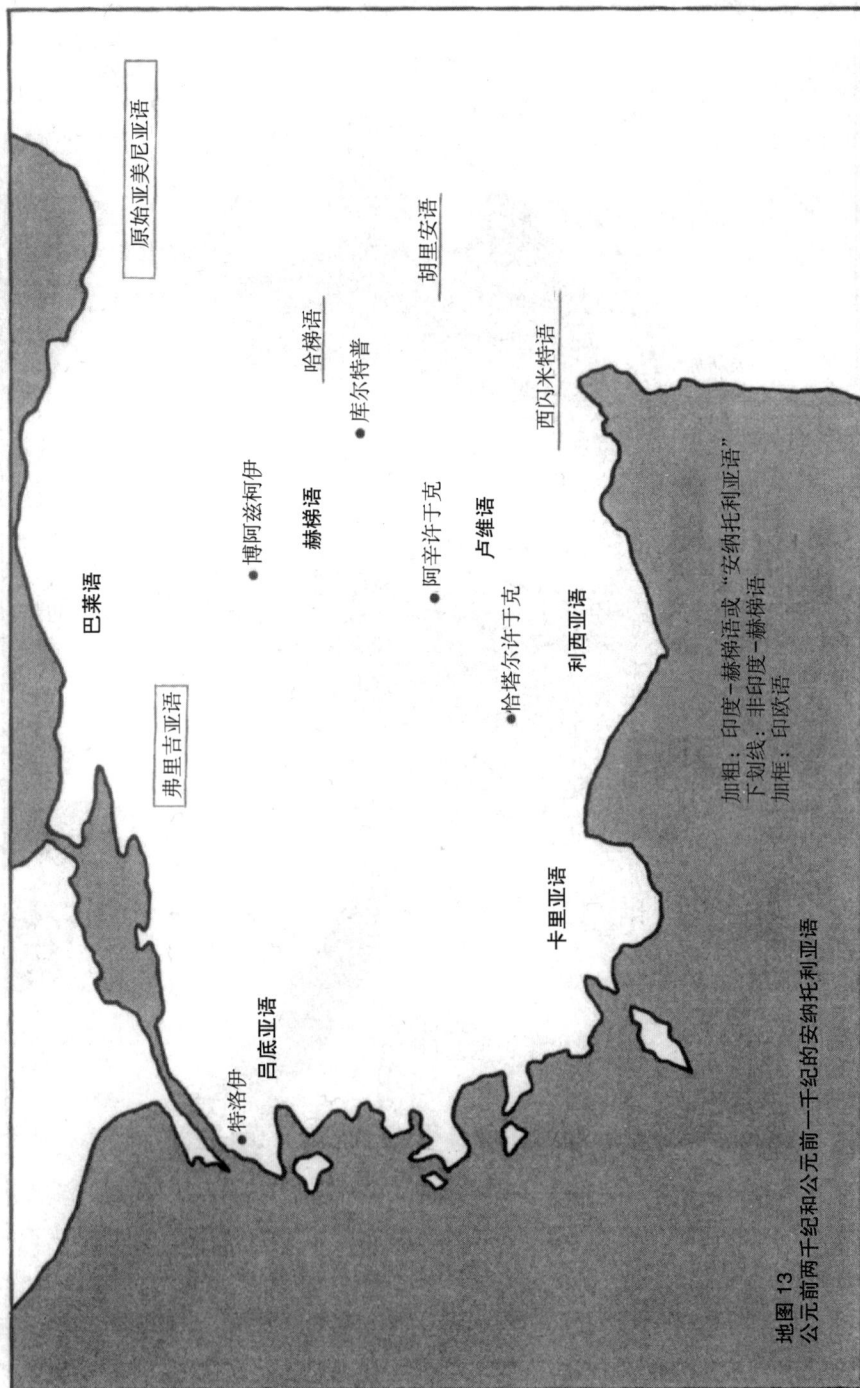

地图13
公元前两千年纪和公元前一千年纪的安纳托利亚语

原始亚美尼亚语

胡里安语

哈梯语
库尔特普

西闪米特语

博阿兹柯伊
赫梯语

阿辛许于克
卢维语

恰塔尔许于克
利西亚语

巴莱语

弗里吉亚语

卡里亚语

特洛伊
吕底亚语

加框：印度－赫梯语或"安纳托利亚语"
下划线：非印度－赫梯语
加框：印欧语

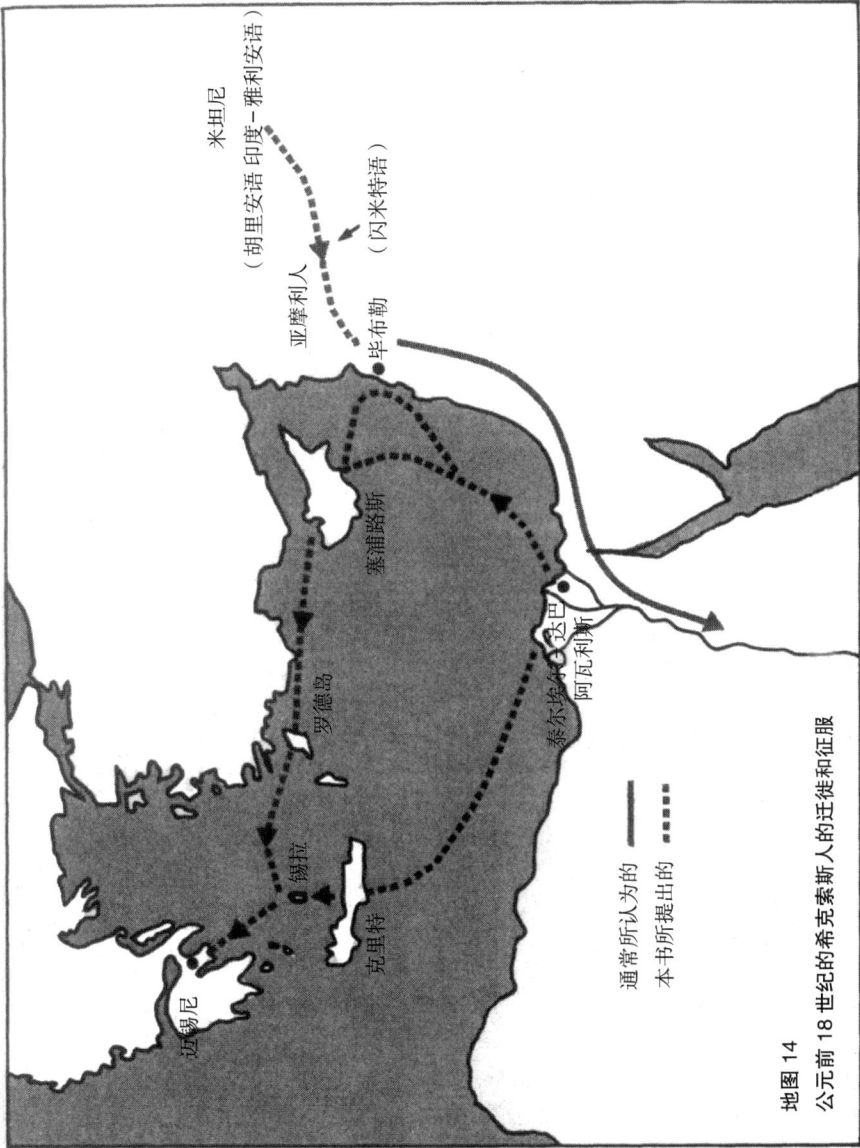

地图 14
公元前 18 世纪的希克索斯人的迁徙和征服

通常所认为的 ⸺
本书所提出的 ┈┈┈

米坦尼

（胡里安语 印度－雅利安语）

（闪米特语）

亚摩利人

毕布勒

塞浦路斯

罗德岛

锡拉

迈锡尼

克里特

阿瓦利斯

泰尔埃尔达巴

地图 15

和平的埃及，公元前 1470 年—公元前 1360 年

阿蒙霍特普三世的雕像基座上提到的爱琴海地名。那些发现过刻有阿蒙霍特普三世名字的物品的地方，其名称加了下划线。

加喜特

米坦尼

哈梯

特洛伊？

阿匹瓦

迈锡尼

纳夫普利亚

基西拉岛

阿姆尼索斯

克诺索斯

迪克特？

里克托斯

基多尼亚

斐斯托斯

泰那埃？？

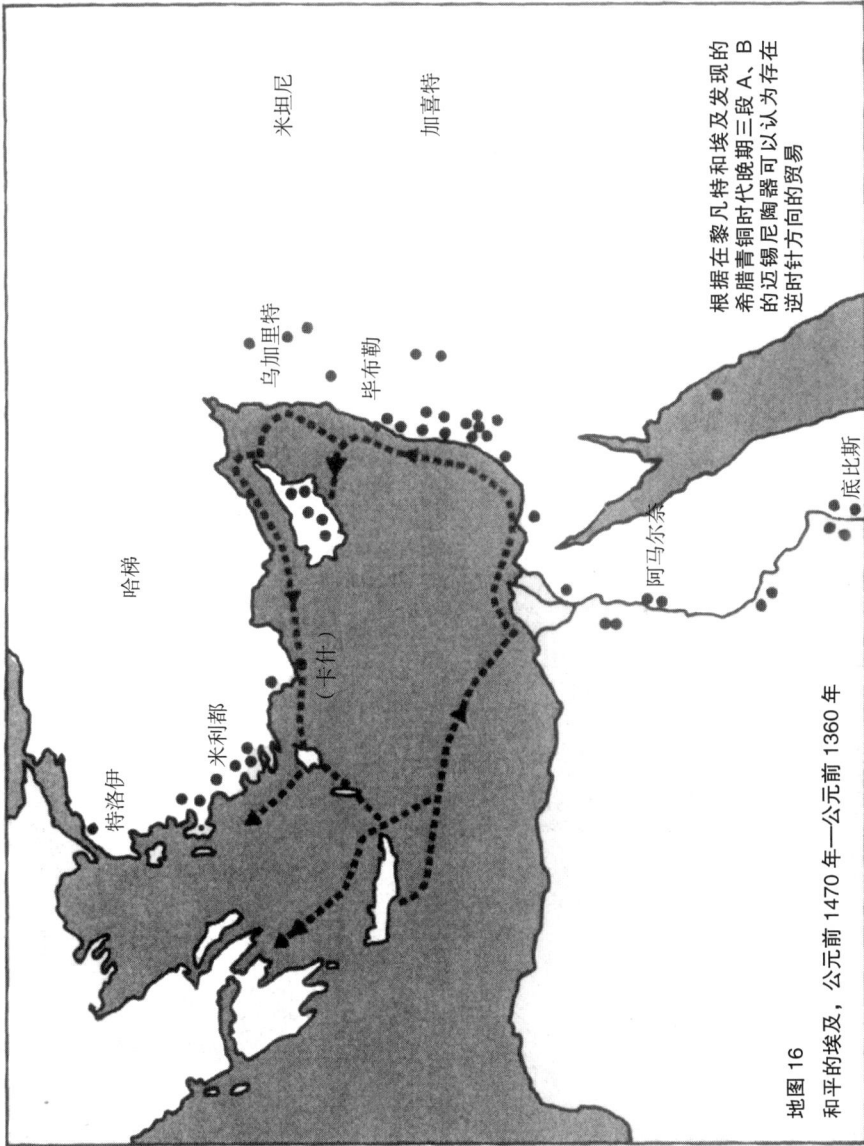

地图 16

和平的埃及，公元前 1470 年—公元前 1360 年

根据在黎凡特和埃及发现的
希腊青铜时代晚期的迈锡尼陶器可以认为以存在
的迈锡尼陶器可以认为以存在
逆时针方向的贸易

米坦尼

加喜特

乌加里特

毕布勒

哈梯

（卡什）

米利都

特洛伊

阿马尔奈

底比斯

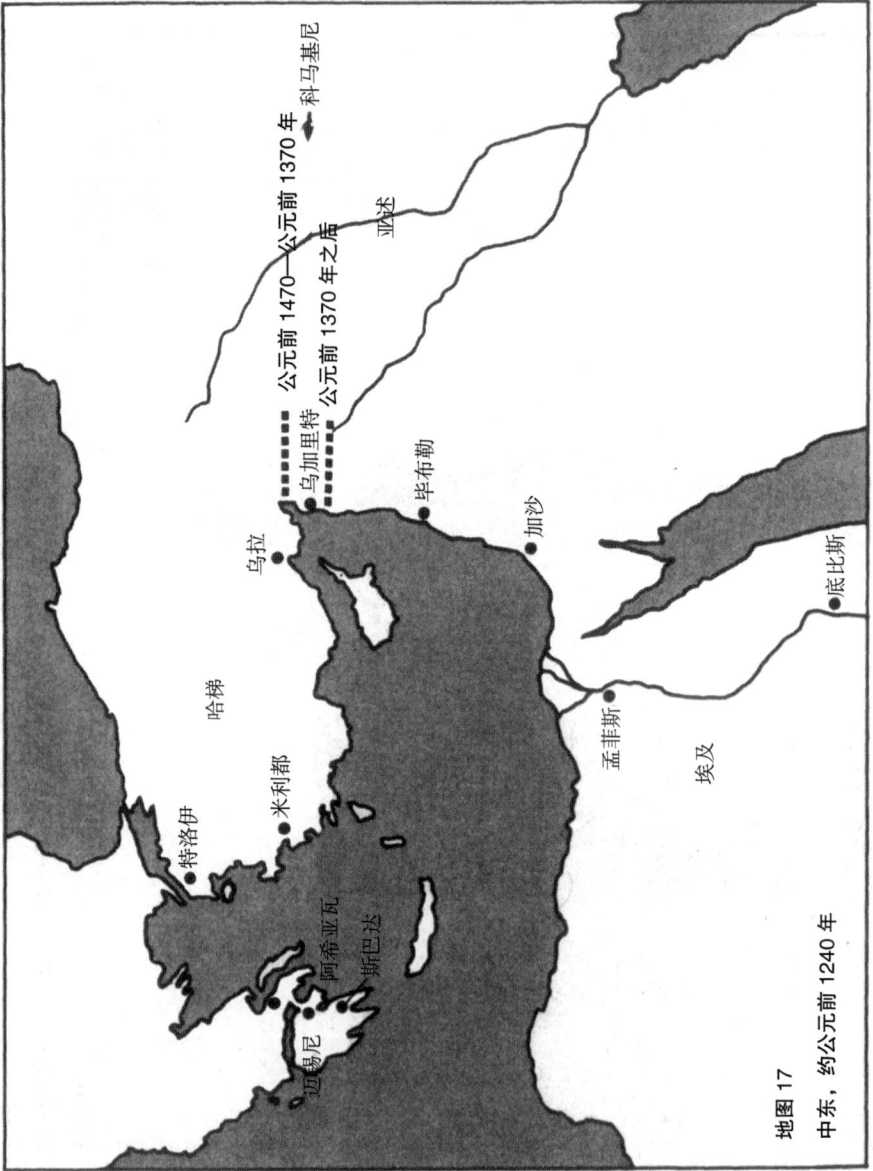

地图 17

中东，约公元前 1240 年

年代表

表 1　埃及年表

王朝	布雷斯特德	迈尔	《剑桥古代史》	黑尔克	梅拉特	伯纳尔
第 1	3400	3315 ± 100	3100	2955	3400	3400
第 2			2900	2780	3200	3200
第 3	2980	2895 ± 100	2730	2635	2950	3000
第 4	2900	2840 ± 100	2613	2570	2850	2920
第 5	2750	2680 ± 100	2494	2450	2725	2800
第 6	2625	2540 ± 100	2345	2290	2570	2630
第 7	2475	—	2181	2155	2388	2470
第 8	2475	—	—	—	2388	2470
第 9	2445	2360 ± 100	2160	—	—	2440
第 10	—	—	2130	—	—	—
第 11	2160	2160	2133	2134	2287	2140
第 12	2000	2000/1997	1991	1991	2155	1979
第 13	1788	1778	1786	?	1946	1801
第 14	—	—	—	—	—	—
第 15	—	—	—	—	—	—
第 16	1580	1580/75	1567	1552	1567	1567
第 17	1315	1320	1320	1306	1320	1320
第 18	1200	1200	1200	1196/86	1200	1200
第 19	—	—	1674	1655	1791	1750
第 20	—	—	1684			

资料来源:布雷斯特德（1906,I,第 40—45 页）;迈尔（1907b,第 68、178 页）;《剑桥古代史》（简称 CAH）（I.2B, II.1, II.2 卷末图表）;黑尔克（1971, 图表;1979,第 146—148 页）;梅拉特（1979,第 9、19 页）。

表 2a　美索不达米亚和叙利亚年表

	拉格什乌玛（Umma）基什	阿卡德	阿舒尔	马利	埃卜拉
3500					伊格利斯-卡拉姆（Igris-Kalam）厄卡布-达姆（Irkab-Damu）阿尔-恩努姆（Ar-Ennum）
2550			图迪亚（Tudia）	伊布鲁-利（Eblul-li）伊库-萨尔（Iku-šar）	
2500				苏鲁-达姆（šuru-Damu）	伊布瑞姆（Ebrium）伊比斯-斯皮思—（Ibbiš-šipiš-）
	恩纳图姆				
2450					
2400	卢加尔扎克西	萨尔贡（2380—2325）			
2350					
2300		纳拉姆辛（2300—2238）			
2250		苏-杜拉尔（šu-Durul, 2214—2199）			
2200					

长年表	巴比伦	阿舒尔	马利
2000		伊里舒姆一世（1997—1971）伊库努姆	
1950		萨拉姆-辛（šarum-Sin）普祖尔-阿舒尔二世纳拉姆辛	
1900		伊里舒姆二世沙姆希-阿达德（1869—1936）	
1850	汉谟拉比（1848—1806）		兹姆里-利姆（1831—1818）
1800	萨姆苏·伊路那（1805—1767）		
1750	加喜特		
1700	阿米萨杜卡（Ammisaduqa, 1701—1683）萨姆苏·伊蒂塔那（šamšuiditana, 1681—1651）赫梯人的征服，由加喜特人接替统治		
1600			

1250　图库尔蒂-尼努尔塔一世（1244—1208）

征服巴比伦，1235

中间年表《剑桥古代史》	巴比伦	阿舒尔	马利
1900		伊里舒姆一世（1906—1867）	
1850		伊库努姆 萨拉姆-辛 普祖尔-阿舒尔二世 纳拉姆辛 伊里舒姆二世	
1800		沙姆希-阿达德（1813—1781）	阿克吞-利姆
1750	汉谟拉比（1792—1750） 萨姆苏·伊路那（1749—1712）		兹姆里-利姆（1775—1762）
加喜特			
1700			
1650	阿米萨杜卡（1646—1626） 萨姆苏·伊蒂塔那（1625—1595）		
1600	赫梯人的征服，由加喜特人接替统治		
1250		图库尔蒂-尼努尔塔一世（1244—1208）	
	征服巴比伦，1235		

树木年代学的年代界定	巴比伦	阿舒尔	马利
1900		伊里舒姆一世（1885—184？）	
1850		伊库努姆 萨拉姆-辛 普祖尔-阿舒尔二世 纳拉姆辛	
1800		伊里舒姆二世 沙姆希-阿达德（1749—1716）	阿克吞-利姆
1750	汉谟拉比（1728—1684）		兹姆里-利姆（1711—1698）
1700	萨姆苏·伊路那（1675—1647）		
加喜特			
1650			
1600	阿米萨杜卡（1581—1563） 萨姆苏·伊蒂塔那（1561—1531）		
	赫梯人的征服，由加喜特人接替统治		
1600			
1250		图库尔蒂-尼努尔塔一世（1244—1208）	
	征服巴比伦，1235		

表 3　爱琴海年表

陶器时期	CAH	K&M	Bet.	Bernal 1	Bernal 2
弥诺斯早期一段	3000?				3300
弥诺斯早期二段	2500?				3000
弥诺斯早期三段	2200				2400
弥诺斯中期一段 A	1900				2050
弥诺斯中期一段 B		2000			1950
弥诺斯中期二段	1800				1820
弥诺斯中期三段	1700	1775—1750		1730	1730
弥诺斯文化后期一段 A	1600	1675—1650		1650	1675
希腊青铜时代后期一段	1550				
弥诺斯文化后期一段 B/希腊青铜时代后期二段 A	1500	1600—1575	1610	1550	1600
弥诺斯文化后期二段	1450	1500—1475	1550	1450	1520
希腊青铜时代后期二段 B	1430	1550			1520
希腊青铜时代后期三段 A1	1400		1490		1470
弥诺斯文化后期三段 A	1380		1490		1470
弥诺斯文化后期三段 A2/希腊青铜时代后期三段 A2			1430—10		1420
弥诺斯文化后期三段 B/希腊青铜时代后期三段 B	1275	1375—1350	1365		1370
弥诺斯文化后期三段 C/希腊青铜时代后期三段 C	1180		1200		1220

CAH：《剑桥古代史》第三版.

K&M：巴里·肯普和罗伯特·梅里利斯（Kemp and Merrillees, 1980）《公元前两千纪埃及的弥诺斯陶器》（ *Minoan Pottery in Second Millenium Egypt.* ）.

Bet.：贝当古（Betancourt, 1989）《高位年表和低位年表：锡拉岛考古学证据》（"High Chronology and Low Chronology: Thera Archaeological Evidence"）.

Bernal 1：《黑色雅典娜》第一卷

Bernal 2：《黑色雅典娜》第二卷

绪　言

　　《黑色雅典娜》这套书的第一卷讨论了有关古希腊起源的两种观点。我
把第一种观点称为古代模式，这种观点认为，原本居住在希腊的是佩拉斯吉
人（Pelasgian）和其他一些原始部族。在"英雄时代"，埃及人和腓尼基人
（Phoenician）统治了希腊的很多地方，正是这些外来殖民者使希腊大陆的居民
"文明化"。第二种观点则是雅利安（Aryan）模式，根据这一观点，希腊文明
是文化混合的结果，这一混合发生在讲印欧语的希腊人从北方而来征服了更早
的"前古希腊时代"的民众之后。古代模式在 5 世纪的希腊盛行，从那时起到
18 世纪末期一直得到认可，却在 19 世纪初期被人推翻，并在 19 世纪 40 年代
被雅利安模式取代。我在第一卷中试图追索的就是这一过程。

　　第一卷的绪言勾勒了这一项目的整体轮廓，我在其中宣明了我的主张，认
为雅利安模式应该被我所说的"修正的古代模式"取代。修正的古代模式一方
面承认，埃及人和腓尼基人移居古希腊并对其造成了巨大影响；另一方面，它
考虑到了一个毋庸置疑的事实，即希腊语在根本上属于印欧语（Indo-European
language）。同时，根据最新的考古发现，它也进行了诸多年代学上的调整。我
在第一卷卷末这样写道：

　　　　（雅利安模式的）孕育即便是罪恶的，甚或是错误的，并一定会影响

2 　到该模式的有效性。在同一时期产生的达尔文主义带有很多同样"不光彩"的动机，然而一直不失为一种很有用的启发性理论图式。人们完全有理由认为，尼布尔（Niebuhr）、缪勒（Müller）、库尔提乌斯（Curtius）和其他一些学者都处于阿瑟·凯斯特勒（Arthur Koestler）所说的"梦游"状态——这个词被用来描述那些外部原因和目的不为后世所接受的有用的"科学"发现。对于本卷书，我的全部声明就是，它提出了一个需要回答的问题，这就是，即使雅利安模式的可疑起源不能证明它是错误的，至少也会使人质疑，它相对于古代模式是否具有内在的优越性。[1]

在对第一卷的众多评论中存在着一些怀疑论调，它们针对的是，我所提出的修正的古代模式是否有效或符合"事实"。然而另一方面，我的史料编撰方案得到了普遍接受。得到普遍接受的还有我的这一论点：建立起雅利安模式的人大多数都是种族主义者和反犹主义者，尽管我这样说有些直截了当。人们也承认，这些看法可能会影响他们对历史的书写。由于人们有这样的反应，我认为我有理由继续我的研究项目。

这一项目接下来的形式已经发生了根本改变。第一卷的很多评论家都直接表明或提出暗示，认为我若要按我在绪言中阐明的研究方式去完成令人信服的工作，就将遇到很大困难。他们的看法很正确。结果我不得不在三个重要的方面改变了项目计划。首先，我原本只计划用两章来叙述考古学提供的证据和青铜时代的文献资料，然而现在，我发现我有必要用整整一卷书来记录这两类信息来源。

第二，我原本要把不同类型的证据完全分开，然而这种想法完全行不通，因为我已发现，要指出一类证据的意义，就不能不提及其他类型的证据。例如我认为，中王国时期（Middle Kingdom）之初在埃及恢复的中央集权，很大程度地影响了公元前 21 世纪在克里特修建的宫殿。我相信，若要使这一观点令人信服，就只有把它和这一时期被引入克里特的公牛膜拜及其在埃及的先例和对应形式联系在一起。同样，我认为，要探究米特·拉辛纳（Mit Rahina）碑文的意义，就必须非常全面地审视古典和希腊化时代的资料以及考古证据。因

---

[1] 第一卷，第 442—443 页。（在这些注释中，任何只带卷数和页码而不带作者名字的参考文献，指的是《黑色雅典娜》系列丛书。页码均指原书页码，原书信息见参考文献。——编者注）

此，我放弃了把学科精确性应用到材料中的努力，而是采取了同时涉及许多不同类型的信息的"深度描写"（thick description）的方法。

这就导致了我对原计划的第三点改变，而且这也是最重要的改变。我褪下了在两种模式间不偏不倚的表象。由于我奉行修正的古代模式，我一直都清楚，这样不偏不倚是困难的，然而最终我发现这样做是不可能的。如今，我不再以"中立的"方式去评判二者存在竞争关系的启发作用，而是试图展现出，对于描述并解释古希腊文明的发展和本质，修正的古代模式能够在什么程度上做到比雅利安模式更完整和更令人信服。

倾向于修正的古代模式而非雅利安模式的内在原因

古典学者麦克尼尔（R. A. McNeal）于1972年发表了一篇文章，这篇文章极具趣味性，尽管在我看来它从根本上是误导性的。文章主张，"史前的"爱琴文明可以从四种方式入手进行探究："（1）考古文物；（2）语言；（3）骨骼（如果愿意采用）；（4）希腊神话和传说。"[2] 今天的考古学家对建筑、定居模式、工业和农业活动的痕迹非常感兴趣，它们并不限于人工制品，而且，极不明确的概括性的证据或迹象也轻易被纳入了考古学的范畴之内。除了诸如此类可以成为次要反对理由的事实之外，这一方案的主要问题就在于它忽视了同时代的文献。爱琴文明的青铜时代并不像麦克尼尔所想的那样"史前"。希腊、黎凡特（Levant）和美索不达米亚（Mesopotamia）的文本都有很多地方谈及爱琴文明，更重要的事实是，存在着用A类线形文字和B类线形文字写就的泥板。因此我认为，文字记录才是最重要的。正是由于这一原因，我原本想以关于"同时代的文字资料"一章作为本卷书的开头。不过，由于考古学能够追溯到新石器时代和青铜时代早期，而这一时期实际上并没有关于爱琴文明的书面证据，因此我更改了写作计划，只在这一卷的第十章中才提及了关于近东和爱琴海之间接触的书面证据。

麦克尼尔强烈反对所有试图从考古、语言、体质人类学（Physical

2　McNeal（1972, p. 20）. 我所欣赏的是，这篇文章对于雅利安模式主观的语言学基础进行了大胆的抨击，并借用了歌德著名的格言"最重要的是知道，每一事实都是理论"。我所反对的则是，这篇文章信任专家的地位和方法，并且拒绝接受任何不确定的事情。

Anthropology）和传说这四大范畴中综合得出证据的做法，他主张，人们永远不能确定它们之间的关联。他的这一看法是合理的。但他也认为，学者不应擅入相邻的领域，因为他们不可能理解其他领域的专业奥秘，这就不那么令人信服了。我反对他的这种观念，并且在第一卷书中就已经向读者表明了我的主张。

此外，我无法接受他对确定性的要求。我的整个项目的基础是有竞争力的可信性原则，而非确定性，这只是因为，在这些领域要达到确定性是不可能的。因此，我相信，人能做到的最多是达到有竞争力的可信性，而且要做到这一点，最好的办法就是综合从各方资料中得出的证据，哪怕我们同时也知道这样做具有一定的危险。所以，在这一卷里，尽管我试图区分不同的方法，但是在我无法做到这一点时，我也不会感到沮丧。

在从不同来源的证据出发探讨修正的古代模式的价值之前，我想先探讨该模式相对于雅利安模式所具有的内在合理性。古代模式的优点是，它的存在更接近其所涉及的时期。反对的观点认为，古代模式最早是在公元前 5 世纪得到证实的，而我相信，在公元前 18 世纪的希腊就已经存在着近东殖民定居的情况，可以认为，二者之间存在 1200 年的时间差距，这要超过我们与查理曼大帝（Charlemagne）之间的时间差距，并且，存在于迈锡尼和古典时代的希腊之间的这一时间间隔，在性质上并不比我们与假想中腓尼基人和埃及人在希腊的殖民定居之间所间隔的那 3500 年的时间更短。

有若干很好的理由可以否定这一论点。首先，就如鲁思·爱德华兹（Ruth Edwards）在她的《腓尼基人卡德摩斯：希腊传说与迈锡尼文明研究》（*Kadmos the Phoenician: A Study in Greek Legends and the Mycenaean Age*）一书中所展示的那样，文学和艺术的大量详尽证据都可以证明，古代模式存在于古风时代 [（Archaic Times）公元前 776 年—公元前 500 年] 甚至几何时代 [（Geometric Times）公元前 950 年—公元前 776 年]。这就使历史差距缩短了几个世纪。[3] 而且，写有 B 类线形文字的泥板也证实，至少在宗教上，从迈锡尼到古典希腊时代存在着值得注意的连续性，这也得到了越来越多的考古学资料的支持。[4]

我在其他地方提到过，西闪米特（West Semitic）字母表在公元前 1400 年

3　Edwards（1979, pp. 65-89）.

4　Nilsson（1932）. Burkert（1985, pp. 47-53）更加谨慎，不过他并没有否定尼尔松的基本案例。

之前就被引入了爱琴海地区，而且不管怎样，近期有关碑文的发现和考释都表明，希腊字母表实在不太可能是在公元前 11 世纪之后才被借用或改写的。[5] 塞浦路斯音节文字——直到近期——在没有得到证实的情况下留存了五个多世纪；而东克里特的 A 类线形文字显然存在了一千多年。因此，极不可能出现的情况就是，伴随着迈锡尼宫廷社会在公元前 12 世纪的垮台，所有的 B 类线形文字迅即消失。[6] 于是，我们完全有理由假定，一些资料从青铜时代晚期一直留存到了铁器时代早期。而另一方面，在公元前 12 世纪到公元前 8 世纪之间存在着明显的文化退化，这段时期很多事实资料都已佚失，神话、传说和民间故事则越来越多，这些都是毋庸置疑的；但可以肯定的是，线形文字和字母表的存在在时间上是重叠的，甚至可能在几个世纪里都是如此。这样我们就几乎不可能认为，在希腊青铜时代和铁器时代之间存在着无法逾越的几个世纪无文字记录的无知状况。

举例来说，《伊利亚特》(*Iliad*) 第二卷中有关于迈锡尼各个城市的非常详细的描绘，但是当荷马在公元前 9 世纪写作这部作品时，其中的很多城市似乎都已经消失了。因此，他的描绘很可能是基于青铜时代的文字材料。古典和希腊化时代的作家不仅有书写和口述的传统，还能够探访到一些保存良好的迈锡尼遗迹，而且我们知道，那时人们也在开展某种形式的考古活动。[7]

在地中海的另一端，古典时代的埃及祭司、腓尼基人、美索不达米亚人都可以得到来自青铜时代的大量记录。在希腊化时期，这些古代文本中的一部分被翻译成了希腊文或由祭司和学者——如埃及人曼涅托 (Manetho)、毕布勒的腓尼基人斐洛 (Philo of Byblos) 和美索不达米亚的贝洛索斯 (Berossos)——概括总结。[8] 对于希腊作家，比如阿布德拉的赫卡泰奥斯 (Hekataios of Abdera)、以弗所的米南德 (Menander of Ephesos) 和其他人，这些和其他资料都是可利用的。在这之前，在公元前 6 世纪，希罗斯的斐勒库德斯 (Pherekydes of Syros)

5　Naveh（1973, pp. 1-8）; Bernal（1985, pp. 1-19）; Bernal（1990）.

6　关于塞浦路斯，见 Jensen（1969, pp. 138-41）和 Friedrich（1957, pp. 124-31）。关于克里特，见 Davis（1967, p. 85）; Gorden（1966, p. 13）; Steiglitz（1976, p. 85）; Marinatos（1958, p. 228）; Raison and Brixhe（1961, p. 130）; Brown（1978, p. 44）; 参考 Brice（1959, p. 330）。

7　Thucydides I. 1; Pausanias, III. 3. 3; Plutarch *De Gen. Soc.* 5-7.

8　Josephus, *Contra Apionem*, I. 12-21. 关于菲罗，参见 Baumgarten（1981）以及 Attridge and Oden（1981）。关于曼涅托，见 Waddell（1940, pp. vii-xxx）。

应该就是以埃及人和迦勒底人的文本作为自己工作的基础的。[9]

与之相对的是，尽管能够接触到原始资料，但是希罗多德、狄奥多罗斯（Diodoros Sikeliotes）和其他古代作家对于埃及历史只具有含糊不清的看法，在很多方面都还不如现代埃及学学者。[10]不过，米特·拉辛纳碑文的发现让我们知道，我们不应该因为埃及学的显著成果就过高估计现代知识的完整性——这一碑文描述了此前不为人知的公元前 12 世纪对叙利亚和其他地方的大量探险和旅行。在这种情况下，注意到希罗多德和其他希腊作家在对色梭斯特里斯（Sesōstris）征服的叙述中（见以下第五章和第六章）似乎曾提及这些活动，就是发人深省的了。因此，古代希腊人很可能知道现代学者所不了解的埃及和爱琴海之间的联系。

在更普遍的层面上，重要的是注意到，埃及学学者在诸多方面依赖承袭自曼涅托的埃及传统，并仍然使用他所传续下来的传统的朝代框架。学者们也时常参考引证希罗多德、普鲁塔克和狄奥多罗斯的记述，这些人与历史的直接接触使之产生了对古埃及的独特"感觉"，这种感觉是现代学者所无法与之相比的。

现代埃及学学者与古典时代和希腊化时代的希腊人相比所具有的相对优越性无法与黎凡特相提并论。乌加里特（Ugarit）的泥板对青铜时代晚期叙利亚的一个主要港口在一个多世纪里的情况进行了详细而有趣的描绘，同时也为西闪米特的宗教和神话提供了重要证据，哪怕这些证据是支离破碎的。在阿马尔奈（Amarna）发现的楔形文字让我们了解到了巴勒斯坦和叙利亚沿海地区在公元前 14 世纪的几十年里的政治情况。不过，在南黎凡特，主要的书写材料是莎草纸，而莎草纸也在腓尼基的各城市里大量使用。就如公元 1 世纪犹太政治家和历史学家约瑟夫斯（Josephus）所说的那样：

> 在埃及人和巴比伦人对他们从遥远时代开始的编年史的关注中……在同希腊人接触的国家里，**是腓尼基人最大限度地利用书写记录普通的**

9　Josephus, *Contra Apionem*, I. 14; Walcot（1966, pp. 18-19）以及 Kirk, Raven and Schofield（1983, pp. 48-72）。

10　很多评论者都已指出，对希罗多德的埃及历史年表可以进行一份文本补充修订（de Selincourt, 1954, p. 166）。

生活事件和重要的公共事件。这是普遍承认的事实，因此我认为我对此不必多言。[11]

尽管在前一千纪里，很多腓尼基城市被毁，一些资料似乎还是幸存了下来，并流传到了希腊化时代甚至罗马时代。正如约瑟夫斯所写的：

> 过去的许多年里，推罗地区（Tyre）的人们一直会把有关自己地区历史以及对外交往中的重大公共事件记录下来，这些记录由城邦汇编并精心地加以保存。……他们［希兰（Hiram）和所罗门（Solomon）在公元前10世纪时］互通的信件有很多一直保存到了今天。[12]

这些资料都没能保存到现代，我们今天所拥有的唯一一部真实存在的迦南文学就是《旧约》。它具有极高的历史价值，不过其内容大部分是关于以色列的，而这个内陆国家与地中海地区几乎没有多少接触，更不必说与爱琴海地区的交往了。由于没有什么文本，考古记录也含糊不清支离破碎，现代学者对青铜时代晚期黎凡特海岸的了解要比对古典时代和希腊化时代的了解少得多。

在爱琴海地区，B 类线形文字泥板提供了关于迈锡尼后期宫殿经济的重要信息和非常宝贵的语言学证据。这些泥板也为了解青铜时代晚期希腊的宗教情况提供了一些令人好奇的线索。不过，它们并不包含任何神话或历史文本。

在过去的这个世纪里，对希腊的考古挖掘比以往任何时候都更加系统，并已出土了很多重要的证据。人们已经建立起了青铜时代中期和晚期的陶瓷地层的连续序列。但是人们还无法判定绝对年代，对于我们最关注的阶段之一，即青铜时代中期和青铜时代晚期的交界，其年代的界定直到最近仍然非常模糊，与中东的历史事件相对照的编年体系或年代对应也成了激烈争论的对象。[13]一直存在的一种趋势就是，在碳 14 和其他独立的年代测定法不能与事先预想的年代表相吻合时，学者们会选择不信任这些测定法。例如，著名考古学家保罗·阿斯特罗姆（Paul Åström）曾做过下述说明：

7

11　Josephus, *Contra Apionem*, I. 28, trans. p. 175.

12　Josephus, *Contra Apionem*, I. 107-111, trans. p. 205-7.

13　见下文第七章，注释 2—62。

我想强调，要对古希腊青铜时代的年代进行精确判定，碳 14 年代测定法是没有用的，下面的例子或许可以证实这点。用碳 14 年代测定法测量 7 份属于锡拉岛（Thera）毁灭时的存活期很短的生物化石样品，平均得出的校正碳 14 年代大约是公元前 1668±57 年。这样的结果显然是非常荒谬的，因为其他依据普遍支持的观点是，此次火山喷发发生在公元前 15 世纪上半叶。[14]

就这一例证而言，其他诸多独立的方法已经证实了被阿斯特罗姆视为"荒谬"的古老日期——正如我将在第七章中展现出的那样——很多学者都在改变自己的看法。[15] 我在此试图强调的是，正统的雅利安模式确立的时间，远远早于新的科学技术被应用于爱琴海考古学的时间，人们对新科技得出的结果的普遍反应则是将之嵌入原有模式之中，而不是对原有模式进行调整或弃置。要对这两种模式在竞争中的这一方面进行判断，不应依据它们确立之后追随者所能获得的所有信息，而应依据它们形成时人们的知识状态。雅利安模式的形成时间是在 19 世纪中期。举例来说，那时还没有年代学之类的考古学知识。这种情况一直持续到 19 世纪 80 年代，弗林德斯·皮特里（Flinders Petrie）能够对在埃及发现的弥诺斯（Minoan）和迈锡尼的陶器进行年代测定为止。[16]

今天，即使人们能够开始准确地测定陶器的年代，并发现陶器的产地，陶器也还是不能开口告诉人们它的制造者和使用者所讲的语言，更不能证明或排除一切外族入侵或人口迁徙，除非这其中出现了彻底的文化断裂，然而文化断裂并不常见。因此，考古学自身无法回答我们所感兴趣的这一问题：在青铜时代，埃及和腓尼基对爱琴海的影响属于什么类型、达到何种程度以及持续了多长时间。

就古典时代和希腊化时代的希腊人对青铜时代的了解所进行的评估，主要依据是公元前 13 世纪之后文化断裂的程度。然而在埃及，文化断裂是不存在的，据说埃及祭司在公元前 6 世纪上半叶就曾经这样告诉梭伦（Solon）。[17] 清

14　Åström（1978, pp. 87-90）.

15　见第七章。

16　Petrie（1890, 1891, 1894）. 同时参考 Cadogan（1978, p. 209）.

17　Plato, *Timaios* 22D.

楚的是，尽管在之后的几个世纪里，埃及存在着一些政治不稳定和经济衰退的情况，但是实际上，文化的连续性或对过去的了解并没有出现中断。我们在第一卷的附录中已经描绘过公元前 13 世纪和公元前 12 世纪海洋民族（The Sea Peoples）对近东的入侵，这一入侵的确引起了黎凡特海岸的文化断裂，后者似乎又导致了城市类型的变化和又一社会形态的开始，由寺庙而非宫殿统治的城市取代了青铜时代那些已经彻底商业化但主要处于王室统治下的城市，我们为了便利，可以把这些城市进入的社会形态称为"奴隶社会"。[18] 尽管发生了根本性的社会变化，但是，这些城市在遭到破坏后很快就重获活力，这一过程只用了几十年而非几个世纪，因此城市在物质文化上体现出了强大的连续性。我们甚至可以从公元前 11 世纪埃及旅行者温·阿蒙（Wen Amon）的叙述中得知，至少在主要城市毕布勒，官方记录保留了一个多世纪。[19]

在安纳托利亚（Anatolia），战乱永久性地毁掉了赫梯（Hittite）帝国，不过，正如赫梯研究专家詹姆斯·麦奎因（James Macqueen）所说的那样，"我们现在不能假定发生了四百年的动乱，人们彻底退回到了游牧民族的生活"[20]。赫梯帝国的很多传统延续到了铁器时代。希腊的情况也不例外，正如我在上面所论述的，文化断裂并不像惯常所描述的那样严重。总的说来，文化断裂在局部地区是灾难性的，但是就整个地中海东部地区而言，所谓的黑暗时代并没有造成与既往的彻底断裂。

公元 5 世纪到 8 世纪期间发生了极不寻常的文化崩溃，由此给"黑暗时代"*带来了不好的名声。尽管拜占庭（Byzantium）在这场危机中幸存了下来，但是它也不得不为此进行根本性的改革。伊斯兰教虽然也保留了埃及、希腊和巴比伦的一些机构、科学和哲学，但是与此同时也的确创建了全新的开端。在西欧，法兰克帝国（Frankish Empire）与其声称战胜的罗马完全不一样。总的来说，中东地区的青铜时代文明已经被古希腊和罗马的征服大大削弱了，但它们还是留存了下来，直到哥特和阿拉伯入侵、基督教和伊斯兰教取得胜

18　Bernal（1989a, pp. 22-5）.

19　Gardnier（1961, p. 309）；Wilson（1969, p. 27）. 关于物质文化的连续性，见 Prausnitz（1985, p. 191）。

20　（1975, p. 52）.

*　欧洲史上约为公元 476—公元 1000 年。——译者注

利为止。[21]

伴随着一神论的兴起，文明遭到了破坏，其中就包括苏美尔语（Sumerian）、阿卡德语（Akkadian）和埃及语这三大早期文明的书面语言的消逝。因此，与公元 500 年到公元 800 年间的激剧的文化断裂相比，公元前 12 世纪的骚乱就显得微不足道。因此，尽管在古代模式的支持者所生活的年代，青铜时代的传统已经逝去，但他们仍然处于古代的世界。与此相对的是，支持雅利安模式的人生活在距一场真正意义上的文化冲突（coupure）过去了很多个世纪的时代里。

总的来说，可以明确的是，由于具有相同的文化背景，致力于古代模式的学者们对这个课题的研究有着与生俱来的优势，即他们比雅利安模式的支持者掌握了更多有关青铜时代的资料。不过，雅利安模式的支持者声称他们的学说自有其优胜之处，不是更多地基于资料的数量，而是基于他们的这一观点：他们不同于以"轻信"著称的古典的和希腊化时代的作家学者们，他们遵循的是批判的方法和科学的视角，完全能以此弥缺乏资料的不足。

德语中用名词"Altertumswissenschaft"（古代学）来描述这项新的研究，这个单词与它的英译"science of antiquity"（古代科学）相比意义更加宽泛。然而，就"科学的"这种说法的含义而言，即使是从广义上来看，也表达了19 世纪早期时学者们的兴奋和信心，这种感觉使他们漠视其眼中所有"怪异"的前辈学者。准确地说，人们在 18 世纪 90 年代开始宣称自己是"科学的"，这是受到康德术语的影响，在时间上要早于 19 世纪前二十年蒸汽和电力技术的突破性进展。不管怎样，正如铁路、轮船和电报超越了以前所有的交通和通信手段一样，19 世纪的语言学家和古代史学家们也相信，他们科学的和"批判的"历史学方式或"方法"让他们能比他们的前辈站在更高的层次上。

在新一代的学者看来，古代模式是一种错觉和幻想。正如"科学的"史学家们只好不去引用希腊文明中所有关于半人马、塞壬等神话怪物的记述，因为它们违反了自然史法则一样，关于埃及人和腓尼基人曾给希腊带来文明教化的古代观点也必须被删去，因为它们违背了"种族科学"的法则。需要重点提到的是，对于这些学者中的很多人来说，种族法则处于凌驾于一切之上的地位，所谓的"历史的种族原则"广泛可见，这也成了新历史学家们对

21　Herrin（1987, pp. 19-53）.

史学的主要贡献。[22]

　　雅利安模式的支持者声称其理论具有客观性，但是，根据在第一卷中讨论过的有关古典学术研究与政治意识形态之间关系的一些具体细节，他们的这种主张并不可信。[23] 简单来说，正如 19 世纪学者的学术水平或许会比古典时代的动物学或物理学学者的水平更高，在有关近东地区对希腊的影响的议题上，大多数雅利安模式的创建者比古代的希腊学者更缺乏客观性。然而，古代的希腊学者一方面希望能建立自身与古代文明之间的联系，另一方面却又不希望自身的文明从属于埃及和腓尼基文明，这两种迥然不同的想法使古代希腊学者们感到进退维艰；与此同时，埃及和腓尼基文明仍然伴随在希腊文明的左右，却又遭到了普遍的轻视。与希腊学者们形成强烈对比的是，19 世纪的学者们都一味地鼓吹和强调"种族"特点的稳定持久性和欧洲文明的本质优越性，鲜有例外。

　　如上所述，雅利安模式被提出后至少部分地得到了欧洲中心主义和种族主义的支持，但这一事实本身无法说明这一模式是错误的或不具有启发作用。马尔萨斯主义的反对者仍然会认为达尔文的理论非常有用，而达尔文的理论显然是基于前者的。另一种假说与我们论述的议题有更直接的关联，那就是认为雅利安人征服了北印度。毋庸置疑的事实是，19 世纪持种族主义观点的印度学研究者曾陶醉于这一假说，但不能因此就认为该假说不正确。近期激进的学者们提出的批评也无法证明它是多余的。[24] 我们还应该注意到，和希腊不同的是，在印度，在人们多少能够料想到的地方，都存在着鲜明的古代传统，其中体现出的是雅利安人对北部的征服和前雅利安时代的各种语言的留存。在本卷书第八章中，我会论证这一观点：维多利亚时代和 20 世纪早期的历史学家们认为希克索斯人（Hyksos）入侵埃及也牵涉到了来自叙利亚北部的一些民族，其中或许包括所讲语言隶属印度-伊朗语族甚或印度-雅利安语族的人，他们或许是正确的。因此，在一些情况下，使用"雅利安模式"似乎是合适的。那么，为什么这种模式不适用于希腊呢？借用凯斯特勒的说法，创立雅利安模式的种族主义者会不会处在"梦游状态"呢？或者说，从外部因素出发的话，他们或许

10

22　《黑色雅典娜》第一卷，第 303—305 页。

23　主要参考本书第一卷，第 281—330 页和 Bernal（1988）。

24　参考 Leach（1986），Thapar（1975, 1977）。两人都针对 19 世纪的印度学和印欧语研究写出了非凡而惊人的意识形态批评。

可以建立起成功的、有成效的模式，就好像那个时代的达尔文提出自己理论模式的方式一样。

然而，事实上，雅利安模式在具有启发性这一方面并不成功，至少从19世纪80年代开始就是这样，当时希腊文化和希腊语中的印欧语系特点大部分都已被发现。因此，尽管雅利安模式战胜了古代模式，但是我们不能因此就认为雅利安模式具有优越性。实际上，达尔文主义因其对自然史的理解而硕果长存，雅利安模式却完全无法充分解释古希腊文明的起源和本质，二者之间存在着鲜明的反差。读者可以不赞同我的分析或给出的词源，但谁都无法否认，古希腊文化在很大程度上仍然神秘莫测。因此，除了基于内在的本质原因使得我更愿意接受古希腊人对自己历史的看法之外，也正是因为雅利安模式本身存在很大的不足，在这卷和下卷书中我希望能够展示，修正的古代模式所具有的更强的解释力。

一些理论上的思考

让我们回头继续讨论古代模式到雅利安模式的转变，不过现在要以更抽象的方式来进行观照。虽然库恩的范式针对的是自然科学史，但我相信，在研究人文科学领域发生的革命性变化时，它们同样具有启发作用。在我把古代"模式"和雅利安"模式"视为范式或学科基质（disciplinary matrices）时，也已不像在第一卷中那样犹疑。雅利安模式符合库恩的要求，库恩认为"学科基质"必须是"学科的"，因为它是实践者对于专业学科的普遍掌握；同时也是"基质"，因为它由不同种类的有序元素组成，其中每个元素都需要做更进一步的细分。[25]就如社会学家巴里·巴恩斯（Barry Barnes）所说的，库恩有时认为，"范式"或"学科基质"是这样的：

> 永无可能……给出任何不依赖语境的"合理的理由"来支持喜新弃旧，给出任何支持"前进"或"进步"的永远成立的证据。概念、理论和步骤

25　Kuhn（1977, p. 463）。库恩早年将范式（paradigms）划分为范例（exemplars）和学科基质，关于这一划分，可参见 Suppe（1977, pp. 135-51）。

在改变；问题在改变；判断标准在改变。……没有什么能够为比较评判提供本质性的稳定基础。革命把科学生活中不相称的形式区分开来。[26]

这是在用理论术语解释，是什么原因促使我的项目发生了改变。我原本是以超然的态度不偏不倚地评价两种模式的启发作用，现在变成了去展示在新的模式或范式下能做什么。库恩还论述了从一种生产模式到另一种的转变，他所用的表述显然会让人联想起马克思主义辩证法：

　　科学家会不愿意接受它（新的范式），除非能让他们相信，该范式可以满足两个极其重要的条件。首先，新的候选者必须表现出有能力解决某种突出的、公认的问题，而且这一问题以其他方式绝对无法解决。第二，新的范式必须保证能在很大程度上保留解决问题的具体能力，这种能力是由先前的范式逐步赋予科学的。[27]

这一说法在很多方面似乎与拉卡托斯（Lacatoš）的观点相似。拉卡托斯认为库恩的范式转移具有任意性，在评论这种任意性时，拉卡托斯坚持的是"剩余的解释性价值"（surplus explanatory value）。[28]

摧垮古代模式的最大异常，是其信条与 19 世纪世界观（Weltanschauung）之间所存在的矛盾之处。古代模式认为，希腊文明源于埃及人和腓尼基人，而 19 世纪的世界观把种族视为历史的主要决定因素，其承继关系则是不言自明的白皮肤＞棕皮肤＞黑皮肤。"原地生成模式"（Model of Autochthonous Origin）超越了这一问题，但该模式直至 20 世纪 70 年代才被柯林·伦弗鲁（Colin Renfrew）明确提出，不过早在 1820 年到 1840 年间，卡尔·奥特弗里德·缪勒（Karl Otfried Müller）和乔治·格罗特（George Grote）就已经谈到了这一模式的理念。[29]但是，这一模式并未给关于早期希腊史内部动因的研究带来任何益处，事实上，格罗特对此已经完全放弃。[30]

12

26　Barnes（1982, p. 11）.
27　Kuhn（1970, p. 169）.
28　Lacatoš（1970, pp. 106-11）.
29　第一卷，第 407—408 页。
30　第一卷，第 326—330 页；同时参见 Bernal（1988）。

雅利安模式所能做到的比这更多。对于希腊语和印欧语系的关联，雅利安模式提供了库恩所说的"范例"。不过，这一新的模式未能满足库恩的第二项要求："新的范式必须保证能在很大程度上保留解决问题的具体能力，这种能力是由先前的范式逐步赋予科学的。"几乎与此完全相反，人们瓦解了古代模式才确立了雅利安模式，一切全都重新开始。那么，为什么 19 世纪的古代历史学家没有遵循库恩的模式呢？答案似乎就在于，他们认为古代模式有太多不正常的地方，这使其他任何模式——或根本没有模式——更可接受。雅利安模式之所以胜出，唯一的内在原因就是它能够解释希腊语的印欧语基础。这是毋庸置疑的优势，与此同时，一方面存在的是否定希腊传统的需要，另一方面存在的则是众多早期学者已经发现的近东文化在希腊留下的种种痕迹，雅利安模式的这一优势与这些因素相互交融。简而言之，尽管雅利安模式取代了古代模式，但是这一事实本身并不能赋予雅利安模式任何优越性。

观点概述

在此我要概述一下本书的内容，我希望能以此为读者提供一些线索，指引他们穿过即将进入的由事实和观点构建的迷宫。我在前面已经提到，这卷书的重点是为青铜时代的希腊及其与地中海东部其余地区的关联提供考古学和同时代文献两方面的资料佐证。书中也会讨论到其他方面的内容，包括语言、地名、神话和宗教，不过这些将是第三卷和第四卷的焦点所在。

这卷书的第一章介绍的是公元前 2100 年以前的克里特岛。这座岛屿位于非洲、欧洲和亚洲三大洲之间，通常被视为沟通这三大洲的最重要的"桥梁"之一。这一章概述了新石器时代克里特的情况，包括公元前 6000 年以前从安纳托利亚引入的制陶业和农业，以及埃及、利比亚、黎凡特乃至基克拉泽斯群岛（Cyclades）和希腊大陆对北方的影响，这些影响在属于这一漫长时期的考古发现中表现明显。

在新石器时代，克里特的地位相对而言并不十分重要，因为当时爱琴海周边最为繁荣的地区是希腊北部种植小麦的广袤平原。在公元前 3000 年前的某一时期，人们迎来了青铜时代，这些平原地区随之衰落，爱琴海南部的沿岸地区和岛屿则日渐富有和兴盛。人们讨论过发生这种区域转变的原因。一些学者认为，这是由于从东方引入了新的"地中海"作物，尤其是众所周知的葡萄和橄榄；另一些学者则质疑这些作物引入的时间，他们更愿意强调造船业的进步和贸易的增进。不论是哪种情况，从北方到南方的转变似乎都标示着同近东的更多接触。

新的科学技术可以精确定位含有铅的金属制品和陶器的原产地，这些新技术已经证明了 20 世纪早期"修正的传播论者"理论（Modified Diffusionists），并否定了以剑桥大学考古学教授柯林·伦弗鲁为代表的极端孤立主义者的观点。如今人们清楚的是，在公元前四千纪末期和三千纪早期，存在着范围极广的贸易活动，从中东向西一直延伸到西班牙和匈牙利，向东则远至阿富汗。在这一更广阔的区域范畴下，若再认为地中海东部各地的相互接触有限，就未免显得荒谬了。

在以克里特为核心内容的第一章中，也讨论了这一时期该岛出现的新的冶金术和新的陶器风格，还有其他似乎可在黎凡特找到渊源的文化特征。西闪米特语最有可能进入克里特的时间，就是青铜时代早期的开端。从那时起，直到希腊语在公元前两千纪下半期兴起以前，西闪米特语即或没有占支配地位，也一直是岛上的重要语言。同样清楚的是，早期弥诺斯时期的克里特宗教受到了埃及的很大影响，岛上发现的埃及以及黎凡特的器物和艺术主题，可以追溯到公元前三千纪。

这里同时讨论的还有女权主义考古学者露西·古迪逊（Lucy Goodison）所做的有关这一时期的工作。古迪逊驳斥了那种认为克里特人有冥府或大地母亲神的观点。她论述说，图像研究显示，太阳被视为阴性。19 世纪和 20 世纪的学者更愿意把大地母亲的形象当作合适的非雅利安人的崇拜对象，这背后存在着意识形态层面上的有趣原因。从 19 世纪早期起，语言学家就把雅利安人视为阳刚的、崇尚精神、崇拜天空的民族，而被他们征服了的民族则主要是阴性的，和大地、物质联系在一起。在埃及，太阳是阳性的，天空是阴性的，大地是雄性的。露西·古迪逊认为她重构的宗教为克里特人所独有，这是正确的。不过，她也指出了克里特宗教与埃及宗教之间惊人的相似之处，例如认为太阳是乘船驶过天空的，而两位处于哀伤中的女性形象似乎与埃及女神伊希斯（Isis）和奈芙蒂斯（Nephthys）相似，后二者是在哀悼奥西里斯（Osiris）之死。

总而言之，似乎清楚的是，在克里特内部存在着地域文化差异，其中都包

14

含了从新石器时代延续下来的本地元素。同时它们也显示出邻近地区文化的重大影响，包括基克拉泽斯群岛对北方，安纳托利亚对东北，甚至还有埃及对南方，黎凡特对东南的影响。在极端的雅利安模式出现很久后，这一谨慎的、常识性的观点直至 20 世纪 60 年代一直都被广泛接受。在 20 世纪 60 年代之前，即使是承认前古希腊的文化受到了"东方的"影响，也不会对雅利安模式产生什么威胁。不讲印欧语，然而属于高加索并隶属于欧洲的前古希腊居民如同过滤器，过滤掉了非洲和闪米特对希腊文化的影响。因此，举例来说，著名的激进的考古学家和考古学理论家戈登·柴尔德（Gordon Childe）就主张"修正的传播论"以及近东对早期欧洲的决定性影响，尽管他在年轻时曾公开捍卫雅利安人的优越性。

自从 1972 年以来，剑桥考古学家柯林·伦弗鲁一直是对于公元前三千纪的爱琴海人进行诠释的主导人物。伦弗鲁遵循的是当时有关希腊文明的宗教研究和考古研究的趋势，这种趋势越来越多地认为，希腊文化的源头并不是据称由北方席卷而来的雅利安人，而是居住在爱琴海地区的本土民族。事实上，伦弗鲁主张的是"土著起源模式"（Model of Autochthonous Origin），他认为伴随着农业印欧语不仅出现在希腊，更出现在整个欧洲。根据他的模式，早期学者所看到的公元前三千纪黎凡特和埃及对克里特的重大影响，对于希腊文明有绝对的冲击力。因此对他而言有必要认为，希腊应该拥有不受东方影响的纯真童年。正如他所说的：

> 在整个爱琴海南部，在一千年的岁月里，每个领域都发生着惊人的变化。……这些发展变化基本没有受到东方的启发。然而正是在这个时期，随后出现的弥诺斯-迈锡尼文明的基本特征都得以确立。[31]

我们已经用了"极端的雅利安主义者"（Extreme Aryanist）这一称谓来描述那些否认埃及人和腓尼基人对希腊人有所影响的学者，因此我们难以找到合适的词语来描述那些比这更激进的人，那些人否认中东地区对前古希腊的居民的所有影响，同时认为第一批欧洲人是新石器时代的农民，而不是使用青铜器、

31　Renfrew（1972, p. xxv）.

驾着战车的雅利安人。我认为若要描述那些人，"终极欧洲主义者"（Ultra-Europeanist）是最恰当的说法了。

第二章和第三章的内容主要涉及波伊奥提亚（Boiotia）。位于希腊中部的波伊奥提亚省是一片群山环绕的平原。众多溪流从高处汇入这片平原，形成了浅浅的沼泽湖泊，其中面积最大且最出名的就是科帕伊斯湖（Lake Kopais）。这些湖泊通常不与海洋相连，但是在青铜时代的某个时期，人们开凿水渠，挖出把洞穴连到一起的坑道，让水能够入海，并排干湖水。当时的排水和灌溉技巧极其精微复杂，虽然在青铜时代末期这些排水和灌溉设施就不再起作用，并且人们决意更换这些设施，在公元19世纪之前它们却一直没有被替换掉。

这些排水沟渠的复杂程度，在当时的地中海盆地只有埃及能够达到。此外，这里还存在着一座极其古老的修了阶梯的人造土丘，最近的挖掘者认为，这座土丘是对埃及金字塔的模仿。因此，青铜时代早期的波伊奥提亚即使不是埃及的殖民地，也很有可能受到了埃及的影响。

第二章先是全面概述了古典和希腊化时代的作家所见的波伊奥提亚和埃及之间的关联。认为二者之间存在关联的部分因素，就在于二者的首都都叫作"底比斯"（Thebes），另外尼罗河沿岸和三角洲地区与波伊奥提亚的科帕伊斯湖畔沼泽地带之间也存在相似性。不过，这一章的大部分内容涉及的，是波伊奥提亚和埃及之间神话和宗教膜拜的相似性。尤其是，在科帕伊斯湖南岸地区存在着对雅典娜的膜拜，这非常重要，我认为这可以追溯到在埃及与雅典娜相对应的控制水的神灵奈斯（Nēit）。一个埃及神话把奈斯描绘成在尼罗河三角洲游泳的母牛，她定居的地方日后就成了她的圣城赛斯（Sais）。这与关于卡德摩斯（Kadmos）的希腊神话具有令人惊讶的相似性。卡德摩斯是底比斯的创建者，他一直追随一头母牛，直到这头母牛在他将创建的城市所在地躺下。

卡德摩斯在那里以母牛为祭品，开始膜拜雅典娜，并用神秘的别名（epoclesis）或头衔翁加（Onga）或翁卡（Onka）来称呼她。古代作家帕萨尼亚斯对这个名字没有进行解释，不过，其他人认为这名字源自埃及语，帕萨尼亚斯则认为它源自腓尼基语。翁卡这个名字几乎可以肯定是来自埃及女神ˁnḳt的名字，也就是希腊化时代的希腊人所知道的阿努吉斯（Anukis）。阿努吉斯是掌管尼罗河瀑布与水中大小岛屿的女神。有趣的是，人们发现希腊的底比斯就建造在又长又陡的悬崖边，三条溪流从崖上直落而下。与翁卡这个名字对应

16

的另外一个神话中的名字是伯罗奔尼撒地区阿卡狄亚（Arkadia）的翁凯奥斯（Onkaios），这个名字与快速奔流、河道分隔处形成诸多岛屿的拉冬河（Ladōn River）之间存在联系。同样清晰的是，在含义为项链的闪米特语词根「nq 中存在着双关，因为有关缔造底比斯的神话，尤其是那些与卡德摩斯的王后哈墨尼亚（Harmonia）有关的神话，都同项链和其他绳线联系在一起。

与此同时，我们还考虑到了与希腊底比斯密切相关的另一位神话中的女子，那就是阿尔克墨涅（Alkmēnē），她受到宙斯的诱骗，结果生下了赫拉克勒斯（Herakles）。在第二章里，很大一部分内容关注的是，究竟是哪些美索不达米亚、西闪米特和埃及的线索启发了这位最伟大的希腊英雄，具体而言则是底比斯的英雄的成形。这些线索主要来自三种文化里诡谲的诸神，但是也包括了埃及法老，尤其是埃及中王国时期的法老，他们对希腊的征服和可能产生的影响，我们将在后面的章节里进行讨论。

这引发了两个更普遍的问题。首先是一种可能性，就是说，被普遍认为是希腊所独有的永远崇高的半神英雄，可能源自埃及的人–神或神圣的法老。第二个问题就是，或许存在着与希腊作家犹希迈罗斯（Euhemeros）的观点相对应的现实。犹希迈罗斯是与亚历山大大帝和希腊化时代神灵化帝国的建立同时代的人。犹希迈罗斯认为，诸神的概念来自出众的人。在现代，人们使用了"神话即历史论"（euhemerism）一词——我自己对此有负罪感——然而却是在完全相反的意义上，来描述神话中的存在到历史人物的转变。实际上，两种过程毫无疑问都经常发生，也可能就是在这一情况下，埃及中王国的法老成为赫拉克勒斯产生的重要动因。

第二章整体上展示了波伊奥提亚和近东之间详细而复杂的神话上的相似性，其中大多数可以追溯到青铜时代，也有一些似乎源自公元前三千纪。这主要是提供背景资料，来评判第三章中要讨论的现代波伊奥提亚考古学家相互冲突的言论。如上所述，对于青铜时代可能存在的埃及的影响，主要有两种切实的证据。首先，存在着安菲翁（Amphion）和仄托斯（Zēthos）的墓葬或"金字塔"。它确实很大，并且是人工修建的，在整个古典时代和希腊化时代都显得极其庄严神圣，而安菲翁和仄托斯则被认为是底比斯的创建者。不过，对于他们是否真是底比斯**最早**的创建者，或者说，他们是否比更广为人知的卡德摩斯来得更早，自从古典时代以来，就一直存在着争论。来自荷马时代的久远传说认为这是实情。斐勒库德斯，一位被认为引用了腓尼基的资料的作家补充说，前者的城市后来遭到毁灭，卡德摩斯则是在废墟上重建了底比斯。

没有多少疑问的是，这个大土丘可以追溯到希腊青铜时代早期二段的陶器时期，也就是公元前 3000 年到公元前 2400 年间，相当于埃及古王国时期。挖掘者西奥多·斯皮罗普洛斯（Theodore Spyropoulos）认为，这一复杂的阶梯建筑与早期的埃及金字塔相似。土丘顶部的墓葬曾遭洗劫，尽管斯皮罗普洛斯相信它们来自埃及，我们仍然难以确定在此复原的寥寥几件残留物究竟来自何处。在上面所述的神话背景下，加上我们知道埃及人曾在这一时期建造金字塔的这一事实，就似乎有理由假定，在为了竖起这座丰碑而进行的大规模修建工作中，即或没有出现埃及人的身影，也至少存在着埃及的影响。

最近的挖掘显示出波伊奥提亚在希腊青铜时代早期二段的高度繁荣和城市化。更为惊人的则是，在科帕伊斯湖北岸奥尔霍迈诺斯（Orchomenos）附近发现了属于这一时期的"圆形建筑"，或称为"Rundbauten"。对于这些建筑最令人信服的解释就是将之视为粮仓。斯派雷登·马瑞纳托斯（Spyridon Marinatos）在 20 世纪 70 年代末离世之前一直是希腊考古学界的权威人士，他指出，这些粮仓和在埃及以及埃及的墓葬壁画中清晰描绘的粮仓非常相似。因此，他认为，它们表现出了埃及对这一古老时期的影响。这些粮仓的存在也显示出所在区域谷物产量的盈余。谷物的丰收当然可能是来自科帕伊斯湖沿岸或汇入科帕伊斯湖的基菲索斯河（Kēphissos）的两岸地区。不过，似乎更令人信服的是，它们是人工排水和灌溉的结果。

有人认为科帕伊斯湖最早的排水沟和圩田可以追溯到希腊青铜时代早期二段，这种观点并不新鲜。德国工程师和考古学家劳费尔（Lauffer）把他的学术生命奉献给了对这些水力设施的研究，他相信它们来自这一时期。他的现代继承者们更加谨慎，只是说最早的工程属于前迈锡尼时代。而斯皮罗普洛斯则认为，他在一处沟渠发现了希腊青铜时代早期二段的陶器，因此证明了劳费尔的观点。这样，种种证据就汇合在一起，包括"金字塔"、沟渠、圆形建筑和这一时期的普遍繁荣，这些都表现出，在公元前三千纪中期波伊奥提亚存在着大规模的建筑工程。进一步说，不只是"金字塔"和圆形建筑显示出这些工程与埃及存在关联。到这时为止，复杂的排水和灌溉系统已经在美索不达米亚存在了数千年。不过，埃及距离波伊奥提亚要比美索不达米亚平原近得多，而且埃

18

及在整个古王国时期一直进行着大规模的水利工程建设。因此，人们在征服科帕伊斯湖的过程中为解决出现的种种复杂问题需要必要的专业手段，而埃及似乎最有可能是这些专业手段的来源。

在青铜时代的希腊，进行排水和灌溉的地区不仅是波伊奥提亚。在伯罗奔尼撒中心阿卡狄亚的山地，也存在着若干相似的沟渠和堤坝。它们的建筑年代尚未确定，但是调查过它们的考古学家和工程师相信，它们和波伊奥提亚的沟渠和堤坝具有相似性，因此可能建于同一时期。更引人注目的则是阿尔戈斯（Argive）平原上梯林斯（Tiryns）附近的巨型水坝，它的宏伟规模甚至超过了波伊奥提亚和阿卡狄亚的水坝，不过还没有人建立起它与后二者之间的类比关系。

梯林斯水坝或许也在青铜时代早期开始修建，这种可能性越来越大，因为在梯林斯发现了一座希腊青铜时代早期二段的圆形建筑，其面积大得似乎能够贮藏阿尔戈斯平原出产的所有粮食。这不仅显示出当时的繁盛景象，也显示出强有力的集权政治，或者至少是强有力的经济控制，而伦弗鲁在构建这一时期的小型农业模式时并没有想到这些。在勒纳（Lerna）发现的这一时期的大型建筑被称为"瓦片房屋"（The House of Tiles），其中也体现出了大规模的组织架构。不论该建筑是座小型宫殿还是议会厅的中心，都可以证实"圆形建筑"所表现出的复杂的中央集权统治。

第三章也特别考虑了发生洪水和实施灌溉的地方的名称。Pheneos 或 Pēneios（菲提尔）是河流或湖泊的常见名称，普遍出现在整个希腊，尤其多见于紧邻波伊奥提亚北部的塞萨利（Thessaly）和阿卡狄亚。这个词没有印欧语词源，似乎最有可能来自埃及的 P3 Nw(y)（洪水）。这些都有力地暗示着，地震可能会造成堰塞并由此导致洪水，而强大的古代传统将之与洪水和英雄的灌溉联系了起来。

希腊最常用的河流名字之一是 Kēphis(s)os（基菲索斯）。我相信这源于埃及地名 Ḳbḥ(w)，这个词在埃及普遍用来指称溪流、河流和其他水体。它与埃及语中的词根 ḳbb（凉）和 ḳbḥ（净化）相关。Ḳbb 是位于埃及第一瀑布（the First Cataract）上的象岛（Elephantine）附近两处洞穴之一的名字，该瀑布据信是尼罗河之源。通常与 Ḳbḥ(w) 这个名称联系在一起的则似乎是从地面涌出的清亮澄澈的水。被命名为 Kēphis(s)os 的希腊河流，即使不是大多数，也有很多流经地下，并被用来进行仪式上的净化。Ḳbḥ(w) 也用作地名，指的是有水鸟的湖泊和沼泽池塘。不论对于阿卡狄亚的卡夫亚伊（Kaphyai）湖还是科帕伊斯湖——两者都有一条名为 Kēphisos 的河流注入——这似乎都是恰当的词源。

在波伊奥提亚和阿卡狄亚这两个地方，都有一座被称为奥尔霍迈诺斯的城市，位置则临近青铜时代的堤坝和水道。这一地名显然要追溯到青铜时代，因为它是在 B 类线形文字泥板上被发现的。曾有人提出了一种印欧语词源，认为其源自含义为"接近"的词根，这一词根是由立陶宛语动词 veržiu（包围）重构的。不过，似乎存在着更令人信服的词源解释，就是来自迦南语的词根 ˤrk。它的基本含义是"按顺序排列"或"排成行"，或者是军事语境中的"画出战线"。这似乎是一大批由 arch- 开头的希腊词汇的起源，它们没有印欧语词源中"先行"或"命令"的军事含义。于是，似乎有可能的是，orcho- 和 ercho- 以及 arch- 都是闪米特语 ˤrk 的借词。这似乎可以强化这一假说：Orchomenos（奥尔霍迈诺斯），还有 Erchomenos，它们意味着"被控制的"或"围起来的地方"，被用来指代附近的堤坝和水道。尽管最终源自闪米特语，词尾的 -menos 似乎是希腊语中的被动分词，它会让地名本身成为希腊的地名。不过，或许还有闪米特语 mayîm（大片水域）的影响，语言学家称这种影响为"感染错合"（contamination），这非常有趣。"被控制的大片水域"这一说法完全符合这里的语境。

对于这些可能的词源的探讨，是在实际存在的古代灌溉工程的语境下进行的，修建灌溉工程所需的技巧可能主要来自埃及，其次来自黎凡特，传统上，埃及移民和早期的灌溉一直被联系在一起。不过，我们面临的重大困难则是要辨别出，这些名字究竟是在青铜时代的哪个时期出现的。虽然我们可以明确水利工程本身是在公元前三千纪开始的，但其在公元前两千纪一直在继续，而这些词汇或许只是在这一更晚的时期才进入希腊语。实际上，如果印欧语进入希腊是在希腊青铜时代早期二段结束或青铜时代中期开始时，那么这似乎是确定的事实。不过，一些膜拜仪式和传统，尤其是那些涉及灌溉者奈斯 / 雅典娜及其与塞特（Seth）/ 波塞冬之战的仪式和传统，还有涉及蛮荒力量的仪式和传统，的确可以追溯到更早的时期。

有趣的是，在希腊传说中经常提到双重起源。对此，一种简单的解释就是，

20

惯常的神学和神话实践会采用双重性以使一切显得更加神秘，比如神灵有两种出生，两个母亲，两个父亲，等等。或者这属于列维-斯特劳斯的神话结构要求。在这种情况下，似乎双重性具有历史基础，铁器时代的希腊人有可能模糊地意识到，不仅仅存在一个黑暗时代，即那个发生了迈锡尼的覆灭和在特洛伊战争过去十数年后自称为大力神赫拉克勒斯后裔的人们的回归的时代；此外可能还有更早的黑暗时代，比如我们认为是在公元前 1600 年左右的丢卡利翁（Deukalion）所处的大洪水时代，以及可能更早的包括了毁灭安菲翁和仄托斯的底比斯的黑暗时代。

毫无疑问，在希腊青铜时代早期二段的陶器时期，希腊的社会和经济都极为繁荣和复杂，众多保留下来的特征看起来颇有埃及特色，而且埃及在那一时期对希腊产生影响并不会让人感到惊讶，因为那是埃及古王国的鼎盛时期。尽管在阿卡狄亚和波伊奥提亚并没有发现明确属于这一时期的埃及器物，但是不仅在克里特，而且在爱琴海沿岸的其他地方，人们都发现了少量显然出自古王国时期的埃及的物品。总而言之，我在第三章里论述的是，可以找到恰当详细的例子来说明，埃及——或者把范围缩小到黎凡特——在公元前三千纪对希腊大陆和爱琴海地区产生了影响。

21　　到公元前三千纪末期，克里特的发展表现出了与希腊大陆极其不同的形式。在那之前，北方的繁荣程度和经济运作的规模似乎总要比克里特的显得更可观。进一步说，尽管在克里特岛上发现了更多的埃及古王国时代和公元前三千纪早期和中期的黎凡特的物品，但是就如前面讨论过的，似乎在爱琴海地区中部和北部与中东地区之间存在着同样频繁的接触和交往。差异的产生是在公元前 24 世纪，希腊青铜时代早期二段的陶器时期和克里特的弥诺斯时期早期二段结束后。在希腊出现了破坏，在那之后城市化规模和人群聚居的密度都下降了。在克里特，与之相对的是，出现了所谓的"原始宫殿时期"（Proto-Palatial Period），这一时期的发展结果是建成了宏伟的克里特宫殿，最初建成这些宫殿似乎是在公元前三千纪的最后一个世纪。

在早期弥诺斯时期，克里特虽然已经出现了文明，但是基本上并没有城市化，对于这样的克里特何以发展成规模合理、由官员统治的宫殿社会，存在着多种争论。尽管人们承认这种转变具有重要意义，伦弗鲁和终极欧洲主义者还是认为，这主要是由于本土的动因，他们持有这种观点并不足为奇。另一方面，包括克里特考古学的奠基人阿瑟·埃文斯（Arthur Evans）爵士和他最杰出的学生彭德尔伯里（J. D. S. Pendlebury）在内的修正的传播论者则注意到，在弥诺斯时期中期三段的地层中发现了大量黎凡特和埃及的物品，这一时期冶金技术、石罐和陶罐设计的变化也都反映出了来自黎凡特和埃及的影响。他们也注意到，克里特宫殿建筑和运转于其中的宫殿体系与中东的宫殿体系之间存在着本质相似性，而中东宫殿的修建要比克里特早多个世纪。因此，他们倾向于将这种转变同东方的影响联系在一起。

有趣的是，一些年轻的剑桥考古学者沿着完全不同的路径得出了相似的结论。他们接受了终极欧洲主义者的教育，可是他们吃惊地发现，考古学提供的证据实在很难验证埃文斯假设的平稳进化模式——伦弗鲁在某种程度上也主张这一模式。因此，他们现在采用了达尔文进化论评判者所用的话语，并谈到了被中断的平衡（punctuated equilibria）。他们也注意到克里特原始宫殿时期的显著特点，就是与中东交往的证据突然激增。即使如此，他们与上一代修正的传播论者一样，非常不清楚这些发展变化是如何发生，又是为何发生。

一种非常可能的情况似乎可以对此做出解释，那就是最早的克里特宫殿是在埃及由第十一王朝统治时修建的。这一王朝最初由上埃及的黑人创建于底比斯行省，继而恢复了埃及的统一，并缔造了后来为人所知的中王国。毫无疑问，在第十一王朝，埃及军队实力大增，并且远征进入了黎凡特。铅同位素测定的结果也让我们知道，第十一王朝的埃及从位于雅典以南的阿提卡（Attica）的劳利昂（Laurion）矿区进口银矿。这一事实和在克里特发现的这一时期的埃及物品都表现出，克里特宫殿的兴建可能在某种程度上是当时埃及重建权力的结果。不过，这种关联的考古学理据本身仍显不足。

不过还有另外一类证据来源。克里特宫殿社会最显著的特征之一就是公牛膜拜。这方面的证据既来自克里特宫殿遗迹，也来自埃及传说中的弥诺斯迷宫（Mino's labyrinth）和半人半牛怪弥诺陶洛斯（Minotaur）。尽管克里特岛上也存在着少数适合养牛的平原，但是其最显著的地形特征则是山脉，更适合岛上生活的是山羊或野山羊（agrimi）。因此，公牛崇拜的迹象直到早期弥诺斯时期末才出现，这从地理的角度看并不奇怪。人们通常认为，公元前两千纪在克里特出现的公牛膜拜，源自公元前七千纪恰塔尔许于克（Çatal Hüyük）的新石器时代文化。但是上面所述的这种膜拜的缺席，让我们很难接受这一普遍认同的观点。或许，克里特和希腊大陆一样，真的接受了安纳托利亚文明的大部分或绝大部分农业技术，但我总是反对"默证"（argument from silence）。无论如何，在安纳托利亚或爱琴海存在长达四千年的缺少公牛崇拜的空白期，这的确让人们感到有些困惑。之前提出的假说失去了可信度，因为还存在着另一个可能的发源地，它在地理位置上同样接近克里特，而且克里特的公牛崇拜与它出现在公元前 21 世纪的几乎同一时间，那就是第十一王朝时期的埃及。

公牛作为强壮有力的美好动物，在很多不同的文化里，都是宗教崇拜的对象。在埃及，公牛和公牛角从前王朝时期开始就一直被赋予了宗教膜拜的意义。从法老时期开始，在埃及就存在着众多的公牛膜拜仪式，其中最著名的就是阿匹斯（Apis）圣牛崇拜，这一崇拜是在孟菲斯（Memphis 或 Mn nfr）附近开始的，其确立者是第一王朝的第一位统治者和权威立法者，他在日后被希腊人称为美尼斯（Mēnēs）或敏（Min）。令人称奇的是，传说中弥诺斯时期克里特的立法者和统治者也和公牛崇拜以及**牛头怪**弥诺陶洛斯密切相连。后者在埃及诸神的传说中很多时候被刻画成具有牛头和人的身体。

埃及还有其他重要的公牛崇拜。在位于现代开罗东北的赫利奥波利斯（Heliopolis），人们崇拜姆奈维斯（Mnevis），其埃及名称是用象形文字⊔⌐（弯弯曲曲的墙）表示的。根据希腊传说，弥诺斯的建筑师代达罗斯（Daidalos）按照埃及模式修建了克里特迷宫。在希腊，现在所知的最早提及的"迷宫"，并不是指建造于克诺索斯的迷宫，而是指第十二王朝法老阿蒙涅姆赫特（Amenemḥe）三世在法尤姆（Fayyum）湖入口修建的巨大祭庙。我相信，迷宫的名称或许来自法老的另一个名字，N m3ʿ.t Rʿ。希腊化时代的希腊人用多种方式来翻译这个名字，包括 Labarēs 和 Labaris。[32]

而且还存在着涉及三方对应的情况。在埃及存在的一些公牛崇拜与 Mn 这个名字相关，Mn 也是首位法老／立法者以及一头与"弯弯曲曲的墙"联系在一起的公牛的称号。所有这些都可追溯到埃及古王国时期，也就是在克里特宫殿修建之前。在克里特，公牛膜拜与弥诺斯国王和迷宫联系在一起。在传统的叙事中，弥诺斯国王并非总是神圣的立法者，有时也是好色之徒，这就让上面的对应变得更加错综复杂。这又与另一位埃及人物的情况相仿，那就是被称为

敏的神，关于他的雕塑画像都以巨大的阴茎为特征，在以后的时代他被视为希腊半人半羊的守护神潘神的原型。而且，人们似乎有时也会把敏神与王朝创始者敏／美尼斯混淆或合而为一。

埃及的另一种与公牛联系在一起的膜拜是鹰／牛神（Mntw）膜拜，鹰／牛神是重要的战争和征服之神，尤其是征服北方之神，他在全国知名，是因为第十一王朝法老的守护者是以他的名字命名的，即孟图荷太普（Menthotpe）："鹰／牛神（Mntw）是满意的"。于是，克里特的公牛崇拜看起来是出现在公元前21世纪，正好是第十一王朝重新统一埃及的时候，这时的埃及将其影响向国外扩张并迎来公牛崇拜的时代。甚至有可能的是，在 *Rdi Mntw（"鹰／牛神"给予或"鹰／牛神所给予的那个人"）的形式中出现的鹰／牛神的名字，也保留在传说中的国王拉达曼提斯（Rhadamanthys）的名字中。拉达曼提斯是弥诺斯国王的兄弟，凭借自身条件成为裁决者和征服者。在新王国时代的埃及，第一王朝的创始人敏和中王国的创始人孟图荷太普，有时会被人们放到一起崇拜，这也与希腊传说中弥诺斯和拉达曼提斯的关系完全相同。由于在埃及的敏／美尼斯和敏与鹰牛神和孟图荷太普之间似乎出现了神和法老的某种融合，我们或许有理由认为，克里特的弥诺斯和拉达曼提斯既有神灵的，也有王室的来源。

24

这一相合的模式可以用若干方式进行解释。第一种方法是简单地将之归为偶然。这似乎不可能，因为相似性既精微复杂，又频繁出现。

第二种解释是将之归因于埃及和希腊的神职人员在古典时代和希腊化时代的混合。这实际上也是不可能的，因为弥诺斯和拉达曼提斯的名字出现在赫西俄德和荷马的作品中，他们的作品清晰地表明，大多数与之相关的传说在公元前10世纪或9世纪已经存在。因此，所有的融合似乎都应该发生在更早的时候，或许是发生在"黑暗时代"。由于埃及和希腊之间进行的接触的本质，也由于当时希腊宗教的无组织的状态，这种假定似乎是非常不可能的。如果融合发生得更早，最有可能的时期会是公元前15和14世纪，那时在地中海东部地区内部出现了接触和交往，宗教在两个区域都呈现出一派繁荣。实际上，希腊神话很有可能就是在这一时期形成的。考古学显示，克里特开始出现公牛崇拜的时期，恰好是鹰／牛神崇拜最为盛行的时候，无论如何，似乎有足够的理由认为，这种基本的相似性可以追溯到那个时候。

认为这种相合发生在公元前三千纪末期的另一个原因就是，大约在公元前

2000 年左右，埃及全国的膜拜对象从鹰 / 牛神转为公羊阿蒙（Amon）。因此，一方面，鹰 / 牛神仍然是埃及众神中的重要一员，尤其是与对北方的征服相联系，同时阿蒙作为公羊赞恩（Zan）或宙斯（Zeus）的对应物，在克里特宗教中变得极为重要；另一方面，在埃及抛弃了公牛膜拜之后，克里特仍保留了公牛膜拜的中心地位。这似乎符合普遍的文化模式，那就是，外围区域会保留中心区域舍弃的文化特色，比如说，佛教的延续出现在斯里兰卡、东南亚、尼泊尔和西藏地区，而不是其发祥地印度。同样如此的是，基督教在欧洲和东非得以继续发展，在其发源地叙利亚-巴勒斯坦和埃及却并非主要的宗教。

　　近乎确定的是，克里特的公牛崇拜是从埃及引入的。克里特和近东宫殿在建筑上和社会上的相似性，以及其他许多膜拜仪式和画像形象的相似性，都清晰地表明，克里特由前宫殿时期到原始宫殿时期的文化"飞跃"，至少是源自同时代中东的间接激发，而这又与埃及重获那一地区的首要地位联系在一起。我也相信，拉达曼提斯的传说和考古证据都显示出，在公元前 21 世纪，埃及在爱琴海南部地区可能处于统治地位。

　　第五章和第六章是关于埃及第十二王朝法老森乌塞特一世（Senwosre I）的征服的，希腊人称这位法老为色梭斯特里斯。希罗多德和之后的希腊作家都用了一定的篇幅详尽描写了他通过征战完成的征服，在征战中，他和他的部队穿过亚洲和塞西亚（Scythia）——俄罗斯南部的大草原———直到达了高加索。亚历山大大帝在远征时曾经抵达印度，生活在征服发生之后的时代中的作家们认为，色梭斯特里斯曾到达了同样远的地方。自从 18 世纪以来，所有这些记录都被现代学者忽视了，长久以来这些学者中的大多数不愿意把森乌塞特和色梭斯特里斯等同起来。他们倾向于认为，这些记述显然是由于埃及人在努力寻找一位民族英雄，他的对外征服能够超越居鲁士大帝之后的波斯统治者，也能超越亚历山大之后的马其顿（Macedonia）统治者，因此就有了希腊化时期狄奥多罗斯的夸张叙述。现代学者之所以不愿相信森乌塞特和色梭斯特里斯是同一个人，在很大程度上也是由于他们难以接受这一想法：一支文明化的非洲军队不仅能在亚洲西南，而且能在欧洲完成重大的征服。这样的构想恰与 19 世纪末期和 20 世纪早期系统化的种族歧视主义相对立。

　　到 20 世纪中期，在碑文的证据和考古学的基础上，人们普遍认为，在第十二王朝，在叙利亚-巴勒斯坦地区即使未出现埃及建立的"帝国"，至少也出现了受到埃及影响的区域。不过，从那时起，怀疑的声音越来越强，一些学者不再相信这种观点。如果埃及在黎凡特没有基地，那么森乌塞特／色梭斯特里斯的征服就是完全不可能的。

一些人相信，叙利亚-巴勒斯坦地区存在第十二王朝的"帝国"，他们的观点也得到了在孟菲斯或现代的米特·拉辛纳村所发现的碑文的支持，该碑文描写了森乌塞特一世和他的继位者阿蒙涅姆赫特二世在陆地和海上的多次重要远征。有些远征抵达了非洲更南部的努比亚（Nubia）和库什（Kush），但是更多的远征是向北进入亚洲，不仅抵达西奈（Sinai）、黎巴嫩，而且抵达了位置更靠北的一个名为 Stt 的国家，这个地名后来等同于希腊语中的"亚洲"。一些城市被摧毁了，其他埃及资料中都找不到它们的名字。远征军把大量战利品带回了埃及，其中最多的是战俘和金属，尤其是铅和银。

资深学者乔治·波斯纳（George Posener）把一生都投入了对中王国时期埃及的研究之中，尤其是对埃及与亚洲西南部的关系的研究。波斯纳立刻就把碑文视为有力的证据，用以支持他所坚信的中王国对叙利亚-巴勒斯坦地区实行过统治的这一观点。在这方面，他的观点得到了以色列考古学家拉斐尔·吉文（Raphael Giveon）的支持。

同样不出人意料的是，曾经反对"第十二王朝帝国"观点的美国埃及学家、黎巴嫩人的卫士威廉·沃德（William Ward）宣称，这一碑文的年代要晚得多，属于第十九王朝，它被镌刻的时间要比其所记述的事件晚几百年，因此不能用来作为证据。沃尔夫冈·黑尔克（Wolfgang Helck）或许是仍然在世的最杰出的德国埃及学家，他曾经否定亚洲西南部在埃及中王国时期出现过埃及人的大规模活动。不过，黑尔克接受了波斯纳以碑文作为证据进行的阐述，他也认为这些碑文来自第十二王朝。他还认为，当时的出征范围远至塞浦路斯和安纳托利亚南部。

我比黑尔克更进一步。我的观点是，这些碑文向我们重新提出了一个问题，那就是希腊作家们所记述的色梭斯特里斯的大规模征服的历史真实性。实际上，即使没有这一铭文，这样的回顾和追索也是可行的，原因正如我在前面所提到的那样，我相信，如果古代的文献资料互相印证并且不会被遗存否定，我们就应该以古代文献所提供的方案作为可操作的研究假设。

在我尝试评估古代作家的可信性之前，有必要尽可能多地审查并具体分析他们的表述。比如说，希罗多德叙述说，色梭斯特里斯曾经穿越亚洲"大陆"，他的意思显然并不是说，色梭斯特里斯抵达了楚科奇和白令海峡。实际上，古代作家挑战的是狄奥多罗斯有关埃及法老曾去过印度的主张。在这一语境下，希罗多德在提到"亚洲"时，所意指的显然是今天我们所说的小亚细亚地区或土耳其。在这种情况下，我们应该认为，色梭斯特里斯的战役范围横穿了安纳托利亚，并绕过了黑海北部，直至高加索，整个路线超过了3000英里。这一距离非常可观，足以让人们在两千年里将之铭记在心。不过，这一路线要比亚历山大大帝的远征路线短得多。色梭斯特里斯的征战路程或许可以和现代中国共产党人的长征进行比较，后者虽然是靠步行完成的，但与色梭斯特里斯和亚历山大不同的是，长征者背后并没有稳定的国家作为支持，也没有海上的物资供应。

第五章包括有关年代学的两个部分。第一部分与色梭斯特里斯的年表并不直接相关，但是足够重要，原因是，对于考古学家在意图为自己的学科确立"科学"基础的过程中所产生的一些困难，这一部分给出了非常出色的解答。它关注埃及的年表，而埃及年表直到20年前还在为爱琴海和中东其余地区的年表的制定提供出发点和依据。这是因为，只有埃及存在国王的名录，而这些国王的统治期可以追溯到公元前三千纪或者更早。国王名录远称不上完整，有时也互相矛盾，在强大的王朝之间存在着所谓的"中间期"，也就是保存在历史记录和年表中的埃及政治混乱的时期。不过，由于从第十二王朝开始有了天文年代测定，大多数学者都认为，第一王朝在公元前3400年左右已经开始。

在20世纪中期，埃及学家和古代史学家曾经强烈要求为他们的学科和他们自身确立"科学的"地位。要做到这点，最简单的方法似乎就是采取怀疑和谨慎的态度。不可以使用或然性的论据，而且绝对不能只靠推测得出结论。这种怀疑和谨慎的态度尤其应被运用到对空间和时间的讨论之中。一种强烈的倾向就是限定古代人类活动的地理范围，甚至还有更强的倾向，就是推迟时代较早的事件的发生时间。因此，"新派科学的"学者们采纳了最短的可以成立的统治期限，坚决主张存在长期的共同摄政时期，即法老们和继任者共享统治地位的时期，并主张朝代的重叠。结果他们把法老统治埃及的时期推后到公元前29世纪。尽管此后人们又不再这样激进，但是新的妥协结果是，埃及第一王朝在公元前31世纪创立，比之前的共识晚了两三百年。

过去 20 年里，"真正的"自然科学家开始登场。他们想法单纯，乐于接受他人的观点，想要解决如今可以用他们的方法进行检验的问题。让他们和别人同样感到惊奇的是，他们用放射性碳和其他技术测得的年代很多都比按照传统考古学知识进行推测得出的结果早很多。本书第五章的年代学部分所关注的就是如今仍然激烈进行着的相关论争。

杰出然而反复无常的考古学家詹姆斯·梅拉特（James Mellaart）常被同事批评为"根基不牢"。1979 年，他发表了一篇关于年代学的文章，其中用激进的话语呼吁整体修改近东的年代表，把年代向前调整，以迎合放射性碳测定的新年代。这篇文章立刻遭到了考古学家的围攻，因为它只选取了一部分年代，而且歪曲了数据。不过人们对现状的捍卫只取得了一时的成功。在一段时间里，由于放射性碳实验室在测定年代时持续地"出错"，人们不得不反复进行测定，直到"得出正确结果"，也就是得出能够符合传统年代学预设的年代。有趣的事情是，尽管这些"错误"中的一部分年代或偏早或偏晚，但是对于公元前三千纪和公元前四千纪大部分年代的测定都被简单地视为早了两百到五百年。在一间著名的实验室，这个"错误"持续了几年时间才"被纠正"，而考古学家被谨慎地告知，要将实验室之前给出的有关他们遗址的年代推后几个世纪。不过，对于"错误"或是**纠正错误的根据**，人们没有给出解释。

在 20 世纪 80 年代晚期，得克萨斯和瑞士的一群科学家从若干座金字塔中采集了 80 份新的碳样本，通过对这些样本的分析结果得出了有关古王国法老的一系列年份，这些年份比常规观点所给出的年份平均提早了 374 年。这实际上比梅拉特提出的年表的时间还要早，因而为梅拉特的观点提供了有力的支持。

由于这些原因，我现在接受了梅拉特在 20 世纪初期所回归的传统观点：第一王朝开始于公元前 3400 年而不是公元前 3100 年，而第三王朝，也就是古王国时代的第一个王朝，建立于公元前 3000 年左右而不是公元前 2686 年——这是《剑桥古代史》（*Cambridge Ancient History*）中给出的年份。由于爱琴海地区陶器时期的年代确定的依据是埃及年表，这就涉及把弥诺斯早期／青铜时代一期的开始时间从公元前 3000 年提早到公元前 3300 年，把弥诺斯早期／青铜时代二期的开始时间从公元前 2500 年提早到公元前 3000 年。

梅拉特认为，埃及古王国年代的提前必然会导致中王国年代的相应提前，

28

这反过来又迫使我们放弃第十二王朝的天文年代测定，因为所有早期埃及的年表都依赖于这种天文年代测定的结果。另一方面，他接受了传统上对新王国的年代推定，也认为新王国从公元前 1567 年开始。通过增加第二中间期的时间长度，他从支持古王国的高位年表（high chronology）转换到了支持新王国的低位年表（low chronology）或中位年表（middle chronology）。

对这一时期的年代和持续时间的确定将在第八章中详细讨论，毫无疑问，在此传统观念也存在着一些问题。然而，我很不愿意放弃第十二王朝的天文年代测定，它似乎很有理据。因此，正如梅拉特延长了中王国到新王国之间的第二中间期，而我则更愿意重新扩展古王国到中王国之间的第一中间期。在过去 70 年里，这一时期经受了格外激进的压缩，这是因为，要想推后第一王朝和古王国开始的年份，减少或清除这一"最柔性的"时期的时间长度是最简单的方式。所以，尽管我修订了埃及古王国的年代标定，但对中王国和新王国的年代标定仍然停留在约定俗成的传统范围之内。

梅拉特所主张的把年代提前并不局限于埃及。他坚持认为，放射性碳实验表明，对于公元前四千纪和公元前三千纪的美索不达米亚，人们也应该将其年代提前。这就可以保证两个区域之间的年代是同步或平行的。在此他的观点得到了另一类科学研究工作的一定支持，那就是统计学家彼得·休伯所做的研究。休伯研究了美索不达米亚的记录中保存的公元前两千纪开始时的金星和月食景象。在这些记录的基础上，他指出，所谓的中位年表和低位年表与这些数据不符，但是所谓的"长"年表（long chronology）则非常符合。我们不应该把这种"长"年表同那种时间上甚至更早的"高位"年表相混淆，后者是 20 世纪早期学者所采用的，也是梅拉特所要求的。

与那些依靠放射性碳进行研究的科学家和技术人员一样，休伯并没有其他的打算。他并不在乎他得出的年代结果是更久远还是更近，他只是看到这个问题很有趣，是个可以解开的谜团。而考古学家无法做到同样的不偏不倚，他们多年来一直在把年代推后，此时则拒绝承认休伯的发现。不过，来自安纳托利亚一处宫殿的未公开且未加验证的年代记录，似乎可以用来巩固他们的观点，因为它支持中位年表甚或低位年表。因此，人们不得不接受这种可能性：任何一种年表都有可能是正确的。

如果接受"长"年表，那么，在公元前 20 世纪下半叶和公元前 19 世纪上半叶似乎出现了鲜明的对比，一边是埃及、黎凡特和爱琴海南部地区出现的和平与繁荣，另一边是安纳托利亚、巴尔干和高加索地区出现的频繁破坏，而依照现代考古学传统，这就标志着这一地区青铜时代早期的结束。这些通常要归因于来自北方的入侵。然而，在安纳托利亚和巴尔干，并没有发现可达到破坏层面的独具"北方"特色的物品。另一方面，在安纳托利亚发现了少量埃及第十二王朝的物品。这样的情况难以与中位年表相调和，更不可能与短年表相调和。

"长"年表可能是正确的，在安纳托利亚发生的破坏可能是由埃及的征战造成的，这得到了考古发现的支持。在底比斯南部托德（Tôd）的鹰／牛神神庙发现了阿蒙涅姆赫特二世统治期间的一处宝藏窖藏，人们在这里发现了许多来自安纳托利亚的银器，还有其他物品，其中包括天青石质地的圆柱形印章，其原料出自阿富汗的矿区，雕刻却是在美索不达米亚完成的，还有一个可能是在安纳托利亚完成的。所有这些物品的最有可能的来源，实际上就是安纳托利亚中部，因为我们知道，在公元前 20 世纪和公元前 19 世纪存在着亚述人（Assyrian）的贸易殖民区，美索不达米亚的印章很有可能会通过这些贸易区到达安纳托利亚。

30

托德的宝藏或许是安纳托利亚和埃及之间贸易的结果。不过，窖藏位于鹰／牛神神庙，而鹰／牛神是征服之神，尤其与 Stt 联系在一起，这样，更有可能的情况就是，这些财宝都是军队掠来的战利品。米特·拉辛纳碑文上提到，从 Stt 掠夺来的战利品被奉献给了托德的鹰／牛神神庙，就为这种假设提供了有力的支持。因此，考古学似乎可以支持这一古老的主张：色梭斯特里斯在应被理解为小亚细亚的"亚洲"进行了征服。

来自古代色雷斯（Thrace）、现代保加利亚的证据则没有那么明确。当然，公元前 20 世纪末期和公元前 19 世纪早期存在着大规模的破坏，在第十二王朝，一些宝石和半宝石开始在埃及出现，而巴尔干是唯一能让当时的埃及人获得这些宝石和半宝石的地方。不过，这些宝石也可能是通过远距离的贸易得到的。因此，埃及法老在这里的"征服"是有可能的，但是证据远远不如安纳托利亚的那样充分。来自塞西亚或俄罗斯南部草原的证据则更加不足，不过要找出这一地区的相关证据本身就更加困难，因为在这个时期居住在这里的主要是游牧部落。

要对人们所声称的在高加索地区发生的征服进行研究，我们就必须考察第六章所谈的另一类证据，也就是后来的传统记述。希罗多德相信，生活在黑海东岸科尔基斯（Colchis）的居民的祖先，就来自当年在此驻扎的色梭斯特里斯的军队。他的这一主张基于很多因素，比如说，皮肤黝黑、头发浓密卷曲正是科尔基斯人对族人起源的解释，而希罗多德也正是通过这些特点来辨别埃及人的相貌的。不管希罗多德所说的是不是事实，中王国时期士兵的样本形象也显示出，他们中既有典型的努比亚人也有埃及人。

希罗多德有关科尔基斯人起源的观点得到了很多后世作家的接受和扩展，这些作家中最著名的就是罗得岛的阿波罗尼奥斯（Apollonios of Rhodes），他是公元前 2 世纪亚历山大图书馆中的一位非常博学的图书管理员。阿波罗尼奥斯的史诗《阿尔戈英雄纪》（Argonautika）记述了伊阿宋（Jason）和希腊众英雄驾着神奇的"阿尔戈号"船远航到科尔基斯求取金羊毛的故事。已经得到证明的是，史诗中包含的有关黑海南岸和东岸民族的信息，不是来自阿波罗尼奥斯自己的时代，而是来自更早的时期，这表明诗人能够接触到准确的历史材料。这也显示出希罗多德未免过于谨慎了——他说埃及人与科尔基斯人不同，不知道两国之间存在的任何联系。《阿尔戈英雄纪》中有很长的一段叙述，把科尔基斯的创建归结为一名在希腊存在之前统治埃及的法老。这一描述，以及很多记录在案的科尔基斯文化的特征，都可以证实希罗多德描绘的图景；这些证据即使不能证实他们的传统说法非常准确，至少也可以证实，公元前 5 世纪的科尔基斯人相信，自己是色梭斯特里斯的军队士兵的后裔。

更加不同寻常的事实是，即使是在今天，在苏呼米（Sukhumi）度假区附近的亚热带海岸仍有非洲本土的黑人种族定居。尽管当年斯大林试图让他们散居开来，强制他们通婚，要求他们讲阿布哈兹当地的高加索人的语言，但是这个种族继续延续，并且他们都是坚定的穆斯林信徒。毫无疑问，他们中一些人的祖先是在更晚的时期迁徙而来的，那时这一地区处于土耳其的控制下。不过，现代的黑海地区出现黑人居民可以追溯到公元 17 世纪，而古代的居民则可以追溯到公元 4 世纪。因此，这两者间的时间差距，并不比希罗多德和色梭斯特里斯二者之间的时间差距更长。就如阿布哈兹和格鲁吉亚的学者所承认的那样，不能排除可能存在的延续性。

在其他地区的传说中似乎也有迹象表明，伟大的埃及征服者曾经路过此地。毫无疑问，公元前两千纪黎凡特、胡里安（Hurrian）和安纳托利亚的雷神 Baʿal、Teššub 和 Tarkhwun 的图像，都在很大程度上受到了中王国时期所描绘的埃及法老令人难忘的形象的影响。两者间最惊人的相似性就是图像中的高帽子，它们的原型是上埃及的白色皇冠，有时在冠冕前侧还会加上作为守护者的神蛇（uraeus）形象。不过，在神和法老的形象之间还存在着姿势和姿态上的惊人相似性。传说中赫拉克勒斯的样子或许受到了埃及中王国法老的影响，我们在第二章提出了这种可能性，也考虑到了赫拉克勒斯和这些对其形象产生重大影响的神灵之间的联系。

此外，似乎有可能的是，那些对亚历山大产生了极大影响的有关奥西里斯／狄俄尼索斯（Dionysos）征服东方文明的传说，至少在部分上诠释了有关色梭斯特里斯征服的"神话即历史论"——按照从伟人到神灵的原始意义。在两者之间还存在直接联系：似乎清楚的是，当时的埃及人把亚历山大视为新的色梭斯特里斯，有关亚历山大的传说在他去世后不久就开始产生，而这些传说最初出现时是以希腊化时代关于色梭斯特里斯的史诗和流行故事为模板的。实际上，希罗多德和其他希腊作者所叙述的有关色梭斯特里斯的埃及传说，显然是古老的。"奥西里斯的征服"在第十八王朝时就得到了证明。

就关于赫拉克勒斯和狄俄尼索斯的征服的神话而言，除了有可能与之间接相关的遗存之外，两种希腊本土的传统观点可能也来自它们。一种观点是，埃及的凯克洛普斯（Kekrops）创建了雅典。凯克洛普斯的名字可能来自色梭斯特里斯名字的第一部分，Ḫpr kȝrˤ，或者是他曾孙色梭斯特里斯三世名字的第一部分——Ḫˤ kȝw Rˤ。雅典接近劳利昂矿区，我们现在知道，直到埃及的第十一王朝时，劳利昂矿区一直在为埃及提供白银。因此，埃及人在阿提卡的定居当然会符合色梭斯特里斯战役的一般模式，其主要动因就是获取金属。这将在第三卷中得到进一步讨论。

就埃及第十二王朝的征服而言，可能还有另一种来自民间的记忆，这种记忆就寓于有关黑人英雄门农（Memnōn）的传说之中。根据史诗传说，在特洛伊战争中，门农应征帮助国王普里阿摩斯（Priams）。荷马将门农描绘为"特洛伊最英俊的男子"。门农的传说实际上在安纳托利亚西北部出现得最为频繁，在那里他被视为掌管生育的奥西里斯之神，女人和鸟都哀悼他的死；同时也被视为征服四方的英雄，希罗多德将之等同于色梭斯特里斯。

32

毫无疑问，希腊人认为门农是埃塞俄比亚人，也就是说，是一名黑人。不过这其中也存在着复杂性，因为希腊人把两种人都看作"埃塞俄比亚人"，一种是埃及南部的埃塞俄比亚人，一种是埃塞俄比亚人或"黑人"，后者构成了位于波斯湾和美索不达米亚东部的埃兰（Elam）古王国的主要人口。埃兰文明与美索不达米亚的苏美尔人、闪米特人所创造的文明一样古老，埃兰的语言属于达罗毗荼语系（Dravidian family），后者现在在印度南部最为盛行。尽管在埃兰人中也有非洲类型的黑人，但是主要的人口似乎是印度南部类型的黑人。毫无疑问，到了古典时代，在波斯统治下的埃兰人把门农视为民族英雄，而且一种有说服力的希腊传说认为，门农来自黎明，来自东方。

另一方面，同样有说服力的传说是，门农是非洲的埃塞俄比亚人，与尼罗河谷联系在一起。门农是从底比斯横跨尼罗河的著名的 imnḥtp 或阿蒙霍特普三世（Amenḥotpe III）巨像的希腊名字。不过，在雕像上也有希腊文的涂鸦，把雕像命名为阿蒙诺斯（Amenoth）和法莫诺斯（Phamenoth），这似乎表现出对于阿蒙霍特普这个名字的了解。

实际上，有清楚的迹象表明，门农的名字并非来自 imnḥtp，而是来自 imn m ḥ3t，Ammenemēs，色梭斯特里斯的父亲和儿子都叫这个名字，后者的征服载于米特·拉辛纳碑文和其他资料之中。我们也知道，埃及第十二王朝的王室家族来自上埃及南部，并有部分努比亚血统。因此，来自东方、名叫门农的黑人英雄征服者抵达安纳托利亚西北，这一传说完全符合历史。在历史上，由色梭斯特里斯的儿子和继任者 imn m ḥ3t 二世率领的埃及人曾在安纳托利亚进行了征战。荷马或他所汲取的传说把公元前 19 世纪的一位英雄写进了公元前 13 世纪的特洛伊之战中，对此他们没有必要比维吉尔更感内疚——维吉尔把公元前 9 世纪创建迦太基（Carthage）的狄多（Dido）变成了特洛伊陷落时的人物。现实中存在的或虚构的门农显然成了原型英雄，因此在距 imn m ḥ3t 二世七百年后，迈锡尼的一位国王仍然使用了阿伽门农（Agamemnōn）这个名字，意即"伟大的门农"。

这样，来自广阔地域的考古学、图像学和传说中的现象被拼到了一起，这些现象现在还无法得到解释，但是如果我们接受米特·拉辛纳碑文和希腊记述的基本事实的话，那么它们就是有意义的。如果把色梭斯特里斯的战役限定在可能的方式中，那就不存在固有的不可能性，甚至也没有什么是不真实的。实际上，如果拒绝接受它们本质上的历史性，研究反而会更加缺乏效率。

尽管希腊的记述和传说是对色梭斯特里斯征服进行重构的核心要素，但是在传说中并没有提到法老曾经去过希腊，这显然与有关埃及人凯克洛普斯的故事不同。比如说，引人注意的是，有关门农的传说集中在安纳托利亚西北地区，而非希腊本身。

第七章主要关注的是，对于克里特北部 70 英里外的锡拉岛上发生的火山大爆发的年代进行的重新标定。这样做十分重要，原因有几点，最突出的一点是，它强化了爱琴海陶器时期的发展。这使得近东影响的迹象出现得更早，也让考古学提出的密切接触的时期与文献资料所显示的时期得以同步。这一章也提供了另一种案例分析，展示出学者们为坚持已经确立的理论而非正视新证据的含义所采取的种种方式。在第一卷里，我不怕惹火上身，接受了锡拉火山爆发于公元前 1628—前 1626 年，而非传统上认可的公元前 1500 年或前 1450 年的时间划定。我这样做的原因是，美国西部和爱尔兰的古代树木年轮都指向了更久远的年份，而且这样的年份划定也更加符合碳 14 的证据。较早的年份也解释了为什么会缺少来自埃及的相关记述，因为公元前 1500—前 1450 年之间有很多记录，而公元前 17 世纪则是一片空白。最重要的是，我意识到较近的时间划定只是基于这一来自直觉的想法：正是火山爆发造成了弥诺斯文明在克里特的统治结束，迈锡尼的希腊人在岛上取得优势，而从埃及人的记录中我们知道，这大概发生在公元前 1450 年。

在我出版上卷书之后出现了更多的证据，它们可以支持更久远或更早的日期。证据来自德国和英国的树木年轮，尤其来自对于格陵兰冰帽冬季降雪和夏季雪融所形成的地层的研究。这些研究显示出，在公元前 1640 年左右出现了酸度的剧增，而这也是人们预期中锡拉岛的火山爆发会造成的结果。这是压倒骆驼的最后一根稻草，现在几乎所有研究青铜时代爱琴海的考古学家都承认，公元前 17 世纪这一时间标定是正确的。

第七章的一部分是对于争论的探问，目的是试图解释这一事实产生的原因：为什么考古学家在面对着诸多与已有假说相悖的显而易见是客观的证据的情况下，仍然会在这么长的时间里纠结于如此站不住脚的假说。这样的探问通常被认为是品味恶劣，因为人们认为，在这样的情况下"谁都会犯错误"。我这样做的目的，首先是试图提醒人们在今后警惕这种对假设的具体化，其次是

34

让人们知晓，依循惯例总是要付出代价的。如今我们严厉责罚学术上的过失犯错，却极其宽容疏忽犯错。对现状不加批判地接受就是一种疏忽犯错。我想尽我所能，降低人们对两种错误区别对待的程度。

这一章的第二部分涉及三种传统记述，它们似乎保留下了关于火山爆发的民众记忆。首先要说的就是《圣经》。在《圣经·出埃及记》（Exodus）中，很多与以色列人离开埃及相关的现象长期以来一直被视为对火山活动的强烈暗示。比如白天出现的"触手可及的黑暗"和"烟柱"，还有夜晚的"火柱"。特别是，红海的海水分开而又回流，吞没了法老的军队，这似乎与火山爆发引起的潮浪或海啸的效应有惊人的相似性，在巴勒斯坦和埃及的地中海沿岸似乎就因为锡拉火山爆发而发生过这类潮浪或海啸。

把这些传说追溯到公元前 1628 年而非公元前 1450 或公元前 1500 年，这可以进一步强化一个已经很有说服力的古代假说，那就是，《圣经》中记录的以色列人在埃及遭囚禁或逗留，是基于对希克索斯人统治埃及的民间记忆，而生活在日后成为以色列的地方的人们显然在其中扮演了突出的角色。这种对应性并不精确，因为希克索斯人被逐出境发生在大约公元前 1570 年，也就是锡拉火山爆发的 50 年后。因此，这两种戏剧化的事件似乎是在传说中被混为一谈了。不过，与之前给出的火山爆发的更晚时间相比，公元前 1628 年显然更加接近希克索斯人撤退的时间。有人认为这些地质灾害对以色列人有利，这种观点显然可以与这一事实联系在一起：以色列的耶和华神是掌管地震和所有自然灾难的神。希克索斯人给耶和华在埃及的对应神塞特献祭，这表明，这种膜拜仪式在时间上早于锡拉火山爆发。但是我们完全有理由假定，火山爆发在很大程度上加强了人们对神的膜拜。

我们考虑到的第二种传统记述是柏拉图在对话录《蒂迈欧篇》（Timaeus）和《柯里西亚斯》（Kritias）中记载的埃及-希腊传说，也就是有关亚特兰蒂斯的神奇故事和描述，据说这是雅典执政官梭伦在公元前 600 年前后访问埃及首都赛斯时人们讲给他的。根据这一记述，亚特兰蒂斯是大西洋中一座富庶瑰丽的岛屿，岛上各位国王结成联盟组建起庞大的军队，征服了几乎整个非洲和欧洲，除了埃及和雅典，他们在这两个地方遭到了英勇的抵抗。亚特兰蒂斯是被地震和洪水骤然毁掉的。

这里似乎存在着两种融合，一种是地理上的，一种是历史上的。在一段时间里，学者们注意到了水与火的毁灭同锡拉火山爆发之间的联系。然而，柏拉图非常明确地表示，他的亚特兰蒂斯越过了海格力斯之柱（The Pillars of Hercules）——直布罗陀（Gilbraltar）海峡——因此是在大西洋上。我认可的观点是，这里提到的就是锡拉，而令人心生困惑的是"亚特兰蒂斯"（Atlantis）这个名字。我认为，词干 Atla 出现在亚特兰蒂斯（Atlantis）、大西洋（Atlantic）以及叫作阿特拉斯（Atlas）的山脉和巨人的名字之中，这一词干来自埃及语的 itrw，而 itrw 这个名字是指尼罗河与其他大片水域，尤其是人们所相信的环绕整个世界的大河。实际上，与这个词有很接近的语义对应的是俄刻阿诺斯（Okeanos，大洋）一词，后者的词源则出自美索不达米亚语。因此，含义为海洋的亚特兰蒂斯可能就是地中海的锡拉岛所处的环境，尽管这也有可能与有关大西洋彼岸的美洲的模糊含义结合在一起。

36

时间上的混乱也与此联系在一起，因为 itrw 是晚期埃及语从闪米特词语 yåm（海洋）借来的 ym 一词的同义词，用以描绘公元前 12 世纪进攻埃及的"**海洋**民族"。的确，柏拉图的篇章描绘了与文明世界对立的情节，这种对立的表现形式就是从亚特兰蒂斯发动的侵略，而他的描绘与拉美西斯三世（Ramessēs III）所写的碑文惊人地相似，后者描写了"海洋民族"在"他们的岛屿上进行了共谋"。如果把赫拉克勒斯的回归或"多利安人（Dorian）入侵"与爱琴海的部族在海洋民族入侵之前的活动联系到一起，那么雅典的确曾起而抗击北方的入侵者，尽管宣称雅典由此引领或拯救了世界未免过于夸张。这样，在梭伦的故事中，一方面是现代埃及学者所讲的第二和第三中间期，一方面是第二中间期爆发的锡拉毁灭性的火山喷发与希克索斯人的战争和第三中间期发生的政治动荡，这两方面似乎出现了重合。

不过，有趣的是，第三中间期也发生了大规模的火山喷发，那是在公元前1159 年发生的冰岛最大的火山海克拉（Hekla）的第三次喷发。爱尔兰和苏格兰的考古学家和古气候学家最近指出，海克拉火山第三次喷发使不列颠西北部成了荒无人烟的地方，尽管该地区的生活状况在那之前的数十年里就已开始恶化。虽然情况并非清晰明确，在受到环境庇护的地中海地区也并没有出现类似的毁灭一切的大灾难，但是，两者的气候模式或许是相似的。也就是说，在地中海地区同样出现了退化，并由此导致了公元前 13 世纪末期出现的迁徙和动荡，以及公元前 12 世纪中期出现的衰微。

公元前 1628 年和前 1159 年的两次火山喷发似乎对中国有更加剧烈持久的影响。第七章记录了人们在中国的一些考察，主要集中在美籍华人科学家彭凯文令人着迷的气候学考证上。他和他的同事借助中国的资料记载建立起了有关过去四千年的气象学记录。人们从公元前 9 世纪起开始描述出现的"非凡的"自然现象，其中很多似乎是火山喷发造成的结果，并且这些都可以比较准确地判定其年代。但这项工作在涉及公元前 9 世纪之前的事件时充满困难，因为关于年代的断定存在很多争议。不过我赞同彭凯文的观点，认为似乎最好是把夏朝的倾覆定在公元前 17 世纪末期，商朝的灭亡则是在公元前 12 世纪末期。

彭凯文以这种年表为基础提出的主要论点就是，中国最早的两个王朝，即夏朝和商朝，之所以衰败灭亡，是与锡拉火山爆发和海克拉火山第三次喷发密切相关的。因此，传统记述中很多和朝代灭亡联系在一起的超常现象，例如两个太阳、黯淡无光的太阳、干雾、夏天的霜冻，等等，都应该被认真对待。直到不久以前，大多数学者还认为这些有关异常现象的记录或是臆想出来的，或是夸大其词，目的只是为了表示旧王朝失去了"天赋神权"，因此需要被新王朝推翻，而书写这些记录的人则属于新的王朝。

现在我们发现，这些记录似乎具有真实的成分。火山的喷发，火山喷发后形成的气象"奇观"，以及粮食歉收造成的经济上的后果，尽管不会是夏朝和商朝覆灭的充分原因，但可能确实是必要原因——此外当然还会有其他的经济和政治因素。

这些记录可能是准确的，由此产生的可能性就是，这些描写了夏朝覆灭和商朝兴起的文本的底稿，或许并非像人们通常认为的那样来自公元前 6 世纪的孔子时代，而是更早的时期，也就是在公元前 12 世纪商朝覆灭的时候，甚或是文本中所声称的公元前 17 世纪。不论是哪种情况都可以显示出，在孔子诞生之前五百年，甚至在比这还要更早的时候，中国的绅士们就已经用"孔子的"方式来进行思考了。孔子说，自己只是传播者而非原创者，对此，我们应该认真加以考量。

这一对时间的重新确定甚至有更深远的后果，因为它移走了"轴心时代"（Axial Age）理论赖以立足的一大支柱。根据该理论，在公元前 6 世纪和前 5 世纪，由于机缘巧合或天意安排，这世界上发生了一系列神奇的事情。正是在这一时期，真正的宗教、哲学和科学开始产生。在中国出现了孔子和老子，在印度出现了佛陀，在波斯出现了琐罗亚斯德（Zoroaster），在巴比伦犹太教得以创建，而最重要的则是出现了"希腊奇迹"。现在看起来，孔子是以公元前12世纪和前11世纪的周朝早期文化为坚实基础的，并且显然吸收了更古老的传统。佛陀释迦牟尼反对印度教，而印度教在他之前已经存在了一千多年。琐罗亚斯德现在被认为是属于公元前两千纪，而《圣经》的大部分——即使不是全部——都早在公元前6世纪之前就已被写出。实际上，发生在这一时期唯一的"变革"就是希腊奇迹，然而我相信，它实际上也要在很大程度上归因于更早期的埃及和黎凡特的宗教、哲学**和科学**传统。

揭示出秘密所在的，正是希腊自身的相对性强大。"轴心时代"这一概念将希腊置于世界文明的开端，由此也将欧洲人推上了这一位置。因此，尽管亚洲和非洲青铜时代的伟大文化不仅在技术上，而且在精神和理性上，都是古典文明的基础，它们还是都遭到了否定——也必然遭到否定。

锡拉火山喷发和海克拉火山第三次喷发在夏和商覆灭时所起的作用，似乎给中国历史带来了极其重要的长久影响。比彭凯文更进一步，我认为，这两次相距大约五百年的火山喷发，对于确立王朝承继的历史模式起到了突出的作用，而在其他东亚帝国，如日本，却不存在这样的王朝承继。我也相信，火山喷发传递给当时人们明确的信息，那就是上天收回了对统治者的授权。在中国和越南这两个国家，都存在着对于"非法统治者"进行合理反抗的传统，这些信息对于该传统的确立是相当重要的。在中国和越南的传统中，天的授权，以及其内在的收回授权的可能性，都被接受并融入了一种强大的农民起义传统中。于是，尽管在大多数社会中都存在着类似的相信太平盛世会来临的农民运动，但在中国和越南，与农民运动联系在一起的，是在新旧世界的对立中更迭政权的可能性。

在公元19世纪，日本学者想要翻译欧洲语境中的"revolution"一词，他们选择了kakumei（除去了授权），而中文里的对应词"革命"则保留了传统的以及西方的概念。无疑，当中国到了多灾多难的20世纪40年代末时，人们普遍认为国民党失去了天意。因此，获得了天意的共产党人在社会和民族高涨的革命热情的支持下，获得了传统上的许可甚至是责任来重塑社会。因此，在今天的中国，仍能看到三千五百多年前锡拉火山爆发留下的痕迹。

第八章关注的是来自东北的希克索斯人，他们在中王国末期侵略或渗入埃

38

及，在公元前 1570 年左右被埃及-努比亚第十八王朝驱逐之前，他们至少在下埃及地区统治了一个半世纪以上的时间。这里首先要考虑的问题是年表问题，而这从埃及的记录来看很不确定。在巴勒斯坦的陶器时期的基础上，我认为，希克索斯人在公元前 1740 年时至少到达了埃及的三角洲东部。第二个问题是希克索斯人的民族归属。为了解决这个问题，我考虑到了关于希克索斯人的史学记载。在这方面，标准的古典文本是由埃及祭司曼涅托所写的，其中把希克索斯人描述为"来自东方地区的入侵者，是罕为人知的民族"，他们发动侵略，残忍地征服了埃及。如同上面谈到的那样，至少从希腊化时期开始，作家们就把希克索斯人在埃及的统治与以色列人在埃及遭囚禁或逗留联系到一起，结果，直到 19 世纪末期，人们似乎一直认为，侵略者是以色列人或原始以色列人，总之都是讲闪米特语的人。

不过，伴随着反犹主义的系统化，这一北方人横扫繁华河谷地带的图景，如果不考虑阿拉伯人的因素的话，似乎成了典型的雅利安式而非闪米特式的——正如 19 世纪晚期的学者们所做的那样。曼涅托的说法可以支持这一有关希克索斯人的观点。曼涅托认为，希克索斯人是"罕为人知的民族"，而对第十八王朝的一处碑文的释读是，希克索斯人的首都名称包含 ꜥꜣmw 还有 šmꜣw，前者是埃及对于叙利亚-巴勒斯坦讲闪米特语的人的标准说法，后者的意思则是"流浪者"或"他们中间的外国人"。对此的解读是，这表示希克索斯人并非以闪米特人为核心。

这一事件与后来突然发生的蒙古和土耳其的征服之间的相似性，让德国学者大受震动，他们认为，希克索斯人是"亚洲内陆"民族。人们很快就把这个民族和新发现的胡里安人（Hurrian）等同起来，因为胡里安语既不属于闪米特语也不属于印欧语，而胡里安人据信是在这个时候从高加索以外的地区迁徙到美索不达米亚北部地区的。我们现在知道，从公元前三千纪或者比这还要早的时候开始，胡里安人就出现在美索不达米亚了。学者们对于胡里安人的米坦尼（Mitanni）王国一直很感兴趣，这个王国与第十八王朝是同时代的。当人们发现一些米坦尼王室成员的名字或神圣的名字以及有关驾驶战车的词语即使不是印度-雅利安语，也属于印度-伊朗语族时，学者们的研究热情更加高涨。他们认为，这显然表示出，该王国是由"优等民族"雅利安人创建的，雅利安人的统治地位就与双轮战车联系在一起。这种观点得到了这一事实的支持：尽管从公元前 17 世纪开始几乎找不到任何有关叙利亚-巴勒斯坦的信息，但是在公元前 15 世纪，这一地区重新出现在埃及的记录之中，并且这些记录中似乎提到了很多胡里安人和一定数量的武士，而他们的名字都属于印度-伊朗语族。

这些看法遭到了很多埃及学家的抗拒，他们反对这种外人闯入自己研究领域的做法，并对戏剧化的或影响深远的事件持有一种新的专业上的反感。对于把胡里安人和雅利安人纳入希克索斯人这一做法中隐含着的反犹思想，一些埃及学家也难以接受。他们能够找到理由支持自己的反对观点，因为他们可以指出，大多数希克索斯人的名字都有闪米特词源，然而没有印欧语源的名字，或者说，至少就目前所知没有胡里安语源的名字。

这一争论持续到了 20 世纪 20 年代和 30 年代，争论的路线基本是，中欧人和古代历史学家相信希克索斯人中包含了胡里安人和雅利安人，而其他民族的埃及学家强调他们在本质上最有可能是闪米特人。不过，这些人大多数都承认希克索斯人中存在着胡里安人，尽管通常不会承认存在着印度-伊朗人。第二次世界大战之后，人们开始厌恶反闪族主义（anti-Semitism）。认为雅利安人是"优等民族"的理论也给人们对希克索斯人的态度带来了重大冲击。

学者们现在倾向于排除希克索斯人中存在着胡里安因素的可能性，更不必说印欧因素了。他们也对曾经存在闪米特人对埃及的侵略这一观点表示了反对。他们更愿意假定闪米特人向埃及进行了缓慢、平稳的迁徙或渗透。这样的观点得到了当前的低位或中位年表的支持，根据这些年代测定的结果，胡里安人在叙利亚和美索不达米亚的扩张只发生在公元前 17 世纪，这一时间太晚了，因此不可能与原来希克索斯人的活动存在任何联系。这意味着，极少数坚持主张希克索斯人中存在胡里安人成分的学者，现在不得不在两种希克索斯人之间进行区分，一种是早期渗入的闪米特人，一种是后来由胡里安人率领的征服者。

如果接受了有关美索不达米亚的"长"年表，那么已证明属实的胡里安人的扩张现在就被置于公元前 18 世纪的上半叶，也就是刚好发生在希克索斯人抵达埃及之前。即便不接受这种年代断定，伊斯兰、蒙古帝国和中国的太平天国的出现，也都说明了强大的力量很有可能在一两年的短暂时间里突然涌现。不论哪种情况，对于那些试图否定希克索斯人受到了胡里安或印度-伊朗影响的人，尽管我赞同他们的政治倾向，但是我认为他们的观点是错误的，而证据确实显示出，希克索斯人中间存在着胡里安甚或是印度-伊朗人的成分，更重要的是，这或许和驾驭双轮战车联系在一起。

这样，在此我们似乎就有了清晰的"雅利安模式"的样本。我从未否认，在历史上时常发生北方蛮族的征服。实际上，我相信这就是在印度北部发生的情况，那里存在着这样的传统记述，这也符合后来语言散播的情况。《黑色雅典娜》的观点只是，这对于希腊而言并不像是实情，因为希腊并没有这样的传统记述或语言的散播。

41 如果已经接受了这一观点，认为在希克索斯人中间存在着胡里安人和讲印度–伊朗语的人，那么绝对不会有疑问的就是，这些埃及的征服者讲的语言最有可能是闪米特语。希克索斯人的名字大多数来自闪米特语，在东三角洲，对希克索斯王朝的首都泰尔埃尔–达巴（Tell el Dabaʿa）进行的考古挖掘显示出，他们的物质文化是叙利亚–巴勒斯坦类型的，或者说是埃及和黎凡特的混合体。因此，正如阿提拉（Attila）的部落主要是由罗马人的老邻居日耳曼人组成的，而主导了西欧大部分地区的是日耳曼文化——或者说是未开化的野蛮状态——而非匈奴文化一样，希克索斯人入侵埃及的净效应是引入了希克索斯的新武器，以及叙利亚–巴勒斯坦的文化和语言。

第九章所关注的，是我所认为的希克索斯动力的延续，这一次是进入爱琴海区域。我并不是第一个这样认为的人，20 世纪初，有影响力的德国古代史学家爱德华·迈尔（Eduard Meyer）和其他一些学者都曾提出这样的主张。在近期，剑桥考古学家弗兰克·斯塔宾斯（Frank Stubbings）指出，迈锡尼的竖井墓（shaft grave）就是希克索斯王子的墓地。不过在总体上，这种观点在过去 50 年来一直被认为是过时的。

在这一章里，我试图通过近 20 年来的考古发现复兴他们的观点。最重要的发展就是，由于重新确定了锡拉火山爆发的时间，很多陶器时期的年代都已被提前。这些新的年代将爱琴海物质文化发展的断裂与一种极为特殊的近东艺术和技术联系在一起，并将文化断裂发生的时间定位在公元前 18 世纪的最后 25 年里。这意味着，这些断裂和革新都与希克索斯人联系在一起。因此，在这方面，我无法追随古代模式。在古代模式中，腓尼基／埃及的希克索斯人在被逐出埃及之后来到希腊，那大约是公元前 1570 年。我认为，近东的人在爱琴海地区定居是在希克索斯人开始统治埃及的公元前 1730 年前后，而非在其统治即将结束的时候。这一调整实际上是对修正的古代模式的第二次"修正"，第一次修正接受的观点是，希腊语的印欧基础肯定是在某一时期以某种方式由北方而来。

第九章的第一部分关注的是公元前 1730 年左右在克里特发生的变化。这时，克里特的所有宫殿都已遭到毁坏并又被迅速重建。尽管也有基本的文化连续性，但是存在的差异足够明显，可以让大多数历史学家区分出在这一断裂之前的旧宫殿时期和之后的新宫殿时期。同样还存在着普遍的共识，那就是，尽管旧的宫殿自身已经受到了近东的很大影响，但是近东的影响在新的宫殿中显然更加明显。

尽管大多数学者都从克里特的冶金术中看出了连续性，但是他们大多也同意，新时期的武器受到了近东的技术，尤其是叙利亚的技术的影响。在弥诺斯中期三段的陶器时期（公元前 1730 年—公元前 1675 年），剑被引进到了克里特。令人信服的词源分析讨论显示，希腊语中表示"剑"的两个主要词汇，xiphos 和 phasganon，都有埃及和闪米特的词源，而没有印欧语的同源词或相关词。在剑被引入希腊的同时，青铜时代晚期的另一种新的"神器武器"，即敞篷双轮战车，似乎也出现在了克里特。

在艺术领域，人们发现了此前在爱琴海或近东地区都不曾出现的风格。代表这种新风格的是"腾空跳跃"这种新姿态，其所描绘的动物给人的印象是正在向前飞奔，四蹄在半空伸展。通常，这强调的是活力、飞行和速度。在埃及和叙利亚-巴勒斯坦发现的少数经过装饰的希克索斯人的物品上，我们也能看到这种风格。

这一时期被引入希腊的两种重要主题就是带翅膀的斯芬克斯（Sphinx）和鹰头狮格里芬（Griffin）。尽管狮身人面的斯芬克斯像很早就出现在埃及，但是公元前 18 世纪末出现在克里特的长翅膀的斯芬克斯，是叙利亚类型的，特别是与希克索斯人联系在了一起。

鹰首狮身的格里芬也是在弥诺斯中期三段的陶器时期被引入克里特的，同样属于叙利亚的形式。此后的五百年里，在整个爱琴海地区，都出现有以"飞翔的方式"战斗或捕猎的格里芬的形象。从克诺索斯最宏伟的克里特宫殿，到皮洛斯（Pylos）的迈锡尼宫殿，在宝座两侧都能见到鹰首狮身的格里芬的形象，因此格里芬并非只是艺术史关注的内容，而是更具有政治上的重要意义。就像长翅膀的斯芬克斯一样，格里芬似乎是希克索斯王室的一种象征。这可能是被

42

克里特当地统治者借鉴过来的。当时属于近东类型的武器在质和量上都有了飞跃，或许也是源于文化借用。不过，它们似乎更有可能是希克索斯人自己的。这不只是因为，在这一阶段，克里特的所有宫殿都遭到了破坏，黎凡特的影响和希克索斯人的象征物都在增加；也是因为，人们在克诺索斯旧宫殿被毁弃时候的地层中发现了不少展示出新的有活力的艺术风格的印章以及两幅显然出自王室的肖像画，一幅画上是年轻的王子，另一幅是蓄胡子的男人，而可与肖像画相对应的同时代器物则只有在杰里科（Jericho）一处希克索斯人的墓葬里发现的令人瞠目的头型花瓶以及在迈锡尼的竖井墓中发现的面具。

43

总之，尽管没有证据证明这一时期希克索斯人的征服或对克里特的征服，但是这样的假设可以把很多零散的线索拼凑到一起，因此，追随爱德华·迈尔和其他做出这种假设的历史学家，就会为我们节省时间和精力。对此，在爱琴海海域其他地方也有细节充分的证据。

第九章的第二部分关注的是锡拉岛上现今被称为阿克罗蒂里（Akrotiri）的一座城市，这座城市在锡拉火山爆发后被掩埋在火山灰下。人们只对城市的一小部分进行了挖掘，但是获得的发现足以让人激动。这座城市显然和如今仍然存在的那种地中海繁华城镇属于同一类型。重见天日的有两层建筑，里面满是通常无法保存至今的物品。这简直就是青铜时代的庞贝城，只不过保存得比庞贝还要完好。和在庞贝一样，最扣人心弦的发现就是众多壁画，它们不仅向我们揭示了那时的艺术技巧，更令人着迷的是，它们让我们了解到了火山喷发之前数十年里锡拉岛的社会状况。壁画既描绘出了一个高度发达、阶层分明的富裕社会，也描绘出了一个国际化大都市，其中的人们不仅了解克里特的存在，也了解非洲和黎凡特。让专家们惊愕的是来自埃及的深远影响，尤其是仪式上所用的船。画面中那些上层人物身穿的镶边白色长袍，也让人感到困惑。我相信可以在叙利亚找到它们的对应物。

艺术史学家也注意到，尽管这些绘画和所描述的文化很大程度上是属于克里特的，但是也有某些"迈锡尼"的特点。其中，有的军人戴的头盔被视为典型的希腊大陆风格，还有些场景与迈锡尼竖井墓中发现的通过乌银镶嵌技术（niello）表现的场景相似。不过我相信，这两种技术和场景更应当被视为属于"希克索斯式的国际化"风格。

如果相信，锡拉火山爆发和这座城市存在的时间都是在公元前16世纪末期或公元前 15 世纪，那么这个社会的国际化已经够令人惊讶的了。而如今，在重新确定火山喷发的时间之后，我们认为这些壁画记录的是公元前 17 世纪的社会特点，也就是说，是在这里所推测的希克索斯人征服克里特大约一个世纪之后的时间。这样的假定可以很好地解释一些之前令人困惑的壁画内容，如国际化的特点和埃及的影响、战役和迈锡尼的影响，以及一幅壁画中表现出的象征王室的格里芬形象。

古典时代的很多记述都说，锡拉岛所在的基克拉泽斯群岛曾经被克里特人占据。没理由认为这种情况只存在了一个时期。不过，一些学者仍然相信，青铜时代中期末段和青铜时代晚期早段是克里特人统治的时期。这似乎令人信服。不过，如果克里特本身在那时已经受到希克索斯人的统治，那么在公元前 18 世纪晚期和公元前 17 世纪统治基克拉泽斯群岛的也就会是希克索斯人。他们的活动会扩展到更北的地方吗？

几乎没有人会怀疑，在希腊大陆有关青铜时代文化的发现之中最引起轰动的，就是德国巨头和考古学天才海因里希·谢里曼（Heinrich Schliemann）在迈锡尼进行的遗址挖掘。他在这座城市对竖井墓的挖掘堪称壮举，是最早揭示从那以后被称为"迈锡尼"的文化的考古活动。与迈锡尼早期统治者一起埋葬的物品令人惊愕，人们对其最直接也是最持久的印象就是暴力和野蛮，这里有大量的武器和留着惹人注目的胡子的武士们的面具，面具上镶嵌着漂亮的乌银装饰和金叶子。

更细致的观察显示出不寻常的兼容并蓄。陶器属于当地青铜时代中期的传统器，但是几乎其他所有器物都具有异国风格，并且显然是希腊人所不熟悉的。最大的影响来自克里特，但是也有一些物品来自更加遥远的地方：来自波罗的海的琥珀，来自阿尔卑斯山的水晶石，来自非洲的鸵鸟蛋。此外还有一些物品表现出叙利亚-巴勒斯坦和埃及的影响。但是，后者主要表现为无规律可循的形式，我认为最好将之描述为"埃及之外的"或"希克索斯式的国际化"。这样成分混杂的物质文化的源头必然也是非常复杂的，因此任何试图对此进行解释的历史方案都只能是同样复杂。

这里所提出的是与英国的诺曼征服相似的一种模式。来自斯堪的纳维亚半岛的维京人占领了诺曼底，在一个或多个世纪后，"诺曼人"入侵并征服了英国。诺曼征服的后果不是把斯堪的纳维亚人的语言和文化带到了英国，而是

44

把后继的法国和意大利的追随者和管理者的语言和文化带到了英国。不过不同的是，到了公元 1066 年，诺曼人在文化上已经和法国人一样了，然而，由于希克索斯人的扩张更加迅速，首领和王子们仍然保留了他们物质文化上的很多特点，估计也保留了他们的语言。无论如何，在埃及的希克索斯人很大程度上已经闪米特化，这显然就像其他快速扩张的野蛮"帝国"，例如匈奴人、蒙古人和莫卧儿人（Moghul）一样，他们自己的文化并没有给被征服的地区造成多少影响，却引入了其他的文化。于是，匈奴人帮助德国文化进入了西欧，蒙古人帮助东亚文化进入了伊朗和欧洲，土耳其的莫卧儿人把波斯文化带到了印度。无论在哪种情况下，他们都改变了接受地区的文化。

这里提出的假设是，竖井墓中和其他早期迈锡尼墓葬中埋葬的王族成员是来自叙利亚的希克索斯侵略者，他们的语言可能是胡里安语，甚至可能是印度–伊朗语。不过，其统治阶层的主体是讲闪米特语的黎凡特人，以及众多可能主要也讲闪米特语的埃及人和克里特人。这三个种族都彻底受到了埃及文化的渗透，尤其是在宗教领域。因此，一方面，陶器风格的连续性和希腊语属于印欧语这一事实都显示出，当地的人口和文化都得以保留。另一方面，物质文化的断裂和来自异域的新影响，与希腊记述中的埃及和腓尼基人的殖民统治混合在一起，就标示着存在来自埃及和黎凡特的外国征服者，他们统治了部分或整个希腊，直到公元前 15 世纪或 14 世纪珀罗普斯人（Pelopid）从安纳托利亚来到这里。而在底比斯，原来的腓尼基王朝一直存在到公元前 13 世纪这座城市覆灭为止。

根据这里提出的历史方案，尽管公元前 1400 年之后存在着本地的影响和安纳托利亚的影响，我们所认为的"迈锡尼的"艺术风格最好还是被视为公元前 18 世纪在叙利亚兴起的希克索斯式的国际化风格。这种风格在具有丰富而又复杂的本土传统的克里特和埃及基本消失了——不过不是彻底消失。与此相反，希腊青铜时代中期不那么发达的希腊大陆存在较少的文化对立，因此希克索斯风格得以保留下来并成为青铜时代晚期爱琴海区域的特色风格。

就语言来说，我几乎毫不怀疑，埃及和闪米特的词语和名称在公元前三千纪的爱琴海区域是通用的。希腊语肯定曾经从这些语言中大量借词，这发生在公元前 1470 年之后的青铜时代晚期，在埃及统治地中海东部时，以及公元前 950 年到公元前 300 年的几何时代、古风时代和古典时代。尽管如此，人们通常认为公元前 1730 到公元前 1530 年之间是希腊语作为独立语言产生的最有可能的时期，而在这期间，希腊似乎主要由讲西闪米特语和埃及语的人统治。实际上，这两种语言当时无疑在这一区域具有很高的地位。

第十章关注的是当时的书面证据，也就是说，埃及和黎凡特的记录中有关在青铜时代与爱琴海地区接触的内容，以及爱琴海的记录中涉及与埃及和叙利亚-巴勒斯坦接触的内容。

这一章的第一部分是关于埃及的文献记录的，和解读其他文献记录一样，我们必须确定作者在使用各种地名时所指称的是什么。比如说，至少是从第十二王朝开始，Mnws 这个名字就用来指西北方的一个国家，这个国家曾经与 Fnhw——或许是腓尼基人——联系在一起。一些现代学者还把 Mnws 与弥诺斯和克里特联系在一起。情况一点也不一目了然。我们在第四章里讨论过，弥诺斯这个名称来自埃及的神灵敏神和第一位法老敏／美尼斯，进一步存在的可能是，爱琴海南部的很多被称为弥诺阿（Minoa）的地名都来自西闪米特语的 Mᶜnuhȧh（休息的地方）。不过，更有可能的是，Mnws 的确指克里特的部分地区，在这种情况下，文献资料的证据暗示着，克里特的王子们接受了色梭斯特里斯的统治，而在前几章中讨论过的其他证据似乎也印证了这点。

地名卡夫图（Kftiw 或 Kaftu）没有引起这么多问题。尽管人们也曾怀疑它所指的是别的地方，因为在墓葬中发现的卡夫图王子画像似乎太"亚洲化"了，但是没有理由推翻普遍认同的观点，那就是这个地名指的是克里特。在第十八王朝法老阿蒙诺菲斯三世（Amenōphis III）的雕像基座上，卡夫图被列于有关爱琴海地区的一系列地名之首，这也证实了人们的这一观点。人们最早是在公元前 2450—公元前 2100 年的第一中间期用卡夫图来指代远方的贸易伙伴。这个词在第十八王朝使用得最为频繁，尤其是在公元前 15 世纪 70 年代之后，那时图特摩斯三世（Tuthmōsis III）征服了叙利亚-巴勒斯坦的大部分地区，卡夫图的诸王子则被描绘为正向法老朝贡。

这样的朝贡形象让现代学者感到很不舒坦，他们提出了一系列理由，认为埃及曾占上风的这一论断并非事实。如果只是因为，埃及对黎凡特的统治会要求老练沉稳且（或）雄心勃勃的爱琴海诸岛统治者与法老达成一致，那么我看不出有什么理由要对这些观点表示怀疑。

不过，或许还有更多的理由，因为图特摩斯声称已经"制服了埃及的敌人，Wȝḏ wr 中部的岛屿，Ḥȝw nbwt 和外国的反叛"。这一说法似乎显示，埃及的海上远征军曾经抵达爱琴海——现在我们知道埃及此时已经有了海军。W3ḏ wr（大片的绿）从早期开始就意味着"大海"，但是到了新王国时期就被局限于地中海，并经常特指爱琴海。

47

Ḥ3w nbwt（在岛屿后方）在公元前三千纪出现在金字塔铭文中，埃及学家阿兰·加德纳（Alan Gardiner）认为这是"对爱琴海足够准确的描绘"。这一观点受到了让·韦库特（Jean Vercoutter）的挑战，韦库特是埃及学家和埃及-爱琴海地区关系的专家，他认为，这样的判断是不现实的，原因是，对于大部分金字塔铭文被写就的公元前四千纪来说，这种定位所需的地理知识实在是太过深奥复杂了。而我可以毫无困难地接受这种观点：前王朝时期的埃及对于地理情况有这样的总体判断。但是，这个词语被加进埃及语的时间，可能更接近这些文本被题写的时间，也就是古王国即将结束的时候，因为我们在第三章中讨论过的其他证据表明，那时埃及的官员知道爱琴海地区。

不论是哪种情况，我们都知道，人们用 Ḥ3w nbw 指新王国时期以来的希腊和爱琴海地区。实际上，在公元前 1450 年图特摩斯三世统治结束之后，Ḥ3w nbw 开始取代 Kftiw。而且，事实上，在托勒密王朝，Kftiw 被用来指代腓尼基人，这显示出，Kftiw 被用来描绘这样一个时期的克里特，那时岛上即使并非大部分人都讲闪米特语，也是有很多人在使用闪米特语。

在新王国时期，另一组被用来表示"希腊"的名称是 Tin3y 或 Tanaya，D3-in、Dene 或 Denyen。这无疑与荷马在表示希腊人时最常用的词语达那厄人（Danaoi 或 Danaan）相应。这与和 Tin3y 一起使用的表示衰老的人的埃及符号之间，甚至存在着一种联系。在埃及语中，这与词根 tni（老的，衰老的）联系在一起；在希腊语中，这完全符合对达那俄斯（Danaos）的描述，根据传统叙述，来自埃及的达那俄斯把希腊的阿尔戈斯（Argos）变为殖民地。达那俄斯被描述为年老体衰。他作为殖民者和灌溉者的正面特点也符合埃及语中的双关词 dni（分配，灌溉），而 dni 又与闪米特语的 d(y)n(n)（裁决）相关。尽管古代的作家清楚地看到了这些联系，但原本的名称仍不可能只是来自这些词源，因为出现在一篇可以追溯到公元前 2500 年的美索不达米亚文本中的 Da-ne^ki 显然是指遥远的西部。

在公元前 1470 年到公元前 1250 年间，埃及看起来与 Tin3y 之间既有直接来往，也有通过黎凡特的王子们所进行的间接来往。在一幅墓葬壁画中，

Tinɜy 的首领们被描绘为给图特摩斯三世带来了贡品，另外，在前面提到的阿蒙诺菲斯三世的雕像基座上刻着一份爱琴海城市名录，Kftiw 和 Tinɜy 就位于地名之首。

名称 Dene 或 Denyen 指的是曾在公元前 12 世纪洗劫了埃及和黎凡特的海洋民族之一。这也让人想到荷马笔下的达那厄人。这一名称同时也和《圣经》中的但族（Dan）联系在一起，可以认为，但族人起源于以色列与一支海洋民族的融合。

美索不达米亚和叙利亚的文本也提到了爱琴海。我们刚才已经提到了 Da-ne^{ki}。在一份来自叙利亚城市埃卜拉（Ebla）的类似的名录上，在同一个位置出现的是 Am-ni^{ki}，这个名字可能与阿姆尼索斯（Amnissos）有关，阿姆尼索斯是对克诺索斯港口的非常古老的称呼。来自上幼发拉底河畔城市马利（Mari）的一份公元前 18 世纪的名录则提到了作为贸易伙伴和奢侈品制造中心的 Kaptara〔（卡普塔拉）克里特〕。

在公元前 14 和公元前 13 世纪，叙利亚港口乌加里特有大量文本记录，令人惊奇的是，其中并没有提到希腊人。我认为，造成这一结果的部分原因是，当时征服了乌加里特的赫梯国王对迈锡尼王国进行了封锁。不过，并非所有的贸易活动都被迫中断，有一份记录就讲述了一名乌加里特的 tamkarum（官方授权的商人）与克里特定期进行贸易。

乌加里特的文本指向了黎凡特和希腊之间的另一种接触形式。乌加里特的许多传说和赞美诗都表现出与早期希腊文本之间惊人的相似性，这些传说和赞美诗也充当了沟通希腊和《圣经》主题的重要"桥梁"。因此在这一层面上，至少在青铜时代晚期似乎就已存在着普遍的地中海东部地区文化。

爱琴海地区留下了青铜时代的记录，那些保留在 A 类线形文字和 B 类线形文字中的记录，人们现在都已能够解读。在爱琴海地区的很多地方——特别是在克里特——人们都曾使用这些属于弥诺斯和迈锡尼文明的音节文字。用 A 类线形文字书写的语言究竟属于哪种语族，这至今仍然让人争论不休，但是没有人会怀疑这种语言中有大量的闪米特词语。这些词语不仅仅包括奢侈品的名称，也包括谷物和葡萄之类主要商品的名称，还有"所有"或"全部"之类的基本词语。这些词语的存在或许是因为这种语言本身就是闪米特语，或许是因为大量闪米特语的外来词进入了尚未得到了解的克里特语。我倾向于认为这种

48

语言是闪米特语。不论是哪种情况，它们都表现出克里特和黎凡特之间的紧密联系。

B 类线形文字是用来书写希腊语的类似文字。在 B 类线形文字得到破解之前，人们相信，希腊语中极少数得到承认的闪米特语借词，例如 chitōn（一种服装）和 chrysos（黄金），是在公元前 7 世纪被引入希腊语的。现在我们知道，它们早在公元前 14 或 13 世纪就已经存在。我相信，B 类线形文字的文本中存在其他很多来自闪米特语和埃及语的借词，即使有人无法接受这些借词的存在，这些文本仍然会为青铜时代的词汇借用提供充分证据，并由此提供文化接触的证据。

这些文本展示出了迈锡尼宫殿时期的经济和社会情况，它们与近东宫殿的经济和社会情况在细节上表现出了相当大的相似性。就连文本中采用的测量单位和权力机构组成方案，都表现出从埃及和亚洲西南部的特殊借用。而且，在 B 类线形文字文本中有数十个人名显然具有闪米特语、胡里安语和埃及语的词源。这些词语包括：Aikupito；Aigyptos（埃古普托斯），"孟菲斯人"或"埃及人"；Misirajo，闪米特语的 Mṣry，"埃及人"；Aradajo，可能是"艾尔瓦德岛（Arwad）上的腓尼基城人"；Turijajo 和 Turijo，"推罗人"（Tyrian）。公元前 17 世纪写在莎草纸上的埃及文献告诉我们"怎样写出 Kftiw 的各个名字"，由此为我们描绘出的图景就是，完全相异的民族当时曾在岛上共存。而上述这些词语可以证实这一图景。与此类似，人名 P3 Kfty（克里特人）在公元前 16 世纪出现在埃及。埃及、黎凡特和爱琴海地区的文献资料提供的零星信息，都指向了同一个方向，并暗示出，在青铜时代的地中海东部地区，不同民族之间存在大量的接触和融合，这至少是从公元前 17 世纪开始的，而且或许还要更早。

第十一章关注的是迈锡尼时代后期希腊的情况。根据本书所采用的年表，迈锡尼文明持续了相当长的时间，从公元前 18 世纪一直延续到公元前 12 世纪。这期间显然存在着文化连续性。我们可以看到相似的艺术风格和主题，特别值得一提的是斯芬克斯和格里芬的图案在整个时期一直存在。考古学提供的证据受地域所限，因此我们无法确切了解在更早的年代里希腊的经济和社会结构。现存的竖井墓和其他墓葬让我们知道，早期迈锡尼人即使没有受到战争的困扰，也与战争密不可分。不过，从公元前 17 世纪开始，锡拉壁画描绘出了相当安宁而又高度发展的社会，至少这是基克拉泽斯群岛的社会状况，而考古发现也证明那是个相对富庶的城市化社会。

毁灭之后的重建几乎抹去了所有早期建筑的痕迹，或许正是因为文化连续性和重建，人们没有发现早期的迈锡尼王室住所，所能发现的只是墓葬。不过，人们发现了这一时期后段建造的大量宫殿。从迈锡尼时代的末期开始出现了书写 B 类线形文字的泥板，如前所述，这些泥板为了解宫殿时期的经济和社会结构提供了大量书面证据。

50

这种模式的证据为我们提供了这样一幅图景：一个崇尚武力的英雄社会安定下来，逐步建立起了文明化的官员制度。不过实际情形当然不会如此简单：锡拉岛上的证据显示出公元前 17 世纪存在和平的先进社会，而且最新建造的迈锡尼宫殿事实上也普遍得到了加固。因此，有可能迈锡尼时代的希腊大部分都被一些王国所控制，在这些王国中，与宫殿中的公民政府同时存在的是王国之间的大规模战役和勇士精神。在我看来，与之最接近的情况就是公元 8 世纪之后的日本，此时的日本既存在王室的高雅修养，也存在与此相反的“封建”或流氓性质的残忍野蛮的武士道精神（bushido），亦即对军人精神的膜拜。

有趣的是，尽管后来人们强调希腊早期建筑的壮丽宏伟，但是希腊传统中保留的对“英雄时代”战争行为的关注，远远超过了对青铜时代晚期所有经济或文化成就的关注。毫无疑问，造成这一结果的部分原因是，对大胆蛮勇的行为的描述总是会构成更生动的故事。但这似乎也是由于，在大多数传说成型的黑暗时代，存在的状况是文明的缺失、战争冲突的持续和加剧以及公元前 12世纪宫殿垮塌之后的忠诚和叛变。

第十一章关注的是公元前 1550 年—公元前 1250 年间的这一时期，毫无疑问，属于青铜时代的这三个世纪留下的文献和考古证据，最能表明埃及和黎凡特与爱琴海地区发生过接触和交往。不过，直到最近，要把二者联系到一起仍有困难。这是因为，埃及文献虽然显示出埃及与爱琴海地区存在密切的联系，但时间是在图特摩斯三世统治后期（公元前 1470 年—公元前 1450 年）和阿蒙诺菲斯三世及其儿子阿克那顿（Akhenaton）统治期间（公元前 1419 年—公元前 1364 年），这并不是传统观念所认为的陶器时期，而考古证据表明，这些地区接触来往最密切的时候应是传统上认为的陶器时期，亦即公元前 1400 年—公元前 1275 年的希腊青铜时代晚期三段（Late Helladic III）A 和公元前 1275年—公元前 1180 年的希腊青铜时代晚期三段 B。不过现在，我们需要在与新的埃及历史年表相对照的基础上重新编年，对于锡拉火山爆发时间的重新判定也要求更新爱琴海青铜时代晚期陶器时期的年表，因此，希腊青铜时代晚期三段 A 应该提前到公元前 1490 年—公元前 1470 年间，而希腊青铜时代晚期三段 B 则应该是公元前 1370 年—公元前 1220 年间。由于埃及新王国的年表应该保持不变，这就意味着，有关埃及和黎凡特与爱琴海地区之间进行密切接触的历史和考古证据是同步的，并且展示出了一幅连贯的图景。

51

这种日期的重新确定也要求更改克里特历史的分期。图特摩斯三世统治末期（公元前 1460 年—公元前 1450 年间）的墓葬壁画中有一个特写画面，长期以来一直让古代史学家议论不休。画面中正在向法老献上贡品的克里特人身穿的弥诺斯短褶裙被重新勾勒成了迈锡尼的式样。对 B 类线形文字泥板的解读让我们认识到，公元前 14 世纪，或者至少在公元前 13 世纪的克里特，希腊语是主要语言，因此这一图画的重新绘制，标示着迈锡尼的希腊人入侵或以某种方式抵达了克里特。根据传统看法，公元前 1450 年标志着弥诺斯文化后期二段陶器时期的开始。这似乎完全符合这一事实：克里特各省的宫殿大约在这一时期被毁，整个岛屿都处于克诺索斯的集权统治之下。之前使用过的其他论据也都被抛弃了，比如说，竖井墓就是在这一时期被引入克里特的。迈锡尼人大约在公元前 1450 年抵达，这也是必然的，因为阿瑟·埃文斯爵士已经宣称，在弥诺斯文化后期三段 A 开始时，克诺索斯本身的宫殿就已经遭到了毁坏，这大约发生在公元前 1380 年。因此希腊语要成为岛上首都的官方语言，是需要一个时间过程的。

不过，几十年里，以语言学家伦纳德·帕尔默（Leonard Palmer）为代表的一群离经叛道的学者一直认为，克诺索斯的宫殿一直到公元前 13 世纪末还仍然存在，而来自该宫殿的 B 类线形文字泥板的书写时间应该就是在这个世纪的末期，而不是比这早两百年。近期对于考古证据的解读似乎可以支持帕尔默的观点，因此对于希腊人抵达克里特岛的时间要求就不复存在了，因为他们在公元前 1300 年之前的任何时间来到克里特都是有可能的。

然而，在埃及存在着关于统治者变更的证据，Kftiw 这个名字不再使用，Tni 则出现得越来越多，这些证据可以有力地证明，在公元前 15 世纪中期的克里特发生了权力转换。但是问题仍然存在：这种变化究竟发生在陶器时期的什么阶段呢？弥诺斯文化后期二段陶器时期的陶器由先前的弥诺斯文化后期一段 B 发展而来，并继而发展进入弥诺斯文化后期三段 A 时期。因此，陶器不能用来表示权力的转换。无论如何，不管语言发生了什么变化，所有其他形式的证据都显示出这一时期的克里特岛上存在着基本的文化连续性。我们要做的最简单的事情似乎就是保留绝对年代的划定，或者把日期稍微提早到大约公元前 1470 年，并从陶瓷器的角度出发把这视为弥诺斯文化后期陶器时期和青铜时代晚期三段 A 的开始。人们在整个地中海地区及其周边都发现了这种泛爱琴海风格的陶器，不过最具有代表性的发现还是在那些曾经在图特摩斯三世胜利之后受到埃及控制或影响的地区，包括塞浦路斯、黎凡特、埃及和努比亚。

52

有趣的是，有一个地方从未发现过迈锡尼的陶器，那就是安纳托利亚高原中部，当时这里被赫梯人占据。第十一章的若干小节关注的就是爱琴海和安纳托利亚之间的关系。其中一个小节谈的是赫梯文献中有关赫梯人在西方的邻居阿匝瓦（Arzawa）和阿苏瓦（Assuwa）的内容［Assuwa 就是 Asia（亚洲，亚细亚）一词的来源］。到公元前 15 世纪末，赫梯文献开始提到一个新兴国家，名为阿希亚瓦（Aḫḫiyawa），20 世纪 20 年代以来的很多学者都认为这所说的是亚加亚人（Achaian），荷马提到希腊人时常用这一名称。情况是非常混乱的，但是从赫梯文献和后来的希腊传说中能够推知的最有可能的图景是，阿希亚瓦／亚加亚人指的是混居的希腊化的西安纳托利亚人和希腊人，他们在赫梯帝国边境和爱琴海地区生活，并劫掠周边地区。亚加亚人应该和希腊传说中的英雄珀罗普斯（Pelops）联系在一起，而伯罗奔尼撒（Peloponnese，珀罗普斯的岛屿）的名称就由此而来，荷马笔下的伟大国王阿伽门农和墨涅拉俄斯（Menelaos）则声称他们是珀罗普斯的后裔。我相信，珀罗普斯这个名字来自埃及的 P₃ Rpʿt（加冕的王子），因此，这个词是个头衔而非人名。很难确定，珀罗普斯的主要原型是在什么时间控制了伯罗奔尼撒西北部的伊利斯（Elis）地区，这一地区似乎是亚加亚人或珀罗普斯拓展权力范围的基础。公元前 1425 年到公元前 1300 年间的任何时间都有可能。困难的是，我们无法辨别出达那厄人和亚加亚人在物质文化上的任何差异。资料和传说中的证据同样不准确，就好像荷马在区分这两个民族时也一点都不清晰。埃及人似乎提到了 Tniw 和 Iḵwš（亚加亚人），他们都是劫掠过埃及的海洋民族。

最简单的解释就是，在公元前 18 世纪末期最初的"希克索斯"英雄建立的王国里，达那厄人是居民或驻守者，而亚加亚人则是被新的"安纳托利亚"

王朝征服的人。正如我们难以估计出珀罗普斯的王国是何时在伊利斯建立的，我们同样难以说出其他王国，如迈锡尼／阿尔戈斯和斯巴达，是在何时开始被亚加亚人统治的。似乎明确的就只是，希克索斯王朝的最后阶段，也就是底比斯的卡德摩斯人（Kadmeans）的统治，是在公元前 13 世纪末期覆灭的。

53　　亚加亚人和安纳托利亚人之间存在联系这一事实，并不意味着他们是赫梯人的盟友。恰恰相反，就像达那厄人一样，他们长期以来似乎都是安纳托利亚中部居民的敌人。赫梯的文献记录显示出对阿希亚瓦的持续敌意；我们之前也提到了，在赫梯的领土上没有发现迈锡尼的陶器。在迈锡尼发现的这一时期的外国物品中也没有什么是来自赫梯的。美国考古学家埃里克·克莱因指出，尽管所发现的遗物包括大量埃及和黎凡特的物品，但只有一件物品可能属于赫梯，而且还是来自处于赫梯控制之外的安纳托利亚的某一地区。

　　我们知道，在很多地方都发现了迈锡尼的商品，而赫梯人也是在美索不达米亚和叙利亚北部地区积极活动的贸易者。那么为什么这两个地区会互相排斥呢？纵然不考虑阿希亚瓦和阿哈伊亚（Akhaia）之间的等同，我们也很难想象这两个地区会对彼此毫不了解。略有可能让人接受的解释就是，它们处在相似的地理位置，因此不需要对方的产品。即使这种想法指出了一部分真相，我们也完全可以假定，这样的经济独立受到了政治意志的推进。文献和考古证据都可以支持这一假设。书面证据是公元前 13 世纪赫梯人与其叙利亚北部附属国国王之间签订的一份协约，其中特别要求他禁止来自阿希亚瓦的船只通过他的领土进行贸易。考古证据则是，希腊青铜时代晚期三段 A 时期，在叙利亚北部一带存在着大量的迈锡尼陶器，然而在希腊青铜时代晚期三段 B 时期，这一地区却没有任何迈锡尼陶器。对此最有可能让人接受的解释就是，众所皆知，这一地区大约在公元前 1370 年开始受到赫梯统治，而希腊青铜时代晚期三段 B 也正是在这一时候开始的。

　　因此，最有可能的情况是，从大约公元前 1430 年到大约公元前 1230 年间，希腊人和赫梯人处于敌对状态。赫梯人的最大竞争对手当然是埃及人，而图特摩斯三世或许也曾在公元前 15 世纪中期对爱琴海地区进行讨伐远征，文献和考古证据都显示出，在接下来的一个世纪里，那些最重要的希腊王国对于身处埃及人的领地感到很满意，并且从法老那里“接受了生命气息”。

　　毫无疑问，在这一时期存在着密切的贸易和文化接触。除了第十章里讨论过的文献资料中提到了这类接触之外，还有大量的考古证据可以支持这一观点。如上所述，在处于埃及控制和影响之下的各个地区，人们发现了大量属于希腊青铜时代晚期三段 A 和三段 B 时期（公元前 1470 年—公元前 1220 年）的迈锡尼陶器。与此相似，在爱琴海地区发现了许多用来盛放各类物品的迦南制造的大罐子。

54

从土耳其西南卡什（Kaş）海岸外一处沉船的残骸里，人们一共打捞出 120 多个黎凡特的罐子，这是迄今发现这种罐子最多的地方。该沉船可以追溯到大约公元前 1360 年，埃及最鼎盛时期将要结束的时候。船载的大量货物足以为我们展示出，在青铜时代晚期地中海东部地区的贸易是何等繁荣。货物中除了象牙和乌木之外，还有大量的铜锭，这些铜锭可以证明存在着铜的大规模贸易，当时铜主要是在塞浦路斯和撒丁岛开采的。我们同时可以知道，当时锡的贸易虽然规模稍小，但是影响更为深远，与地中海进行锡矿贸易的地区远至阿富汗、波希米亚和康沃尔（Cornwall）。

近年来最有趣的发现之一就是铅和含铅的银的贸易，人们现在可以通过对铅的同位素分析对其进行追溯。我们现在知道，雅典以南阿提卡的劳利昂矿区至少从埃及中王国建立时就开始成为这些金属的主要输出地。整个青铜时代晚期，在美索不达米亚和埃及都可以找到来自该矿区的铅。

人们在迈锡尼发现了很多埃及庙宇底座的彩绘陶板，上面有国王阿蒙诺菲斯三世的名字。这些彩绘陶板同样有趣，这是因为，如果它们是在埃及发现的，那么考古学家立刻就会开始寻找能与建筑在地基上的庙宇联系起来的其他迹象。然而在迈锡尼，这些彩绘陶板大多数都是在贮藏珍贵物品的窖藏中发现的，而不是在本应标示着庙宇四角的地方。另一方面，尽管它们具有仪式上的重要意义，却没有任何内在价值，因此不可能是作为纪念品被带回来或进口来的。联想到这个时期埃及与迈锡尼王室相接触的其他迹象，我们似乎有理由假定，它们的作用是在此标示出埃及建筑的地基，尽管这样的建筑或许只能存在很短的时间，或者从来就不曾开工建设。

然而，标示着埃及与希腊在这一时期存在密切接触的，并非只是这些有象征意义的陶板。对于彩釉中的铅的分析表示，它来自劳利昂。这可以用两种方式进行解释。或者此时在希腊有一处官方的埃及御用工厂，能够制造出陶板，或者在埃及给这些陶板上釉时碰巧使用了来自希腊的铅。后一种情况存在的可

55

能性更大。哪怕是这种解释也强调了公元前 1400 年前后埃及和爱琴海地区之间错综复杂的关系。

我们知道，埃及和非洲其他地区出口象牙、乌木和其他热带产品，例如没药和其他香料、鸵鸟蛋，或许还有羽毛和纸莎草。这些地区还有可能出口黄金，尽管希腊本身也有黄金产地。似乎奴隶的主要流动路径是从北向南。这样的贸易大多会经过黎凡特，而黎凡特也有自己的产品，例如雪松木材和精致的成品。另一方面，我们知道爱琴海地区出口优质陶器，不管沉船中那些迈锡尼的罐子里装的是什么东西，其中肯定包括橄榄油。此外还有铅和银。

这样的贸易模式并不平衡。既然我们知道，希腊是金属的主要出口地，那么我们似乎有必要用其他一些政治或经济因素来解释一下明显存在的不平衡。或许我们可以假定埃及有足够强大的政治和海军力量，因此可以盘剥爱琴海地区。不过，更有可能的或许是，造成贸易不平衡的基本是经济原因，此时埃及已经在向整个地中海东部地区出口小麦，我们知道，在公元前 776 年—公元前 325 年的希腊古风时代和古典时代，埃及就是这样做的。文献和考古资料都清晰地显示出，此时人们建造的船只已经足够大，可以进行大规模的谷物贸易。人们还知道，公元前 13 世纪时埃及曾经通过从海上运输谷物缓解了安纳托利亚和黎凡特的饥荒。几乎可以肯定，在日后构成了腓尼基的黎凡特城市中，有一些此时也经常出现粮食短缺。来自希腊南部的考古发现和书面证据都显示出，这个世纪的人口密度非常大，然而粮食产量低得惊人。这或许暗示着当时经常出现饥荒和 / 或谷物的持续进口。一些谷物可能是来自黑海地区的，该地区在古典时代也向希腊供应谷物，但是似乎更有可能的是，大部分谷物都来自埃及。有趣的是，希腊传说中提到，就在特洛伊战争之前，埃及的救助缓解了阿提卡的饥荒。此外，有关小麦和烤面包的一些希腊词语具有埃及词源，所有这些线索都在暗示，埃及向希腊和地中海周边其他地区出口小麦的模式，不仅存在于古典时代、希腊化时代和罗马时代，而且在青铜时代晚期就已经建立起来了。

56　　　过去 20 年里，学者们争论得最激烈的一个问题就是，在青铜时代晚期，究竟是谁主导着地中海东部地区的贸易。自从极端的雅利安模式胜出之后，最盛行的观点就是，贸易完全掌握在有活力的迈锡尼人手中。这得到了下面这一事实的支持：在黎凡特和埃及发现的爱琴海陶器要比在爱琴海发现的黎凡特和埃及陶器数量更多。不过，陶器数量本身并非总能很好地标示是谁在进行这些器皿的贸易。例如，如果只因为 17 世纪以后西欧的大多数陶瓷器都来自中国或是当地对中国器皿的拙劣模仿，就认为是中国船只在西欧进行贸易，那显然是不正确的。而且，一些学者也已指出，在来自乌加里特的大量有关贸易的记录中并没有谈到希腊人。我认为对此可以这样解释：赫梯人禁止其附属国与阿希亚瓦贸易，因此就形成了当地的这一现象。不过，几乎无须怀疑的是，B 类线形文字泥板的内容显示出，乌加里特和其他黎凡特城市比爱琴海地区的宫殿经济体更加商业化。在荷马史诗中也展现了这一令人印象深刻的图景：**所有的贸易都掌握在腓尼基人手中**。

属于这一时期末期的沉船最早是在土耳其南部海岸的格里多亚角（Cape Gelidonia）附近发现的，由乔治·巴斯进行了发掘。巴斯相信，乘坐这艘船的是黎凡特人。巴斯有关卡什沉船的发现和发掘更为重要，其为船员的民族身份提供了更加模糊的证据。那些船员或许来自不同地方，但是几乎可以肯定会包括一些希腊人。极端的雅利安模式否认西闪米特人的创造性角色，而宽泛的雅利安模式（Broad Aryan Model）则与此相反，在二者的论争中，认为船员中有希腊人的这一看法尽管有重要意义，最终却没有起什么作用。这是因为，我们现在清楚，在公元前 1470 年—公元前 1220 年间，地中海东部地区完全是国际化的。因此，由爱琴海人、黎凡特人、埃及人以及其他不同民族组成的船员都在海上航行，运输来自不同地区的各种货物。一些学者提出，是和平的迈锡尼（Pax Mycenaeaca）带来了这样的和平与繁荣。这和雅利安主义者本末倒置的观点别无二致。毫无疑问，从公元前 1470 年到公元前 1370 年间，埃及是这一地区的主导力量，并且一直到公元前 13 世纪末，埃及在军事、政治和文化上都保持着重要的地位。因此，更妥当的做法似乎是假定，这样的贸易与繁荣是以和平的埃及（Pax Aegyptiaca）为前提的。

公元前两千纪下半叶，在包括爱琴海地区在内的整个地中海东部都存在着这样的国际化社会，因此，认为存在着文化隔绝的观点是荒谬的。我们有足够的理由期待希腊有来自埃及和西闪米特地区的文化借用，尤其是语言上的借用。似乎没有理由认为那些借用的迹象本身是不可信的。但是，这一时期的考古证据尽管会使雅利安模式和原地生成模式站不住脚，却也削弱了狭义上的古代模式，因为这样长期的亲密接触本身已经可以解释基本的宗教、语言和其他文化借用，而不必再考虑到征服或殖民。不过，与此相反的是，事实上在迈锡尼文明后期希腊所讲的语言已经是希腊语，同时已经在崇拜那些后来有了希腊名字的神灵。那些我认为具有埃及语或西闪米特语来源的词语和名字，在此时的希腊似乎已经投入使用。而且，锡拉的壁画让我们了解到，基克拉泽斯文化至少在公元前 17 世纪已经彻底地国际化。因此，尽管在公元前 1470 年到公元前 1220 年间存在着密切接触，我们似乎没有多少理由怀疑，我们所知道的从古风时代和古典时代开始的希腊文化，在那时就已经基本成型了。既然这样，我们就必须探寻更久远的年代，去寻找我所相信的埃及和闪米特对希腊文化的**根本性**影响，如同上面论述过的，某些影响的迹象可以追溯到公元前三千纪甚至更早的时间。

然而，考古学提供的证据似乎表明，关键时期是公元前两千纪上半叶的后两百五十年，而这种文化影响是与希克索斯的征服和殖民联系在一起的。

本书的第十二章是最后一章，讨论的是迈锡尼时代末期，也就是公元前 1250 年到公元前 1150 年这一百年间的情况。这一章集中关注的是希腊的底比斯和特洛伊这两座城市的被围和毁灭。在此，对陶器时期较晚的年代设定也给编年造成了困扰。根据传统观点，与之相关的希腊青铜时代晚期三段 B 始于公元前 1275 年，而希腊青铜时代晚期三段 C 始于公元前 1180 年。考古证据则表明，底比斯是在希腊青铜时代晚期三段 B2 被毁的，根据上面的时间划定大约发生在公元前 1200 年。在考古学家发现的城市遗址中，有两处可能是荷马所提到的特洛伊城。特洛伊 VI 毁灭的时间似乎接近希腊青铜时代晚期三段 B 开始的时间，根据传统的年代划定大概是在公元前 1275 年，而传说中特洛伊城沦陷的时间是比这更晚的公元前 1250 年到公元前 1170 年间。更重要的是，这一时间也要早于传统的陶器时期年表所给出的底比斯最终沦陷的时间，而传统上人们普遍认为底比斯的沦陷发生在特洛伊战争之前。不过，按照人们所相信的荷马的说法，特洛伊 VIIa 是被大火焚毁的，这次毁灭发生在希腊青铜时代晚期三段 C 开始前后，根据传统的年代划定应该是公元前 1175 年之后。这恰好符合希腊年表给出的较晚的结束年代，然而仍然难以与传统记录中所描述的大规模有组织的希腊远征相互调和，因为我们知道迈锡尼文明在此时已经开始迅速衰落。

由于存在这种混乱和"特洛伊"被毁时间的不确定性，持怀疑态度的 M. 芬利（M. Finley）开始质疑特洛伊战争的历史真实性，在谢里曼令人惊异的考古发现之后，还从未有人能像这位 20 世纪六七十年代剑桥古典学者的领军人物这样对特洛伊进行质疑。不过，新的对陶器时期时间的划定以两种方式澄清了情况。首先，特洛伊 VI 的衰退现在应该定在公元前 1350 年前后，这距离发生在公元前 1210 年左右的城市覆灭还有一个多世纪的时间。这一更晚的时间恰好处在传统划定的时间范围的中间，而且其毁灭的性质也符合史诗的描述。此外，在海岸边发现的遗物也让人展开联想，人们认为希腊人当年就是在这片海岸扎营的，这些重新证明了荷马的叙述具有基本的历史真实性。

这一章的多个部分指向的就是特洛伊的复杂历史，因为这可以通过考古学和赫梯的资料建立起来。这座无比繁华的城市占据了突出的战略位置，无数船只曾经在此停泊，等待着在风和日丽的时候扬帆起航，通过达达尼尔海峡抵达黑海。在青铜时代晚期，这座城市曾经在赫梯和希腊的统治之间摇摆。不论是在荷马的记述中还是在希腊传说中，都没有赫梯人的身影。这可以用下面的事实来解释：尽管赫梯帝国直到公元前 12 世纪开始时才崩溃，但是在公元前 13 世纪 30 年代，赫梯已经失去了对安纳托利亚西部的控制和影响。因此，特洛伊战争在某些方面似乎是一场希腊试图填补权力真空的行动，而权力真空是由于安纳托利亚西部和南部地区城邦与色雷斯人形成了联盟进行抵抗所造成的。

第十二章还包括了有关底比斯的部分。我相信，传说中的英雄卡德摩斯所代表的希克索斯王子们二次建造了底比斯，这一章就勾勒出了由此开始能够重构出来的底比斯历史。对于卡德摩斯时代的年代确定存在着争论，很多学者倾向于在古代就被提出的较晚的年代设定。这里对此也进行了相关讨论。我相信，这些争论背后的重要动因是，一方面，传说中卡德摩斯把字母表介绍到了希腊，另一方面，据信最早的字母表可能是在公元前 1300 年前后介绍进来的，而人们渴望调和这两种说法。我以铭文作为理由，认为闪米特字母被介绍到希腊的时间**不迟于**公元前 1400 年，而且有可能更接近公元前 1800 年。在我看来，似乎没有理由怀疑重要的相关的古老传说，这种传说认为，卡德摩斯或他所代表的入侵，大约与达那俄斯和随他而来的殖民发生在同一时间，也就是说是在公元前 1730 年左右。

充足的古典时代的证据几乎可以让我们确定，公元前 13 世纪的底比斯人相信，他们的统治者是古代国王的后代，而这些国王是卡德摩斯的后代，这些人追根溯源则都是来自腓尼基的。这些证据与年代更早的图像所提供的证据是相契合的。因此，在我看来似乎没有理由怀疑，这种传说有真实的历史基础，这时的底比斯王国在经历了希克索斯的控制后独自幸存下来。

同样清晰的是，底比斯一直和近东保持联系，或者是恢复了和近东的联系。在卡德摩恩（Kadmeion）或城市宫殿，人们发现了数量可观的近东的宝藏，其中一些是在城市衰落时打造或重新打造的。一位学者因此认为，曾有一群东方工匠在宫殿里劳作。最令人惊异的发现是一组天青石质地的圆柱形印章，大多数都是巴比伦加喜特王朝的官方或宗教印章。加喜特王朝是被亚述人征服的。研究西亚印章的高级专家艾迪斯·鲍腊达（Edith Porada）在她的探索过程中曾经追溯到了这些印章的源头——曾遭亚述征服者图库尔蒂-尼努尔塔（Tukulti Ninurta）一世洗劫的那些寺庙。她认为，这些印章或是作为贸易商品，或是出于外交目的而被这位征服者送到了希腊。鲍腊达知道赫梯的条约试图阻止希腊和亚述的贸易，但她并不知道这一确凿的证据：一块下面印有图库尔蒂-尼努尔塔名字的大铅锭所用的原料就来自阿提卡的劳利昂矿区。

因此，尽管底比斯在陷落时无疑与近东保持着密切的接触，但是同样明确的是，它并非这一时期唯一这样做的希腊城邦。与此相似的是，尽管没有理由怀疑底比斯国王有卡德摩斯和腓尼基血统，但是这些发现本身并不能证明底比斯是由近东国家建立起来的。

亚述征服巴比伦的时间可以确信大致是在公元前 1235 年。这为底比斯的最终毁灭提供了最晚的时间节点（terminus post quem），如今后者发生的时间应该被划定在公元前 13 世纪 20 年代。根据希腊传说，这就发生在特洛伊战争之前不久，而特洛伊战争可以认为是发生在公元前 13 世纪头十年，战争的结局就是公元前 1210 年特洛伊的陷落。

在第十二章里，我也谈到了迈锡尼时代的终结和青铜时代文明的整体覆灭，这发生在公元前 12 世纪，可以认为，底比斯和特洛伊的陷落只是其前兆。根据埃及文献的记录，公元前 12 世纪初发生了"海洋民族的入侵"，包括对安纳托利亚北部和西部、黎凡特以及埃及的入侵。入侵造成了赫梯帝国终结，黎凡特沿岸诸城邦被毁于一时。埃及勉强挺过了浩劫，但是力量受到了很大削弱。

无疑，我们现在称之为"希腊人"的民族参与了这些劫掠和随后而来的定居活动。另一方面，人们很难确切说出这些移民行为与此时在希腊大陆发生的动乱有什么样的关联。希腊大陆的动乱主要表现为来自希腊西北的多利安人对希腊南方部分地区的劫掠和征服。多利安的国王们声称他们是"赫拉克勒斯"或神灵的后裔，来自更早的埃及-腓尼基人统治的王朝，不论这其中是否存在着真实性。这样，多利安的国王就可以宣告，相比他们在阿尔戈斯、斯巴达和其他地方所取代的珀罗普斯人而言，多利安人具有更为优越的正当合法的地位。由于这种埃及-腓尼基的血统，后来的斯巴达国王们也认为他们自己与犹太人近似，而犹太人的首领就与他们自己真实的或想象中的祖先一样，被假定为遭到埃及人驱逐的希克索斯王子。

希腊的动乱似乎在公元前 12 世纪 50 年代发展到了一个极端，而迈锡尼本身似乎就是到了此时才陷落。显然有很多原因可以用来解释青铜时代文明为何在此时崩溃。一种假说认为，这其中的潜在原因是，公元前 13 世纪最后 25 年间，整个北半球都受到了气候恶化的影响。我们在第七章中已经对此进行了更详细的阐述。不过，沿着这类路线进行探索的学者们并没有发现长期持续的气候恶化。而且，尽管他们承认或许出现了有时持续数年的旱灾，但他们也颇为合理地主张，在公元前 14 世纪也发生了类似的旱灾，而那时希腊南部的人口数量则相当可观。我认为，如果我们相信，在公元前 1470 年—公元前 1220 年间埃及的谷物能够运输到希腊，帮助希腊人渡过饥荒时期，那么这一谜团就可以解开了。所以说，是因为海洋民族的入侵不仅削弱了埃及的力量，也断绝了海上运输谷物的可能性，才迫使希腊南部的经济从青铜时代晚期三段 A 和三段 B 的陶器时期向三段 C 转型，从专事制造业和专业化农业生产转向自给自足型经济，人口数量则大幅减少，直到可以承受相对频繁的旱灾。

尽管公元前 13 世纪后期和公元前 12 世纪的长期衰退可以归因于气候和政治因素，但是最重要的原因似乎是，原本和平的埃及出现了政治上的分崩离析。然而在很多地区，最终摧毁青铜时代文明的致命一击（coup de grace），或许是公元前 1159 年海克拉火山第三次喷发后出现的气候恶化。有趣的是，在这之后的十年间，周国的王子开始推翻商朝的统治，不列颠西北成了无人居住之地，伊朗的中埃兰王国灭亡，希腊的宫殿社会遭到毁灭。

埃及并未亡国，黎凡特也很快就重新积累起财富和力量，然而近东周边的地区用了更长的时间恢复元气。等到它们重新振兴时，已然是与原来截然不同的社会形式了。在希腊，官僚制的宫殿社会被更加原始的部族社会取代，而公

61

元前 9 世纪和公元前 8 世纪的复兴基本依循的是腓尼基在公元前 11 世纪确立的商业化和制造业城邦的发展路线，尽管复兴依靠的是奴隶的劳动，然而公民权益的意识得到了加强。如果用象征化的手法进行描述，这些差异就表现为，原来是宫殿的地方，此时矗立着由寺院主导的城市，这些寺院供奉的是代表团体身份的神灵。

近东的新一轮影响和希腊大陆的传统形式之间的关系构建起了另一个故事，不过那就不属于本项研究的内容了。

在第一卷的绪言中，我鲁莽地写出了那时尚在计划中的第二卷和第三卷的内容。现在我才明白当时我犯了多大的错误。因此，这一次我不想详谈第三卷和第四卷都会有什么内容。我只想说，在整体上看，它们将会涵盖第一卷的导言所声明的第二卷和第三卷将会涉及的范围。除了这一方案的细节上的变化之外，本质的差异在于，它们将会基于与第二卷同样的"路线"，也就是说，我将在第三卷和第四卷中进行"大量的"描述，尽量展示出修正的古代模式取得的成果。然而，在我最初开始策划这一项目时，我曾经错误地认为不同模式之间有可能存在不偏不倚的公平竞争。

第一章　宫殿时期之前的克里特：公元前 7000 年—公元前 2100 年

要梳理近东和爱琴海地区之间的关系，显然应该以克里特为起点。这是因为，首先，有证据显示，克里特岛与亚洲西南和非洲北部地区的接触和交往在新石器时代就已开始，并且在青铜时代早期一直持续；其次，事实上，克里特宫殿文明在公元前三千纪晚期和公元前两千纪早期成型，并对后来埃及和黎凡特对希腊大陆的影响起着传播和过滤的作用。因此，在公元前两千纪迈锡尼文明形成和发展的过程中，克里特的影响处于核心地位。

在这一章里，我们将探究克里特岛历史的最初阶段，那是属于新石器时代和青铜时代早期的悠长岁月，大约在公元前 7000 年到公元前 2100 年间。

在此我主要关心的是考古学。这并非因为我相信考古学作为一门学科具有任何内在的优越性，也并非因为考古学是探寻公元前两千纪（公元前 2000 年—公元前 1000 年）爱琴海地区究竟发生了什么的唯一途径，尽管本书主要关注的就是这一时期的爱琴海地区。我以考古学作为关注的焦点，是出于两方面的原因。第一，考古学一直是获得知识的重要方法，即使在历史时期或原史时代（proto-historical times）也是一样；第二，尽管我们可以从传说和语言的证据中获得极为有用的信息，但是它们通常很难具有年代上的精确性。比如说，如果所涉及的是公元前三千纪，那么这时的文献记录相对来说几近于无，通过考古学获得的信息是我们唯一能够将之与该时期联系到一起的证据。但是我认为，我们不应该，也不可能孤立看待考古学提供的证据，哪怕针对的是最古老的时期。因此，在这一章里，我试图对考古学展开讨论的语境既包括同时代文化提供的书面证据，也包括后来的传说、神话、宗教膜拜，有时也会涉及语言和专有名词。

除了这些语境上的问题之外，考古学作为一门学科也面临着固有的困难。我不想探讨考古学究竟是不是一门独立的科学（还是要运用其他学科的科学方法），这是个复杂的哲学问题。[1] 在此，我只想考虑它的实际运用或较低层次的理论，因为这影响到我们所关心的具体问题。一件物品的真实性通常是不用怀疑的，在正常的挖掘中，对于物品是在哪里、在哪个地层发现的，通常也不用怀疑。如今，通过对实物材料进行科学研究，我们就有可能探寻出它来自何处。有时，放射性碳测定和树木年轮学甚至可以告诉我们物品的绝对年代。放射性碳测定法就是测量物品中放射性碳的含量，因为放射性碳在有机体死亡后就会开始衰减；树木年轮学则是通过对树木年轮的计数分析来测定年代。然而另一方面，这一物品究竟是怎么来到这个地方的、所代表的又是什么，就只能任由考古学家或历史学家进行主观的诠释了。同样，考古学家在考察他们重点关注的建筑或工业和农业的遗痕时，给出的诠释也留有很大的余地，在他们追溯这些考古发现与其他地方的关系时尤其如此。简而言之，数据本身很少会提供确切的答案，它们所能做的至多是为考古学家确立起可以在其中进行推测的范围。

"传播论者"和"孤立主义者"之间的争论

在这个主要依靠推测的领域，潮流自然起着重要的作用。在第一卷里，我简要讨论了殖民主义和"传播论"之间的关系，传播论者认为"更高级的文化"通过征服和/或移民进行传播。[2] 在此我们应该注意到，古代模式、雅利安模式和修正的古代模式都属于传播论。孤立主义相信各地区的创造性和主动权，也就是说相信本土的发展——持有这种观点的人会将之称为"进化论"，尽管这

1　见 M.H. Salmon（1982, esp. pp. 19-30），以及 Renfrew, Rowlands, Seagraves（1982）收录的论文。
2　第一卷，第 407—408 页。

种说法让人感到混乱。孤立主义被视为对传播论的有益回应，自从 20 世纪 40 年代以来一直考古学界的主流思想。

65

对于传播论的殖民主义特点，最鲜明的抨击就是杰出的努比亚考古学家威廉·亚当斯（William Adams）所写的一篇文章。不过，在柯林·伦弗鲁和其他孤立主义者的作品中，对传播论的批评也是突出的主题。[3] 他们提出了有力的论据，来反对传播论者对考古证据的诠释。亚当斯的陈述可被视为其中的典范，他在具有该领域核心地位的期刊《古代》（Antiquity）上发表了文章《侵略、传播和进化》，在这篇文章末尾，他恳切地写道：

只要没有考古学提供的最终证据，每一种现有的解释就都必须在新发现出现时重新接受检验。令人不愉快的是，我们不论何时都不能忘记证据而接受诠释。所有的理论都只不过是一种可能性，因此任何以理论为基础进行的理论建构都将显著地削减其可能性。然而只有切实的证据才可以显著削减潜在的可能性。只有切实的证据才能最终成为建构历史的砖石。[4]

不过，不幸的是，在"诠释"和"切实的证据"之间并没有截然分明、让人一目了然的界限。显然，考古学家从选择了他们的遗址的那一刻起，就必然带有某些特定的先入之见，这些先入之见又会衍生出相应的观念，而这些业已形成的观念会影响这个考古学家的所有决定，包括在哪里挖掘，采取什么方法，在哪里停止，以及什么东西应该加以探查、清理、记录和保存。对于事物**重要性**的判断必然都是主观的，这不可避免。亚当斯的结论或许显得偏颇，但是，这篇文章是在批评传播论以及他眼中的传播论所带有的种族主义色彩，这与我在绪言中提到的麦克尼尔的文章一样。[5] 亚当斯和麦克尼尔等学者否定了所有建立在考古学或其他有关史前阶段的证据基础上的假设的有效性，其推论是倾向于本土进化论和孤立主义的。

站在我的立场上，我完全接受他们对于"证据"的批判，但是也相信，我们应该尽最大可能地利用我们已拥有的一切，继续构建假说，同时不断地提醒自己，

3　Adams（1968），Renfrew（1987, esp. pp. 86-94）。

4　Adams（1968, p. 213）。

5　McNeal（1972, p. 19），见绪言，注释 2。

假说的根据不足，可能站不住脚。我持这样的观点，是因为我相信，首先，没有假说的研究只会造成无意义的混乱状态，第二，尽管假说不可能绝对"真实正确"，但它们或多或少具有启发作用，而我们的工作就是对其进行编纂，并从不尽人意的假说中选出最好的。从第二点出发还可以得出两种推断：（1）禁止形成新的假说，必然会让旧的假说继续存在，旧的假说则通常建立在不那么可信赖的证据之上；（2）禁止形成新假说，这绝对有孤立主义的倾向，因为人们会错误地感到，需要证实的不是孤立而是关联。我认为这是错误的，因为我所采纳的就是被称为"修正的传播论者"的立场。也就是说，我相信，导致文化变化的原因可能是外在的影响，可能是内在的发展，也有可能是二者复杂的共同作用。

在探讨人们对青铜时代（公元前 3300 年—公元前 1100 年）爱琴海地区的态度时，我们不应忘记当前知识界的孤立主义氛围。粗略地说，考古学家直到最近还一直分成两个阵营。我们在第一卷中已经勾勒出了其中之一，这个阵营包括那些本质上保守的学者，例如弗兰克·斯塔宾斯和已故的斯派雷登·马瑞纳托斯。他们受到古代模式残留思想的影响，认为希腊在青铜时代晚期开始时曾遭到埃及和黎凡特的入侵，具体时间是在公元前 1570 年左右。但是他们也认为，这对希腊文化并没有带来显著的或长期持续的影响。另一派学者包括大多数地位已获承认的中年考古学家和古希腊史学家，例如约翰·宾特里夫（John Bintliff）和彼得·沃伦（Peter Warren）。他们接近系统的孤立主义者，并倾向于伦弗鲁的原地生成模式，这种模式认为，在新石器时代开始之后在希腊就没有出现过在文化上产生重要影响的外来殖民。他们尤其坚决反对的观点是，爱琴海地区曾受到来自近东的侵略或出现过大规模殖民。[6]实际上，伦弗鲁比雅利安模式的创始者更进一步，他不仅坚持认为希腊与近东地区没有重要的接触，而且认为前古希腊人同样纯净而未受干扰。

谈到这里，我们必须填补第一卷中留下的重要空白。我在第一卷中提出，极端的雅利安模式在这个世纪初曾占据统治地位。我也简要地审视了埃利奥特·史密斯（Elliot Smith）倡导的传播论观点，他认为曾有一个朝气蓬勃的亚洲民族将文化从埃及传播到了世界。[7]不过我并没有提到一派更加温和也更有

6　见第一卷，第 407—412 页。
7　见第一卷，第 270—272 页。

影响的考古学家，他们认为欧洲文化在根本上源自近东，因此他们被敌对者贴上了信奉"光从东方来"（ex oriente lux）的标签。

在这些"修正的传播论者"中有一位杰出的瑞典考古学家，名叫奥斯卡·蒙特柳斯（Oscar Montelius），他有很多出色的追随者，尤其是在英国，其中最重要的人物是约翰·迈尔斯（John Myres）和著名的澳大利亚考古学理论家戈登·柴尔德。[8] 这些学者认为，在公元前三千纪期间，爱琴海地区居民所使用的工艺技术即使不是绝大部分都来自近东，也有很多是从近东引进的。但是，如同我在第一卷中提到的，迈尔斯和柴尔德也完全相信雅利安人具有种族优越性，古代希腊人的文明则是最杰出的雅利安文明的典范。通过假定"前古希腊人"就像过滤器一样把雅利安希腊人和近东的影响因素隔离开来，人们回避了这些根本性信念背后的潜在矛盾。[9]

我们曾在第一卷中讨论过，萨洛蒙·雷纳克（Salomon Reinach）等人反对修正的传播论。雷纳克反对把欧洲的所有发展都归结为有亚洲的渊源，抨击说这是东方幻影（mirage oriental）。20世纪初德国最有影响的考古学家古斯塔夫·科西纳（Gustav Kossinna）认为，所有的优等种族——雅利安人、芬兰人和苏美尔人——最终都来自石勒苏益格-荷尔斯泰因（Schleswig-Holstein）地区，尽管次一等的种族在与优等种族融合的过程中能够获益，然而，只有在优等种族是纯正的、没有受到污染的时候，才能出现最伟大的文明，而发生在德国北部的情况就是这样。[10] 伦弗鲁和沃伦绝对不是赞同这样的种族主义，但是他们的工作从很多方面来看，都是在重提孤立主义或进化论的立场，来反对蒙特柳斯和柴尔德所主张的修正的传播论，并将未受污染的纯正性这一观念应用到爱琴海人身上。他们的观点也具有种族主义的意味，因为他们把欧洲文明视为世界史上最伟大的文明，而且认为欧洲文明完全是由讲印欧语的欧洲人独立创造的。尤其值得注意的是，伦弗鲁的巨著《文明的出现：公元前三千纪的基克拉泽斯和爱琴海》（*The Emergence of Civilization: The Cyclades and the Aegean in the Third*

67

8　关于这些考古学动向的概述，参见 Trigger（1980, pp. 24-31, 44-9）。

9　关于迈尔斯的种族主义，见第一卷，第389页。关于柴尔德早期对雅利安人的偏爱，见第一卷，第388—389页以及 Trigger（1980, pp. 49-53）。当然，柴尔德后来在反对纳粹种族主义和反闪米特主义的活动中起到了突出的作用。见 Trigger（1980, pp. 91-2）。

10　关于雷纳克，见第一卷，第370—373页。关于科西纳，见 Trigger（1980, pp. 24-6）。要记住，苏美尔人被视为美索不达米亚文明的创造者。关于这点的意识形态问题，参考第一卷，第364—365页。

Millennium B.C.）书名本身就既非同寻常又惹人争议。不过矛盾的是，这本书的题献是："为了纪念戈登·柴尔德"，而伦弗鲁一直在尽力反对柴尔德的观点。

公元前 1450 年左右，迈锡尼人似乎成了克里特的主导力量，在探讨公元前 1450 年前的克里特时，我们发现自己处于孤立主义者和修正的传播论者的不休争战之中。不过，即使是修正的传播论者也倾向于认为，"弥诺斯"文明具有某种欧洲的"自由"和"活力"，而这些在近东文明中是缺少的。[11]

公元前 21 世纪以前的克里特

公元前 7000 年—公元前 3300 年的新石器时代

根据生活在公元前 1 世纪至公元 1 世纪的地理学家斯特拉博（Strabo）的说法，克里特不是在爱琴海地区，而是在希腊和非洲之间。[12] 如同现代的克里特历史学家和考古学家基思·布兰尼根（Keith Branigan）所说，克里特"位于交流的路线上，沿着这些路线，来自两大洲伟大文明的艺术品和工艺到达了属于第三方的野蛮民族"[13]。考古证据显示出，克里特主要受到了五个地区的影响：安纳托利亚、黎凡特、埃及、利比亚，最后是基克拉泽斯和希腊。就像希腊大陆的情况一样，农业是从安纳托利亚传到克里特的，这大概发生在公元前八千纪或七千纪，对此似乎没有多少疑问。[14] 在之后那漫长的新石器时代中，本土的发展和外来的影响是并存的。美国考古学家索尔·温伯格（Saul Weinberg）论述说，人们发现的公元前五千纪克里特新石器时代晚期那种新的粗糙无光的陶器风格，是以同时代的美索不达米亚和叙利亚的奥贝德（Ubaid）器物为基础的。这可能具有语言学上的意义，就如我在第一卷绪言中尝试着提出的那样，奥贝德陶器在中东的流传可以与闪米特语在这一地区的传播联系在一起。[15]

11　例如，Trigger（1980, p. 50）。

12　Strabo, *Geography* 10.4.2.

13　Branigan（1968a, p. 7）.

14　一些学者提出，最早的陶器有可能是来自更远的东方地区，甚或是来自巴勒斯坦。见 Branigan（1968a, p. 7）；Renfrew（1972, pp. 63-4）；Hood（1971, p. 28）。

15　Weinberg（1965b, p. 47）. Renfrew（1972, p. 67）显然怀疑这一观点，但他并没有提出反对。有关奥贝德陶器与闪米特语的联系，见第一卷，第 12 页。

克里特考古学的奠基人阿瑟·埃文斯爵士认为，在新石器时代地层发现的戴着利比亚式阴茎护套的人，体现了利比亚对克里特的影响。不过，英国考古学家辛克莱·胡德（Sinclair Hood）指出，"遮阴布"在前王朝时期的埃及就已经存在，因此这些阴茎护套有可能就来自埃及。这些护套后来能够在克里特留存下来，对此胡德给出了这样概括性的结论："这种保守性是克里特弥诺斯文明诸多特点的关键核心，那些原本在近东其他地方普遍流行的信仰和习惯，经常会在这里产生长久的影响。"[16] 应用胡德的这种观念可以得出很多成果，对此我们将在下面进行探究。

在阿瑟·埃文斯爵士之后，把埃及和爱琴海考古学的知识成果结合起来的彭德尔伯里与希腊考古学家亚历克西乌（S. Alexious）都注意到了利比亚对新石器时代克里特的影响，这种影响或许也体现在，有一类堆石界标后来发展成了克里特的穹隆顶或称蜂巢式墓葬（tholos）。[17] 在克诺索斯新石器时代晚期或末期的地层中发现了很多埃及前王朝时期的石碗，还有一个权杖头，这体现了埃及的影响。[18] 不过，沃伦和伦弗鲁反对这种传播主义的观点，他们坚持认为，克里特的这一类新石器时代的石制品，或许是用弓形钻制造出来的，是本土发展的结果。[19] 不过，事实就是，同一时期的大量类似物品是在埃及制造的，而其中一些是在克里特发现的。这一事实本身虽然不能**证明**传播，但是的确可以作为论据支持阿瑟·埃文斯和其他考古学家的观点，使之更加令人信服。[20] 因此，我想说的是，有足够的证据表明，从最早的时代起，诸多不同的地中海文化就已经在克里特交汇了。

69

青铜时代早期大约公元前 3300 年—公元前 2000 年
在探究早期弥诺斯时期的克里特之前，我们有必要了解一下青铜时代开始

16　Hood（1971, p. 31）.

17　Evans（1928, p. 34）；Pendlebury（1963, p. 74）；Alexiou（1967a, p. 484）.同时参见 Branigan（1970a, p. 141）.希腊考古学家 Xanthoudides（1924, p. 128）也提出了同样的观点。Banti（1933, pp. 244-5）和 Hood（1971, p. 173）则对此表示反对。尚特莱纳找不到单词 tholos 的令人满意的印欧语词源，这个词似乎有可能来自埃及语的 dw3t, t(w) 3t，在世俗体中的意思是"地下"或"墓中的墓室"。这似乎来自 dw3w（黎明，早晨）。关于墓葬和日出在公元前三千纪的爱琴海地区的联系，参见 Goodison（1985, pp. 70-2）。

18　Warren（1965, pp. 30-1）.同时参考 Pendlebury（1930a, pp. 20-1）和 Hood（1971, p. 29）。

19　Warren（1965, p. 8）；Renfrew（1972, p. 347）.

20　Evans［1921, pp. 64-70; 1928（Volume 2），pp. 21-59; 1925, esp. pp. 11-23］.

时地中海东部地区的整体状况。几乎没有什么疑问的是，从整体上看，弥诺斯早期文化的产生显然与公元前四千纪结束时埃及和亚洲西南地区突然出现的大规模文化发展存在联系。

在这一时期，美索不达米亚平原的闪米特-苏美尔文化扩展到了叙利亚。[21]对腓尼基城市毕布勒的挖掘显示，此时这里已经出现了具有相当规模的城市。[22]公元前34世纪，第一王朝统一了埃及。显然，这些发展是以当地的新石器时代文化为基础的，并且继续发展而形成了各具特色的文明。不过，这些大体上同时发生的转变，至少可以被激发传播（stimulus diffusion）清楚地联系在一起（也就是说，本土的发展受到了外部活动的激发）。可以显示出这种联系的，不仅是该时代各地发展的相似性，而且还有地方风格的相似性，例如，在公元前四千纪的美索不达米亚与前王朝时期末期和第一王朝时期的埃及之间的相似性。

而且，考古学的证据显示出，这一时期存在着贸易网络，将埃及和伊朗、美索不达米亚和阿富汗联系到了一起。[23]最早的法老墓葬不是在埃及发现的，而是在努比亚发现的，墓中的物品最远来自黎凡特海岸和苏丹西部的科尔多凡（Kordofan）高原。[24]考古学的证据也有力地表明，在埃及和巴勒斯坦与西班牙之间此时存在着接触，在罗马尼亚也发现了这一时期的美索不达米亚泥板。[25]其实这并没有乍看起来那么令人惊奇，因为特兰西瓦尼亚（Transylvania）、匈牙利和波希米亚出产铅、银和锡，这些金属对于美索不达米亚文明都具有很高的价值和广泛的用途。实际上，在乌尔（Ur）发现的四个属于公元前四千纪

21　Oates（1979, pp. 21-2; 29-30）。

22　Jidejian（1968, pp. 11-15）。

23　Gardiner（1961, pp. 396-7）；Hoffman（1979, pp. 293-4）.有关天青石的资料，见 Biggs（1966）；Herrmann（1968）；Kulke（1976）。

24　Williams（1980; 1985, pp. 32-5; 1986）。

25　有关整体上的贸易模式，参考 Helck（1979, pp. 12-13）。有关来自西班牙的证据，参考 Monteagudo（1985, pp. 36-41）.关于罗马尼亚的资料，见 Helck（1979, pp. 9-12）和 Dumitrescu（1982, p. 84）。放射性碳测定的年代要更加久远，显示出的是属于公元前五千纪或六千纪的某个时间。考虑到缺少有关早期美索不达米亚泥板的碳 14 年代测定数据，我认为并不能完全忽视这一结果，并且还有可能存在的情况是，在距今非常遥远的这一时期存在着书写。不过，这也有可能与公元前四千纪的贸易存在联系。与此相似，圆柱形印章的制造无疑受到了美索不达米亚的启发，陶器型式也近似于在阿尔巴尼亚发现的马利奇（Maliq）II 时期的安纳托利亚陶器。这些印章和陶器的年代即使不是在公元前四千纪，或许也应该更改为公元前三千纪初。有关这些物品的情况，见 Prendi（1982, p. 204）和 Eggebrecht（1988, p. 186）。

末期杰姆代特奈斯尔（Jemdet Nasr）期的杯子似乎就是用来自匈牙利的铅制成的。由铅同位素分析可以得出这一结论。铅同位素分析法是通过分析铀和钍的比例来判断含特定铅的物质的地质年代，因为放射性同位素是以固定的速度衰减的。这一分析过程不仅可以应用到铅上，而且可以应用到其他与铅结合的金属上，尤其是铜和银。[26]

公元前 3300 年这一分界线标示的不仅是技术上的改变，而且也是地理上的变化。[27] 在新石器时代，在日后成为希腊的地区中，最富裕的是北方的马其顿和塞萨利以农业生产为主的富饶平原。克里特和希腊南部的社区规模似乎较小，也不那么繁荣。由于这里的可耕地非常有限，而且降水量并不稳定，出现这种情况并不令人惊讶。不过，在公元前三千纪之初，情况发生了逆转，爱琴海南部地区似乎出现了经济繁荣，北方却变成了落后地区。这一新情况的出现需要一个解释。

伦弗鲁论述说，这种经济扩张是引入新作物的结果，特别是引入了葡萄和橄榄，它们生长在岩石嶙峋的海岸和岛屿上，而不是生长在适合种植谷物的北方平原。[28] 不过近来，人们十分怀疑，在青铜时代葡萄和橄榄究竟是否得到了"商业化的"开发利用，甚至说，它们究竟是否存在（我们会在下面看到，语言学的证据在这方面是模糊不清的）？伦弗鲁的追随者现在并不侧重这些新作物的作用，他们倾向于强调，爱琴海南部地区航海技术的进步和贸易的发展，让那些由于降水不足无法种植庄稼的地区能够得到来自外部的物资供应。虽然他们把这种假想中的贸易局限在爱琴海地区，因此仍属伦弗鲁的思想流派，然而在他们描绘出的贸易景象中，规模虽小但充满活力的贸易城镇是贸易网的中心。[29] 但是，至少从公元前四千纪下半叶开始，这样的贸易网络在中东地区就已经存在了，因此，在这种经济和社会变革中即或不存在直接

26　很早就有人认为，在公元前四千纪末期多瑙河地区存在近东的探矿者。参考 Childe（1949，特别是 pp. 239-40）和 Dayton（1982a, p. 154）。极端的雅利安主义者 J. E. 戴顿（J. E. Dayton）认为最早这样做的人来自西欧。关于铅制杯子的资料，见 Dayton（1982a, p. 166）。

27　这个时间比传统观念中的相关年代更早，但是反映出最近有关埃及古王国的碳 14 测年数据所指向的近东地区年表在整体上的更新。见第五章注释 71—87 和 96—97。

28　见 Renfrew（1972）和他更近的文献（1984, pp. 248-57）。同时参见 Trump（1981, pp. 75-7），Andel and Runnels（1988, pp. 240-2）。

29　见 Andel and Runnels（1988, pp. 242-5）。不过值得指出的是，他们著作的题名并不像伦弗鲁那样欧洲中心主义化。他们只是提到了"爱琴海地区文明的出现"。

传播，可能也存在着激发传播。来自克里特岛的这一时期的物质证据也使之成为十分可能的情况。

在青铜时代早期／早期弥诺斯时期期间，存在于克里特狭小平原上的不同文化之间存在相当大的差异。在北部，陶器显示着新石器时代传统的延续和来自基克拉泽斯的影响。在岛屿的南部和东部，成为主流的是新的陶器风格，即圣奥努弗里奥斯（Agios Onouphrios）陶器，它后来甚至影响到了北部地区。有人认为这源自安纳托利亚，但是，布兰尼根在他的《宫殿时期克里特的基础》（*Foundations of Palatial Crete*）中写道：

> 这种黄底红彩的传统，唯一合理的外部来源就是叙利亚-巴勒斯坦，在公元前四千纪末期，该地区形成了与此十分相似的风格。这种装饰特点与弥诺斯的陶器非常类似，并且两者间还存在类似的器型。而且，在此之前的［巴勒斯坦］红铜时代的陶器与克里特的陶器也有相似之处，特别是人们所说的鸟形瓶。作者在此倾向于认为，圣奥努弗里奥斯陶器是在［克里特南部的］美沙瑞发展起来的，这种发展或许受到了来自东方的影响。在这方面还存在其他证据。[30]

他所提到的"其他证据"是指在山洞中发现的集体墓葬或穹隆顶墓葬和头骨堆。正是这些证据，以及青铜业本身的引入，让他假定曾经发生过从巴勒斯坦经由叙利亚抵达克里特的迁徙活动。[31] 伦弗鲁无法驳倒布兰尼根的假说，因而不得不在反驳中退而要求证据。"在弥诺斯早期一段的地层中并没有什么能清楚地表明克里特与埃及或近东地区存在着接触。"[32]

美国考古学家索尔·温伯格也曾论述说，公元前三千纪的克里特文化与稍早一些的巴勒斯坦迦苏勒（Ghassul）文化有太多的相似性。温伯格引用了"鸟形瓶、罐子底部的席纹痕迹、大酒杯的高脚底座、吊耳、黏土勺、陶器花纹的抛光打磨、奶酪罐、螺旋纹、石室墓中的屈肢葬、陶坛墓葬、盖瓶和

30　Branigan（1970a, pp. 199-200）. Onouphrios（奥努弗里奥斯）这个名字通常被认为是来自奥西里斯的常见称谓"Wn nfr"，意思是"好的或美丽的存在"。这当然与以地名 Agios Onouphrios（圣奥努弗里奥斯）命名的陶器"Saint Onouphrios"（圣奥努弗里奥斯）无关。

31　Branigan（1970a, pp. 199-200）.

32　Renfrew（1972, p. 89）.

雕刻装饰"[33]。英国考古学家布兰尼根和胡德接受了这些相似性并对此进行了详尽论述。[34] 尽管伦弗鲁承认温伯格的理论"是有趣的"，但是他的整部书都是基于这样的观点：戈登·柴尔德和他的思想继承者温伯格、布兰尼根等人宣扬的是"修正的传播论"，因此都是绝对错误的。[35]

我们也发现了一些与从埃及和黎凡特进口物品有关的遗存。即使是在早期弥诺斯时期，克诺索斯也已经是相当大的殖民地，我们已经看到，在这一地区和爱琴海的其他地区一样，都发现了埃及前王朝时期和古王国时期的石碗，以及本地和外国加工的象牙物品。[36] 但是，如同伦弗鲁想让我们相信的那样，"除了在克里特发现的埃及石碗以外，几乎没有证据能证明公元前三千纪存在与外国的接触"[37]。

不过，实际上，孤立主义者确实有其他问题。例如，在青铜时代早期的爱琴海地区开始出现并大量使用了制陶的转轮。戈登·柴尔德在20世纪30年代提出，这是传播的结果。但是沃伦和伦弗鲁反对这一观点。伦弗鲁这样写道：

> 时代最早的快速陶轮发现于乌尔的乌鲁克（Uruk）时期，爱琴海地区当然没有什么与之同样古老。轮子使奇里乞亚（Cilicia）的陶器能够标示出传播路径上的中间一步，因为特洛伊Ⅱ和［奇里乞亚的］塔尔苏斯（Tarsus）显然有某种接触。柴尔德的传播论可以在这方面得到支持。但是，另一方面，在快速陶轮出现之前爱琴海地区确实存在着使用转盘的可能性，如同沃伦所提出的，快速陶轮可能是爱琴海地区独立开发出来的。不论快速陶轮由何而来……[38]

72

33　Weinberg（1954, p. 95; 1965a, pp. 302-8）。在公元前3300年左右，巴勒斯坦、基克拉泽斯和西班牙的城堡风格之间也有无法忽视的相似性。见 de Vaux（1971, pp. 214-18），Trump（1981, pp. 100, 126）和 Renfrew（1972, pp. 392-9）。

34　Branigan（1970a, pp. 199-203）；Hood（1971, pp. 36-8）。虽然布兰尼根（1970a, pp. 181-2）列举了所发现的来自古王国时期的埃及物品，但是在其文章中他（1973b）他刻意缩减了它们的数量。这似乎是要强调在弥诺斯早期三段之后埃及和爱琴海地区接触的骤增。沃伦（1965, p. 38）也承认，在弥诺斯早期和佳苏尔（Ghassulian）的物品之间存在着明显的相似性。

35　Renfrew（1972, p. 347）。本书第一卷英文版第15—16页提到了这一观点。

36　Helck（1979, pp. 13-15）和 Renfrew（1972, pp. 444-9）。关于象牙的资料，见 Krzyszkowska（1983, pp. 163-70）。

37　Renfrew（1972, p. 449）。

38　Renfrew（1972, p. 57）。

在我看来，伦弗鲁在此对柴尔德传播论假说的反对与在其他地方的一样，都是近乎勉强刻意的，丝毫不能削弱这位澳大利亚人的论证的可信度。不过，伦弗鲁的反对反映出，他非常希望把爱琴海地区与近东分隔开来。无论如何，不论是否接受温伯格和布兰尼根的方案细节，问题都是，难道克里特和爱琴海南部地区有可能不受到大范围的贸易的影响吗？如前所述，在克诺索斯出土了前王朝时期的石碗。在基克拉泽斯群岛的米洛斯岛（Melos）发现了广泛分布的黑曜石，这也让我们知道，在公元前3300年之前的多个千年里，这一地区已经出现了海外贸易。荷马声称，在铁器时代早期，从克里特航行到埃及，或许再从那里返航，都是平常的事。德国的埃及学家和古代国际关系专家黑尔克在谈到早期的黑曜石贸易时指出，没有证据能够表明，在新石器时代和公元前三千纪之间的年月里人们丧失了航海技巧。[39]实际上，如今人们普遍认为，爱琴海地区南部当时有比现在更好的良港，在公元前四千纪末，随着航海取得进步，该地区的社会深入地参与到了贸易之中。[40]

孤立隔绝的状况是不可信的，其原因似乎并非来自证据本身——不管怎样，在这一理论形成的时候，能够确定黏土和金属的地质来源的新科技还没有应用到考古学之中。孤立主义观点本质上是意识形态的建构结果。伦弗鲁在《文明的出现》导言中写道：

> 很多人持有传播论的观点，认为爱琴海文明是从东方借来的，而我已经开始相信，这种观点是不充分的。它无法解释考古学记录中实际看到的现象。我们再也无法接受欧洲史前史学唯一一致的主题，即戈登·柴尔德所说的，"东方文明之光照亮了未开化的欧洲"……在爱琴海南部地区，在一千年的时间里［公元前三千纪］，方方面面都在发生惊人的变化，包括农业、手工业技术、社会结构、艺术和宗教、贸易和人口。这些发展显然没有多少可以归因于东方的激发。**然而正是在这一时期，随后出现的弥诺斯-迈锡尼文明的基本特点得到了确立。**（黑体由笔者标注）[41]

---

39 *Odyssey*, XIV. 252-8; Helck（1979, p. 4）.
40 见本书的注释29。
41 Renfrew（1972, p. xxv）.

同样明确的是，伦弗鲁接受了诸如宗教史学家和神话史学家马丁·尼尔松（Martin Nilsson）等学者的观点，认为弥诺斯-迈锡尼文明与古典时代的希腊之间有本质上的连续性。因此，希腊和欧洲文化的独立在整体上值得怀疑。蒙特柳斯、柴尔德和他们的追随者倾向于看重公元前2000年以后爱琴海文化出现的鲜明断裂，但是伦弗鲁和尼尔森一样，看到的是本质上的文化连续性。**因此，对于伦弗鲁来说，要承认新石器时代和青铜时代早期近东地区对爱琴海地区造成了重要影响，就意味着要把这种影响置于整个希腊文明的中心。**

在早期弥诺斯时期似乎也有来自近东地区的其他方面的借用。亚麻和亚麻布最早就是在这一时期从近东被带到爱琴海地区的。[42] 伦弗鲁认为，葡萄和葡萄酒的酿造似乎是在公元前三千纪被引入克里特的，但是最近一些学者对此表示了质疑。葡萄和葡萄酒看起来很像是从近东传入爱琴海地区的，语言学的证据或许可以支持这一说法。

根据传统观念，包含"葡萄"和"酒"两层含义的"wine"（葡萄酒）是个"语义游移不定的词语"（wandering word）。在没有或无意去表示原本的词源的情况下，这一并不确切的专业术语被用来描述存在于一些语言中的词语相似性。[43] 我们不仅可以在所有的印欧语中找到词语 wine 的根源：希腊语中的 oinos，拉丁语中的 vinum，亚美尼亚语（Armenian）中的 gini 和赫梯语中的 wiyana——并且在闪米特语中也有 wayn，在阿拉伯语中该词表示"黑葡萄"，在埃塞俄比亚语中有 wǎyane，意思是"葡萄藤"（vine）。还有阿卡德语中的 inu，乌加里特语中的 yn 和希伯来语中的 yayîn，意思是"葡萄酒"。俄罗斯语言学家依力克·斯维迪克（Illič Svitič）和道格博斯基（A. B. Dolgopolskii）并不认为这一系列的词语是对诺斯托拉语系（Nostratic，包括亚非语和印欧语以及其他一些语系的超级语系）的简单继承，虽然他们都认为存在着诺斯托拉语系。他们认为这是从闪米特语借入到"原始印欧语系"（proto-Indo-European）中的，这里的原始印欧语系的意思就是本书中所指的原始印度-赫梯语系（proto-Indo-Hittite）。[44]

42　Renfrew（1972, p. 269）.

43　Masson（1967, p. 9, n. 1）；Chantraine（1968-75, p. 785）.

44　Dolgopolskii（1987, pp. 5, 9）. 格鲁吉亚语的 kvini 有时被认为是原创词语，现在普遍被视为借词。对于这个词的详细研究见 Brown（1969, pp. 147-51）。

不过，在考虑克里特的情况时，我们应该注意到，虽然 B 类线形文字中表示葡萄酒的词或许是 wono，这个词有可能源自印度-赫梯语词根，但是在弥诺斯语中，按照 A 类线形文字的书写方式，这个词的表现形式是 yane。[45] 这可能是由常用词根独立发展形成的，但是更有可能是来自西闪米特语的特殊形式，即将首字母 w- 变成了 y-。大多数学者认为，西闪米特语从 w- 到 y- 的改变只是在公元前两千纪才开始。[46] 这倾向于支持那些更年轻的考古学家的观点，他们认为，尽管在青铜时代开始时爱琴海地区就生长着野葡萄，但是直到公元前两千纪中期这一地区才开始出现人工栽培的葡萄藤。[47] 然而，语言学的证据并非完全明确，因为在西闪米特语的边缘语言亚摩利（Amorite）语中也发生了从 w- 到 y- 的改变，这可以追溯到公元前三千纪。在埃卜拉语（Eblaite）中也能找到这种改变的相应迹象，埃卜拉语是公元前三千纪的另一种西闪米特语。[48] 不论如何，词语 yane 是有可能在公元前三千纪被借用来指称野葡萄的，那么公元前两千纪黎凡特海岸讲闪米特语的人当然有可能使用这个词的形式。因此，如果在公元前两千纪，表示葡萄酒的词语是与人工栽培的葡萄藤一起被引入的，那么这个词的形式肯定就会是 yane。

所有这些并不是说，克里特的弥诺斯早期文化完全是近东的，更不是说，那些兴旺发展、本质上只是隶属乡村的居民生活在由大城市或城邦控制的社会里，就如同与之同时代的叙利亚、美索不达米亚、黎凡特海岸或埃及的情况一样。这里支持的立场完全就是戈登·柴尔德主张的"修正的传播论"，这种观点认为，很多文化因素都被介绍到当地文化之中并得到吸纳，从而在混合状态与多样性中产生了连贯性。

青铜时代早期的克里特宗教

自从伦弗鲁和沃伦申明了他们反对"修正的传播论"的立场之后，一些学者开始研究考古遗存中呈现出的克里特的宗教观念。这种有趣的新研究显示出，这些观念与当时整个中东地区的观念非常相近，尤其是与埃及的观念非常

45　关于 yane，见 Gordon（1966, pp. 28-9）。同时参考本书第十章中的注释 137。关于这种情况下 ay ＞ a 的单元音化，见即将谈到的 Rendsburg。

46　Harris（1939, pp. 8-9）；Moran（1961, pp. 34-72）；Moscati et al.（1969, p. 46）。

47　Zohary and Hopf（1988, pp. 140-1）。

48　不论如何，这是 Lipinski（1981, p. 201）所相信的。

相近。爱琴海考古学家露西·古迪逊博士曾从公元前三千纪的相关发现出发，在克里特和基克拉泽斯与死亡和墓葬有关的极其多样的图像中寻找持续不变的特点。她以卓著的技巧展示出建筑上和艺术上对于女性子宫和阴毛的集中性的象征表现，以及其他能显示出死亡被视为等待复活的迹象。

此外，传统观点认为，弥诺斯的宗教原本基于对"地球母亲"女神的崇拜，古迪逊则坚决否定了这一观点，认为弥诺斯宗教是基于对太阳女神的崇拜。她的这种诠释可以得到强有力的证据的支持，因此她感到惊讶，为什么其他学者，尤其是马丁·尼尔松，会看不出太阳在弥诺斯诸多图像中的核心作用，更不要说看不出太阳的阴性特征了。[49]

古迪逊未能考虑到的是雅利安主义者的固有观念（idée fixe）。他们认为，雅利安的宗教是属于天空的，而古希腊之前的宗教应该是以大地或地下世界为基础的。希腊文化中属于天空的"奥利匹亚"和有关地下世界或大地的宗教特点之间切实存在着张力和区别，而这一观点一直与之联系在一起。另一方面，把这一观点应用到对"种族"问题的解释中，就是现代的事情了。在摩尼教中有关于精神和物质的范畴区分，浪漫主义和种族主义则将其挪为己用，而这一观点就属于这种挪用的一部分。这已经体现在德国浪漫主义代表人物弗里德里希·冯·施莱格尔（Friederic von Schlegel）的语言学中，根据施莱格尔的语言学观点，印欧语是"精神的"，而其他语言，特别是闪米特语，则是"动物性的"。[50]认为雅利安人是精神性的，而其他低等的种族是物质性的，这一观点在19世纪晚期的德国非常盛行，并成为纳粹意识形态的核心思想。[51]这种区分首先出现在19世纪20年代的古典文学中，是由瓦解了古代模式的卡尔·奥特弗里德·缪勒提出的。在他那部荒谬然而极具影响力的《多利安人》（*The Dorian*）中，缪勒用主要篇幅来强调，优越的北方部族的宗教崇拜是阿波罗式的，属于天空和太阳。[52]人们认为希腊的宗教崇拜混合了古希腊的天空神灵和爱琴海地区的地下精灵，这种观点尽管没有得到检验，但是直到最近还被视为权威。不过现在，研究希腊宗教的瑞士权威人士瓦尔特·伯克特（Walter

75

49　Goodison（1985, pp. 159-60; 1988, p. 169）。对于古迪逊来说，这里最重要的膜拜物品是被称为"平底煎锅"的陶器。相关的详细论述见 Coleman（1985）。

50　见第一卷，第230—231页。

51　Katz（1986, pp. 168-9）和 Pois（1986, pp. 43-5）。感谢 Glenn Ayala 提供这一参考。

52　Müller（1820-4）；*Black Athena*, Volume 1, pp. 310-11.

Burkert）非常有力地否定了奥利匹亚诸神与古希腊的入侵者之间的关联。他指出，如果有什么关联的话，那么与奥利匹亚诸神相比，希腊对地下世界的崇拜要更近似于其他印欧宗教。[53] 这种看法在无意中大大削弱了强调来自北方的征服的雅利安模式。

让我们回到古迪逊有关克里特的太阳崇拜的看法，她认为，这些特征中的一些是别具特色的和本土的，尤其是把太阳视为阴性的观念。[54] 然而她认为，其他特征对于爱琴海地区和埃及而言是共有的，比如认为太阳神乘着太阳船，白天穿过天空，夜晚在世界下方巡行，此外还有代表死亡和重生的植物图像。这两种主题都能在埃及宗教中找到非常近似的对应物。埃及宗教传说认为有很多神圣的树皮船与太阳神拉（Re）一起驶过天空。与此相似，奥西里斯被弟弟塞特害死后复活，以及奥西里斯之子荷鲁斯（Horus）的复仇与胜利，都与庄稼和其他植物的季节性死亡和复生紧密相连。[55]

传说中埃及女神伊希斯和奈芙蒂斯曾哀悼兄弟／爱人奥西里斯之死，并把他被肢解的尸体重新拼到一起。古迪逊认为，在很多克里特墓葬附近发现的"跳舞的"地板都是举行纪念仪式的场所，仪式中也包括伊希斯和奈芙蒂斯的这种哀悼。她也认为，这对埃及姐妹可能也就是这一时期的印章上有时会表现出来的两名女性。[56]

76

尽管克里特的甲虫膜拜出现在稍晚的时期，但古迪逊还是把克里特山上神殿供奉的甲虫与埃及的圣甲虫联系在了一起。甲虫把粪球滚上山被视为代表着太阳的周期。古迪逊提到了所发现的与之相关的弥诺斯式的甲虫雕饰，其表现为甲虫的背上驮着太阳。[57] 非常有可能的情况是，在公元前三千纪中期圣甲虫

53　Burkert（1985, pp. 200-1）。

54　不过，正如 Goodison（1985, p. 50）所指出的，在很多文化中都存在太阳女神，例如在日本文化中。在地中海周边的安纳托利亚和乌加里特也发现了对太阳女神的膜拜，因此，就连这也不一定是爱琴海地区的本土现象。有趣的是，希伯来语的 šemeš（太阳）既是阴性的也是阳性的。我相信，克里特的太阳女神膜拜甚至会有与埃及的关联，因为后来在克里特居首要地位的女神 Rhea（瑞亚）的名字似乎是来自埃及语的 Rʿt（Riyat）tɜy，即代表太阳形象的埃及女性。见本书第四章注释 137—138。就阿耳特弥斯（Artemis）和欧罗巴（Europa）而言，爱琴海地区对女性形象的太阳的偏好影响了希腊对埃及太阳神学的采纳，有关这种影响的方式，见第 3 卷。

55　Goodison（1985, pp. 84-5; 1988, p. 169）。

56　Goodison（1985, pp. 85, 101）。

57　Goodison（1985, p. 110）。Watrous（1987b, p. 67）也看出了克里特的甲虫雕像与埃及代表太阳的甲虫之间的联系。

兴起之前，存在着其他与埃及宗教中的"太阳"女神奈斯联系在一起的太阳甲虫。在下面的第二章和之后的第三卷里我们将讨论这种可能性。[58]

露西·古迪逊的观察研究处于这样一种背景下：她与柯林·伦弗鲁、彼得·沃伦一样，都看到了克里特存在着相当可观的文化连续性，这种文化连续性从青铜时代早期持续到中期和晚期，甚至一直延续到了铁器时代早期。但是，伦弗鲁和沃伦认为，文化延续和发展都是孤立发生的，古迪逊则具有更加开阔的视野，看到了本土文化和中东地区之间持续不断的丰富互动。[59]

瓦尔特·伯克特为这种互相影响提供了另一个例子。他追溯了宗教象征"双斧"从公元前四千纪上美索不达米亚的阿尔帕契亚（Arpachiya）地区到公元前三千纪美索不达米亚中部和东部的苏美尔和埃兰地区的发展轨迹。人们在特洛伊 II 也发现了属于三千纪上半期的双头斧膜拜。双头斧膜拜后来被与公牛膜拜联系在一起，但是与公牛膜拜不同的是，在早期弥诺斯时期的克里特也发现了双头斧膜拜。[60]不过，离克里特更近的是双斧膜拜，这种膜拜在古王国时期的下埃及盛行，在上埃及也有很深的根基。[61]我相信，这可以和非洲东北的敏神的"双箭石"象征物联系在一起，其重要性将在第四章中加以讨论。双斧一直被视为欧洲和安纳托利亚最典型的象征物之一，而现在我们知道，双斧在非洲和近东有更加可信的根源，并且这二者之间没有理由互相排斥。[62]雅利安主义者评论说，"如果曾有某些神秘的东方观念帮助了克里特，它们也很快就被双斧劈削成了新的形状"[63]。现在看来，这类说法不仅在言语腔调上令人不快，而且在细节上也经不起推敲。

结 论

因此，我们似乎有很好的理由拒绝伦弗鲁和沃伦的修正论，重新确定下面这一普遍的立场：克里特在青铜时代早期甚至比在新石器时代更多地接受了来

58 见本书第二章注释 25 和第三卷。

59 Renfrew（1972, pp. 44-60）；Goodison（1985, pp. 120-3）.

60 Burkert（1985, pp. 37-8）.

61 Newberry（1909, pp. 27-30）；Hall（1929）.

62 见本书第四章注释 72—86。

63 Cadogan（1986, p. 171）.关于北欧与双斧的关联，见第一卷，第 467 页。

自近东的，尤其是来自埃及的大量文化影响。采取这一立场的包括蒙特柳斯和
柴尔德，还有温伯格、布兰尼根等人。能够支持这种观点的有力证据包括陶器
的风格和形式、快速陶轮的引入、亚麻、亚麻布，或许还有葡萄栽培以及墓葬
习俗和图像形象。

我们现在可以把早期弥诺斯时期的开始定在公元前四千纪晚期，在这个时
期，埃及文明已经形成。[64] 也是在这一时期，叙利亚和黎凡特开始高度城市化。
公元前三千纪早期，埃及古王国的文明发展到了巅峰。到公元前三千纪末期，
有证据表明，埃及人和努比亚人的贸易活动已经远至伊朗东部和阿富汗。[65] 与
此相似，在公元前三千纪的上半叶，叙利亚和黎凡特高度商业化的城市文明造
就了极其复杂且范围广阔的贸易网络。一些考古学家尝试着提出，在早期弥诺
斯时期伊始，人们曾经从巴勒斯坦迁徙到克里特。不论实情是否如此，在直接
的和间接的考古证据的基础上，我们都完全有理由相信，弥诺斯早期文明从最
初到后来的发展，一直都离不开近东和埃及的影响。

我们将在第四章里探究克里特宫殿在公元前三千纪终结时的发展状况。不
过，在这之前，我想先探讨一下近东，尤其是埃及，与希腊大陆之间的关系，
特别是与希腊中部主要省份波伊奥提亚之间的关系。

64　见本章的注释 27。
65　Porada（1982, p. 291）.

第二章　公元前三千纪埃及对波伊奥提亚和伯罗奔尼撒的影响（第一部分）：膜拜、神话和传说中的证据

在这一章里我将讨论的是，在波伊奥提亚和埃及流传的以灌溉和排水为主⁷⁸题的神话之间存在的诸多相似性和联系。这些相似性和联系极其复杂。我将尝试着理清有关波伊奥提亚的一些神话和传说，以及在希腊其他地区——尤其是在伯罗奔尼撒地区的阿卡狄亚——发现的与之非常近似的神话和传说。体现出这些相似性的不仅仅是相似的地名，还有大量有关排水方案的切实证据，人们通常认为这些排水方案受到了埃及水利工程的启发。在波伊奥提亚和伯罗奔尼撒地区都发现了相关证据，对此我们将在第三章里详细讨论。

宗教膜拜、神话、地名和考古学提供的证据叠加在一起，无不向人们有力地表明，在青铜时代，波伊奥提亚和希腊其他地区都受到了埃及和黎凡特的巨大影响。同样极有可能的是，这些影响在希腊青铜时代早期就已经开始了（在克里特则是接近早期弥诺斯时期的陶器时期）。不过，尽管埃及或许对某些爱琴海城邦具有某种形式的主导权，但是没有证据可以显示出上述影响是埃及殖民的结果。因此，尽管在青铜时代早期（大约公元前3300年—公元前2000年）和青铜时代晚期（大约公元前1700年—公元前1200年），近东与爱琴海地区的情况存在很多相似性，但是只有在后一时期，我们才能确切地认定存在着埃

及对爱琴海地区的直接主导权。

79　　在希腊化时代和罗马时代，泰奥弗拉斯托斯（Theophrastos）、普林尼（Pliny）和普鲁塔克等人经常描绘尼罗河两岸和科帕伊斯湖沿岸地区之间的相似性。他们注意到这两个地区有很多相似之处，例如浮岛、水生植物、椰枣树和亚麻布的制作。[1] 越来越多的证据让卡尔·奥特弗里德·缪勒承认：农业人口的移居或埃及的征服"看起来并不是毫无根据"。[2] 不过接着他就自然而然地开始说明这些根据，并认为它们只不过是具有欺骗性的表象。[3] 然而，缪勒也知道，不仅是两片沼泽之间在地理上的相似性把埃及和科帕伊斯盆地联系起来，神话和传说的纽带也把埃及的湖泊和尼罗河地区与科帕伊斯湖沿岸和波伊奥提亚的底比斯城有力地连结在一起。下面我们将讨论一些词语的埃及词源学证据，包括底比斯、科帕伊斯、基菲索斯这些地名，以及米尼安人（Minyan）、拉庇泰人（Lapith）这些民族的名字。[4] 波伊奥提亚的很多神话中都有埃及和西闪米特的特征，例如有关俄狄浦斯（Oedipus）和斯芬克斯的神话传说，这些将在第四卷中进行讨论。我在这里只想谈一些体现出了埃及影响的宗教膜拜、神话和名称上的证据。我希望这可以为第三章建立起一种语境，因为在第三章中我要讨论的是，从公元前三千纪起科帕伊斯湖地区有关埃及殖民的考古证据。

塞墨勒和阿尔克墨涅

我们首先关注一下阿尔克墨涅的传说。阿尔克墨涅是居住在底比斯的公主，被宙斯诱奸后生下了赫拉克勒斯。对阿尔克墨涅的膜拜在科帕伊斯湖地区极为重要。宙斯的两个儿子狄俄尼索斯和赫拉克勒斯的出生具有极密切的关联，他们的母亲都与底比斯有深厚渊源。下面这段话可以作为这种联系的证据，

　　1　Theophrastos, *Peri phytōn historias*, IV. 10. 1; IV. 59; *Peri phytōn aitiōn*, II. 12.4; Pliny, *Natural Histrory* II. 95; XIX. 1.2.2; Plutarch *Sulla* 20.3-5. 这些应被视为与 Herodotos II. 156 相关。还应该注意到，塞拉比斯（Sarapis）、阿蒙、伊希斯和阿努比斯（Anubis）在希腊化时代和罗马时代的底比斯都是膜拜的对象，并且在波伊奥提亚南部的塔那格拉（Tanagra）就有一个塞拉比斯的膜拜中心。见 Spyropoulos（1972a, p. 25）. 这样的膜拜在当时的希腊广为传播，以至我们难以从中获得更多信息。

　　2　Müller（1820-4, I, p. 92）.

　　3　Müller（1820-4, I, p. 93）.

　　4　关于科帕伊斯和基菲索斯，见第三章注释 94—97。关于米尼安，见本书第三章注释 48 和第三卷。关于底比斯，见本书第十二章注释 49—52。

在这段出自《伊利亚特》的引文中，宙斯这样回忆曾经的情人：

> 也不是声名远扬的腓尼克斯（Phoinix）的女儿，她为我生下了弥诺斯和神一样的拉达曼提斯，也不是塞墨勒（Semelē）或底比斯的阿尔克墨涅，阿尔克墨涅生下了勇敢的赫拉克勒斯，塞墨勒生下了狄俄尼索斯。[5]

这样的说法，不仅把赫拉克勒斯和狄俄尼索斯这两个神祇与传说中底比斯的腓尼基创建者卡德摩斯通过他妹妹欧罗巴（声名远扬的腓尼克斯的女儿）联系到了一起，而且还把欧罗巴与塞墨勒和阿尔克墨涅归到了一类。[6] 我在第一卷里提到过，宙斯的恋人艾奥（Iō）的名字源于埃及表示"奶牛"（cow）的词语。[7] 根据神话，塞墨勒是卡德摩斯的女儿，她也受到了宙斯的诱奸并生下了狄俄尼索斯。她的名字看起来也有相似的埃及渊源。不过人们也提出了其他可能。一种令人半信半疑的说法是，Semelē（塞墨勒）源于弗里吉亚语（Phrygian）中表示"天空"（sky）的词语，另一种说法是，这个名字源自表示"月亮"的希腊词语 selenē。[8] 闪米特学家迈克尔·阿斯特（Michael Astour）提出，这个名字源于西闪米特神灵 Ṣml［老鹰神（The Eagles）的母亲］，这种说法具有更大的可能性，因为 Ṣml 和奥西里斯/狄俄尼索斯在乌加里特的对应形象是 Baʿ al，而有关狄俄尼索斯的降生和肢解的一些版本的故事，确实与有关 Baʿ al 的一些神话相似，这两者之间的确有共同的特征。[9] 所以我们完全有理由认为西闪米特语在此产生了影响。

不过，Semelē 一词最有可能的根本渊源似乎是来自埃及语的 smȝt（野生的母牛）。与仍然居住在尼罗河谷的西鲁克人（Silluk）和努尔人（Nuer）一样，埃及人是放牧民族，对他们来说，奶牛是衡量财富和美丽的标准。埃

80

5　*Iliad*, XIV. 321-5, tr. A. T. Murray, II, p. 91.

6　Schachter（1981, p. 16）认为，对这两者的膜拜在底比斯是平行的。

7　第一卷，第 95 页。

8　尚特莱纳认为这源于希腊的 selas（火或火炬的光），这似乎是可信的。不过，他无法找到可以让人接受的词源。在 selas 和科普特语（Coptic）中的埃及世俗体 sl-sol 之间似乎存在着关联，sl-sol 的意思是"灯芯"或"火炬"。这一词根在古埃及语中并不存在，而且切尔尼提出，sol 来自闪米特语 *sl。阿拉伯语中的 šaʿla 意思是"燃烧"、"火光"。因此，最有可能的假设是，世俗体和希腊语都借用了未经证实的西闪米特语中的 *šaʿl，这个词的含义是"火""火焰""火炬"或"烽火"。

9　Astour（1967a, pp. 170-2）. 有关对此的尖锐评论，见 Burton（1972, pp. 102-3）。

及人用词语 sm3t 和 sm3(y)t 表示"王的配偶"的含义，从中就可以看出埃及人的文化渊源。[10]古希腊人认为宙斯是上埃及公羊神阿蒙在希腊的对应者，考虑到阿蒙和宙斯的神圣归属，那么把 sm3(y)t 和塞墨勒配到一起似乎也是非常适合的。

应该指出，宙斯和阿蒙的关联在波伊奥提亚得到了格外成功的确立。公元2 世纪的希腊旅行作家帕萨尼亚斯提到，底比斯有座阿蒙神殿，里面的雕像是公元前 5 世纪当地诗人品达（Pindar）敬奉的。[11]品达写过一首赞美诗，其中有一行就是"奥林波斯（Olympos）的阿蒙国王"。[12]

阿尔克墨涅主要的埃及词源使其地位低于塞墨勒。动词 rḫ 的意思是"知道"，具有圣经的或感官的意义。Rḫ imn 这个名字已经得到了确证，rḫ nsw 和 rḫt nsw（与国王相识的男性和女性）也是一样。[13]因此，尽管一些希腊人名可以与普通的希腊人名要素 Alki-（保护者）联系起来，例如与底比斯有联系的阿尔戈斯英雄 Alkmaiōn（阿尔克迈翁）和公元前 7 世纪多立克（Doric）的诗人 Alkma(o)n（阿尔克曼），但是它们也很有可能源自 *Rḫ imn。宙斯情人阿尔克墨涅的名字似乎是来自 *Rḫt imn。词语中间的 t 在埃及语中是不稳定的，在希腊人转录埃及人名时经常会被省掉，比如来自 ʾImn ḥtp 的 Amenōphis 的情况。我们知道，在公元前两千纪中期，ʾImn 的发音如同 ʾAmāna；我们也知道，埃及语中开头的两个或三个辅音群总是产生词首添音的元音，而不加重音的元音会被缩短。[14]因此，来自埃及的借词 *aRḫᵉmāna 很容易就会作为 *Alkmāna 被希腊语接受，然后在爱奥尼亚语（Ionian）中就变成了 Alkmēnē。名字 *Rḫt imn/Alkmēnē 似乎完全适合作为阿蒙 / 宙斯的配偶的名字。

阿尔克墨涅的名字很有可能来自埃及，考虑到这种可能性之后，我们应该简要考虑一下她的背景中有哪些埃及因素。我们在上文中提到了她与宙斯 / 阿蒙的联系，下面也要讨论阿尔克墨涅之子赫拉克勒斯在本质上具有的埃及特点，除此之外，希罗多德还认为，阿尔克墨涅和她的一任丈夫

10　关于放牧在埃及文明起源中的重要性，见 Hoffman（1979, pp. 236-8）。

11　Pausanias, IX. 16. 1.

12　见第一卷，第 114 页。

13　见 Ranke（1935-52, I, p. 226）。

14　Gardiner（1957, pp. 428-30）.

安菲特律翁（Amphitryon）都是埃及人。[15] 阿尔克墨涅的另一任丈夫拉达曼提斯也具有埃及人的特点，对此我们将在第四章里进行讨论。在这里我只想说，作为阿尔克墨涅的丈夫，也就是赫拉克勒斯的继父，拉达曼提斯应该教会了赫拉克勒斯怎样使用弓箭。[16] 这很耐人寻味，因为在埃及神话中鹰／牛神是箭术的守护神，而鹰／牛神是拉达曼提斯的埃及原型，对此我们也将在第四章中进行论述。

雅典娜和波伊奥提亚的雅典：对雅典娜·埃托尼亚和雅典娜·阿拉尔克墨纳的膜拜

在科帕伊斯湖南岸的哈里阿特斯（Haliartos）有一座阿尔克墨涅的墓葬，第三章将会讨论到古代对这座墓葬的挖掘。距离这座墓葬不远的另一座墓葬被认为是拉达曼提斯的。创建雅典的英雄凯克洛普斯的神殿也离阿尔克墨涅的墓葬不远。实际上，在这一地区还有其他很多"雅典的"痕迹。这里有雅典娜神殿，据信还有两座后来被科帕伊斯湖淹没了的城市，一座名为雅典（Athenai），一座名为依洛西斯（Eleusis）。斯特拉博认为，它们与阿提卡地区具有同样名称的城市一样，都是由凯克洛普斯创建的。[17] 这位凯克洛普斯是雅典的创建者吗？抑或只是后来的雅典国王潘狄翁（Pandion）的儿子？对此人们仍有争议。尽管如此，在哈里阿特斯这个地方本身存在着对凯克洛普斯的英雄膜拜。[18]

当代研究波伊奥提亚的专家 J. M. 福西（J. M. Fossey）和 A. 沙克特（A. Schachter）在论述中支持了彼此的观点，他们认为，在哈里阿特斯以西的地区，"雅典娜主题"的形成时间更晚，具体而言是在公元前 171 年到公元前 121 年

15　Herodotos, II. 43.

16　Tzetzes, *Scholiast on Lykophron*. 接受这种观点的还有 Apollodoros, II. 4. 12；见 Frazer（1921, 1, p. 183, n. 1）的讨论。

17　Strabo, IX. 2. 18.

18　Pausanias, IX. 33.1. 有人认为，克洛普斯是后来的雅典王，Roesch（1982, p. 214）反对这一看法，而 Schachter（1986, p. 113）则支持这一看法。我相信勒施（Roesch）可能是正确的，而帕萨尼亚斯（Pausanias）在这里则是使自己的观点合理化。

雅典人统治这一地区时。[19] 实际上，福西不这么极端，他承认，或许存在着"真正的本土传统和人为的雅典传统之间的汇合……"[20]。不过，即使是沙克特也承认，对雅典娜·埃托尼亚（Athena Itōnia）和雅典娜·阿拉尔克墨纳（Athena Alalkomena）的本土膜拜是"时代相当久远的遗存"。[21]

波伊奥提亚的膜拜中心是雅典娜·埃托尼亚神殿，位于哈里阿特斯以西 10 公里的克罗尼亚（Korōneia），在希腊的古风时代（公元前 776 年—公元前 500 年）和古典时代（公元前 500 年—公元前 325 年）显然曾经非常活跃。雅典娜·埃托尼亚神殿在传统上被认为是由那些波伊奥提亚人建立的。在特洛伊战争（大约公元前 1210 年）之后，波伊奥提亚人征服了该国，于是人们就以波伊奥提亚来为这个地方命名。帕萨尼亚斯记录说，埃托诺斯（Itōnos）是波伊奥托斯（Boiotos）的父亲，后者是波伊奥提亚这个名字的来源，而埃托诺斯也可作为人名或地名的来源。在古典时代和希腊化的时代，对好战的雅典娜·埃托尼亚的膜拜在塞萨利一直处于核心地位，斯特拉博认为，征服者波伊奥提亚人把这种膜拜从他们在塞萨利的家乡带到了科帕伊斯湖沿岸地区，这种说法似乎是可信的。[22]

那么 Itōnia 这个名字来自哪里呢？看起来有两种可能。一种可能是来自埃及语的 ꜣItn.t（象征太阳神的翼轮的阴性形式）。第一章中已经讨论了在克里特的有关该象征形象和概念的古代遗物。古人认为奈斯是埃及的雅典娜，但唯一能证明 ꜣItn.t 代表奈斯的证据来自公元 2 世纪。因此，这可能是由希腊的影响造成的，并不是真正的埃及传统。不过，至少从埃及第十八王朝开始，奈斯就开始出现在太阳船上并与太阳联系在一起，尤其是以太阳神拉的眼睛和神蛇为象征，也就是表现为眼镜蛇盘绕着翼轮的形象。[23] 奈斯与一种鞘翅目甲虫的联系出现得甚至比这还要早，这种甲虫形象的出现似乎早于圣甲虫，它可能是会发光的，因此同圣甲虫相似，都具有代表太阳的作用。[24] 奈斯与太阳最紧密的

19　见 Fossey（1974, p. 15, n. 40）与 Schachter（1981, p. 114, n. 3）。福西引用了沙克特的论文，沙克特则引用了福西的文章。

20　Fossey（1974, p. 15, n. 40）。

21　Schachter（1981, p. 113）。

22　Strabo, IX. 2. 29. 同时参考 Pausanias, I. 13. 1; X. 1. 10; Farnell（1895-1909, I, pp. 402-3, n. 61）。

23　Sayed（1982, I, pp. 71-2, 106-14）。

24　Keimer（1931, pp. 151-9）; Hollis（1988, pp. 1-3）。

联系出现在公元前三千纪上半叶的古王国时期。而且，来自克里特的证据显示出，在早期弥诺斯时期就已经出现了太阳甲虫的形象。[25] 希腊后来的证据也能够反映出极其古老的埃及传统。

第三卷将会谈到，在公元前两千纪的爱琴海地区也有证据可以表明雅典娜与翼轮和蛇的联系，蛇发女妖戈耳工（Gorgon）的脸就体现出了这种联系，而这位女神几乎总是带着盾牌或胸甲。女神性格中这凶猛的一面非常符合雅典娜·埃托尼亚的斗士本性。

显示出人物主要特性的 Itōnia 一词还有另一个更直接的来源。斯特拉博曾描述过，考内拉（Korōnela）的雅典娜·埃托尼亚膜拜具有塞萨利渊源，他也强调过，河流名称 Kuralios（库拉里奥斯）或 Kōralios（考拉里奥斯）和 Korōnela 之间存在着谐音双关。这条河流据信是从两道泉水中流出的，如同从女神的双乳涌出，它在宗教膜拜中显然具有重要的意义。[26]

这又引出了 Itōnia 的另一种可能的词源。在公元 6 世纪，拜占庭的斯特凡诺斯（Stephanos of Byzantion）写道，克里特城市伊塔诺斯（Itanos）的名字源于腓尼克斯［（Phoinix）腓尼基的词源］的一个儿子。F. C. 莫费斯（F. C. Movers）和维克托·贝拉尔（Victor Bérard）认为这标示着闪米特的影响，沿着这一思路，他们发现在希伯来词语 ˒ētân 或 ˒êtân（永久的，一直流动的）中存在 Itōnia 的词源。[27] 此后，Itōnia 这个名字被证实在 A 类线形文字和 B 类线形文字中分别被表示为 Itano 和 Utano。变体 Itan- 和 Itōn- 则可以由这一事实解释：在希腊语和其他语言中，闪米特语的 å 被写成 ō 和写成 a 的概率似乎是一样的。例如，在希腊语中被称为 Kōthōn 的迦太基小型内港，其名字来自已经消失的迦南语中的 qåtân 或 qåton（小）。[28] 考虑到这条流过埃托尼亚的河流具有明确的膜拜意义上的重要性，那么这个名字的出现在时间上就很可能先于波伊奥提亚人的到来，并且为那里膜拜的开始提供了理由。在青铜时代晚期的波伊奥提亚很有可能真的生活着西闪米特人，这显示出，Itōnia 这个名字可能是

83

25　见本书第一章注释 58。更多的内容请参考本书第三卷。

26　Strabo, IX. 2. 29.

27　Movers（1841-50, II, 1, p. 258）；Bérard, *Les Phéniciens et l'Odyssée*, 2nd. ed., II, p. 337，并非 Bérard（1902-3）。参考 Astour（1967a, p. 140）。

28　用 kōthōn 来表示"喝水的大杯子"这种含义，要么指的是迦太基的港口，要么只是士兵的幽默表达。有关这一词源的更多内容，请参考 Brown（1969, p. 157）。

闪米特语。不过，Itanos/Itōnos 在爱琴海地区的频繁使用似乎意味着，这一地名在当地语言中具有独立的力量。

学者们通常认为，对雅典娜·阿拉尔克墨纳的膜拜甚至要比对雅典娜·埃托尼亚的膜拜出现得更早。我们将会看到，一些争论把这两种膜拜联系到了一起。荷马提到了"阿拉尔克墨涅（Alalkomene）的雅典娜"。[29] 至于我们为什么会接受这样久远的年代，沙克特给出了其他理由：实际上这种膜拜在古代也被认为是十分古老的；关于史前时期有不少吸引人的传说；该地区距离膜拜雅典娜·埃托尼亚的地区实在太近了，只有 3 公里远。阿拉尔科摩尼奥斯（Alalkomenios）这个名称被用来表示波伊奥提亚纪年中的最后一个月份，为了让阳历与阴历相协调，这个月份有时会在一年里出现两次，这也证实了它与雅典娜的古老的早期联系。[30] 人们通常认为，历法保存了古代的命名方法。

奥吉格斯、噩和歌革

对于这种膜拜，人们相对来说所知甚少。有个故事至少可以追溯到公元前 4 世纪，其中阿拉尔克墨纳，或称阿尔克墨纳（Alkomena），是传说中波伊奥提亚最早的统治者奥吉格斯（Ōgygos）的三个女儿之一。[31] 帕萨尼亚斯也记录道，奥吉格斯还是依洛西斯的父亲——在阿提卡地区。[32] 奥杰吉厄（Ōgygia）是《奥德赛》（Odyssey）中位于卡吕普索（Kalypso）的遥远岛屿的名字。这个名称具有与岛屿、波伊奥提亚和阿提卡相关的含义，把这些含义联系到一起的则是这样的理念：所有的一切都来自最初的大洪水。德国古代史学家爱德华·迈尔把奥吉格斯与科帕伊斯湖水的泛滥有意联系到了一起。[33] 奥吉格斯与波伊奥提亚和阿提卡这两个地区之间的联系令人困惑，但是，如果考虑到科帕伊斯湖与湖泊西岸被淹没的城市雅典和依洛西斯，这种联系当然就可以得到解释了。在埃斯库罗斯（Aischylos）的《波斯人》（The Persians）中有一段话包含了"古代"与"沼泽"的双重含义，这种双重含义所指向的不仅是波伊奥提

29　Schachter（1981, p. 113）；*Iliad*, IV. 8, V. 908.

30　Schachter（1981, p. 113）.

31　Pausanias IX. 5. 1.

32　Pausanias I. 38. 7. Varro, *Res rusticae*, 3.1.2.

33　Meyer（1928-36, II, p. 194）. 同时参考 Fontenrose（1959, pp. 236-7）.

亚，也是埃及的底比斯。[34]

Ōgygos 或 Ōgygēs（奥吉格斯）与 Ōgygia（奥杰吉厄）最清晰的词源来自西闪米特语。Ōgygia 一词和 Ōkeanos（俄刻阿诺斯，表示海洋或世界边界）一词最普通然而绝非最为普遍接受的来源，是闪米特语词根 √wg（画个圆圈）。[35] 这些有关海洋的含义和与环绕世界的山脉的联系，也体现在西闪米特的神话人物巴珊王噩（ʿÔg of Bashan）身上。噩与奥吉格斯具有惊人的相似性。在《圣经》中，他被视为最后一个利乏音人（Rephaim），利乏音人是一个土著巨人部族，与丧葬仪式和死者的灵魂联系在一起，而这些又与地下世界的泥浆联系在一起。[36] 与这些特征相反的是，利乏音人也与治疗和蛇联系在一起，在希腊和黎凡特，这些又都与药物相关联。另外他们也与生命、重生和多产相关联。[37]

在一篇乌加里特的文本中，利乏音人或 Rpim 被称为 qdmym（东方的或古老的），这个词根也是底比斯的创建者 Kadmos（卡德摩斯）的名字的来源。[38] 据《圣经》文本《申命记》记载，利乏音人曾经居住在迦南地区，巴珊王噩是幸存下来的最后一名利乏音人。[39] 因此，作为最古老的居民，他的地位与波伊奥提亚的奥吉格斯相似。通常认为，巴珊位于摩押（Moab）以北，今天的约旦北部。[40] 不过，与这个经常缺水的地区不同，巴珊也与肥沃多产和肥美的牛羊联系在一起。从这方面看，巴珊可以与波伊奥提亚富饶的湿地牧场相比拟。

噩是唯一幸存下来的前大洪水时代的生物。犹太人的《圣经》注释《米德拉什》于公元 5 世纪和 6 世纪写就于巴比伦，根据这一注释，噩坐在挪亚方

34　Aischylos, *The Persians*, II. 37-40.

35　见下面的第七章注释 122—123。

36　见 Pope（1981, p. 170）。在第四卷中，我将进一步讨论利乏音人和他们泥泞的栖居地与希腊的巨人提坦（Titans, Titanes）之间的联系，而提坦的名字与希腊语的 titanoi（石膏或淤泥中的人）也存在合理的联系。Astour（1967a, pp. 196-7, n. 3）认为这个名字来自在阿卡德语的 țițu 中发现的表示"淤泥或黏土"的闪米特语，这种说法令人信服。我对 Ōgygos 和 ʿÔg 的关系的这部分探讨要感谢 Scott Noegel。

37　Astour（1967a, pp. 236-7）展示出利乏音人的 √rpʿ（治疗）一方面与大天使拉斐尔（Raphael）相关，另一方面与蛇相关。

38　Pope（1981, p. 170）.

39　Deuteronomy 3.11.

40　Ezekiel 38, 39 以及其他地方。

舟顶层，从大洪水中幸存了下来。[41] 阿斯特并没有把奥吉格斯与噩联系到一起。他认为，与奥吉格斯对应的是诺亚，其美索不达米亚对应者是 Ut-Napištim，希腊对应者则是丢卡利翁（Deukalion）。[42] 名字 Noah（诺亚）的正确拼写应该是 Noaḥ，传统上认为是来自闪米特语词根 √nwḥ（休息，定居）。尽管最后的字母是 ḥ，但它很可能受到了埃及词语 nwy（水，洪水）的影响。这可以解释一些特殊现象，例如在《以赛亚书》（Isaiah）中出现的术语 mê noaḥ（洪水），又如《七十士译本》中把 Noaḥ 译成 Nōe。[43] 因此，在某些方面，Noaḥ 这个词**就代表着**与诺亚联系在一起的洪水。奥吉格斯和噩也具有同样的双重作用或模糊性。在这种联系中，我们需要指出，在后来的埃及语中，wg3 是 "一种类型的水或洪水"。[44] 地名 Wg(3) 也可作为水体的名称，是 "大运河或尼罗河水道"，位于上埃及第三省（或区）的艾斯纳城（Esna）。[45] 艾斯纳是上埃及的奈斯膜拜中心。与艾斯纳联系在一起的是位于阿尔戈斯地区（Argolid）的特罗森（Troezen）的雅典娜圣城，二者之间的联系将会在第三卷中加以讨论。这里要指出的只是，Wg(3) 与水以及雅典娜的埃及对应者奈斯之间具有关联，因为这种关联非常有趣。

然而，要以此作为 ʿÔg 和 Ōgygos 的最早词源，还存在一些困难。就第一种情况而言，闪米特名字中开头的 ʿayin 确实会造成障碍。不过在埃及语中，w 和 ʿ 之间有密切联系，因此障碍并非不可逾越。在第二种情况下，Ōgygos 源自 Wg(3)，这里的问题是第二个 g，因为在埃及文本中没有证据显示存在这个字母。

不过，在西闪米特语中有这种迹象。首先是《圣经》中提到的巨人歌革（Gôg）。歌革的兄弟是玛各（Magôg），他们被认为是雅弗（Japhet）的儿子，生活在遥远的北方。因此歌革似乎与噩不同，尽管 "巴珊的公牛和水牛" 按照预言是要在歌革的葬礼上被吃掉的。[46] 还有一种可能是，Gôg 只是西闪米特语

41　Midrash Bereshit Raba 31. 13; Sanhedrin 108b; Targum Yerushalmi Dt. 2. 11, 3. 10; Yalkut Reubeni on Gn. 7. 22.

42　Astour（1967a, p. 212）.

43　Isaiah 54. 9.

44　Erman and Grapow（1982, I, p. 376）. 不过，在 Lesko and Switalski-Lesko, 1982–1990 中，情况却并非是这样。

45　Gauthier（1925-31, I, p. 208）.

46　Ezekiel 39. 18.

中表示"巨人"的词语，词根 √gg 在阿卡德语、乌加里特语和迦南语中被证实普遍具有"屋顶、顶层或顶部"的含义。在阿姆哈拉语（Amharic）中，gəgg 意味着"挤到另一颗牙下面的牙齿"。这种强调高度的常用含义，还有 Gôg 和 Magôg 这种称谓，都增加了上述可能性。不论如何，希腊语的 gigas（巨人）无疑不具有尤利乌斯·波科尔尼（Julius Pokorny）或皮埃尔·尚特莱纳（Pierre Chantraine）等受人尊敬的词汇学家认为有必要重复的印欧语词源。不论 gigas 是否来自闪米特语，Ōgygos 中出现了两次的字母 g 似乎都有可能是受到了希腊词语的影响。

阿斯特认为，Ōgygos 来自闪米特语词根 √gg（燃烧，火焰）。他将之与一种影响深远的传统联系起来，那就是，洪水总是与火相伴。一个例子就是，希腊洪水中幸存下来的英雄丢卡利翁的妻子名叫皮拉（Pyrrha，意味着火）。[47] 在第七章里我会讲到，火山喷发事件是这种传统的历史基础，尤其是公元前 1628 年锡拉火山的大规模喷发。根据犹太法典《塔木德》中保留下来的犹太传说，差点吞没了巴珊王噩的洪水与大火一起到来，倘若没有巨人的神力，他肯定会被火烤死。[48]

简言之，尽管西闪米特语的 ʿŌg 不太可能来自埃及语中表示洪水的 Wg₃，并且我们也无法确定希腊语的 gigas 是否来自闪米特语的 √gg，但是对应词之间构成了牢固的网络，使得 Ōgygos 或 Ōgygēs 与 ʿŌg 之间存在密切关联大有可能。不论情况如何，毫无疑问的是，奥吉格斯是波伊奥提亚的希腊大陆特征的代表人物，他与近东有着非常复杂的关系。

阿拉尔克墨涅

现在我要回头讨论奥吉格斯的女儿阿拉尔克墨纳（或称为阿尔克墨纳）。据说阿拉尔克墨涅是奥德修斯（Odysseus）的出生地，不过在英雄奥德修斯的家乡伊萨卡岛（Ithaca）另有一个名叫阿拉尔克墨涅的地方，这两个地方很

86

47　Astour（1967a, p. 212）.

48　Zebahim 113b; Sanhedrin 108b; Rosh ha-Shanah 12a; Yerushalmi Sanhedrin 10, 29b; Yelmmadenu in Yalkut 11508 on Isaiah 64. 11.

有可能是被混淆了。[49] 更重要的是，存在这样的传说，名字被用于地名的阿拉尔克墨涅斯（Alalkomeneus）在位于阿拉尔克墨涅和克罗尼亚低处的特里同河（Tritōn）的岸边养育了雅典娜。

在另一种传统记述中，雅典娜是在利比亚的特里同河边被养育的。[50] 希罗多德将特里同的位置与雅典娜在"利比亚"的位置联系起来，认为那似乎是在现代突尼斯的南部。[51] 其他古代作家则把特里同河的位置定在北非和西非的不同地区，但是它们大多数情况下都与沼泽有关。[52] 博学的罗得岛的阿波罗尼奥斯是公元前 3 世纪亚历山大图书馆的馆员，在他的史诗《阿尔戈英雄纪》中有一段非常有趣的叙述，声称特里同河是尼罗河的古代名字。我们将在第六章里讨论这部史诗。除了认为 Tritōn 这个名字取自波塞冬的一个儿子以外，我们找不到这个名字让人满意的词源，尽管人们模糊地认为它与希腊语的 tritos（第三）相关。但是，我相信，希腊词根 trito- 常常是与埃及语中的 tryt- 混淆的，后者是由动词 tr（尊敬）转化来的名词，经常用来指代国王和神灵。阿道夫·埃尔曼（Adolf Erman）和赫尔曼·格拉鲍（Hermann Grapow）是《图书古埃及文词典》（*Wörterbuch der Aegyptischen Sprache*）的主编，他们认为 tr 源自 twr（尊敬）。不过这个词的基本含义是"净化，使纯净"。《白日前往之书》（*Book of Going Forth by Day*）是有关对灵魂的指引的，这本书更为人所知的书名是《亡灵书》（*Book of the Dead*），后者更加符合公元前 19 世纪埃及的形象。这是得到了最多证实的埃及文本之一，其时代可以追溯到第十八王朝甚至是公元前 17 世纪的第十七王朝。在其中，Twr 是天堂或有福之地的众多河流之一，那里谷物遍地，农业繁荣。[53] Tritōn 的这一词源解释远远无法让人满意，但是，一方面是雅典娜和雅典娜的埃及对应者奈斯，一方面是人们在尼罗河以及其他

49　Schachter（1981, p. 113）认为，这种与奥德修斯的联系完全是无稽之谈，他很可能是正确的。不过，由于奥德修斯的名字或许含义只是"航海者"，来自埃及语 wdyt（远征，旅程，战役）的 *wd(yt)w。这可能也适用于赫拉克勒斯，下面将会谈到他与这一膜拜的联系。

50　Pausanias, IX. 33. 7. Pausanias, VIII. 26. 5-6 记录说，阿卡狄亚也有一条叫特里同的河流，距离他们膜拜阿斯克勒庇俄斯（Asklepios）和雅典娜的地方不远。有趣的是，这一位置被认为是在皮尼奥斯河（Peneos），我们下面会看到，Peneos 这个词来自埃及语的 p3nw（洪水）。有关雅典娜的出生和在特里同河附近发生的其他活动，参考 Farnell（1895-1909, I, pp. 266-9; 385-6, n. 16）。当然，法内尔相信，利比亚的特里同这个名字来自希腊人名。

51　Herodotos. IV. 178.

52　Apollonios Rhodios, IV. 149; Diodoros, III. 53. 4; Pliny, *Natural History*, V. 28.

53　关于 tr 从 twr 的衍生过程，参考 Erman and Grapow（1925-31, V, pp. 255, 318）。

河流湖泊沿岸地区排干沼泽创造出的富饶的土地，当我们在讨论这两方面的关联时，应该把这一词源牢记在心。

　　是否应该将阿拉尔克墨涅的雅典娜膜拜与埃托尼亚的雅典娜膜拜以及阿尔克墨涅的墓葬联系到一起呢？埃托尼亚的雅典娜膜拜中心在阿拉尔克墨涅以西3公里，而阿尔克墨涅的墓葬大约在此地以东3公里。沙克特曾经令人信服地论述过相邻地区对雅典娜的种种膜拜之间所存在的根本联系。他甚至尝试着提出，或许是为了躲避洪水的威胁，对雅典娜·埃托尼亚的膜拜从原始地点向西迁移，到达了阿拉尔克墨涅翁（Alalkomeneion）这个地方。[54] 我们倒不必为了接受他的基本观点而绕远路，因为在这方面沙克特确实得到了古代权威证据的支持。这一证据就是：4世纪的非洲裔基督教作家拉克坦提乌斯（Lactantius）提到了公元前6世纪的诗人巴库利德斯（Bakchylides），后者曾说过，埃托尼亚与阿拉尔克墨涅的雅典娜所指的是一回事。[55]

87

　　如果我们认可这样的类比，那么在埃托尼亚的雅典娜膜拜中存在的有趣特点，似乎也同样出现在阿拉尔克墨涅的雅典娜膜拜中。比如说，后者显然至少从公元前6世纪起就与一种蛇形的怪物联系在一起。[56] 沙克特相信，波伊奥提亚浅腹盆（lekane）上画的蛇是大地上的或“地下的”宙斯，因为在哈里阿特斯雅典娜·埃托尼亚是与宙斯成对出现的。[57] 关于地下的或蛇一样的宙斯，有一些线索可循，而对于这一希腊神灵的图像，还有两种可能的埃及解释。一种解释来自奈斯与竖起身子的眼镜蛇之间的关联，法老在仪式上会佩戴这种神蛇的头饰，它同时也是诸位女神的标志或象征。不过，这一来自克罗内（Korōne）的生物与另一件属于公元前6世纪的波伊奥提亚花瓶上的图案相似，此外，在小亚细亚海岸普里埃内（Priene）发现的雅典娜图像中，也有一条盘绕在女神面前的蛇，这些形象似乎都更有可能代表着奈斯的儿子和她自古王国时代以来最常出现的配偶：鳄鱼神索贝克（Sobek）。[58] 索贝克是洪水之神与河岸之神，尤其还是沼泽湖泊法尤姆（Fayum）之神，而法尤姆

54　Schachter（1981, p. 113）.

55　Lactantius on Statius, *Thebaid*, VII. 330. 见 Schachter（1981, p. 112）.

56　参考 Farnell（1895-1909, I, pl. xv）; Schachter（1981, p. 122）.

57　Schachter（1981, pp. 120-1）.

58　Sayed（1982, I, pp. 101-6）. 关于在普里埃内发现的雕像和硬币，参考 Farnell（1895-1909, I, p. 338）.

地区是与尼罗河谷相连的广阔的低洼绿洲。因此，这样的膜拜出现在科帕伊斯湖沿岸的沼泽地区也是再恰当不过的。我会在这一章后面的内容里探讨阿尔克墨涅和雅典娜·阿拉尔克墨纳之间的关联。不过在这里，我想谈一谈奈斯在另一方面的特点。

奈斯：水域的控制者

在第三卷中，我将会讨论到奈斯与雅典娜之间，以及奈斯的圣城赛斯或 Ḥt Nt 与雅典之间的密切关系。不过在这里，我们有必要考察一下这位埃及女神的一个特点，以更深入地了解和领悟科帕伊斯湖沿岸地区的雅典娜膜拜。

奈斯具有多种角色，包括勇士、织布者、上层大气或以太之神。不过，奈斯最重要的特点是，她是牛神，是有创造力的母牛 ꜣḥꜣt Ahet，与表示大洪水或沼泽、原始之水的 Mḥt Wrt 联系在一起。能够详细证明这一方面的，只有公元前一千纪塞易斯（Saite）王朝和托勒密王朝时期的文本。不过，在古王国时代晚期（公元前 2700 年—公元前 2500 年）的金字塔上刻有"金字塔铭文"（Pyramid Texts），其内容在很多个世纪以前就已写好，在中王国时期（公元前 2100 年—公元前 1750 年）则有"棺文"（Coffin Texts），从这些文本的内容中可以清楚地看出，上述观念的历史相当久远。[59] 在第一王朝时期，位于西三角洲沼泽地带的赛斯就已经存在着对奈斯的崇拜，不过实际上这种崇拜的历史也可能更为久远。[60]

金字塔铭文描述了奈斯的主要特点之一："奈斯来到她位于 Mḥt Wrt［大沼泽］边缘的湖泊……在水天交接处，奈斯把两岸的草变绿。"[61] 在《白日前往之书》的各种新王国版本中可以看到，奈斯是与河岸、岛屿联系在一起的。[62] 后来的文本也特别描绘了奈斯是如何"把岛屿同河岸分开"，从水中创造出陆地的。在古王国时期，奈斯是"开辟道路"的女神。这显然意味着她会引领宗教和葬

59　Sayed（1982, I, pp. 51-62）.

60　Sayed（1982, I, pp. 31-2）.

61　*Pyramid Texts* 508-9. Sayed, doc. 196（1982, I, pp. 31-2）.萨耶德为该文本所有公开发表的翻译版本提供了参考。

62　Sayed（1982, I, pp. 61-2; II, pp. 319-20, doc. 287）.

礼仪式，通常是乘坐着水中的树皮船。Wp(i) 也意味着"打开"水道。[63] 因此，她是开拓航道并制服蛮荒沼泽的女神。

奈斯与塞特之战，雅典娜与波塞冬之战

带来滋养的洪水、开凿运河、实施灌溉、拓垦土地，奈斯的这些神灵角色似乎为我们提供了一把钥匙，帮助我们去理解雅典娜的诸多神话特点，而这些特点之前一直令现代学者感到无法解释。比如说，希腊女神雅典娜在雅典和特罗森等地与波塞冬的战斗，就与发生在奈斯和塞特以及邪恶大蛇阿波比（Apopi）之间的战斗相似，并且塞特还是与波塞冬相对应的埃及神灵。[64] 刘易斯·法内尔（Lewis Farnell）是 20 世纪初在希腊宗教研究领域具有领导地位的正统学者，他在解释这一冲突时写道：

> 在希腊宗教中，帕拉斯［雅典娜］与波塞冬之间的任何联系都不能指向最原始的特点之间的密切关联。在膜拜并列存在的地方，例如位于克罗努斯（Colonus）的雅典卫城阿克罗波利斯（Acropolis），可能还有索尼昂（Sunium）、特罗森、斯巴达、［阿卡狄亚的］阿西亚（Asea），或许还有科林斯（Corinth），我们可以猜测，两种最初经常相互冲突的膜拜在上述的一些地方最终达成了妥协。有人说，雅典娜和波塞冬在阿提卡岛的争斗是物质变化的象征，暗指的是海水侵蚀陆地或从陆地退去，这听起来很有道理，但是并不正确。可以与之类比的是赫利俄斯（Helios）和波塞冬在科林斯的对决，对此物质层面的解释甚至更加自然也更有可能，但是我们知道这种解释是错误的。首先，两大神灵争夺的领地是科林斯卫城（Acrocorinthos），在希腊历史上，这一海拔的地区还从未遭受过洪水的侵袭或海水上涨的威胁。其次，我们有足够的证据表明，在科林斯曾经普遍存在着非常古老的赫利俄斯膜拜，后来，在对波塞冬的爱奥尼亚式的膜拜出现之后，对赫利俄斯的膜拜就相形见绌黯然失色了。毫无疑问，科林斯地区崇拜波塞冬是有实质性的原因

63　Sayed（1982, I, pp. 67-9）. 同时参考 Hollis（1987b, pp. 8-9）。

64　有关奈斯战胜塞特和阿波比的资料，参考 Sayed（1982, I, pp. 72-6）。有关塞特与波塞冬的对应，参考第一卷，第 66—67 页。在本书第四卷中还将对此做进一步讨论。

89

的。但是，在科林斯的传说中谈到了赫利俄斯与波塞冬之间的争斗，在德尔斐（Delphi）的传说中谈到了阿波罗和皮同（Python）之间的冲突，以及阿波罗与赫拉克勒斯对三足神鼎的争夺，在阿提卡的传说中谈到了波塞冬和雅典娜之间的竞争以及其他许多类似的神灵争斗。这些传说的内核或许都是同样的历史事实，那就是实际存在的不同崇拜之间的冲突，一种是当地土著居民从很早前就开始并且极为珍视的，另一种是后来被新的定居者引入的。雅典娜是阿提卡地区的较古老的女神，波塞冬则是爱奥尼亚人的伟大神灵。阿克罗波利斯的这两个神灵之间的友谊与冲突，或许就是古老的阿提卡与爱奥尼亚的各种元素之间的冲突与结合的宗教反映。[65]

这一段话的根本缺陷就在于，法内尔将一切简化为一种"种族的"或"种族原则"的问题。这种做法始于巴托尔德·尼布尔（Barthold Niebuhr），在19世纪的古代史学家中间颇受欢迎。[66]自然，雅典娜与雅典之间存在紧密的纽带。我也接受了古代的观点，认为波塞冬是爱奥尼亚人的庇护者，并且我愿意更进一步，将之与迈锡尼人对波塞冬的偏爱，以及希克索斯人对塞特的崇拜联系到一起。然而另一方面，没有理由能够让人相信，历史上曾经有这样一群"雅典土著居民"，他们在优等民族爱奥尼亚人面前"黯然失色"。

瑞士研究希腊宗教的现代权威瓦尔特·伯克特并没有提到该种族主义理论。他更强调的不是种族原则，而是这两大神灵与马的联系。[67]毫无疑问，类似的一些对马的膜拜的确存在，从公元前18世纪起，波塞冬似乎就与双轮战车联系在一起，对此我会在第四卷中进行论述。但另一方面，我并没有见过任何有关这两大神灵乘着双轮战车战斗的描绘。我希望在下面澄清的，是雅典娜和波塞冬膜拜以及这二者之间的竞争，要比双轮战车在希腊出现的时间更早。伯克特还认为，雅典娜和波塞冬的争斗与阿波罗和波塞冬的争斗类似，象征着年青一代与年老一代人之间的冲突。[68]的确，清楚的是，阿波罗象征着冉冉升起的太阳，就像他在埃及的对应者太阳神荷鲁斯与凯布利（Khepri）一样被视

65　Farnell（1895-1909, I, pp. 270-1）.

66　第一卷，第303—306页，第320页。

67　Burkert（1985, p. 221）.

68　Burkert（1985, p. 221）.

为青年人，要比他的叔叔／对手波塞冬／塞特年轻。尽管雅典娜或奈斯也是波塞冬的侄辈，但她们的情况并不明确，令人感到神奇的是，她们似乎永不衰老，青春常驻。

如果这些方案站不住脚，那么留给我们的是什么呢？首先是法内尔抛弃的观点：争斗"是物质变化的象征，暗指的是海水侵蚀陆地或从陆地退去"。法内尔在此持有的是希腊神灵纯粹来自海洋的错误观点。波塞冬就像塞特和其在乌加里特的对应者海神雅姆〔（Yam）海洋〕一样，是无序和混乱之神，处于文明的边界之外。因此，他的领域里当然有大海，同时也包括地震、沙漠游牧民族的驴子和马，等等。[69]法内尔所提到的主要的争斗，是在有序的陆地和混乱的水域之间展开的，但是水可能是甘甜的淡水，也可能是咸涩的海水。在埃及，人们通常把荷鲁斯与塞特之间的争斗描绘成是发生在一个人类与河流或湖泊中强大有力的动物之间，比如鳄鱼，更常见的则是河马。有趣的是，河马〔（hippopotamoi）河流中的马〕看起来与马毫不相像，因此河马与马可能是通过塞特和他后来的希腊对应者堤丰（Typhon）而被联系在了一起，并形成了表示河马的希腊词语和概念。

这些与河流有关的隐含意义，可以解释阿西亚和斯巴达地区存在的波塞冬和雅典娜膜拜，因为这两个地方位于伯罗奔尼撒地区第一大河埃夫罗塔斯河（Eurotas）的源头和洪泛平原。〔在雅典的争斗可能原本是针对阿提卡岸边的特里阿西亚（Thriaisian）平原〕。不过，雅典与奈斯的沼泽城市赛斯之间存在着密切联系，阿尔戈斯地区的特罗森与奈斯在南方的城市艾斯纳之间的配对关系尽管不那么确定，但仍然可能存在，而艾斯纳城也需要水利设施。这些城市之间的关系足以解释希腊城市中对雅典娜和波塞冬的双重膜拜。在很多方面，雅典娜和波塞冬在雅典的争斗，都好像是把奈斯和塞特在 Ḥt Nt／赛斯的战场转移到了雅典一样。

人们对不同神灵的崇拜是相互联系的，与其说这样的神灵崇拜必然代表着不同民族或几代人之间的宗教冲突，还不如说争斗本身就是膜拜的核心更能令人信服。方滕罗斯（Fontenrose）等人曾论述过，神灵之间的这种战斗具有普

90

69　关于塞特的特征，参考 Rundle-Clark（1959, pp. 114-15）。

遍性。[70] 在此，我只想强调，在希腊发现的这些普遍存在的主题中，有很多在表现形式上都是埃及化或西闪米特化的。

在埃及，如同在其他大多数地方一样，大自然的狂野力量和安宁温顺对于人类的生存都是必需的。因此，尽管我并不认为，对马的膜拜在雅典娜与波塞冬之争中处于根本地位，但我也认为瓦尔特·伯克特是非常正确的，因为他指出，"波塞冬繁殖了马匹，雅典娜发明了马笼头和马嚼子，从而让这种动物可以听人指挥"，这其中蕴含的意义更加具有普遍性，因为它"促成了自然力量和技术智慧之间影响深远的汇合"[71]。

波塞冬 / 塞特

我们之后还会回来谈论雅典娜，但是在此我们需要先考察一下波塞冬的情况。在科帕伊斯湖南岸地区也存在着波塞冬膜拜。在哈里阿特斯以东 10 公里有一处丛林，这里后来建成了翁切斯托斯（Onchestos）的波塞冬神庙。由于它位于把哈里阿特斯与底比斯分隔开的航道上，沙克特令人信服地将这座神庙与其他波塞冬膜拜中心联系到了一起，后者都位于塞萨利荒野中的航道或水口上。他认为波塞冬膜拜可以追溯到青铜时代。沙克特也把翁切斯托斯的膜拜与克劳利亚的近邻同盟（Kalaurian Amphictiony）或城市联盟联系到了一起，尽管近来受到了质疑，但是这些分布在希腊南部主要平原上的城市，看起来很像是源于迈锡尼时代早期。[72] 翁切斯托斯的膜拜尤其与荒野和马匹相关。特尔福萨（Telphousa）的波塞冬膜拜也是一样，它位于特尔福萨或提尔福萨（Tilphousa）的泉水边，通常被认为处于提尔福萨山下的悬崖崖底，距离阿拉尔克墨奈（Alalkomenai）只有 1 公里远。[73] 人们认为，就是在这里，波塞冬与凶悍的女神厄里倪厄斯（Erinys）生育了神马阿里翁（Areion），神马帮助了赫拉克勒斯，还拯救了另一位英雄阿德剌斯托斯（Adrastos），并因此扬名。[74] 这个神话发生在阿卡狄亚的塞尔福萨（Thelpousa），因此就具有更加宽泛的重要

---

70 Fontenrose（1959）.

71 Burkert（1985, p. 221）.

72 Schachter（1986, pp. 211-14）.

73 Pausanias, IX.33. 1; Strabo, IX.2. 36.

74 Thebais schol. on *Iliad*, XXIII. 346-7.

意义。传说中波塞冬就是在这里强奸了得墨忒耳·厄里倪厄斯，使之生下了阿里翁。[75]

厄里倪厄斯和阿里翁这对名字似乎在某种程度上与单词 eris（冲突，争斗）联系在了一起。[76] 这里，埃及神话同样能够为我们理解这一系列的神话提供有效的引导。

方滕罗斯认为在厄里倪厄斯与珀尔塞福涅（Korē/Persephone）之间存在密切联系。[77] 因此，厄里倪厄斯可以被看成埃及的奈芙蒂斯在希腊的版本。奈芙蒂斯是伊希斯的姐妹（其希腊对应者是大地母亲女神得墨忒耳，珀尔塞福涅的母亲），塞特的妻子，其与冥府相关的特点用希腊语表述就是哈得斯（Hades）。

珀尔塞福涅或 Korē 通常被视为奈芙蒂斯在希腊的对应者，她们都是亦正亦邪。埃及女神帮助她的姐妹保护奥西里斯与荷鲁斯，然而同时，她也是死亡之神。[78] 奈芙蒂斯如同她多产的姐妹伊希斯的镜像，通常代表着不育和荒芜，但是人们认为她也有一个孩子，那就是以胡狼为象征的阿努比斯神（Anubis）。在埃及神话和其他传说中，人们常常无法确定究竟谁是孩子的父亲；在一些资料中，阿努比斯的父亲是奈芙蒂斯的兄弟奥西里斯，在另一些资料中则是奈芙蒂斯的丈夫塞特。[79] 后一种版本非常符合希腊故事的内容，可以将阿努比斯和作为波塞冬后代的神马阿里翁联系到一起。阿努比斯混乱的父子关系，似乎是他的神灵特性造成的结果。尽管他与死亡有密切关联，但他的角色（我们将在第三卷中更充分地讨论他的角色）通常是积极的。阿努比斯是灵魂的引导者，有时也是负载者，就如同他的希腊对应者赫尔墨斯·普绪科蓬波斯（Hermes Psychopompos）一样。他拯救死者，把他们送到安全的地方，这似乎与神马阿里翁相似。于是，波塞冬、厄里倪厄斯和阿里翁的故事，在整体上似乎依循着埃及的模式，只是转换成了

92

75　Pausanias, VIII.25.4-7; 42.1. 同时参考 Bérard（1894, pp. 136-7）。

76　出现在一枚阿卡狄亚硬币上的不同的 Eriōn，似乎可以证实这种联系。参考 Schachter（1986, p. 222, n.5）。Eris（冲突，争斗）没有印欧语的词源，它很可能源自西闪米特语词根 √hrr（烧焦，点燃），在 Proverbs 26.21 中用来表达"引发争端"的含义。有关这一词根的更多资料，参考下面对赫拉克勒斯的说明。

77　Fontenrose（1959, p. 368, n. 5）。

78　关于这一点，以及与抹大拉的玛丽亚（Mary Magdalene）的对应，我们将在第四卷中详细讨论。

79　有关奥西里斯的版本，参考 Plutarch, *De Iside...* , 356F, 366B-C。关于塞特的父亲身份，参考 Budge（1904, p. 378）和 Graefe（1984, IV, col. 459, n. 20）未发表过的资料。

与河马或马有关的故事形式。

德尔福斯和阿努比斯

不过，这种模式极为复杂。很多学者看到，特尔福萨／提尔福萨和德尔福斯（Delphos）——波塞冬或阿波罗与丢卡利翁（大洪水）那海豚一样的女儿墨兰托（Melantho）或墨兰纳（Melaina）的儿子——以及德尔福萨（Delphoussa）之间存在对应关系。德尔福萨是德尔斐三条泉水之一的名称。[80]这种联系非常明显，因为，根据荷马式的《致皮提亚的阿波罗的赞美诗》（*Hymn to the Pythian Apollo*），在阿波罗于德尔斐建起他的神庙并进行神谕之前，他曾经考虑过把地点设在特尔福萨的泉水边。[81]而这一地区有三种不同形式的阿卡狄亚地名 Thelpousa/ Telphousa/ Delphousia 也能进一步证明这点。这让我们联想到德尔福斯与阿波罗的相似性，以及德尔斐的阿波罗膜拜所具有的复杂性。对此我们将在下面进行讨论，在第三卷和第四卷中也会做进一步探讨，这里只是指出阿波罗膜拜在某些方面的特点。

公元 5 世纪的希腊词汇学家赫西基奥斯（Hesychios）曾经把德里福特（Delephat）和金星（Venus）的"迦勒底"名字联系起来，在此基础上，维克托·贝拉尔认为 Thelpousa/ Telphousa/ Delphousia 与闪米特人对启明星（Dilbat）的膜拜相关。[82]如果真是这样，那么从我们的观点来看，比这更有趣的事实是，德尔福斯被视为波塞冬或阿波罗与墨兰托或墨兰纳的儿子。如果认可波塞冬等同于塞特、奥西里斯的儿子荷鲁斯等同于阿波罗的观点，那么德尔福斯模棱两可的父子关系也就与阿努比斯极其相似。

墨兰纳／奈芙蒂斯

德尔福斯母亲的身份更耐人寻味。方滕罗斯认为墨兰纳相当于大地女神盖亚（Ge），因此与大地母亲得墨忒耳有间接关联。[83]毫无疑问，名字墨兰纳／墨兰托与表示"黑色"的希腊语词根 melan 有关联，而大地在希腊文本中经常被

80　参考 Bérard（1894, pp. 136-7）与 Fontenrose（1959, pp. 47, 421）。

81　*Hymn to the Pythian Apollo*, 244-76.

82　Bérard（1894, pp. 136-7）.

83　Fontenrose（1959, p. 47, especially n. 5）. 有关 gē 和得墨忒耳之间的关系，参考第一卷，第 57 页。

表述为"黑色的"。正因为此，德尔福斯似乎也曾被认为是非洲黑人，公元前 5 世纪的德尔斐和雅典的很多硬币上的图案显然都是他的肖像。[84] 但是，这个词根又来自何处呢？

黑色这个词没有常见的印欧语词根，尽管尚特莱纳认为，波罗的语族词根 *meln（蓝色污点）是 melan 的一个印欧语同源形式。[85] 不过，更令人信服的似乎是，这个形式来自埃及名称 M3nw，表示西部的山脉，那里是太阳傍晚落下的地方，同时也是通往地下世界的入口（第九章和第十章还将谈到这点）。[86] 词根 melan 来自 M3nw 的情况与围绕着词根 √rb 的一系列闪米特词语极其相似，它们的意思都是"进入""太阳落下的地方""西方"和"黑色"。词根 √rb 在荷马使用的希腊语中表现为 erebos，利德尔（Liddell）和斯科特（Scott）所编撰的标准希腊语字典对此的解释是"形成从地面到哈得斯的通道的黑暗处所"。几乎可以确定，erebos 来自阿卡德语的 erebu（日落）。

在这种情况下，墨兰纳／墨兰托或许不仅意味着"黑色"，而且意味着傍晚和西方的黑暗。这就可以将之与欧罗巴联系到一起，因为欧罗巴的名字 Europa 来自 ʿrb，她也在波伊奥提亚的传说和膜拜中扮演了重要角色。[87] 同黄昏的这种关联，也将墨兰纳／墨兰托与 Ḥrt Tmt/ 阿耳特弥斯（Artemis）这两位埃及-希腊女神之一，或者奈芙蒂斯／珀尔塞福涅联系到一起。阿耳特弥斯是傍晚的太阳和凶猛的狮子女神，奈芙蒂斯／珀尔塞福涅则是处于生与死、昼与夜的边缘的神灵。考虑到上面提到过的墨兰纳／墨兰托与得墨忒耳之间的关系，以及有关波塞冬强暴了厄里倪厄斯的特尔福萨神话，那么墨兰纳／墨兰托似乎更有可能与奈芙蒂斯／珀尔塞福涅存在联系，而且关系可能更加紧密。普鲁塔克在他的作品《伊希斯和奥西里斯》（De Iside et Osiride）中把奥西里斯和奈芙蒂斯之间不正当的性关系视为一种比喻：

84　关于这一点的完整参考文献，见 Snowden（1970, pp. 307-8, n. 6）。

85　André（1948, pp. 44-53）。

86　参考本书第九章注释 99 和第十章注释 9。

87　Lewy（1895, p, 139）；Astour（1967a, p. 130）。印欧学家倾向于认为，erebos 来自梵语和亚美尼亚语词根 *regʷos（黑暗）。另一个表示"西方"的闪米特词语 ʾaḥărôn，出现在地名 Acherōn 中，表示的是在膜拜和神话中与死亡联系在一起的河流，位于希腊西北的遥远地区。见 Astour（1967a, p. 314）。

群山旁和大海边最遥远的那片土地，埃及人称之为奈芙蒂斯。正因为此，他们赋予了奈芙蒂斯"终结"[teleutē]这一名字，并且说奈芙蒂斯是堤丰的妻子。只要尼罗河泛滥，大水影响到最遥远的地方的居民，埃及人就会说，这是奥西里斯和奈芙蒂斯结合到了一起，植物的迅速生长就是他们结合的证明。[88]

如同上面提到的，特尔福萨的泉水位于一处悬崖山脚，距离历史上著名的科帕伊斯湖湖畔仅几米远，并且比95米等高线仅高出几公里，而大多数古迹都是在95米等高线这一水平线上发现的。[89]这处泉水刚好就在洪泛平原边缘，正符合普鲁塔克对于埃及奈芙蒂斯领土范围的描述。根本的区别就在于：在埃及故事里，奈芙蒂斯是塞特的妻子，受到了奥西里斯的引诱，而奥西里斯代表的是有益的洪水；在希腊神话里，珀尔塞福涅被哈得斯掠走，厄里倪厄斯（墨兰纳/墨兰托）在塞尔福萨/提尔福萨被波塞冬强暴，而波塞冬象征着肆虐的水。不过，不管怎样，普鲁塔克的比喻和波伊奥提亚的神话之间显然具有相似性。

94   不过，若要使这种相似性具有意义，就必须满足两个看起来难以成立的条件。首先，我们必须接受波塞冬与塞特、珀尔塞福涅与奈芙蒂斯之间的对应性。尽管在古典时代和希腊化的时代，这些并没有得到正式的认同，但是我希望在后面的各卷里逐步展示出这种关联。第二个条件是，如果埃及故事一如显现出来的那样古老，那么它原本肯定是一个寓言，或者早于普鲁塔克时代一千多年就已经具有了这一寓意。这也并不像看起来那样难以接受。这样的例子有很多，其中最著名的就是普鲁塔克所讲述的围绕着奥西里斯的神话，我们可以从中看出，普鲁塔克接触到了比他早一千多年的传说。[90]如果认可奈芙蒂斯与珀尔塞福涅/厄里倪厄斯的对应性，那么提尔福萨的神话与普鲁塔克的寓言之间的对应性，就很有可能是"希腊解说"[（Interpretatio Graeca）是主张雅利安主义的学者使用的术语，描述的是他们眼中希腊人在解释希腊文化时所采用的一种错误观点，这种观点认为，希腊文化接受了大量来自埃及和亚洲西南地区的文

---

88   Plutarch *De Iside...*, 366B. trans. Babbit, p. 93.

89   Knauss（1987a, pp. 43-6, 1987b, p. 3）.

90   比如说，可以参考 Fontenrose（1959, pp. 177-81）。

化特征并由此受到了深远的影响] 的一个例子，而且这种可能性是不容忽视的。这既是由于波伊奥提亚的膜拜年代久远，也是由于古典时代和希腊化时代的埃及人和希腊人未能普遍认识到塞特和波塞冬的一致性。

阿里翁和珀伽索斯

正如很多学者注意到的那样，有关神马阿里翁的孕育和出生的故事，与柏勒洛丰（Bellerophon）和珀伽索斯（Pegasos）的故事十分相似。[91] 据说，飞马珀伽索斯是波塞冬和美杜莎（Medusa）所生，它来自神话传说中的希柏里尔（Hyperborea）西部或利比亚，尤其与泉水存在联系。珀伽索斯被柏勒洛丰捕获并驯服后，帮助柏勒洛丰杀死了喷火怪物喀迈拉（Chimaera）。而后柏勒洛丰想骑着珀伽索斯飞到奥林匹斯山上，结果从马上摔落坠地，飞马珀伽索斯则被留在天庭侍奉神灵。

迈克尔·阿斯特认为，Bellerophon（柏勒洛丰）这个名字来自闪米特语的 *Ba ʿal-râphôn（疗伤的王），他的那些祖先，以及珀伽索斯的形象和一些有关周期循环的神话主题，显然都来自亚洲西南部。[92] 然而，阿斯特无法解释珀伽索斯这个名字及其由来。

至少从赫西俄德的时代开始，人们就认为 Pegasos（珀伽索斯）这个名字与 pēgē 或 pāgā（泉水或流动的水）相关。[93] 我将赫西俄德的年代界定在公元前 10 世纪。公元前 1 世纪时，斯特拉博提到 Hippokrēnē（奔马喷泉），并将之描述成赫利孔山（Helikon）上的珀伽索斯泉水，那里北距科帕伊斯湖和提尔福萨（Tilphossion）大约 10 公里远。[94] 尚特莱纳承认，这一词源并不明确，但他仍然认为，既然喷泉是清凉的，而通常意味着"粘贴或固定"的动词 pēgnymi 也有"凝结或冰冻"的罕见含义，那么 pēgē 就与 pēgnymi 有关。这很奇怪，因为 pēgē 或它的动词 pēgazō 的含义都非常精确，就是指泪水、液态水的喷涌而出或流动，等等。

更加合理的解释是，pēgē 和 Pegasos 都源自埃及语的语义群，这其中包括

95

91　Fontenrose（1959, pp. 370-2）.

92　Astour（1967a, pp. 226-7, 250-71 ）.

93　Hesiod, *Theogony*. 282-3.

94　Strabo, IX. 2. 25.

pg3w（用来洗东西的大罐子）、pg3（开口，例如山谷的入口）、pg3（爆发或爆裂）、pgy（伤口裂开），它们在书写时都带有义符 ↗ psg 或 pgs（口水，吐出）。要注意的是，据说珀伽索斯是在他的母亲美杜莎被割下头颅时从美杜莎的躯体里**跃出**的。此外还有地名 Pg3 和 Pgs，在书写时也要加上 ↗。

下面的内容会显示出，Pegasos 这个名字在形成过程中非常可能与埃及语形式 *P3 gḥ s（瞪羚）、gs（奔跑）和 gst（速度）双关或谐音双关。[95]

与利比亚的关联和马匹

Tilphossia 这个名字可能来自 t3lbyw（利比亚），我们会在下面对此进行讨论。这里要考察的是在利比亚发现的泉水和马匹的关联，我所说的利比亚既是现代意义上的利比亚这个国家，也是包括整个马格里布（Maghreb）、撒哈拉和更远的南方在内的古代的"利比亚"。和今天一样，在古典时代，位于埃及以西的这个国家最出名的就是沙子。不过，这个国家也以马匹、双轮战车和绿洲著称。驴子和马从埃及引入利比亚是在公元前两千纪中期，新王国开始的时候。到了公元前 13 世纪的埃及第十九王朝时，埃及人已经在这里捕获了大量的马匹。[96] 在古典时代，利比亚已经成了**优秀**（par excellence）马匹的来源国。品达把该国东部的昔兰尼（Cyrene）称为"良马"，公元前 3 世纪的诗人卡利马科斯（Kallimachos）则将之命名为"养育最好的马"。[97] 不过，正如以古代利比亚人为写作对象的 20 世纪早期作家奥里克·贝茨（Oric Bates）所指出的，"应该说，那些'马匹'和马驹差不多，但是精瘦健壮，跑起来风驰电掣。它们被驯服后就像狗一样跟在主人身后"[98]。我们在前面提到了胡狼阿努比斯和神马阿里翁之间的对应关系，从这个角度来看，对马匹

95　Bérard（1894, p. 116）和博沙尔一样，认为这个名字来自 √pgh（缰绳）。考虑到有关雅典娜把缰绳套到珀伽索斯身上的神话，这样的词源似乎是合理的。这一形式在《圣经》的希伯来语中未被证实。然而，pag 有时也表示"马笼头"，而 pagå（马嚼子）的确在公元 1 世纪后出现了阿拉姆语（Aramaic）和新希伯来语中，因此这个词根非常有可能在此前很早就已经存在。考虑到 Bellerophon 的闪米特语词源，那么 Pegasos 的这个词根在这个神话的形成过程中很有可能也起了作用。96. 见 Breasted（1906, III, § 589; IV, § 111）。

96　参考 Breasted（1906, III, § 589; IV, § 111）。

97　Pindar, *Pythian Ode*, IV. 2; Kallimachos，引用于 Strabo, X. 5.1; XVIII. 3.21。其他材料参考 Bates（1914, pp. 96-7）。

98　Bates（1914, p. 97）。

的这些描述是很有趣的。

利比亚人不仅是出色的牧马人，也被公认为优秀的双轮战车驾驭者。在公元前 1171 年，拉美西斯三世宣称从利比亚人那里缴获了大约一百架双轮战车。[99] 在撒哈拉地区发现的岩画南至尼日尔（Niger），其中一些大约就是在这个时期绘制的，其画面上呈现出了数百辆双轮战车。[100] 在古典时代，几乎所有的北非部族似乎都曾在战斗中使用过这种双轮战车。[101] 根据希罗多德的说法，四马双轮战车（quadrigas）是从利比亚介绍到希腊的。[102] 荷马提到了这些双轮战车的使用，所以它们投入使用的时间肯定是在公元前 800 年之前，或者比这还要早，[103] 最有可能的时间就是公元前 12 世纪，在这一时期利比亚人和希腊人作为海洋民族组成了同盟。

一方面是马和双轮战车，一方面是泉水和绿洲，从人们给利比亚游牧侵袭者起的名字中就可以看出二者之间的联系。在骑着马或乘着战车从内陆地区侵入沿海地区的部族中，最著名的一个就是尼日尔泰（Nigretai）或尼日尔提斯（Nigretes），他们漂亮的黑色皮肤颜色就是拉丁语中 niger（尼日尔）的来源，而 niger 这个词又演进成了葡萄牙语、西班牙语和英语中的 "negro"（黑人）。这些名称来自闪米特语词根 √(n)gr（水，或者流入沙子），该词根是名称 Gar、Ger、Nagar 和 Niger、the River Niger（尼日尔河）的来源。尤其值得注意的是尼日尔河，这条河是从大西洋一直向东流入沙漠之中的，这令人称奇。[104]

纳帕塔人

闪米特语词根 √nbṭ 的意思是 "水奔涌而出" 或绿洲。生活在沙漠和绿洲里的民族有时在阿拉伯语中被称为纳帕图（Nabaṭu）、纳帕提（Nabati）或纳帕提恩（Nabataean）。埃及地名 Nbt 或 Nbyt 的存在让情况更加复杂，这两个埃及地名指的是上埃及的两个城镇，它们也被称为奥姆伯斯（Ombos）和

99　Breasted（1906, IV § 111）.

100　参考 Lhote（1959, pp. 122-8）。

101　Herodotos, IV. 170-93.

102　Herodotos, IV. 189.

103　*Ilaid*, VIII. 184-5; *Odyssey*, XIII.81-5.

104　Bernal（forthcoming）.

奥姆比（Ombi）。位于沙漠边缘的奥姆伯斯是塞特膜拜的重要中心，而塞特经常被称为"奥姆伯斯的他"（He of Ombos）或 Nbty。[105] 这就把沙漠以及沙漠里的居民和动物之王塞特与生活在绿洲的民族紧密联系起来。因此，我们不可能确定哪个名字是居住在撒哈拉东部的游牧民族纳帕塔人（Nobatai）名称的起源，而且这种探寻本身在某种程度上也缺乏意趣。纳帕塔人位于努比亚上尼罗河河畔的城市被称为纳帕塔（Napata 或 Nabata）。[106] 托勒密王朝时期的一个地理名称是 T3n N3pytw［纳皮图（Napitu）的土地］，古埃及地理学家亨利·戈捷（Henri Gauthier）认为这个地方在利比亚。这些人很可能是来自利比亚东部的纳帕塔人，公元 294 年，他们被罗马帝国皇帝戴克里先（Diocletian）征召保卫埃及南部边境。[107] 很多人试图把他们定位为独立的利比亚部族，但是这些尝试的结果都不令人满意。[108] 不过，参考资料足以显示出，不仅在利比亚，在努比亚和阿拉伯也都存在关于"绿洲居住者"纳帕塔人的记载。

塞特和波塞冬、Nbty 和尼普顿

根据希罗多德的说法，不仅四马双轮战车是从利比亚介绍到希腊的，战车的守护神波塞冬也是一样："因为利比亚人是唯一知晓波塞冬的名字并且一直膜拜他的民族。"[109] 艾伦·劳埃德（Alan Lloyd）曾经就希罗多德有关埃及的卷二写过一篇非常出色的评论，但是他也对希罗多德的这一说法表示无法理解。劳埃德的研究属于雅利安模式，他认为，波塞冬的"印欧／希腊来源是毋庸置疑的，波塞冬被介绍到希腊的时间至少是在亚加亚（Achaean）文化时期［青铜时代晚期］"[110]。我在第一卷里尝试着提出过一种假设，认为波塞冬的名字源自埃及-闪米特语的混合词 P3(w) Sidôn（来自 Sidôn 的男人）。[111] 因此，我认为波塞冬的名字并非来自印欧语或利比亚语。正如我在前面讨论

105　见 Gardiner（1947, II, pp. 5, 28-9）。

106　Procopius, *History*, I. 19.29; Pliny, *Natural History*, VI, 35; Arkell（1961, p. 178）; André（1948, pp. 44-53）. 人们通常认为，希腊词语 oasis（绿洲）来自埃及语的 wḥ3t，科普特语中的 uahe。

107　Procopius, *De Bello Persico*, I. 1929-31，引自 Bates（1914, p. 236）。

108　Gauthier（1925-31, V P. 21）。

109　Herodotos, II.50。

110　Lloyd（1976, pp. 237-8）。

111　见第一卷，第 67 页。

过的，我认为波塞冬就是埃及的塞特，而塞特在古典时代就已经被认为是邪恶的象征。

这可以解释，为什么给希罗多德提供埃及信息的人似乎非常坚决地反对在埃及万神殿中为希腊的尊贵神灵波塞冬留出位置，为什么他们认为波塞冬是属于外部荒野的神灵，并进而认为波塞冬是利比亚的神灵。可能是听取了这些人的观点，希罗多德把波塞冬与利比亚的特里同尼斯（Tritōnis）湖和特里同河或更远的西部联系在一起。[112] 因此，这一神灵似乎与利比亚内陆水域有关联，同时也与过着动荡生活的绿洲居住者的狩猎、马匹和双轮战车有关联。

在这里，我们也应该考察一下波塞冬的罗马对应者尼普顿（Neptune）的名字。让我们先回到闪米特语词根 √nbṭ 上，这个词根表示的是绿洲和居住在绿洲的人，它既出现在地名 Nabata 和 Napata（纳帕塔）中，也出现在古代晚期（Late Antiquity）居住在利比亚东部的部族 Nobatai（纳帕塔人）的名称中。罗马附近的城镇纳帕特（Nepete）有一条河流和多处泉水，如同古典学者乔治·丹尼斯（George Dennis）在 19 世纪 40 年代所描述的：

> 他［旅行者］离开了坎帕尼亚（Campagna）的开阔荒野，进入了树木繁茂的地区。如果他是英国人，那么这会是意大利中部地区能让他想起家乡的少数几个地方之一。那些成片的青葱草地……这一切都与英国公园里欣欣向荣的景色别无二致，在欧洲大陆却极其罕见。[113]

实际上，这是一片绿洲。罗马附近的很多地名都具有可靠的闪米特词源，就连罗马这个名字本身也是一样，对此我们将在第三卷中进行讨论。因此，认为 Nepete 源自闪米特语词根，在语义上似乎是再合适不过的了，对此我们无法轻率地不予重视。加上西闪米特语表示人物和民族的后缀 -ån 或 -ôn，Nepete 就成了 Neptune 的一个非常可信的词源，而其他可能的词源中最主要的就是埃及

112　Herodotos, IV. 180 and 188.

113　Dennis（1848, I, p. 109）.

98　语的 Nbty，塞特。[114] 于是，Nepete 这个名字的存在就显示出，一些人看到了处于干旱地区的沙漠绿洲和欧洲水源地之间的相似性以及它们周边环境的相似性。如果接受这样的背景，那么波塞冬与提尔福萨的泉水之间的联系就完全是自然而然的了。

波塞冬、提尔福萨和利比亚

从提尔福萨／特尔福萨／塞尔福萨这几个名字中能不能发现什么呢？一方面，德尔福萨与德尔福斯之间存在着关联，其基本意义是"成对"或"兄弟"，对此我们在上面已经提及，并将在第四卷中进一步讨论。[115] 不过我想说的是，在埃及地名 T3lbyw（利比亚的土地）和经常使用的爱琴海地名后缀 -s(s)a 之间也存在着关联。[116] T3lbyw 是 Rb 或 Libu（利布）——利比亚人——的变体，对此很少有人质疑。这个名字本身只出现在公元前 13 世纪拉美西斯二世统治时期，在那时它似乎意味着埃及以西的一个遥远部族。[117] 在海洋民族入侵时，也就是来自西北和西部的民族入侵时，从埃及人的角度来看，利布成了西部沙漠的领导者。

要探寻 T3lbyw 和波伊奥提亚的特尔福萨之间的对应性，我们就要记住，大约是从荷马时代或更早的时候开始，希腊人所说的利比亚就包括了尼罗河以西的整个非洲。[118] 这一地区大部分都是沙漠和绿洲；与此相似，波伊奥提亚的特尔福萨有陡峭的悬崖，悬崖下是"绿洲地区"的泉水，正如在利比亚一样，特里同河从悬崖下流出，与沼泽湖泊连接到一起。无论是对于与埃及的伊希斯不育的姐妹奈芙蒂斯，还是对于与希腊的伊希斯对应者得墨忒耳无所畏惧的姐妹厄里倪厄斯／珀尔塞福涅相对应的女神，特尔福萨或"利比亚"都会是一个非常恰当的称呼。[119] 如果厄里倪厄斯的对应者墨兰纳／墨兰托与 M3nw 即埃及"西方的山脉"有关联，如同我在上面所提到过的那样，那么这也会

114　有关表示民族的后缀 -n，参考 Gordon（1966，§ 8.60）。没有理由认为伊特鲁里亚语（Etruscan）形式的 Nethun 要比拉丁语中的 Neptune 更加古老。Nethun 似乎更有可能源自 Neptune，而非相反的情况。关于罗马人对于 Nbty 的重要意义的认识，见 Winkler（1985, pp. 309-18）。

115　关于 Delphos，见本章注释 84。关于词干 Delph- 的意义，见第四卷。

116　Gauthier（1925-31, V, P. 27）.

117　关于 Rb 和 Libu，见 Gardiner（1947, I, pp. 121-2）。

118　见 *Odyssey*, IV. 85 和 XIV.295。

119　有关 Tilphousa/Telphousa/Thelpousa 完整的参考资料，见 Fontenrose（1959, p. 367, n. 3-4）。

显示出其与利比亚之间的联系。[120] 更进一步讲，作为非洲国度的利比亚也会与墨兰纳 / 墨兰托和德尔福斯的黑色特征对应。[121] 由于这些因素，再加上有关波塞冬自身与利比亚的关联的神话，Telphousa 的词源就非常有可能来自 T3lbyw。

阿卡狄亚的塞尔福萨

至于阿卡狄亚的塞尔福萨与利比亚的一致性，在地理层面上的情况是同样明确的。阿卡狄亚的塞尔福萨位于拉冬河上，拉冬河水从峡谷涌出，沿着不同的水道在一小片洪泛平原上漫流。拉冬河就是伊斯墨诺斯河（Ismēnos）的另一个名字，它流过波伊奥提亚的底比斯。在伯罗奔尼撒地区，拉冬这个名字也使用了两次，一次是在阿卡狄亚，一次是在伊利斯。在阿卡狄亚，拉冬河从发源于菲尼奥斯（Pheneos）湖的"泉水"中流出，那里是同时膜拜雅典娜和波塞冬的地方。这些泉水或水道经常因为地震而发生堵塞，由此导致突然断流，并引发洪水。[122] 所有这些都可以明确归因于地震之神波塞冬，或许也能解释传说中在塞尔福萨下游发生的波塞冬对得墨忒耳·厄里倪厄斯的强奸。在伊利斯，拉冬河流入厄勒安皮洛斯（Elean Pylos）或"通道"（Gateway）的佩奈渥斯（Pēneios）河。这两个名称之间的双重联系耐人寻味，尤其是由于 Peneus 的词源显然来自埃及语的 P3 Nw(y)（水或洪水）。[123]

阿斯特指出，在距离利比亚的特里同湖不远的地方，有一条叫作拉同（Lathōn）或莱同（Lēton）的河流。他把这与乌加里特名叫 Ltn 的龙和希伯来的利维坦（Liwyâtân）联系在一起，现代学者则很有理由地认为，后者就是乌加里特的海神雅姆。[124] 关于拉冬的神话让这一词源更有根据，传说中，拉冬是守护赫斯帕里得斯（Hesperides）的金苹果的蛇，后来被赫拉克勒斯所杀，而

120　见本章注释 86。

121　见本章注释 83—84。

122　Frazer（1898, IV, 262-3; 286）.

123　关于这点的更多情况，见本书第三章，注释 85—86。

124　Astour（1967a, p. 214）。关于乌加里特的对应者，见 Gray（1956, p. 32）；关于《圣经》中的对应者，见 Pope（1973, p. 30）。把阿卡狄亚的拉冬河与大蛇或龙联系到一起的传统，似乎一直延续到了现代的地名 Drakovouni（"龙山"）之中，表示的是位于河流源头附近的山脉。

这或许就发生在利比亚。根据希罗多德的说法，这条蛇可能就是一条河流。[125] 在公元 2 世纪或 3 世纪的埃及诺斯替神秘主义文本《比斯提斯·索菲娅书》（*Pistis Sophia*）中展现了这样的观念：这个世界被河流／蛇／龙围绕，在它的内部是地狱。神话收集者方滕罗斯令人信服地将之与早期埃及的概念联系在一起。[126] 我会在第七章进一步对此进行讨论，将之与环绕着世界的海洋阿特拉斯-阿特兰托斯（Atlas-Atlantos）联系到一起，而巨人阿特拉斯（Atlas）和大西洋当然都与赫拉克勒斯、赫斯帕里得斯和利比亚有密切关联。[127]

罗得岛的阿波罗尼奥斯的注释者把拉冬描述为死在叙利亚奥龙特斯（Orontes）河泉水边的巨龙堤丰。[128] 由于地震，奥龙特斯河的流向与河道经常发生改变。堤丰是塞特官方的希腊对应者，如同阿斯特所指出的，在这种关联中，乌加里特的雅姆神或 Tpt Nhr（裁决之河）作为塞特和波塞冬的对应者，也被描绘为一条龙。[129] 因此，在希腊、黎凡特和埃及，Ladōn/Ltn 都是与河流、龙和动荡之神联系在一起的。

奈斯／雅典娜和奈芙蒂斯／厄里倪厄斯

波伊奥提亚的拉冬把我们带回到了波伊奥提亚的湖泊边。波塞冬在这里既是未开发的沼泽之神，也是泉水之神，这不难理解。如果我们可以把厄里倪厄斯与珀尔塞福涅和塞特的妻子奈芙蒂斯联系在一起，那么她的情况也是一样。与此相似，雅典娜既是治水之神，也是垦荒之神，在治水和拓垦同时进行的地区，存在这样的神灵也不足为奇。不过，在理解这两位女神之间的联系时，人们仍然会遇到一些困难。

将二者联系到一起的一种方式是通过蛇发女妖美杜莎，就如我在之前提到过的，美杜莎与珀尔塞福涅／奈芙蒂斯紧密联系在一起，从而也与利比亚联系在一起。一方面，雅典娜在神话中与怪物美杜莎遭到斩首及其死亡有关，

125　Hesiod, *Theogony*, 333-5. 实际上在《神谱》中并没有给这条蛇起名字。不过，关于这条蛇与 Ladōn 的对应性，参考 West（1988, p. 258, 1.334）。

126　*Pistis Sophis*, 287-9; Budge（1934, pp. 357-79）; Fontenrose（1959, PP. 234-7）。

127　见本书第七章注释 107—118。

128　Scholiast on Apollonios Rhodios, IV. 1396.

129　Astour（1967a, p. 214）。

然而另一方面，雅典娜也具有后者的相貌，并且正是以这种方式与之联系在一起。这种关系可以追溯到青铜时代，对此我们将在下面和第三卷中进一步讨论。

阿努吉斯／翁卡

这里我们要考察一下女神奈斯／雅典娜与女神奈芙蒂斯／厄里倪厄斯之间的另一种关联，也就是在名称翁卡中所体现出的关联。在阿卡狄亚的塞尔福萨，得墨忒耳·厄里倪厄斯神庙位于翁凯恩（Onkeion）的一个区。这里有位名叫翁卡奥斯（Onkos）的国王，据说他是阿波罗·翁凯奥斯（Apollo Onkaios）的一个儿子，他的名字亦成为其他名字的来源。[130] 情况似乎应该是这些人的名字来自其所在的地点，而非相反。

Onka（翁卡）这一名字几乎可以肯定是来自埃及女神ʿnḳt，后者也就是希腊化时代的希腊人所知道的阿努吉斯。埃及语和闪米特语的ʿayins经常与后元音 o 和 u 联系在一起。例如，科普特语（Coptic）的后缀 -o 来自埃及语的ʿ3（伟大），科普特语的 ōnh 和 ōnḫ 表示埃及语的ʿnḫ（生命）。最后的 -t 在埃及语中通常会被省略，在希腊语中则总是被省略。因此，认为 Onka 来ʿnḳt，在语音上并没有问题。

与阿努吉斯联系在一起的还有创造世界的公羊神克努姆（Khnum），克努姆是埃及南部第一瀑布急流地区象岛的主神，她与瀑布之中和瀑布附近的岛屿，尤其是萨赫勒岛（Sahel）、象岛和菲莱岛（Philai）联系在一起。[131] 尼罗河就在这里奔流入埃及，作为这里的女神，克努姆就与尼罗河的发源地以及洪水泛滥联系在了一起。根据希罗多德的说法，这些发源地有时被视为泉水，即 pēgai。[132] 克努姆的圣兽是瞪羚，即 *P3gḥs。考虑到上面谈到的珀伽索斯的词源之一，这就显得颇为有趣。人们认为，瞪羚具有阿努吉斯岛屿水流的"速度"，即 gst。人形的阿努吉斯通常被描绘为戴有努比亚的头饰，而且被认为是非埃及人。[133] 她也与奈芙蒂斯有密切的关联。

101

130　Fontenrose（1959, p. 369）.

131　关于 Anuket（is），参考 Otto（1975c, cols 333-4）。关于 Onka 的这一词源，参考 Bérard（1894, p. 140）。

132　Herodotos, II. 28. 关于这些假想中的泉水不可低估的复杂性，见 Lloyd（1976, pp. 107-17）。

133　关于奈芙蒂斯和阿努吉斯，见 Graefe（1982, cols 458-9）。

因此，翁凯奥斯这个名字是由多种因素决定的，它位于塞尔福萨，那里是快速奔流的拉冬河分成支流形成岛屿的地方，同时也是得墨忒耳·厄里倪厄斯的所在地。这样的环境从小范围内看，与尼罗河瀑布群诸岛屿的ᵓnḳt膜拜中心非常一致，也非常符合这位女神与奈芙蒂斯的联系。

奈斯／雅典娜与阿努吉斯／翁卡

比翁凯奥斯膜拜更为人所知的是对雅典娜·翁卡或翁加的膜拜。根据传说，卡德摩斯跟随圣牛来到底比斯之后，在底比斯的中心，也就是圣牛倒下的地方，创立了对雅典娜的膜拜。

如果接受奈斯与雅典娜、阿努吉斯与翁卡之间的关联，我们也就会希望可以发现奈斯和阿努吉斯之间的联系。这两位埃及女神之间是否存在联系还没有得到证实。不过这并非无法接受，因为在托勒密王朝时期，奈斯和公羊神克努姆是艾斯纳城的一对神灵，代表着同一个创世之神的两种形式。而且，奈斯作为有创造力的神圣母牛 ḥḥt, Ahet，被认为是克努姆的母亲。赖末丹·艾尔·萨耶德（Ramadan El Sayed）写过关于奈斯的优秀著作，他相信，奈斯和克努姆的关系还要更古老。[134]

这种关系也体现在希腊的神灵崇拜之中。克努姆作为 Nb Ḳbḥw（瀑布之王）广为人知，有时人们可能也会简称他为 Ḳbḥ。[135] 我们将在下一章讨论到，埃及语的 Ḳbḥ（尼罗河瀑布或从洞穴中涌出的清新水流）是希腊河流常用名称 Kēphis(s)os（基菲索斯）的来源，后者与地下流淌的溪流有关。[136] Kēphis(s)os 也是一个神话人物，并且我相信这个神话人物应该与克努姆有关。比如说，在阿尔戈斯，基菲索斯是把领土划给赫拉而非波塞冬的裁决者之一。这个神话与其他地方讲述的波塞冬和雅典娜的冲突非常近似。[137]

在阿尔戈斯城有一座基菲索斯神庙，帕萨尼亚斯记录说，在它旁边有美杜莎的一颗头颅。[138] 我们在上面谈到了美杜莎与雅典娜和厄里倪厄斯／珀尔塞

134　Sayed（1982, I, p. 125）.

135　关于克努姆被称为 Nb Ḳbḥw，见 Gardiner（1947, II, p. 4），尽管他在参考 Gauthier（1925-31, V, 170）时并没有提到克努姆。关于 Ḳbḥ 这一称呼的单独使用，见 Budge（1904, II, p. 5）。

136　见本书第三章注释 94—97。

137　Pausanias, II. 4.5.

138　Pausanias, II. 20.6.

福涅之间的关系。同样，在上埃及，不仅奈斯，还有与奈芙蒂斯相关的阿努吉斯，都是克努姆的亲密伙伴。因此，阿努吉斯和奈斯很可能是通过克努姆 / Kēphis(s)os 而被联系在了一起。

在艾斯纳的雅典娜神庙，罗马时代的铭文在提到奈斯时称之为双角间顶着太阳游到赛斯的阿海特（Ahet）。雅典娜·翁卡以及雅典娜与引领人们创建底比斯的母牛之间的联系，这两者与奈斯之间的关联，都因此变得更加密切。[139] 阿海特的故事似乎非常古老。如同前面提到的，奈斯与公元前三千纪早期"金字塔铭文"提到的 Mḥt Wrt（大沼泽）里的母牛存在联系。[140] 我们也知道，从埃及最早出现王朝的时候开始，奈斯就与她的城市赛斯或 Ḥt Nt（奈斯的房子）密切相关。中王国时代的棺文则表明，奈斯是太阳神拉的母亲。如果将这些综合考虑的话，那么艾斯纳城后来的铭文就很有可能反映了一个比铭文要古老得多的故事。[141]

迈克尔·阿斯特曾经提到，《圣经》中也讲述了人们跟随一头母牛找到可以建造一座城市的地方的故事，这样的故事在其他的西闪米特文化区或许也一样存在。[142] 不过我们现在讨论的内容之间具有更紧密的对应性：一方面是作为阿海特的奈斯和赛斯城的建立，另一方面是卡德摩斯跟随一头母牛并把这头母牛献祭给雅典娜，并进而创建了底比斯城和对雅典娜·翁卡的膜拜。而且，埃及神话以作为阿海特的奈斯为焦点，而这是奈斯与克努姆最接近的一个方面，因为阿海特是克努姆的母亲，因此也是阿努吉斯的母亲。在所有有关创建城市的神话中，都可以找到奈斯 / 雅典娜与阿努吉斯 / 翁卡的融合，只不过具有底比斯这种地理环境的城市更是如此，对此下面我们还将提及。

帕萨尼亚斯这样描写底比斯人对雅典娜·翁卡的膜拜："那些人认为卡德摩斯是埃及人而不是来到底比斯的腓尼基人，然而可以用来驳斥他们的证据是，这位被称为腓尼基语中的翁加的，而非埃及语中的赛斯的雅典娜。"[143] 关于卡德摩斯究竟有埃及还是腓尼基血统的困惑，我们将在第十二章中进行讨论。

139　Inscription at Esna, Sayed, doc. 1024（1982, II, pp. 634-5）.

140　见本章注释 60。

141　关于奈斯作为母牛以及作为太阳神拉的母亲的身份，见 Sayed, doc. 260（1982, II, pp. 308-9）。

142　I. Samuel 6.7-12; Astour（1967a, pp. 157-8）.

143　Pausanias, IX. 12.2.

这里我要指出，帕萨尼亚斯认为在雅典娜与赛斯之间有紧密联系，并且对雅典娜·翁卡这个名字感到困惑，他是正确的。雅典娜·翁卡并非这位女神的标准名字，而是雅典娜和阿努吉斯的融合。帕萨尼亚斯有充分的理由怀疑翁卡究竟是埃及人还是腓尼基人。

阿努吉斯的埃及名字ʿnḳt 最令人信服的来源是动词 inḳ（拥抱）。这可能是指她的各个岛屿被河流的支流环绕。不过，也许有人会觉得闪米特语词根√ʿnq（项链）更加贴切，因为奔涌而过的河流就像一条项链，而瀑布中的岛屿就像是一串宝石。若不是存在两方面的因素，这种观点就会显得牵强了。首先是底比斯的地理环境。底比斯位于底比斯平原之上的悬崖，两三条河流或溪水从悬崖下流过并最终汇合。[144] 这样，这一地点就类似于埃及岛屿ʿnḳt 和闪米特语的ʿnq（项链）。其次是，卡德摩斯的女王名叫 Harmonia（哈墨尼亚），这个词的意思是"串连到一起"，并且他们在其盛大的婚礼上收到的最出名的礼物就是 hormon（一条项链），这些事实也可以反映出古人对这种地形环境的看法。[145]

欧里庇得斯（Euripides）的戏剧《腓尼基女人》（*The Phoenician Women*）展示出了所有这些关系。在城市陷落时，腓尼基女声合唱团齐声歌唱，纪念当年腓尼基的奠基。

> 而后天上的神灵前来参加哈墨尼亚的婚礼，
> 底比斯的城墙伴着竖琴的音乐高高升起，
> 应和着安菲翁的里拉琴声，
> 她的高塔在两条河流之间的地面矗立，
> 狄耳刻（Dirce）和埃斯门诺斯（Ismenus）肩并着肩，
> 润湿了富饶的绿色平原。[146]

要注意这里反复提到了琴弦［Harmonia 和 hormon 都源于闪米特语词根

144　Symeonoglou（1985, pp. 7-11）.

145　Euripides, *The Phoenician Women*, 822-33, 英译见 Vellacott（1972, p. 265）, Scholiast on［1］.71; Pherikydes, 引自 Apollodoros, III. 4.2; Pindar, *Pythian Odes*, III. 94（167）; Diodoros, IV. 65.5, V. 49. 1; Pausanias, IX. 12.3。关于更多的文献，见 Frazer（1921, 1, p. 317, n. 4）。

146　Euripides, *The Phoenician Women*, 822-7, trans. Vellacott（1972, p. 265）.

√ḥrm（绳子、琴弦或网），对此我们将在第三卷进行讨论]。

当然，哈墨尼亚还有其他很多神话渊源。比如说，阿斯特曾经指出过哈墨尼亚与具有"房屋或宫殿的女主人"之称的苏美尔和闪米特女神之间的联系。[147]这让她更加接近奈芙蒂斯或 Nbt Ḥt，后者也意味着"房屋的女主人"。因此，波伊奥提亚的底比斯人对翁卡和对哈墨尼亚的膜拜之间的关系，就与埃及人眼中阿努吉斯和奈芙蒂斯的等同关系是一致的。关于哈墨尼亚还有一个故事，那就是她和丈夫卡德摩斯变成了蛇，在生命即将终结时来到赫斯帕里得斯居住。这个神话也有很多特点，其中之一就是，由于"项链"中的一股是埃斯门诺斯/拉冬的河流（拉冬也居住在赫斯帕里得斯），因此作为"项链"的哈墨尼亚早已是一条蛇了。[148]不过，我在这里谈论的核心问题是，哈墨尼亚名字中"项链"的含义让她与 ʿnḳt、ʿnq 和翁卡更加接近。

我们已经看到，ʿnḳt 最有可能的词源来自动词 inḳ。由于这个词和义符♀的存在，埃及语中很有可能存在意思是"项链"的词语 *ʿnḳ。不过，既然波伊奥提亚有这么多闪米特名字，那么已经被证实的闪米特语形式就是更有可能的来源了。因此，帕萨尼亚斯对翁卡这个名字的埃及和腓尼基渊源感到困惑，似乎就反映出这两种语言在这一膜拜刚刚开始时都已经存在。

104

雅典娜·翁卡和雅典娜·阿拉尔克墨纳

这种模式可能还牵涉到另一个埃及语词根 ʿrḳ，它在埃及语中的发音与 ʿnḳ 相近。希腊语中与 Onka 发音相近的词是 horkos（誓言），它来自埃及语的 ʿrḳ（发誓，誓言）和科普特语的 ōrk。[149] ʿrḳ 的基本含义是"捆绑物"，这显示在它的义符⌒（一根亚麻绳）中。这似乎与 ʿnḳ（拥抱，项链）的情况相似。不过，ʿrḳ 在科普特语中不总是被翻译成 ōrk。在法尤姆方言中，ʿrḳ（誓言）被译为 ōlk，与之相关的形式 ʿrḳy（一个月的最后一天）和 ʿrḳy rnpt（一年的最后一天），也被普遍使用。这些说法的来源大概是把一年看成一个圆环的观念。

埃及人就算没有四种也有三种历法，不过对于这里的神话群体而言，这三

147　关于她们属于蛇的或与蛇相似的特性，见 Astour（1967a, pp. 154-8, 392）。

148　Astour（1967a, p. 160）.

149　Barthélemy（1763, p. 226）看出了这一点。两百年后，尚特莱纳称 horkos 的词源"很模糊"。

种历法中最重要的似乎是现在人们所知道的"民用"历（the "civil" calendar）。这一历法把一年分成 12 个月份，每个月有 30 天，最后再加上 5 天"补充"的日子（epagomenal days）。新年是从天狼星（Sirius）与太阳同时升起时开始的，这标志着尼罗河泛滥期的到来，时间是在我们的 7 月中旬。至少在埃及第十八王朝时，尼罗河泛滥的第一个月的第一天，也就是新年第一天，是创世神和尼罗河瀑布之神克努姆的节日。[150] 因此，ꜥrky rnpt 就与他的伴侣 ꜥrnḳt/ 阿努吉斯联系在一起，后者被视为尼罗河洪水的象征，并且至少在后来的时代，她也被认为与天狼星女神索提斯（Spdt/Sothis）有关。[151]

在科普特语中，ꜥrky 不仅可以写成 *ōrk 或 *ōlk，也可以写成 alke。

这就让我们回到了对阿尔克墨涅和阿拉尔克墨纳的讨论中。这里不仅有语音上的相似性，而且还存在着重要的历法上的关联。ꜥrky rnpt 是民用历中第五个补充的日子，是献给伊希斯和奈芙蒂斯的。我在前面提到过，在波伊奥提亚，为了调整历法，有时会出现重复的月份，这个月份就被称为阿拉尔科摩尼奥斯。阿拉尔克墨纳和雅典娜·阿尔克墨涅的关系会在下面讨论。这里我只想简单地指出，-mena 和 -mēnē 显然是与希腊语中的 mēnē（月份）相似。沙克特认为，在雅典，与阿拉尔科摩尼奥斯对应的月份被称为雅典尼奥斯（Athenaios），这与雅典娜·阿拉尔克墨纳这一名字也非常契合。[152] 不论是埃及历法中加上的 ꜥrky rnp 的日子还是波伊奥提亚的阿拉尔科摩尼奥斯，历法上的不确定性都符合有关宙斯的传说。在那个传说中，宙斯在追求阿尔克墨涅，使之孕育他们的儿子赫拉克勒斯时，把日／夜的循环一分为三。[153]

于是，在相似的词根 ꜥrḳ 和 ꜥnḳ 之间复杂的文字游戏之中，似乎存在着在底比斯的雅典娜·翁卡膜拜和 ꜥnḳt/ 阿努吉斯膜拜之间的对应性（所以也有奈芙蒂斯和其希腊对应者厄里倪厄斯与珀尔塞福涅之间的对应性），以及雅典娜·阿拉尔克墨纳和阿尔克墨涅之间的对应性。不过，要使论述完善，我们必须在雅典娜·阿拉尔克墨纳和阿尔克墨涅之间建立起联系。

150　Sethe（1906-9, IV 1. 823）。

151　Hintze（1975, col. 333）。

152　Schachter（1981, p. 113）。不过，Bickerman（1980, p. 20）认为对等词是 Poseidonios。

153　Apollodoros, II. 4.8；Diodoros, IV.9.2。

雅典娜·阿拉尔克墨纳和阿尔克墨涅

阿尔克墨涅这个名字似乎是由双关等因素决定并以双关为基础的，它似乎至少有两种不同的来源，一是来自 *Rḫt imn（阿蒙的朋友），一是来自 ʿrḳy（一年中的最后几天）。

我们之前讨论过对雅典娜·埃托尼亚和对雅典娜·阿拉尔克墨纳的膜拜之间的联系。在哈里阿特斯，或许还有在克罗尼亚，存在雅典娜·埃托尼亚与宙斯成对出现的情况。这非常有趣，因为雅典娜经常被表现为只身一人，并与波塞冬和赫菲斯托斯（Hephaistos）是对手。宙斯在整个波伊奥提亚地区被当作宙斯·卡雷奥斯（Zeurs Karaios）或凯雷奥斯［（Keraios）长了角的］而受到膜拜，沙克特认为，这或许与埃及的长角的公羊神阿蒙有某种关联，而对阿蒙的膜拜至少是从公元前 5 世纪品达的时代开始就出现在底比斯了。[154] 不过，沙克特的研究是在雅利安模式的框架下进行的，因此他认为这种联系是错误的。另一方面，对于那些没有采用雅利安模式的人来说，当地对宙斯和雅典娜的膜拜是与这一事实相联系的：阿尔克墨涅是宙斯的一位配偶。雅典娜·阿拉尔克墨纳神庙距离阿尔克墨涅的墓葬只有 7 英里远，而且她们的名字极其相似，这些情况并非偶然的巧合，而是具有极为重要的意义。

一种可能性是，Alalkomena 来自 Alkmēnē，并带有埃及语中常见的地名前缀 R-（……的入口），对此我们在第一卷中就曾提到过。[155] 我们也能看出，这或许是作为 La- 进入希腊语的，词首添加的元音是有可能出现在单个辅音之前的。而且，R- 的使用非常广泛，常常只是表示"……的领土范围"。[156] 在这种情况下，它就有可能表示的是"阿尔克墨涅的领土"。考虑到青铜时代晚期波伊奥提亚受到迦南语影响的诸多迹象，那么 Alalkomenia 的开头字母 A- 就有可能来自冠词 ha。例如，位于罗得岛中央的岛上最高山峰阿塔伯尔（Atabyrion）的名字就来自迦南语的 *Hatabōr（最高的中心部分）。[157] 另一方面，Alalkomena（阿拉尔克墨纳）的开头字母 A- 也有可能只是词首添音。如果 Alalkomena 的意思是"Alalkomenia* 的领土"，那么雅典娜·阿拉尔克墨纳

154　Schachter（1981, p. 121, n. 3）.

155　第一卷，第 76 页。

156　参考 Gauthier（1925-31, III, pp. 112-28）总结的以 R- 开头的 89 个地名。

157　Lewy（1895, p. 194, n. 2）.

*　原书系"Alkomenia"。——编者注

在其含义上可能就是雅典娜与"阿蒙或宙斯的伴侣"阿尔克墨涅的融合。

106 　　在奈斯和阿蒙之间存在一系列的联系。如上所述，奈斯有时与太阳轮 itn 联系在一起。她也被视为太阳神拉的母亲，从而与阿蒙联系到一起，因为人们经常把阿蒙的名字与拉的名字结合起来，写成阿蒙-拉（Amon-Re）。至少从公元前 4 世纪、埃及第三十王朝开始，奈斯就被等同于阿蒙的两名配偶，阿蒙奈斯（Amenet）和女神姆特（Mut）。[158] 奈斯与姆特的对应关系非常古老，对此下面的讨论还将涉及。另一个有趣的特点是奈斯和埃及战神鹰／牛神的关系，后者与征服北方尤其相关。埃及第十一王朝有两座有趣的浮雕，刻画的是鹰／牛神和奈斯保护法老孟图荷太普（Mntw Htp）二世的情形，我们将在第四章中讨论后者与爱琴海地区的关系。[159] 认为奈斯和鹰／牛神——或许还有奈斯和阿蒙——是第十一和第十二王朝法老的神圣守护者，这似乎与阿尔克墨涅和神话中的裁决者兼立法者拉达曼提斯的结合具有对应关系，我在第四章中也将谈到，拉达曼提斯是鹰／牛神和第十一王朝法老孟图荷太普的希腊对应者。另一种有趣的对应则是，宙斯与阿尔克墨涅结合生下了英雄赫拉克勒斯，而赫拉克勒斯则与中王国的一位法老极其相似。

赫拉克勒斯

赫拉克勒斯的苏美尔和闪米特起源

　　神话人物赫拉克勒斯的故事是如此丰富如此复杂，以致我们很难理清那些纠缠在一起的线索。瓦尔特·伯克特将其追溯到了距今 20000 到 15000 年前的旧石器时代晚期，认为赫拉克勒斯是杀死了很多凶猛野兽的伟大猎人，同时也是可以进入死后的世界并返回到人间的巫师。更具体的则是，他完全符合公元前三千纪苏美尔和阿卡德印章上的形象：一位身披狮子皮，手执弓箭和木棒，杀死狮子、巨龙和猛禽等等的英雄。[160] 伯克特谨慎地避免提到名字，不过很清楚的是，他所想到的是苏美尔英雄吉尔伽美什（Gilgamesh），关于这一点其他

158　Sayed（1982, p. 141）.

159　Sayed（1982, pp. 282-3, Docs. 220，221）.

160　Burkert（1985, p. 209）.

学者的表述则更加明确。[161]吉尔伽美什原本是公元前 2600 年左右乌鲁克城的统治者，在他离世后的数个世纪里出现了很多围绕着他的传说，不过大约在公元前 2100 年才出现了首个描述他的功绩的文本。我们所知道的《吉尔伽美什史诗》（*Epic of Gilgamesh*）似乎是在公元前两千纪上半叶写就的。[162]

吉尔伽美什是好战的统治者，他与毛发浓密、蒙昧狂野的恩奇都（Enkidu）结为好友，放弃了婚姻和稳定的生活，四处游荡，杀死了怪兽洪巴巴（Huwawa）和来自天上的神牛。在恩奇都死去之后，吉尔伽美什进入冥界拜访朋友，并且开始了对永生不朽的探求。神话的搜集者向我们展示出，这一史诗极为复杂，它既讲述了历史上的吉尔伽美什，也涵盖了适用于全世界的民间故事和文学作品的主题，其中一些内容可能还具有重要的天文学和哲学意义。[163]

吉尔伽美什史诗对于有关赫拉克勒斯的希腊神话究竟产生了多少影响？我们自然难以明确说出，苏美尔人的故事在哪些地方吸收了世界范围内的民间故事主题。同样，尽管吉尔伽美什和赫拉克勒斯都曾处于终有一死和不死永生的交界处并都与死亡有关，但这个主题太宽泛了，无法表现出两位英雄之间的特殊关系。不过，他们之间确实存在一系列特殊的相似性——吉尔伽美什和赫拉克勒斯都是步行的，而不是驾着战车，使用的都是棍棒而非刀剑。这似乎可以把这位希腊英雄的起源推到公元前 1750 年以前，因为在公元前 1750 年战车和刀剑出现了在地中海地区，并迅速成为英雄身份的象征。另外，吉尔伽美什和赫拉克勒斯通常情况下或是独自完成他们的使命，或是有一位忠诚的朋友或助手为伴，而这位朋友或助手的死亡都对他们产生了极大的负面影响。

腓尼基的重要神灵、腓尼基城市推罗的守护神麦勒卡特（Melqart）或者 Mlk qrt（城市的王）可以充当吉尔伽美什和赫拉克勒斯之间的桥梁。希罗多德的详细记述和铭文的证据都显示出，麦勒卡特和赫拉克勒斯之间的对应关系是非常清晰的。[164]

161 例如，Kirk（1974, p. 257）。

162 Jacobsen（1976, p. 195）。

163 Jacobsen（1976, pp. 208-19）。

164 Herodotos, II. 44, Levy（1934, p. 48）。

我们无法说清推罗地区的麦勒卡特膜拜是从什么时候开始的。希罗多德写道，赫拉克勒斯的神庙就和推罗一样古老，因为他认为推罗在公元前 2700 年就已经建立了，比他自己所处的时代早 2300 年。法国的闪米特学家勒内·迪索（René Dussaud）指出，这或许指的是对 Baʿal〔（Hadad）哈达德〕的膜拜，哈达德是麦勒卡特的来源之一，不过麦勒卡特是后来人们把诸多神灵融合在一起的结果。[165] 大多数现代学者认为，麦勒卡特膜拜出现的时间要比上述时间晚得多。最极端的人则认为膜拜最早出现在公元前 10 世纪，那是已经证实的最早的铭文出现的时间，并且对麦勒卡特的膜拜在这个城市取代了先前的膜拜。[166] 几乎可以肯定的是，麦勒卡特与很多神灵有关，包括美索不达米亚的神灵奈尔伽尔（Nergal），我们在下面还会看到，麦勒卡特也与西闪米特的瘟神雷瑟夫（Reshef）有关。[167]

赫拉克勒斯这个名字似乎表现出这位英雄的近东渊源。在古代，人们普遍认为赫拉克勒斯这个名字意味着"荣光归于赫拉（Hera）"。不论如何，他的名字的最后一个音节都与 kleos（著名的）对等，因此，对 Herakles 这个名字的词源研究就涉及 Hēra- 的第一个要素，这一要素也出现在 Hēra 这个名字中，或许也出现在单词"hero"（英雄）中。通常认为 Hēra- 的印欧语词源来自词根 *ser（服务或保护）。研究迈锡尼时代希腊的专家约翰·查德威克（John Chadwick）对此提出了反对，他的理据是表示神灵名字的 B 类线形文字形式 Era。在重构的形式 *herwa 中缺少了一个 w，而查德威克认为这个 w 是必须要有的。[168] 不论这种批评所依托的基础是否准确，人们在寻找 Hēra 和 hero 的词源，以及探寻赫拉克勒斯的特点时，似乎都更应该考虑 3 个以辅音群 √ḥrr 为基础的西闪米特语词根的重要的谐音双关或结合。

第一个闪米特语词根是 √ḥrr（高贵的，自由的），其含义似乎是赫拉克勒斯、赫拉和英雄的核心特征。在希伯来语中，Hor 意味着"生而自由"或"高贵"，乌加里特语中也有 Ḥrr 这个名字。到了 20 世纪，在姓名宾虚（Ben Hur）和源

165　Dussaud（1946-8, p. 208）.

166　关于这点的完整的参考文献，见 Lloyd（1976, pp. 205-6）。

167　Seyrig（1944-5）；Dussaud（1946-8）. 同时参考 Brundage（1958），他有效地展现出了赫拉克勒斯、吉尔伽美什和麦勒卡特之间的关联。他进一步把这位希腊英雄定位到公元前 7 世纪的安纳托利亚西南地区，不过这似乎缺乏准确性。

168　Chadwick（1976, pp. 87, 95）.

自阿拉伯语的斯瓦希里语（Swahili）单词 uhuru（自由）中，我们仍会看到这个词根。不过这里存在着发音上的问题，因为 B 类线形文字形式的 Era 显示出，Hēra 中的 ē 是基本的，并不是从可以在西闪米特语中重现的元音 a 发展来的。[169]

词根 √ḫrr 的第二种含义是"烧焦或燃烧"，阿卡德语中的神灵埃拉（Erra，烧灼者）的名字就取自这个含义。埃拉在公元前三千纪的萨尔贡（Sargonic）时代就已经出现，不过关于他的史诗似乎是在公元前一千纪早期才出现，而那个时期在美索不达米亚的历史上是一段非常野蛮的时期。埃拉"或烧焦的大地"是一位凶猛残忍然而英勇的斗士，专门通过焚烧带来饥荒，并进行毁灭。他在很多方面都与令人极其畏惧的瘟疫之神奈尔伽尔相关。[170] 这个词根似乎出现在了希腊赫拉克勒斯的"疯狂"和破坏冲动之中，也有可能同这位英雄与火的亲近关系相关。在腓尼基人对赫拉克勒斯的膜拜中，其与火的关系表现得格外明显。与 ḫor 的情况相比，这里存在着更多的语音上的联系。毫无疑问，Erra 来自词根 √ḫrr，而在阿卡德语中被省掉的开头字母 ḫ 在西闪米特语中会被保留下来。不过，西闪米特语并没有保留两个字母 r 的连用。因此，Erra 的西方对应者就成了 *Ḥera，尽管字母 e 的确切性质尚不清楚。

第三个闪米特语词根 √ḫrr 词源为 √ḫrr，意思是"带有并制造孔洞"。与 √ḫrr（高贵的，自由的）的情况一样，这个词根在希伯来语中的发音要带有后元音 o 和 u。这样的语义范围反映在了关于赫拉克勒斯开挖渠道和进行灌溉的传说当中，尽管下面的叙述会显示出它们也有其他来源。

109

另一种词源可能来自埃及语中的名字 Ḥr，Horus（荷鲁斯），它被重构为 *Ḥāruw。这个名字被用来表示凶猛的猎鹰和太阳神，同时也是在世法老的名字和象征。对此将在下面进行讨论。

尽管情况混乱，也缺乏直接的证明，但是，讲西闪米特语的人用 (Ḥ)era 来表示如同赫拉克勒斯或麦勒卡特这样的英雄。关于这一点，最有力的证据来自

169　不存在于埃卜拉语而存在于阿卡德语中的 šarrum 和希伯来语的 šar（国王）之间或许也存在着双关。第三卷中将会讨论到 s > ḫ 的转变。

170　Roberts（1971），Jacobsen（1976, pp. 226-32）. 有趣的是，Walter Burkert（1984, pp. 97-104）看出了埃拉和底比斯之间的关联，但是他把这位美索不达米亚的神灵与阿德剌斯托斯联系在一起，而阿德剌斯托斯在神话中是阿尔戈斯的国王、底比斯的敌人，曾率领 7 个英雄反抗底比斯（1984, pp. 97-104）。因此，如果把赫拉克勒斯与埃拉联系在一起，那他就会是底比斯的敌人而非卫士。不过，由于赫拉克勒斯行为暴烈，不可依靠，这种情况也极有可能存在。

城市名称 Abdēra（阿夫季拉）。

有人认为名称 Abdēra 来自西闪米特语中的 *ᶜabdera（Era 的仆人），这似乎言之成理。由人物称号发展出地名的情况虽属罕见，但也确实存在。一个例子就是狄底玛城（Didyma）名称的由来，这个位于卡里亚（Carian）海岸的城市能够为人所知的一个原因就是，它来自狄底玛奥斯［（Didymaios）孪生子］的神谕，而狄底玛奥斯是阿波罗的称号。我在第三卷中还会讨论到，德尔斐和特洛斯（Dēlos）的名字都来自德尔福斯（Delphos），后者是用来呼告阿波罗的另一个含义为"孪生子"的词语。

在名为阿夫季拉的城市与赫拉克勒斯之间存在令人信服的联系。根据传说，色雷斯的阿夫季拉是赫拉克勒斯的仆人或助手阿波狄洛斯（Abdēros）被杀死并埋葬的地方。在色雷斯的阿夫季拉和西班牙西南部的阿夫季拉，赫拉克勒斯都是其名义上的神灵。即使忽视前缀 Abd- 所具有的明显的闪米特语特性，这个名字也无法用希腊语来解释。这是因为，色雷斯的阿夫季拉所处的区域在成为讲希腊语的地区之前，从很早的时候开始就与腓尼基有非常密切的联系；而西班牙的阿夫季拉位于半岛东南海岸腓尼基定居圈的中心。[171]

赫拉克勒斯的埃及渊源

赫拉克勒斯这个名字似乎很有可能具有闪米特渊源，然而希罗多德明确地说赫拉克勒斯的"名字"来自埃及，这实在令人困惑。[172]艾伦·劳埃德认为，希罗多德写下"名字"一词时，所想到的只是名字，而非其他学者所认为的"概念"。劳埃德一直认为，希罗多德是"希腊解说"这种错误幻象的牺牲品，因为希腊历史学家其实相信人们在称呼埃及神灵时用的都是他们的希腊名字。[173]鉴于现在情况应该是清楚的了，因此我认为"希腊解说"并非错误的幻象。我相信，很多希腊神灵的名字，例如阿波罗、雅典娜等等，实际上都是埃及语，而希罗多德在提到"名字"时所指的就只是**名字**。不过在这种情况下，证据远

110

171　Apollodoros, II. 5.8. 有关更多的参考文献，见 Frazer（1921, p. 201, n. 2）。有关西班牙的阿夫季拉对赫拉克勒斯的膜拜，以及主张雅利安主义的学者在解释这种膜拜纯粹的腓尼基属性时所遇到的困难，见 Farnell（1921, PP. 145, 167）。

172　Herodotos, II. 43.

173　Lloyd（1976, pp. 203-4）。

非那么清晰。谨慎的学者们认为希罗多德只是谈到了概念中的赫拉克勒斯，或许他们是正确的。

不过，为希罗多德提供信息的人可能想到了一个名字。这个名字可能是 Ḥr k3 ♀♈ 。Ḥr k3 作为通常写成 Ḥk3（魔力）的名字的一种形式，被证实只出现于公元前 2 世纪托勒密六世统治时期。[174] 即使是在复杂混乱的埃及宗教中，Ḥk3 或赫卡（Heka）这个人物也显得是格外模糊不清。他是魔力的化身，按照埃及宗教专家赫尔曼·威尔德（Herman te Velde）的表述，赫卡的基本特性包括"魔法的力量，神圣的创造能力，造人的能力，维持生命的能力，神秘的效力"[175]。这样的神性似乎太模糊了，我们无法将之加到赫拉克勒斯身上。此外还存在语音上的重大问题，因为在公元前一千纪晚期，Ḥr k3 的发音与 Ḥk3 相同，或许就读成 Hik。实际上，这种一致性似乎就是 Ḥr k3 这一写法的一个成因。因此，要把 r 和 3 视为流音，就需要用古语方式来读这个名字。

不过，在放弃这种关系之前，我们应该考虑一下能够支持这种关系的一两点因素。首先，人们认为是 Ḥk3 制服了制造混乱的巨蛇怪物阿波比。[176] 其次，在 Ḥ(r)k3 和后来被称为图图（Tutu）的神灵之间存在着密切联系。在托勒密时代，图图被视为行走的狮子，是"奈斯的儿子，无比英勇"。因此，他与赫拉克勒斯就很相似，赫拉克勒斯同样犹如英勇的狮子一般，是阿尔克墨涅 / 雅典娜·阿拉尔克墨纳的儿子。对图图的崇拜主要存在于公元后的头两个世纪，这也是赫拉克勒斯膜拜最盛行的时候。[177]Ḥ(r)k3 和图图都被视为舒（Shu）的表现形式，而舒是大气之神，下面我们会讨论到他与赫拉克勒斯之间确定无疑的联系。第三，在托勒密和罗马的奈斯神庙以及艾斯纳的克努姆神庙，Ḥ(r)k3 被视为神的孩子，他的母亲是奈斯。这就与赫拉克勒斯的情况相同，因为在有关赫拉克勒斯的神话中，他的童年也毫无疑问具有重大意义。这就把 Ḥ(r)k3 与年轻的荷鲁斯联系在了一起，年轻的荷鲁斯被称为 Ḥr p ḫrd，即"孩子荷鲁斯"

174　Sauneron（1968, p. 18）.

175　te Velde（1970, p. 186）.

176　te Velde（1970, p. 175）. 实际上，巴奇（Budge）还注意到了 Ḥrk3 pḫrd 的一种变体形式 "Ḥrk3 the Child"（1904, I, p. 463）.

177　见 Budge（1904, I, p. 463）；Sauneron（1960）.

［Horus the Child，希腊语称哈尔波克拉特斯（Harpokratēs）]。[178] 在古代晚期，公元前 3 世纪早期的亚历山大图书馆馆员埃拉托斯特尼（Eratosthenes）编写了有关底比斯国王的记录，从其中能看出当时的人们对赫拉克勒斯和哈尔波克拉特斯的混淆。埃拉托斯特尼在提到法老塞姆弗鲁克里蒂斯（Semphrukratēs）时，称之为"赫拉克勒斯·哈尔波克拉特斯"。[179]

这一切留给我们的启示是什么呢？希罗多德和为他提供了信息的埃及人在指出赫拉克勒斯的名字来自埃及时，所想到的很可能是 Ḥ(r)kꜣ。不过，Herakles 这个名字实际上不太可能来自 Ḥ(r)kꜣ，尽管并非完全不可能。整体上看，更加合理的看法是，最后的 -klēs 只不过是含义为"荣耀"的希腊后缀，这个后缀经常与专有名词连用。不过，这个名字以及人名 Hera（赫拉）和词语"hero"（英雄）的构词基础似乎都受到了闪米特语词根 √ḥrr 的影响，尤其是来自 √ḥrr（高贵的，自由的）的，不过它们来自 Horus 或 *Hāruw。这里有个语音问题，B 类线形文字形式的 Era 显示出，人名 Hera 中的 ē 是泛希腊化的，而不是希腊东部方言中由 ā 转化为 ē 的结果。不过，语义上的对应性令人无法忽视。首先，在赫拉克勒斯和荷鲁斯／阿波罗之间存在很多有关太阳和英雄的相似性，更具体地说，这种相似性一方面表现在赫拉克勒斯和希腊英雄之间，另一方面表现在埃及中王国那些正式称号以 Ḥr 开头的法老和人们所说的名字 Horus 之间。

谈到人名 Hera，另一个值得指出的有趣事实是，埃及第十八王朝女法老哈特谢普苏特（Hapshepsut）自称为 Ḥrt nt ḏʿ m（优质黄金一般的女荷鲁斯）。[180]

赫拉克勒斯的名字既然有这些特点，也就难怪希腊神话没有把赫拉克勒斯的童年生活设定在叙利亚或美索不达米亚了。不过，人们也认为他与埃及有很多接触。

正如现代学者认为赫拉克勒斯是个复杂的人物一样，古代的作家们普遍认为，名字叫赫拉克勒斯的人有很多。希罗多德区分了神灵赫拉克勒斯与英雄赫拉克勒斯，以及非常古老的埃及的赫拉克勒斯、腓尼基的赫拉克勒斯、腓尼基殖民地萨索斯（Thasos）所膜拜的赫拉克勒斯，还有来自希腊底比斯的赫拉克

178　Budge（1904, I, p. 463, n. 3）。

179　见 Syncellus（1719, p. 81）。有关莱普修斯对此的解释，参考本章注释 222。

180　见 Gardiner（1957, pp. 71-3）。

勒斯。[181] 公元前 1 世纪的历史学家狄奥多罗斯发现有三个赫拉克勒斯。最古老的一个出生在埃及底比斯并征服了世界，第二个是一个创办了奥运会的克里特人，第三个是阿尔克墨涅和宙斯之子，刚好出生在特洛依战争之前。[182] 西塞罗（Cicero）区分了六个赫拉克勒斯——拉丁人的赫拉克勒斯——其中第二个来自埃及，第四个来自推罗，第六个来自希腊。[183]

赫拉克勒斯、Ḥry š-f 和雷瑟夫

埃及的赫拉克勒斯即使不是最古老的，也是相当古老，那么我们在哪些埃及传说中可以发现赫拉克勒斯的踪迹呢？一种看法是赫拉克勒斯与公羊神 Ḥry š-f 之间存在对应关系，Ḥry š-f 对应的希腊语是 Arsaphes（阿尔萨福斯），这个名字的意思是"在他的湖泊边的他"。Ḥry š-f 在三角洲地区有一个较小的膜拜中心赫拉克利奥坡里·帕瓦（Herakleopolis Parva），不过他的主要城市是位于法尤姆的后来被称为赫拉克利奥坡里（Herakleopolis Magna）的地方，其埃及名称是 Nni-nsw(t)（帝王孩子的城市）。总体上看，阿尔萨福斯（Harsaphes）就像赫拉克勒斯一样与帝王的孩子相关。人们也认为他是类似阿蒙的王室神灵，后来也经常把他与阿蒙等同。不过，他也是如同奥西里斯一样的丰饶之神。这种身份，加上他的名字和他位于法尤姆地区的膜拜中心的地理位置，以及在三角洲的沼泽地区所进行的大规模拓垦，都显示出他与灌溉和排水有关。[184] 赫拉克勒斯的这些特点会在下面进行讨论。

112

尽管这一西闪米特神灵从公元前三千纪中期就被证明为埃卜拉的 Ra-sa-ap，但是 Ḥry š-f 这个名字似乎也是西闪米特的战争与疾病之神 Ršp 或 Reshef（雷瑟夫）名字的来源。[185] 后一个名字没有令人满意的闪米特词源。[186] 我们知道，在毕布勒有一座 Ḥry š-f 的神庙，几乎毫无疑问的是，在这里和其他地方，人

181　Herodotos, II. 43-4. Lloyd（1976, pp. 207-11）否定了赫拉克勒斯与腓尼基膜拜的直接联系。在此之前 Van Berchem（1967）已经推翻了这个观点，把问题涉及的范围设定在了整个地中海地区，但劳埃德对此并没有进行引用。

182　Diodoros, III. 74.4.

183　*De Natura Deorum*, III.42.

184　Altenmüller（1977, cols. 1015-18）；Yadin（1982）.

185　关于这点的参考书目，见 Yadin（1982, p. 266）。

186　关于对已经提出的闪米特语词源的不满，参考 Fulco（1976, pp. 64-5）。

们都会把 Ḥry š-f 和雷瑟夫混为一谈。[187] 迦南神灵雷瑟夫在埃及新王国受人膜拜的事实，并不会影响上述的身份认同。在本书第四卷将会提到，与此相似的是，埃及女神 W3dyt 被同化为西闪米特女神 Qdšt，并以这样的身份在埃及受到了膜拜。

实际上，埃及的雷瑟夫膜拜存在一些有趣的特点。首先，在赫拉克利奥坡里北部有一处敬献给雷瑟夫的山谷，而赫拉克利奥坡里是 Ḥry š-f 的膜拜中心。波斯时代一处铭文的内容可以解读为"雷瑟夫，Nni-nsw（赫拉克利奥坡里）帝王的儿子"，或者是"Nni-nsw 帝王雷瑟夫的儿子"。[188] 不论是哪种解读方法，在雷瑟夫和 Ḥry š-f 之间似乎都存在密切关联，而 Ḥry š-f 的名字在后来的时代失去了"在他的湖泊边"的含义。[189]

在埃及，至少从第十八王朝开始，雷瑟夫就被视为法老的战争之神和弓箭之神，尤其是与鹰／牛神等同起来。[190] 我们在第四章中也会谈到，这是与拉达曼提斯相对应的，因为我认为拉达曼提斯应该和赫拉克勒斯的继父鹰／牛神对应。与拉达曼提斯相对的安菲特律翁是阿尔克墨涅的另一个丈夫，被放逐到了底比斯，同时也是英雄赫拉克勒斯的武术教师。[191]

如果阿尔萨福斯与雷瑟夫和赫拉克勒斯的对应关系是明确的，那么雷瑟夫和赫拉克勒斯之间紧密的对应关系，就可以使之构成一个三角对应。军事将领和古代历史学家伊加尔·亚丁（Yigael Yadin）去世后才公布的一篇文章展示出，尽管西闪米特的雷瑟夫和希腊的阿波罗都与箭和疾病相关，因此经常被人们等同对待，但是雷瑟夫也被等同于奈尔伽尔和赫拉克勒斯。在乌加里特发现了敬献给雷瑟夫的狮首来通（rhyton），亚丁由此论证了雷瑟夫与狮子的关系，并进而联想到了赫拉克勒斯与狮子的联系，而且他在以前的作品中也曾把赫拉克勒斯和参孙（Samson）联系在一起，此二者都是太阳英雄，也都曾与狮子搏击。亚丁令人信服地指出，参孙所属的以色列的但族就源于一个海洋民族。

113

187　关于在毕布勒的膜拜，见 Fulco（1976, p. 55, n. 292-4）。关于埃及和西闪米特神灵之间的混淆，见 Leclant（1960, p. 53, n. 7-10），Simpson（1960, p. 68），Fulco（1976, p. 55）。关于埃及的城市，见 Gardiner（1947, II, pp. 113-14, 176）。

188　Fulco（1976, p. 20）。

189　Gardiner（1947, II, P. 114）。

190　Fulco（1976, pp. 3-21）。

191　Diodoros, IV. 10.2. 同时参考第四章注释 132—158。

亚丁看到了爱琴海的赫拉克勒斯和迦南的雷瑟夫之间的融合。[192] 我认为，二者之间的这种联系此前早就存在，而这一组神灵中最古老的就是埃及的 Ḥry š-f。这些神灵都与太阳相关，都曾四处漫游，都是好战的弓箭手，都与狮子密切地联系在一起，都不是孩子但是仍然年轻。这些特点使他们非常接近朝阳之神荷鲁斯或 Ḫprr 以及希腊的太阳神阿波罗。因此，存在这样的实例，如非利士（Philistia）名叫阿苏夫（Arsuf）的城市在希腊语中被称为阿波罗尼亚（Apollonia），阿苏夫的名字则来自雷瑟夫或 Ḥry š-f；来自塞浦路斯的铭文也把雷瑟夫和阿波罗等同起来。[193] 不过这并没有削弱赫拉克勒斯与雷瑟夫之间的对应关系。

赫拉克勒斯、孔苏柯恩斯和舒

从库尔特·泽特（Sethe）到格温·格里菲斯（Gwyn Griffiths）和劳埃德，很多学者都把赫拉克勒斯与埃及的另一个神灵孔苏（Khonsu）联系起来。孔苏柯恩斯是底比斯膜拜的三神灵（Triad）中的第三个，其父亲是阿蒙，母亲是姆特（母亲和／或秃鹫）。孔苏的名字似乎源自动词 ẖns（旅行），这符合其作为旅行中的英雄的形象，按劳埃德的说法就是"天空中的漫游者"。[194] 不过，埃及学家乔治·波斯纳认为，在与帝王的孩子相联系的孔苏和 ẖns 之间存在着双关，为此他重构了 *ẖ-n-nws（国王的孩子）这个形式，从而使之与赫拉克利奥坡里或 Nni-nsw(t)（帝王孩子的城市）联系到了一起。波斯纳也坚持认为，孔苏不只是与诸神之王阿蒙联系在一起，而且与大地上的王者们存在联系。[195] 在后者之中有很多就像阿蒙一样，在底比斯具有重要的位置。这里我要指出一个有趣的现象：赫拉克勒斯就是在希腊的底比斯出生并长大的。

库尔特·泽特、格温·格里菲斯和劳埃德还指出，孔苏与大气之神舒有紧密的联系，舒也被描绘为勇猛的武士。[196] 舒的勇猛与正午酷烈的阳光相关，

192　Yadin（1982, pp. 269-74）. 有关亚丁对但族的论述，见 Yadin（1968）以及本书第十章注释 53—59。关于海上民族的爱琴海起源，见第一卷，第 445—450 页。

193　Fulco（1976, p. 50）；Yadin（1982, p. 270）.

194　Lloyd（1976, p. 195）.

195　Posener（1966）.

196　Sethe（1929, pp. 30-4）；Bonnet（1952, p. 142）；Griffiths（1955, p. 23）. 更完整的参考书目见 Lloyd（1976, p. 195）。

114 这又与√ḫrr（烧焦）和恶魔／英雄埃拉对应。[197] 舒做的主要事情是把天与地分开或支撑天空，这又与有关赫拉克勒斯和阿特拉斯的传说相呼应。在传说中，先是阿特拉斯骗赫拉克勒斯替他支撑天空，但是赫拉克勒斯又设计欺骗阿特拉斯，使他重新把天空扛到了肩上。阿特拉斯名字的埃及渊源将在第五章中讨论。[198]

英雄赫拉克勒斯与巨人安泰俄斯（Antaios）的斗争强化了赫拉克勒斯和舒之间的对应关系。就像埃及传说中的舒一样，赫拉克勒斯把邪恶之物举到空中，使之与大地分离。在传说中，安泰俄斯居住在利比亚，是波塞冬的一个儿子。[199] 加德纳的说明进一步证实了这个故事包含与埃及相关的因素。加德纳认为，安泰俄斯的埃及对应者ʿntywy是塞特的一种形式。他这样写道：

> 希腊人设想出了被赫拉克勒斯杀死的利比亚巨人安泰俄斯（Antaeus）。迄今为止，人们一直认为埃及的ʿAntywey与Antaeus的对应关系仅存在于名字中。但是前面指出的其与塞特-堤丰（Seth-Typhon）的对等关系也显示出，埃及传说与希腊传说要比以往人们所认为的更加相似。[200]

与利比亚的对应关系，加上与尼普顿、波塞冬和安泰俄斯ʿAntywey的关联，让我们更有理由把塞特和波塞冬联系到一起。有趣的是，文艺复兴时期存在一种从古代流传下来的传说，就认为这场争斗是"埃及人赫拉克勒斯"与利比亚国王安泰俄斯之间的战役。马基雅维利（Machiavelli）在他的《论李维罗马史》（*Discourses*）中写道：

> 在诗人的寓言中，利比亚国王安泰俄斯遭到了埃及人赫拉克勒斯的攻击。安泰俄斯在自己王国的疆界迎战赫拉克勒斯时是不可战胜的，然而，赫拉克勒斯凭借机智诱使安泰俄斯离开了自己的领土，结果安泰俄斯失去

---

197 参考前面的注释170。希伯来词根√ršp同样具有"焚烧，瘟疫"的含义。但是，Fulco（1976, pp. 64-5）认为这来自神的名字。

198 Sethe（1929, pp. 30-4）；Bonnet（1952, p. 142）；Griffiths（1955, p. 23）；Lloyd（1976, p. 195）。

199 Apollodoros, II, 5. 11.

200 Gardiner（1947, II, p. 55）。

了自己的领土，也丢掉了自己的性命。[201]

　　赫拉克勒斯战胜了利比亚的安泰俄斯，这与荷鲁斯、埃及法老和舒相似。不过，那些把赫拉克勒斯和舒联系到一起的学者并没有提到，图图和 Ḥ(r) k3 都是舒的表现形式。由此他们的论述分别都支持了这种可能性：赫拉克勒斯的名字来自 Ḥ(r) k3。

　　现在让我们考察一下孔苏的圣母姆特。在埃及第十八王朝哈特谢普苏特统治时期（约公元前 1503 年—公元前 1483 年），人们在卡纳克（Karnak）修建起了三神灵的神庙，至此女神姆特才成为重要神灵。不过，她的名字据证是在中王国时期出现的。[202] 到了埃及第二十王朝（约公元前 1184 年—公元前 1087 年），人们把姆特与奈斯联系到了一起，在更晚的时期可以找到这种联系的实证。[203] 这的确显示出，姆特和奈斯的身份在青铜时代晚期就已经确定，尽管对于姆特是否只是古老的奈斯的一种新形式，我们仍存疑问。这里需要再次指出，舒、图图和 Ḥ(r) k3 都被视为奈斯的儿子。[204] 因此，奈斯和姆特的对应，雅典娜·阿拉尔克墨纳和阿尔克墨涅的对应，就非常符合舒和 Ḥ(r) k3 与赫拉克勒斯之间的对应关系。

赫拉克勒斯和中王国的法老

　　在此我们应该考虑赫拉克勒斯的另一个特点，那就是他作为中王国法老的希腊人的形象（约在公元前 2100 年—公元前 1800 年）。我们下面会看到，尽管这位希腊英雄在灌溉等方面与古王国和中王国的法老们都很相似，但他尤其与中王国的法老相近。人们通常认为赫拉克勒斯来自希腊的底比斯，或者有来自埃及的更早的化身，后者具体而言就是来自埃及的底比斯。[205] 就像舒一样，中王国的法老被认为是来自底比斯行省，根据广为流传的希腊故事，希腊人认为第十二王朝的一些埃及法老是伟大的征服者，他们的军队从利比

201　Machiavelli（Gilbert, 1964, p. 354）.关于赫拉克勒斯和安泰俄斯的完整参考书目，见Frazer（1921, I, pp. 222-3, n. 2）。

202　te Velde（1982, cols. 247-8）.

203　Sayed（1982, pp. 139-40）.

204　Sayed（1982, pp. 116, 128）.

205　见前面的注释181。

亚和埃塞俄比亚一直分布到塞西亚和高加索的科尔基斯。

虽然现代学者承认中王国时期埃及确实在努比亚进行过征服，并且一些学者还倾向于认为埃及征服了叙利亚-巴勒斯坦的部分地区，但是希罗多德和狄奥多罗斯认为色梭斯特里斯（埃及第十二王朝法老森乌塞特一世）的征服范围更加宽广，这就是这些学者所不愿承认的了。不过，我会在第五章和第六章详细论述这种可能性。如果认可希罗多德和狄奥多罗斯的说法，那么就不难看出，这些实际发生过的征服事件就是神话人物赫拉克勒斯的征服者身份形成的基础。要建立这种联系，我们只需要认可南部发生的征服是真实的，尽管我们也可反驳说公元前两千纪的希腊人不可能听说过这样遥远的事件。总的来看，中王国的征服行动的规模似乎足以催生出征服者赫拉克勒斯的形象。

如同赫拉克勒斯和后来的希腊众英雄一样，埃及第十二王朝的法老们被认为是处于人类或有死者与神灵的交界处。希罗多德说，赫拉克勒斯是非常古老的埃及神灵，希腊英雄赫拉克勒斯则是比之要晚得多的人物。[206] 另一方面，希罗多德认为，埃及的宗教里并不存在英雄崇拜。[207] 艾伦·劳埃德坚持认为，会被埃及人神化的只是：

> 学者、智者或能力出众的魔法师。这种态度上的不同当然会表明，古希腊和古埃及的文化精神存在本质的差异。[208]

劳埃德似乎是过于急着进行这样的区分了。实际上，埃及人是在不断地从一个完全有别于其他人的阶级中创造出神灵，那些人就是法老。埃及的法老就像希腊英雄一样，他们具有王室血统，通常英勇无畏，会完成一番伟业。对法老的这种尊崇在第十一王朝和第十二王朝期间最为强烈，后来的人们格外尊重神圣的孟图荷太普二世、阿蒙涅姆赫特一世和二世，以及森乌塞特一世和三世，膜拜在后来也非常活跃。[209] 这些神灵的称号以 Ḥr 开头，并且经常重复名字Ḥr，他们是神和人的融合，这与赫拉克勒斯颇为相似。而且，在第十二王朝的

206　Herodotos, II. 44.

207　Herodotos, II.50.

208　Lloyd（1976, p. 239）.

209　关于孟图荷太普的神性，参见本书第四章，注释158。关于森乌塞特一世的神性，参见本书第五章，注释57。

巅峰时期，法老与他们的继承者一起统治国家。因此，孔苏、阿尔萨福斯和赫拉克勒斯在埃及与英雄的帝王的孩子联系在一起，这也非常符合赫拉克勒斯和其他希腊英雄的情况。

赫拉克勒斯同父异母的兄弟狄俄尼索斯（其征服源于森乌塞特一世的征服，这将在第六章中进行讨论）率领军队进行征服，然而赫拉克勒斯就像吉尔伽美什一样，总是只身一人或只有一个伙伴。这似乎会把赫拉克勒斯与率领众多军队的埃及法老区别开来，然而在埃及的宣传文本中，尤其是在图画中，所描述的征服行动似乎都是由法老自己完成的，并没有得到多少来自军队的支持。

我们已经提到了赫拉克勒斯作为大型野兽狩猎者的形象。这也可与埃及法老相对应，因为图画和浮雕都着重描述了法老们蔚为壮观的狩猎活动。希腊作家也提到了色梭斯特里斯卓越的狩猎能力。[210]

作为水利工程师的赫拉克勒斯

赫拉克勒斯这个人物具有令人困惑的一面，那就是，他扮演了水利工程师的角色。有趣的是，这与中王国和古王国的法老的活动之间也存在着对应关系。英雄们制服敌人，杀死怪物，这都不足为奇，但是开挖运河和隧道就有些不同寻常了。然而这正是围绕着赫拉克勒斯的神话中最常见的主题之一。

117

公元前三千纪的美索不达米亚印章上的图像清晰地显示出，一名与赫拉克勒斯非常相似的英雄杀死了长着七个头的怪物。乌加里特的神话把这与杀死名叫 Ltn（拉冬）的七头龙的事件联系在一起，而 Ltn 显然与乌加里特的河海之神雅姆相关。[211] 不过，赫拉克勒斯在完成他的第二项任务，杀死多头怪海德拉[（Hydra）水]时，也在不同支流或河口修筑了堤坝和水利工程。[212] 赫拉克勒斯在完成他的第五项任务，清洗奥革阿斯（Augean）的牛厩时，靠的是改变阿尔菲奥斯（Alpheios）河和佩奈渥斯河的流向，用河水冲洗牛厩。赫拉克勒斯还杀死了排出剧毒粪便的斯廷法利斯湖怪鸟（Stymphalian Birds），这让人联

210　Diodoros, I.55.5.

211　Rachel Levy（1934）在 50 多年前指出了 Tel Asmar 印章与赫拉克勒斯的任务之间的对应性。有关印章、乌加里特文本和以此为主题的希腊传说的详细研究，参考 Rendsburg（1984）。

212　公元 4 世纪的维吉尔（Virgil）评论者在评论 Aeneid VI.287 时指出了这一点。

想到其他有关排干散发恶臭的沼泽的故事。这里需要指出，在关于奥革阿斯的传说中，一条河流的名称是 Peneios（佩奈渥斯），这个名字来自埃及语的 P3 nw（洪水），对此我会在下一章中有所讨论。[213] 在完成他的第十项任务时，赫拉克勒斯在斯特里蒙（Strymon）河上筑起了堤坝，从而把牛群带回了家。在第十一项任务中，他杀死了怪物拉冬，前面我们已经谈到了拉冬与河流相关的属性。赫拉克勒斯的另一个故事也与河流相关，故事中婴儿赫拉克勒斯在摇篮里扼死了两条蛇，底比斯硬币上所刻绘的一种象征底比斯的图案就是以此为蓝本的。这两条蛇代表着流过底比斯的两条河流，其中一条就是拉冬河。[214] 与此相反的被广为接受的传说是，赫拉克勒斯曾经改变了基菲索斯河的流向，使之汇入科帕伊斯湖。[215]

前面已经提到，赫拉克勒斯这方面的特点可能在某种程度上与闪米特语词根 √ḥrr<√ḫrr（开凿隧道）相关。与之相关的可能还有赫拉克勒斯与"在他的湖泊边的他"，也就是 Ḥry š-f/ 阿尔萨福斯的关联。无论如何，最明确的似乎还是他与中王国的法老之间的对应关系。

希罗多德记录说，名叫敏的国王曾经修建堤坝，来保护位于三角洲源头的孟菲斯。[216] 他写道，伟大的第十二王朝的征服者色梭斯特里斯役使战俘完成了建筑和灌溉方面的浩大工程。[217] 希罗多德还指出，同样是在第十二王朝，迷宫的修建者，法老莫埃里斯（Moeris）、阿蒙涅姆赫特三世，曾经参与过灌溉工程。[218] 狄奥多罗斯补充了两个稍晚时候的记录。他详细描述了莫埃里斯怎样排干法尤姆地区的水，并利用其调节尼罗河的高度和流量。[219] 他还提到了色梭斯特里斯（他称之为 Sesoosis）保护城市不受洪水侵袭并改进灌溉设施的活动。[220]

赫拉克勒斯充当了水利工程师的角色，而在古典的希腊观念中埃及第十二

118

213　参考 Diodoros, IV. 18.6, Graves（1955, II, p. 120）。

214　见前面的注释 122—127。Astour（1967a, p. 392）指出，在底比斯发现的加喜特印章之一就描绘出一位神灵扼死了两条蛇的形象（见本书第十二章注释 75—87）。尽管这显示出这个图像可以追溯到青铜时代的中东地区，但我认为它出现在底比斯只能是一种巧合。

215　Pausanias, IX.38.7, Strabo, II. 4. 11.

216　Herodotos, II. 99.

217　Herodotos, II. 108.

218　Herodotos, II. 13.101.

219　Diodoros, I. 51 .5-52.

220　Diodoros, I. 57. 1-4.

王朝的法老承担了灌溉和土地拓垦的责任，因此，赫拉克勒斯和埃及法老之间存在不容忽视的相似性。实际上，在被古典时代的埃及人和希腊人神化了的凡人形象与英雄赫拉克勒斯之间无疑存在很强的对应性。亚历山大图书馆馆员埃拉托斯特尼详细描述了这种相似性，他把底比斯第 26 位国王描写为"塞姆弗鲁克里蒂斯，赫拉克勒斯·哈尔波克拉特斯"，把第 34 位国王描写为"西斯托斯施弥斯（Sistosichermēs），英勇的赫拉克勒斯"。塞姆弗鲁克里蒂斯的身份难以界定，但是他似乎属于中王国时期。根据有关阿蒙涅姆赫特一世和二世的资料，现代学者认为西斯托斯施弥斯指的是色梭斯特里斯一世和 / 或色梭斯特里斯三世，这令人信服。[221]19 世纪的埃及学家赖夏特·莱普修斯（Reichard Lepsius）认为对色梭斯特里斯和赫拉克勒斯的衡量标准具有一致性，并在一篇文章里对此进行了详细论述。他认为，"从古代评论者的角度看，［赫拉克勒斯和色梭斯特里斯］这两个人在神话中的联系得到了承认并被清晰地表现了出来"[222]。

　　要记住，赫拉克勒斯显然可以追溯到剑与双轮战车出现之前的时代。这样，他就与新王国（公元前 1575 年—公元前 1100 年）的法老有所不同，因为双轮战车对于新王国的法老既有实际意义也有象征意义。第十一王朝和第十二王朝的法老们则和赫拉克勒斯一样身披狮子皮（也被描绘为身披狮子皮），手执棍棒。[223] 中王国的法老在开始统治时或在统治期间就会被神化，或者说是获得神的地位。[224] 总之，这种神化并非统治结束后才发生的事情。因此，对于在青铜时代，也就是公元前 1100 年以前产生的神话而言，赫拉克勒斯这方面的属性可能是最基本的。第十二王朝的法老尤其受到阿蒙的佑护，作为底比斯的帝王之神，阿蒙是法老的圣父。而赫拉克勒斯是宙斯之子，宙斯在希腊的底比斯又与阿蒙尤其近似。第十一王朝法老的名字 Menthotpe（孟图荷太普）是敬献给蒙特（Mont）或鹰 / 牛神的，而赫拉克勒斯在某种意义上是拉达曼提斯的儿子，第四章中将会谈到，拉达曼提斯则是蒙特的希腊对应者。前面已经讨论过雅典娜与阿尔克墨涅的对应关系，而在希腊神话中，雅典娜无疑经常帮助并支持赫拉克勒斯。与此相似，有足够的证据可以表明，

221　见 Waddell（1940, pp. 223, 225）。同时参考本章注释 209。

222　Lepsius（1871, p. 54）. Burton（1972, pp. 171-3）指出了这种衡量存在的一些技术困难。

223　Wildung（1984, p. 40, ill. 33）.

224　更详细的说明见本书第五章注释 57。

奈斯是孟图荷太普二世的守护女神，因此几乎可以肯定，她对于第十二王朝的法老们起到了同样的作用。

对于希罗多德和狄奥多罗斯记述的色梭斯特里斯的征服，现代学者不屑一顾。但是，详细的文字和考古资料有力地支持了希罗多德和狄奥多罗斯的观点，证实了中王国在水利工程方面取得了成功。尽管排干法尤姆大湖的主要工程发生在第十二王朝，但是传统上一直认为埃及是在第一位法老美尼斯统治时期开始实行灌溉的，大约是在公元前3400年，这种看法似乎是正确的。考古证据也显示出，埃及古王国时期（公元前3000年—公元前2500年）已经在修筑水坝。[225] 足够的证据表明，从森乌塞特一世到森乌塞特三世期间修建了运河，而法老森乌塞特则被认为是色梭斯特里斯的原型，法老莫埃里斯的情况也是一样。[226]Moeris（莫埃里斯）有两种词源，其一是用来命名法尤姆河口附近一个城镇的地名 Mr wr（大湖或大的水道），其二是人名 Nemaᶜreᶜ，指的是通常被称为阿蒙涅姆赫特三世的第十二王朝法老，他确实曾在法尤姆地区大规模兴修灌溉工程。[227]

因此，我们必须非常认真地考虑，这些法老的实际成效在神话人物赫拉克勒斯成型的过程中起到的重要作用。

作为中王国法老的波伊奥提亚的赫拉克勒斯

在希腊神话中，赫拉克勒斯主要是底比斯的英雄。底比斯被视为赫拉克勒斯的出生地，他早年的很多英雄事迹都发生在底比斯。在波伊奥提亚也有很多地方对赫拉克勒斯进行膜拜。讨论至此，我们似乎有必要对这些膜拜进行一番审视，从中寻找出其与埃及，尤其是与中王国法老之间的联系——除了那些在讨论有关赫拉克勒斯的神话时已经提及的。

波伊奥提亚西部有两个城市的名称非常相似，并且都膜拜赫拉克勒斯，它们是底斯比埃（Thespiai）和西斯比（Thisbe）。阿斯特指出，这两个名字应该都源于胡里安的暴风之神 Teššub 的名字。[228] 人们之所以认为青铜时代的波伊奥提亚受到了胡里安人的影响，或许是由于下面两个原因：首先，被认为曾在爱琴海

225　Stevenson Smith（1971, p. 169）.

226　Burton（1972, pp. 175-6）. 名字 Ny-m ȝᶜt-Rᶜ 被译为多种方式，包括 Lamarēs、Lamaris、Labarēs 和 Labaris（Waddell, 194o, p. 224, n. 1）。

227　Burton（1972, pp. 162-3）, Lloyd（1976, p. 34）. 他们对相关的复杂文献进行了出色的综述。

228　Astour（1967a, pp. 215-16）.Levin（1989）.

地区进行过殖民活动的希克索斯人可能具有胡里安人的血统；其次，在青铜时代末期出现了安纳托利亚的影响。这些内容将在第九章和第十一章中进行讨论。

赫拉克勒斯的妻子名叫赫柏（Hēbē），这也显示出胡里安人的影响与赫拉克勒斯膜拜之间的特殊联系。一些学者证明，她的名字不仅仅意味着"青春"，德国语言学家保罗·克雷奇默（Paul Kretschmer）令人信服地将之与两首神秘的俄耳甫斯赞美诗（Orphic Hymns）中出现的赫普塔（Hipta）联系到了一起，认为二者都应该是源于 Teššub 的妻子、胡里安女神 Ḫebat。[229] 赫拉克勒斯与Teššub 之间的联系无疑是指向安纳托利亚和南高加索的，不过，这也未必与中王国的法老毫无关联。我在第六章和第十一章中将会说明，森乌塞特一世在这些地区留下了征服的痕迹，在王室和"出击之神"（Smiting God），尤其是Teššub 的画像上，都出现了戴着上埃及白色王冠的法老的形象。

> 帕萨尼亚斯在底斯比埃发现了赫拉克勒斯神庙：比安菲特律翁之子赫拉克勒斯生活的时间更久远，且属于……［更早时］被称为赫拉克勒斯的人，我在推罗和爱奥尼亚的埃里斯莱（Erythrai）也发现了他的神庙。[230]

前面已经提到了推罗的赫拉克勒斯／麦勒卡特膜拜。根据帕萨尼亚斯的说法，埃里斯莱的赫拉克勒斯雕塑"与他们称之为爱吉尼特的（Aiginetan）或最古老的雅典雕塑并不相像，如果说是雕塑的话，那就是纯粹的埃及人的雕塑"[231]。这里有必要指出，在西斯比有一座用来控制水流并提供耕地的大水坝。

在底斯比埃和西斯比，以及在克罗尼亚，赫拉克勒斯都被称为卡洛普斯（Kharops）、赫拉克勒斯·卡洛普斯，更多时候则被称为卡洛普斯·赫拉克勒斯。卡洛普斯这个词似乎意味着"闪亮的眼睛"。不过，另一种可能是，这个名字与传说中雅典的创建者凯克洛普斯相关，后者在哈里阿特斯也有一座神

120

229　Kretschmer（1927, pp. 76-8），Hroznỳ［Civ. of Hittites and Subaraeans］，Graves（1955, p. 206）.

230　Pausanias, IX.27.8.他特别提到赫拉克勒斯是"the Idaian Daktylos"，即艾达山（Mount Ida）的一根"手指"，这一表达在克里特和安纳托利亚西北用来指婴儿宙斯的保护者。名字 Ida 与手指的联系显然来自闪米特语词根 √yd（手）或至少与之双关，也可能来自原始埃及语单词 d，这个单词是由赋予符号☞的 d 的语音价值表现出来的，尽管该含义并没有在埃及文本中得到证实。参考 Gardiner（1957, p. 455），Greenberg（1986, p. 287）。

231　Pausanias, VII.5.5. Astour（1967a, p. 215）说在底斯比埃有一座相似的雕塑，似乎是过分强调这一事例了。

庙。第三卷中还会对凯克洛普斯进行探讨，这里可以说明的是，我将会论述这个名字与 Ḫprk3R⸢、Ḫ⸢ḫpr R⸢或 Ḫ⸢k3wR⸢，即森乌塞特一世、二世和三世姓名中的第一部分之间的关系。因此，波伊奥提亚的赫拉克勒斯可能还与第十二王朝时期的埃及有着其他的联系。

结　论

关于青铜时代的波伊奥提亚、阿卡狄亚和近东地区之间密切而又持久的联系，这一章只涉及了一小部分的证据。在这一卷后面的内容里，我会关注波伊奥提亚地区很多极其重要的地名的有据可依的埃及和闪米特词源，这些地名包括科帕伊斯、基菲索斯、奥尔霍迈诺斯、米尼安和底比斯本身。在第四卷里，我会探讨一些神话之间同样复杂的对应性，例如埃及和波伊奥提亚神话中的生灵斯芬克斯、对象征太阳的荷鲁斯 /Ḫprr 和阿波罗的膜拜、对 Tm 和阿耳特弥斯的膜拜，以及俄狄浦斯和埃及的 K3 Mwt.f（他母亲的公牛）之间的对应性。

121　这里我们只是关注了那些与地下水、灌溉和排水相关的内容。

正如我们看到的那样，科帕伊斯湖沿岸和底比斯的古老的雅典娜膜拜，似乎对应着与沼泽和拓垦之神奈斯相关的神话。而雅典娜与波塞冬的争斗，似乎也与发生在埃及和利比亚的土地耕作与自然界之间的对抗相似。底比斯的雅典娜·翁卡膜拜显示出，通过埃及的阿努吉斯以及水的流动和对水的控制之间的联系，奈斯 / 雅典娜与奈芙蒂斯 / 珀尔塞福涅 / 厄里倪厄斯之间发生了同化。同样，⸢nk̠t/ 翁卡和 ⸢rk̠/alke 之间的关系把翁卡和阿尔克墨涅的名字联系到了一起。在埃托尼亚和阿拉尔克墨纳出现的相关的雅典娜膜拜，则显示出雅典娜与阿尔克墨涅之间的对应关系，而阿尔克墨涅既是阿蒙 / 宙斯的配偶，又是赫拉克勒斯的母亲。在埃及，奈斯则被刻画为第十一王朝法老孟图荷太普二世的圣母。

显而易见的是，底比斯英雄赫拉克勒斯是由多种素材创造出来的复杂人物，其中埃及的渊源尽管未必如希腊人所认为的是最古老的，但是对于赫拉克勒斯这个人物的形成是最关键的。一方面是神灵舒和 Ḥry š-f/ 阿尔萨福斯，另一方面是中王国的法老。我们看到，阿尔萨福斯和法老们为赫拉克勒斯作为水利工程师的功绩提供了绝大部分的背景。

因此，不仅在科帕伊斯湖和埃及之间存在着希腊化时代的人们看到的对应性，在埃及神话与波伊奥提亚的雅典娜膜拜之间同样存在着复杂的相似性。赫拉克勒斯作为水利工程师的传说，则与中王国法老在灌溉和排水方面取得成就的事实和形象相对应。总而言之，似乎有足够的证据可以表明，在整个波伊奥提亚地区，特别是在科帕伊斯湖，古代的水利工程在某种程度上是与埃及的水利工程联系在一起的。

我们讨论的一些神话似乎是属于青铜时代晚期的。荷马或赫西俄德都曾提到过这些神话，这表明它们至少在公元前 10 世纪时就已经存在；但是也有其他迹象显示，这些神话的产生不太可能早于公元前 17 世纪。关于这点，最清楚的例子就是把波塞冬和厄里倪厄斯与马匹联系在一起的神话，我们前面已经提到，在公元前 17 世纪以前，马在中东和爱琴海地区还没有大量出现。名字 Telphousa/ Thelpousa 与名字 Tзlbyw、Rb 和 Libu 之间的联系，情况大概也是如此。尽管爱琴海人至少从公元前三千纪伊始就知道了利比亚的存在，但是利比亚这个名字，以及这个国家与马之间的联系，或许只是在公元前两千纪下半叶才出现的。与此相似，表面上看是胡里安名字的西斯比/底斯比埃和赫柏，可能只是在希克索斯人到达爱琴海地区之后才被引入的。我将在第九章中说明，希克索斯人的到来发生在公元前 18 世纪末。同样，围绕着奥吉格斯的与火有关的神话，似乎也是在公元前 1628 年锡拉火山爆发之后才形成的。

我们要寻找神话与膜拜在更加久远的年代里留下的痕迹，这样做的原因将会在下面加以澄清。这里所能说的只是，围绕着赫拉克勒斯、阿尔克墨涅和拉达曼提斯的最基本的神话，可能来自公元前两千纪之初。另一方面，一些神话和膜拜，如波伊奥提亚的雅典娜和波塞冬膜拜，出现的时间可能比这更早。要估算出神话和膜拜存在了多久，就有必要探寻考古证据，对此我们将在下一章中进行讨论。

122

第三章　公元前三千纪埃及对波伊奥提亚和伯罗奔尼撒的影响（第二部分）：考古证据

我在上一章里尝试着理清有关波伊奥提亚的一些神话和传说。在希腊其他地方也可以找到与之相类似的神话传说，尤其是在伯罗奔尼撒的阿卡狄亚。相似的地名和大量排水方案的实物证据，都显示出两地的相似性。人们通常认为，这些排水方案是受到了埃及水利工程的启发。

我在第一卷里论述过，埃及和黎凡特对希腊造成影响的关键时期是公元前两千纪，特别是公元前1730年到公元前1600年，我认为这一时期希克索斯人在爱琴海地区定居下来或进行了"殖民"。经过进一步的探索后，我认为重大影响出现得比这更早。对希腊大陆的一些影响是在公元前三千纪上半叶发生的，那是希腊青铜时代早期二段的陶器时期，时间上恰好与埃及古王国对应。其他影响主要发生在克里特，但是也波及了其他地方，时间上是在公元前2100年到公元前1800年的埃及中王国时期，也就是克里特的弥诺斯早期三段到弥诺斯中期三段的陶器时期。在这一章里我们要考察第一种影响，其他影响则在这一卷后面的内容里进行探讨。

波伊奥提亚的灌溉工程无疑可以追溯到青铜时代，但是对于它们究竟是在青铜时代的哪个时期开始建造的，仍然存在着很多争议。越来越多的证据显示，
波伊奥提亚的灌溉工程是在希腊青铜时代早期兴建的。阿卡狄亚的水坝的修筑

时间更难确定，不过它们可能与波伊奥提亚的灌溉工程一样古老。在科帕伊斯湖以北的奥尔霍迈诺斯发现了埃及式的粮仓，它们的年代似乎也可以追溯到青铜时代早期。波伊奥提亚经济的特点是：其高度复杂化的经济以灌溉为基础，并且受到了埃及的很大影响。下面这一发现又进一步印证了这点：在底比斯存在着大型墓葬，墓葬的挖掘者西奥多·斯皮罗普洛斯认为它可以被定性为"金字塔"，时代是希腊青铜时代早期二段。

尽管在伯罗奔尼撒东北的阿尔戈斯地区没有发现青铜时代的金字塔，但是在梯林斯附近发现了青铜时代的大型水坝和希腊青铜时代早期的埃及风格的大型粮仓。此外，在阿尔戈斯湾尽头距离勒纳不到20公里的地方，发现了大量青铜时代早期的大规模建筑的遗迹。这些都显示出，在阿尔戈斯地区可能也曾有一个高度发展的城邦深受埃及的影响。在希腊南部和中部的不同地区发现的若干"瓦片房屋"也显示出这些地区在某种程度上出现了政治组织，或者至少存在着社会凝聚力。

宗教膜拜、神话、地名和考古学提供的证据都清晰地显示出，波伊奥提亚和希腊其他地区在青铜时代受到了埃及和黎凡特的很大影响。实际上，同样可以肯定的是，这些影响在希腊青铜时代早期就已经开始了。不过，尽管这一时期可能存在着埃及在某种形式上对爱琴海一些城邦的统治，但是除了一些传说之外，几乎没有什么能够证实上述影响是埃及或黎凡特早期殖民的结果。因此，尽管在公元前三千纪的青铜时代早期和公元前两千纪的青铜时代晚期，近东和爱琴海地区之间有很多地方相互对应，但是一直到青铜时代晚期，才出现埃及或黎凡特的统治者直接控制这一地区的实物迹象。

斯巴达人的考古：阿尔克墨涅之墓

在探究公元前两千纪和三千纪的考古证据之前，我想先从一份古代的考古发现记录谈起。

公元2世纪时，普鲁塔克在作品中引用了他声称是同时代人的描述，内容是有关在那之前四百多年时的一项考古发现。公元前382年到公元前380年，在斯巴达占领了波伊奥提亚期间，一些斯巴达人奉国王阿格西劳斯二世（Agesilaus II）之命对科帕伊斯湖南岸哈里阿特斯城附近的一座墓葬进行了挖掘，那就是人们所认为的阿尔克墨涅之墓。

在墓葬中没有发现任何遗骸，只有一块石头［有关该文本的其他解读显示出可能存在一具骨骼］和一个不大的青铜手镯，还有两个装着土的陶罐，现在土已经石化，成了坚硬的一团。置放在墓葬前的青铜碑上刻着长长的铭文，由于年代过于久远，尽管青铜洗净之后文字非常清晰，但是谁也看不懂上面究竟写了些什么。碑文的字母具有独特的结构，是外国文字，与埃及文字非常相似。据说，阿格西劳斯曾相应地给国王［法老 Nḥtnbf，内克塔内布（Nektanebēs，公元前 379 年—公元前 363 年）］送去了碑文的复制品。……斯巴达人带着阿格西劳斯的长篇文件资料来到孟菲斯，将其交给神的代言人克努菲斯（Chonuphis）。柏拉图、佩帕里苏斯的埃洛皮翁（Ellopion of Peparethus）和我，西米亚斯（Simmias），在这段时间都曾与克努菲斯进行过很多哲学讨论。斯巴达人带来了国王的命令，要求克努菲斯翻译资料的内容，如果能够翻译出来，就立刻把译文送交国王。克努菲斯把自己关在屋子里整整三天，比对古代书籍中的各类文字，然后给国王写了回复，同时也告知了我们回复的内容。他说，这份文件资料是在下命令举办一场竞赛献给缪斯（Muses）；这些文字具有国王普洛透斯（Proteus）时代通行的字母形式，是安菲特律翁之子赫拉克勒斯曾经学过的；神祇赫拉克勒斯用这一碑文教导和要求希腊人要时刻把哲学作为争论的领域所在，把武器放到一旁，通过呼告缪斯和彼此讨论的方式来解决关于正确和错误的争端，从而享受悠闲和平的生活。[1]

从这段文字中能够看出什么呢？毫无疑问，这个时候斯巴达人控制了波伊奥提亚，并且国王阿格西劳斯二世掌控了军队。我们无从得知，阿格西劳斯为什么会下令挖开墓葬。但是这很可能与他的保护者和爱人、斯巴达统帅来山得（Lysander）有关，这位史上著名的残忍无情的将军在公元前 395 年于哈里阿特斯被杀，时间距离此时有 16 年。向导帕萨尼亚斯写道，来山得的墓葬就在

1　Plutarch, *De Genio Socratis*; de Lacy and Einarson pp. 389-97. 关于解读这一篇章的文本上的困难，见 Schachter（1981, p. 14）。有关该墓葬和墓葬挖掘的更多资料，见 Persson（1932, pp. 295-307）。

哈里阿特斯附近。不过，当代学者彼得·列维认为，来山得这个名字或许与古代坟冢有关。[2] 尽管这种情况的逻辑还不明确，但是对阿尔克墨涅墓葬的挖掘很可能在某种程度上与斯巴达人开始热衷于对来山得的"英雄"膜拜有关。无论如何，与来山得的联系都增添了普鲁塔克这段引用的可信度。

墓葬中发现的物品平淡无奇，上面这段描述也足够详细，因此这段有关此次挖掘发现的记录看起来非常可信。这里讲述的不是关于大蛇、巨大骸骨或珍贵宝藏的故事。读过《黑色雅典娜》第一卷的人如果接受了古代模式的思路框架，那么对于公元前 4 世纪的希腊人认为这处古代遗迹和字碑属于埃及人这一点，他们并不会感到惊奇。至于波伊奥提亚的阿尔克墨涅墓葬为什么会有这种可能的归属，我们将在下面进行讨论。因此，即使是对此表示怀疑并曾经就这一发现写过优秀文章的 J. 施瓦茨（J. Schwartz），也接受了普鲁塔克故事中的这一部分。[3]

人们也知道，阿格西劳斯的一生都与埃及有关。公元前 396 年，法老内法阿鲁德（Nepheritēs）一世曾给阿格西劳斯二世提供补给，支援斯巴达远征波斯的军队。阿格西劳斯一生积极征战，最终于公元前 364 年死在帮助埃及攻打波斯人的雇佣军远征途中。[4] 为哲学家撰写传记的作家第欧根尼·拉尔修（Diogenes Laertios）曾经这样记述过数学家和天文学家尼多斯的欧多克索斯（Eudoxos of Knidos）："他与医生克利西波斯（Chrysippus）前往埃及，带着阿格西劳斯写给内克塔内布的介绍信，前者把他推荐给了神职人员。"[5] 欧多克索斯和克利西波斯都来自尼多斯，这是斯巴达在卡里亚的一处殖民地，在公元前 390 年被斯巴达占领。因此，尽管欧多克索斯曾经在雅典度过一段时光，但他和克利西波斯很有可能是斯巴达派往埃及新法老那里的代表团成员。不过，事件发生的时间仍是个问题。根据第欧根尼的说法，欧多克索斯在离开雅典之后立刻就前往了埃及，那时他 23 岁，这肯定是在公元前 381 年以前。当然，这样的时间完全符合该代表团被派遣的时间。矛盾的出现或许是由于对他年龄的记录有错误，或许是由于没有考虑他在离开雅典和到达埃及中间所做的一些旅

2　Levi（1971, I, p. 380, n. 190）.

3　Schwartz（1950, p. 81）.

4　Cartledge（1987, pp. 328-9）.

5　Diogenes Laertios, VIII. 87, trans. Hicks（1925, pp, 401-3）.

行。在内克塔内布于公元前 379 年开始统治和公元前 363 年结束统治的时候，阿格西劳斯都很有可能与之有过沟通交流。[6]实际上，公元前 379 年这个年份尤其重要。塞浦路斯的萨拉米斯（Salamis）独裁者埃瓦戈拉斯（Evagoras）曾经反抗过波斯人，然而恰在这时向波斯人投降了。而在同一年，内克塔内布推翻了第二十九王朝的最后一个法老，该王朝是由阿格西劳斯的昔日同盟内法阿鲁德一世创立的。既然没有了其他同盟军，那么对于埃及的这一新王朝而言，为了把波斯人阻挡在海湾之外，巩固与希腊最强大的城邦斯巴达之间的关系就变得极其重要。

127　　古老的传说认为，欧多克索斯曾经跟随名叫克努菲斯的祭司学习，这加强了欧多克索斯、代表团和誊写出来的铭文之间的联系。[7]柏拉图在埃及时也很可能与克努菲斯进行过哲学讨论，那大约是在公元前 390 年。[8]这为欧多克索斯受到推荐和阿格西劳斯二世对翻译的要求增添了可信性。故事中谈到斯巴达人把文件资料送到埃及法老那里，法老则请克努菲斯进行解读，这似乎极有可能是真实的。

　　不过，所有这些并不意味着在墓葬中发现的物品是埃及的。实际上，它们是不可能属于埃及。青铜手镯和陶罐显示出它们极有可能属于青铜时代早期或中期（公元前 3300 年—公元前 1700 年）或迈锡尼时代（公元前 1700 年—公元前 1200 年）。墓葬前的青铜碑更成问题，因为像这样的东西在埃及、黎凡特或爱琴海文化中都从未被发现过。不过我们没有理由因此就不相信这份记录。在这几种文化中都可能出现放在墓葬前的青铜碑。实际上，刻在碑上的符号也不可能是象形文字。挖掘记录中说，"这些文字具有国王普洛透斯时代通行的字母形式，是安菲特律翁之子赫拉克勒斯曾经学过的"，它们实际上似乎最有可能是 B 类线形文字，或者也有可能是 A 类线形文字或楔形文字。[9]假如铭文是某种形式的埃及象形文字，我们就无法解释克努菲斯在解读碑文时明显遇到的困难，

6　问题并不像 Schwartz（1950, p. 78）所想的那样大，因为内克塔内布在公元前 379 年开始统治，而不是像施瓦茨所认为的那样从公元前 378 年开始统治。见 Lloyd（1983, p. 281）。

7　Plutarch, *de Iside*, 10; Clement of Alexandria, *Strom.*, I.15, 69; Diogenes Laertios, VIII.90; Schwartz（1950, p. 78）。

8　至于柏拉图到过埃及旅行这一情况的真实性，相关讨论的参考文献见本书英文版第一卷第 459 页，注释 148。

9　很多作者都持有这种观点。例如，Persson（1932, p. 303）; Schwartz（1950, p. 81）。

因为象形文字对于受过良好教育的埃及祭司来说应该是相当容易读懂的。

这个故事中最不可信的部分就是克努菲斯在翻译文本时把含义解读为：赫拉克勒斯

> 命令举办一场竞赛献给缪斯……神祇赫拉克勒斯用这一碑文教导和要求希腊人要时刻把哲学作为争论的领域所在，把武器放到一旁，通过呼告缪斯和彼此讨论的方式来解决关于正确和错误的争端，从而享受悠闲和平的生活。

不过，我们不应该认为这一叙述不值得关注。考虑到哈里阿特斯地区对缪斯的集中膜拜，那么如果这一记录是准确的，克努菲斯就很有可能对波伊奥提亚有所了解。埃及祭司选择了赫拉克勒斯，这也非常重要，而且肯定是精心而为的。我们已经看到，在埃及和波伊奥提亚的赫拉克勒斯之间有着根本性的古代联系。而且，把青铜时代的一座墓葬归于来山得，或许是为了使波伊奥提亚的一部分"永远属于斯巴达人"，除此之外，由于赫拉克勒斯既是底比斯的英雄，也是自称为赫拉克勒斯后裔的斯巴达国王的传说中的祖先，因此我们或许可以认为，叙述中提到赫拉克勒斯的目的是让斯巴达人在波伊奥提亚的存在合法化。由于不久前斯巴达人占领底比斯卫城时在阿格西劳斯的许可下亵渎了圣地，从宗教角度来看，斯巴达人的统治实际上是非常不稳固的。[10]另一方面，克努菲斯的文案读起来不像是斯巴达人的宣传，因为斯巴达在这个阶段正穷兵黩武地投入两败俱伤的战争之中。实际上，这读起来更像是演说者伊索克拉底（Isokrates）在公元前 380 年发表的演说《颂词》（"Panegric"），在演说中他号召整个希腊在政治和文化方面团结起来，以此与波斯抗衡。最有可能的解释是，这份"翻译"的内容是埃及人在呼吁希腊人团结起来对付波斯，背景或许就是斯巴达人的霸权。不过，公元前 377 年，雅典海军将领卡布里亚斯（Chabrias）在加强了波伊奥提亚的底比斯对斯巴达的防御阵线之后率队来到埃及，埃及终于得到了援助。[11]

128

10　Cartledge（1987, pp. 296-7）.

11　Schwartz（1950, p. 79）.

　　不难解释人们为什么会认为这里的铭文属于埃及语。除了古代模式在公元前 4 世纪的希腊的盛行之外，还有其他特别的原因把埃及与阿尔克墨涅、阿尔克墨涅的丈夫拉达曼提斯和儿子赫拉克勒斯、位于科帕伊斯湖边的哈里阿特斯的墓葬，乃至底比斯和波伊奥提亚整体联系到一起（对此我们在第二章中已经有所了解）。

安菲翁和仄托斯的墓葬

　　现在我要从古代考古回到现代考古学。底比斯城现今仍然存在，因此要在这里进行挖掘就格外困难。这就使人们难以完整地了解底比斯在所有发展阶段的全部历史和史前的情况，尤其困难的是重构希腊青铜时代早期底比斯的基本面貌。青铜时代早期二段（公元前 3000 年—公元前 2400 年）和青铜时代早期三段（公元前 2400 年—公元前 2050 年）留下了一些房屋遗迹，其中包括一些"瓦片房屋"的遗迹。"瓦片房屋"与阿尔戈斯地区的勒纳以及其他地区发现的遗迹类似，这些房屋似乎是用作宫殿和／或议会厅的。[12] 或许底比斯在公元前三千纪已经是重要的中心了。位于底比斯的一座纪念碑完全可以说就是座金字塔，这更加深了我们对底比斯的重要性的印象。

　　在 20 世纪 70 年代早期，波伊奥提亚考古界的长官（Ephor）或权威人士西奥多·斯皮罗普洛斯写了一系列文章介绍他的考古发掘和调查发现，其中的两篇文章与埃及人在波伊奥提亚存在或产生影响的可能性直接相关，一篇的标题是《埃及在波伊奥提亚的殖民情况》（"Egyptian Colonization of Boiotia"），另一篇的标题是《考培亚克地区研究介绍》（"Introduction to the Study of the Copaic Area"）。斯皮罗普洛斯所描述的埃及在波伊奥提亚的殖民情况基于两个重要的考古遗址——所谓的安菲翁和仄托斯之墓，以及用来排干科帕伊斯湖的错综复杂的水坝和水道网。

　　1981 年，斯皮罗普洛斯出版了一本书，其中讲述的就是第一个遗址。这是位于底比斯城以北的一个大土丘，位置在恰好处于围绕着底比斯的两条溪流的交叉处的陡坡上。这个土丘传统上被认为是安菲翁和仄托斯之墓。据信，赫

129

12　Symeonoglou（1985, pp. 15-19）；Shaw（1987, p. 60）.

西俄德曾写道，安菲翁和仄托斯"靠弹奏竖琴建起了底比斯的城墙"。上一章里我们提到了底比斯与项链以及哈墨尼亚的联系，考虑到这种联系，带弦的乐器形象就值得注意了。[13] 根据荷马的说法，孪生兄弟"安菲翁和仄托斯首先建起了有七座城门的底比斯城的基座，然后为它围起了城墙，因为他们不论多么强大，都无法居住在没有围墙的宽阔的底比斯"[14]。他们的敌人显然是野蛮的部族，包括艾奥尼人（Aones）、特麦克人（Temmikes）、海安蒂人（Hyantes）、利利格人（Leleges）和佩拉斯吉人，这些部族或者来自本地，或者是来自南方的阿提卡［第一卷用了很长的内容讨论佩拉斯吉人以及艾奥尼人和海安蒂人源自埃及语 iwn(t)yw（蛮族）的名字来源[15]］[16]。按照荷马的观点，安菲翁和仄托斯似乎是对这一地区进行殖民统治的外来者。赫西俄德和其他早期作者，还有公元前 6 世纪的神话收集者斐勒库德斯，都认为这对孪生兄弟是底比斯最早的创建者（第二章中讨论过，奥吉格斯在神话中是后来被称为波伊奥提亚的地区的第一位国王，但他并不是底比斯的创建者）。[17] 根据斐勒库德斯版本的底比斯历史，安菲翁和仄托斯的城市是为了抵御佩勒吉人（Phlegyans）才修建的。佩勒吉人似乎是来自北部的塞萨利，他们在这对孪生兄弟死后摧毁了这座城市。实际上，名字 Phlegyan 的词源可能是埃及语中的 P3 rḳ(y) w（敌人）。人们认为，卡德摩斯和他统领的卡德摩斯人在很久之后于已毁城市的原址上重建了底比斯。[18]

不过还有一种流传广泛的传说，那就是，腓尼基人卡德摩斯不仅是底比斯的**一个**创建者，而且是这座城市**唯一**的创建者。在西闪米特语中 qedem 不仅意味着"东方"，也意味着"古老的"。不论如何，其他一些被证实为后代的传说认为卡德摩斯是底比斯的第一个殖民者。这些都涉及如何看待安菲翁和仄托斯的问题。公元前 5 世纪的历史学家赫拉尼科斯（Hellanikos）和公元前 4 世

13　Hesiod, Merkelbach and West, 1983, frg. 182. Palaephatos c. 42 in Loeb, p. 214, no.96.

14　*Odyssey*, XI. 262-4.

15　第一卷，第 83 页。

16　Fragment of Hecataeous, Jacoby（1923-9, I, F.119）.

17　Hesiod, Merkelbach and West, 1983, frg. 182. Palaephatos c.42 in Loeb, p. 214, no. 96. 关于这一证据的整体概述，见 Buck（1979, p. 46）；Symeonoglou（1985, pp. 76-7）。

18　Fragment of Pherecydes, Jacoby（1923-9, III, F.41）. 根据对 Euripides, *The Phoenician Women*, 638, 的考证，卡德摩斯从一个人的牛群中得到了把他领到底比斯的小母牛，这个人的名字是 Pelagon。这个名字有没有可能也来自 P3 rḳ(w) 呢？

130

纪的历史学家斐洛考鲁斯（Philochoros）等人只是颠倒了顺序，把孪生兄弟置于卡德摩斯之后。[19] 帕萨尼亚斯依循了这一版本，但他主张，由安菲翁和仄托斯建造的底比斯位于卡德摩斯建立的卡德美亚（Kadmeia）之下。[20] 不过，与之类似的版本都遇到了一个问题，那就是后来的底比斯国王当然都被认为是卡德摩斯的后代，这样的话，重构卡德美亚就是必要的了。公元前 5 世纪的作家米利都的赫卡泰奥斯（Hekataios of Miletos）和公元前 4 世纪的历史学家埃福罗斯（Ephoros）避开了这种复杂性，公元前 1 世纪的斯特拉博则采纳了他们的观点。这些人简单地否定了荷马的版本，声称安菲翁和仄托斯创建的不是底比斯，而是西南方的尤特西斯（Eutresis）。[21]

关于安菲翁和仄托斯的传说，已被证实的最早版本的可信性似乎没有理由遭到否定，尽管孪生兄弟建起一座城市显然是一个民间故事的主题，例如传说中罗马就是由罗慕路斯（Romulus）和雷穆斯（Remus）创建的。尽管没有证据能够显示，后来的"安菲翁和仄托斯之墓"在青铜时代就被这样指称，不过我们还不知道比这更早的名字。埃斯库罗斯似乎提到过这个地方，并且到了帕萨尼亚斯的时代，这个地方已经成了圣地。[22] 实际上，正如现代学者约安尼斯（Ioannis）和伊夫林·卢卡斯（Eveline Loucas）所强调的，这个地点在古代一直被认为是神圣的，在将近三千年里没有被继续动工修建过。[23] 同样几乎可以肯定的是，这是这个城市中目前最古老的大型建筑。在 20 世纪，这座小山被挖掘过几次，在里面发现了一些希腊青铜时代早期和晚期的墓葬。[24]1971 年曾进行过挖掘的西奥多·斯皮罗普洛斯认为，这一结构是阶梯式金字塔，由土堆成三层，顶部是由被太阳晒干的砖构成的核心部分，里面是一座石构墓。令人惊奇的是，斯皮罗普洛斯发现墓葬中有两处墓坑的痕迹，这正符合有关孪生兄弟的传说。

这座墓葬在古代曾遭洗劫，但是三件小型黄金项链坠饰逃过了盗墓者的

19　关于这些来源的详细讨论，见 Buck（1979, p. 46）；Symeonoglou（1985, pp. 76-7）。

20　Pausanias, IX.5.1-3.

21　Strabo, IX. 2.28; Buck（1979, p. 46）；Symeonoglou（1985, pp. 76-7）。

22　Aischylos, *Seven Against Thebes*, 526-9；Pausanias, IX. 17.2.关于 Symeonoglou 对出现这些参考资料中的这一地点的认定，见 Symeonoglou（1985, pp. 83, 192）。

23　Loucas and Loucas（1987, p. 100）。

24　Keramopoullos（1917, pp. 381-92）；Symeonoglou（1985, P. 273）。

眼睛，它们的形状是百合花，双螺旋的顶端重叠成"莎草"形状并饰有一些珍珠。[25] 珠宝的地理来源并不确定。我会在下一章中说明，在青铜时代，埃及对克里特和爱琴海地区的首饰产生了很大影响。[26] 特别是莎草形状的装饰，其追根溯源是来自埃及的，不过由于该**主题**这一时期在克里特也得到了广泛应用，我们就不能以此判定该首饰是埃及制造的了。首饰制造的时间似乎也是在公元前三千纪，这没有多少问题。根据这些首饰和在墓葬中发现的一些陶器碎片，斯皮罗普洛斯认为这座墓葬建于青铜时代早期二段的陶器时期，在本书中这一时间段是从公元前 3000 年到公元前 2400 年。[27] 波伊奥提亚助理文物研究员萨兰蒂斯·西米奥诺格鲁（Sarantis Symeonoglou）写过一部详细的《底比斯地形》（*Topography of Thebes*），他否定了这种较早的年代划定，把墓葬中陶器的时间定为希腊青铜时代中期，但是并没有具体说明是在这个时期的哪个时间段。[28] 不过，大多数学者都接受了斯皮罗普洛斯的结论，认为墓葬的年代是在青铜时代早期，我似乎也找不到理由对此进行质疑。[29]

131

虽然人们可以接受对这座墓葬的年代界定，但是斯皮罗普洛斯把墓葬的主人归于埃及，这就让人难以接受了。尽管墓葬修建的时间早于印欧人来到这里的时间即青铜时代早期二段末期，雅利安主义者仍然试图将之描述为库尔干式的（Kurgan）——这是在俄罗斯南部和巴尔干地区发现的一种土丘墓葬，人们认为它体现了讲原始印欧语的人的特点。[30] 这种对比是牵强的，因为库尔干人的坟是平的，而且都是用土和石头修筑的。与这种模式完全相反，安菲翁和仄托斯之墓的坟丘精心堆出了台阶，顶部是砖结构，墓葬修在已有的小山上，里面有很多艺术品，这些看起来似乎是与葬礼中的膜拜仪式有关。[31]

斯皮罗普洛斯认为，石棺前设有两个壁龛的空间，是相当于入口竖井或斜

25 Spyropoulos（l972a, pp. 18-23）. Konsola（1981, p. 100），引自 Loucas（1987, p. 96）。

26 Higgins（1979, pp. 25-7）.

27 Spyropoulos（l972a, p. 20）.这里给出的希腊陶器时期的时间更早，因为所依据的埃及对照性历史年表的时间在放射性碳测年中被提前了。见本书第五章注释 84—88。

28 Symeonoglou（1985, p. 273）.

29 一些学者接受了这种结论，例如 Treuil（1983, p. 441）; Konsola（1981, p. 140）; Loucas（1987, p. 96）。

30 Schachermeyr（1967, pp. 269-70）; Konsola（1981, pp. 231-4, 238），引自 Loucas（1987, p. 97）。

31 Loucas and Loucas（1987, pp. 97-8）.

坡甬道（dromos）的门廊，并把这与在塞浦路斯的拉皮索斯（Lapithos）和恩科米（Enkomi）发现的墓葬相比。[32] 英戈·皮尼（Ingo Pini）写过一本关于克里特墓葬的优秀著作，他相信克里特人墓葬中的甬道（dromoi）是受到了埃及的影响。[33] 斯皮罗普洛斯也看到了这座墓葬与克里特人的长方形竖井墓葬之间的直接关联，而克里特人墓葬的原型显然在埃及。[34] 不过，他的理由并不充分，因为克里特人的墓葬属于公元前两千纪早期的古代宫殿时期，要晚于他所划定的安菲翁和仄托斯之墓的年代。

在希腊更靠北方的喀罗尼亚（Charonea）和莱夫卡斯（Leukas），有一些与安菲翁和仄托斯之墓同时代的坟冢，人们试图把二者相提并论，结果却并不令人信服，这座墓葬在希腊几乎是独一无二的。[35] 奇怪的是，在欧洲，与这座墓葬相似的距离最近的墓葬是西尔布利山（Silbury Hill），它就在埃夫伯里（Avebury）著名的巨石阵外。这座用白垩精心建造的阶梯式金字塔相当古老，修建时间似乎可以追溯到公元前 28 世纪或公元前 27 世纪，与安菲翁和仄托斯之墓的修建时间基本一致。埃及的大金字塔现在被认为是在公元前 3000 年到公元前 2800 年修建的，它们就出现在埃及大金字塔建成的三个世纪之后。[36] 尽管 20 世纪初期和中期的学者们对这一观点不屑一顾，但是我并不怀疑，西尔布利的建造者了解同时代的埃及金字塔。[37] 另一方面，至少可以说，在埃及第三王朝或第四王朝，威塞克斯（Wessex）根本不可能存在埃及人的殖民统治。

132　　　　至于安菲翁和仄托斯之墓，同样清楚的是，它的建筑者知道埃及金字塔的存在。另一方面，我们已经指出，在希腊青铜时代早期二段，安菲翁和仄托斯之墓似乎已经建好，但是阶梯式金字塔此时在埃及已经不再流行。[38] 这种反驳并不像看起来那样重要。原因是，首先，我们不可能说出，在漫长的陶器时期

32　Spyropoulos（1981a, pp. 84-6）.

33　Pini（1968, p. 39）.

34　Spyropoulos（1981a, pp. 117-24）.

35　Pace Treuil（1983, p. 441）.

36　Burl（1979, pp, 130, 254）.

37　Burl（1979, p. 129）. J. Ivimy（1974, pp. 68-80）认为，西尔布利山和公元前三千纪的巨石碑是埃及殖民者修建的，这里的论述并不意味着我完全赞同他的观点，但是我的确认为，当时的建造者具有高度成熟的数学知识，而且也肯定知道埃及古王国。Ivimy 之前遇到的问题是，西尔布利山似乎早于金字塔的修建时间，不过现在已经把埃及古王国的年代往前推了，所以这个问题也就可以解决。

38　Loucas and Loucas（1987, p. 99）.

（公元前 3000 年—公元前 2400 年），这座墓葬具体是在哪一年修建的；如果是在陶器时期开始时，那么就与埃及第三王朝（公元前 3000 年—公元前 2920 年）同时，而最大的阶梯金字塔就是在这时修建的。其次，事实是，阶梯金字塔在表面平滑的金字塔发展起来之后仍然具有重要的宗教意义，而且还在继续被建造。第五王朝法老纽塞拉［（Niuserrēʿ）约公元前 2700 年］的太阳神庙就修成了阶梯式的，因此我们有足够的理由假定，第三王朝法老左塞尔［（Djoser）约公元前 3000 年］的阶梯式的大金字塔在几个世纪后的第五王朝仍然显得非常神圣庄严。[39] 第三，很简单，在本国不再流行的风尚很可能会传播到国外。

约安尼斯和伊夫林·卢卡斯考虑到了美索不达米亚阶梯式的金字塔形神塔（ziggurat）的影响。[40] 不管怎样，他们显然是十分正确的。金字塔形神塔就像金字塔一样是神圣的建筑，具有让人进入天国的象征意义，金字塔可能就是由其发展而来的。似乎没有多少疑问的是，安菲翁和仄托斯之墓之所以在几千年里一直保有非凡的神圣地位，正是因为这一功用，也因为这里在实际上或在传说中是帝王英雄的埋葬地。似乎同样清楚的是，这个地方被视为波伊奥提亚广袤肥沃的平原的源头。

帕萨尼亚斯在记录中说：

> 仄托斯和安菲翁通常的纪念碑是一个小土坟。人们从福基斯（Phokis）的蒂索雷阿（Tithorea）来到这里想带走一些土壤，他们的想法是要在太阳位于空中金牛座（Taurus）的位置时把土带走。如果他们能把土从这里带走，并将其撒到安提俄珀（Antiope）［神话中孪生兄弟的母亲］的坟上，庄稼就会在蒂索雷阿而不是在底比斯的大地上长出来。

帕萨尼亚斯接着还引用了公元前 7 世纪和公元前 6 世纪的演说家巴基斯（Bakis）的话来呈现这一古老传说。[41]

在帕萨尼亚斯的时代（公元 2 世纪），蒂索雷阿拥有在希腊为伊希斯修建

39　Edwards（1947, pp. 136-7）.

40　Loucas and Loucas（1987, pp. 99-100）.

41　Pausanias, IX. 17.3; Levi（1971, I, pp. 342-3）. 关于巴基斯的资料见 Kern（1896, II, cols 2801-2）.

的最神圣的神庙，埃及的仪式在这里曾得到严格的遵循。[42] 我们无从得知这一传统始于何时，或许是在希腊化时期，甚至是在罗马时代，这一传统就已经确立起来，成为第一卷中提到过的埃及化运动的一部分。[43] 无论如何，这一特别的膜拜应该"是埃及式的"，这很有趣。不过，帕萨尼亚斯所引用的巴基斯的话类似于荷马式的《盖亚赞美诗》（Hymn to Gē）和欧里庇得斯散佚的悲剧《安提俄珀》（Antiope）中的片段，这些都显示出，有关竞争对抗的传说，以及有关相信安菲翁和仄托斯之墓上的土壤具有魔力的传说，都可以追溯到青铜时代。[44]

这里需要注意，中王国的法老仍然在建造金字塔，其中大多数都俯瞰着法尤姆的沼泽湖泊，同时他们正在排干法尤姆的湖泊，将之变成极其肥沃的平原。尽管这些金字塔比安菲翁和仄托斯之墓时代更晚，但它们为安菲翁和仄托斯之墓提供了有趣的参照，尽管安菲翁和仄托斯之墓高耸于底比斯平原之上，而非与法尤姆对应的科帕伊斯湖。底比斯墓葬的修建者建起了这座模仿金字塔的建筑，作为王室成员的墓葬，并且墓葬的修建需要大量财富和人力，但这些事实并不能证明修建者就是埃及殖民者。正如我们所看到的，没有一件与墓葬有关的物品可以确定是来自埃及的。不过，斯皮罗普洛斯对埃及殖民的推测并非仅仅以这座墓葬作为基础。对他来说，更重要的是科帕伊斯的大规模水利工程，他同样认为这些工程修建于希腊青铜时代早期二段的陶器时期，不过他把这一时间界定为在公元前 2600 年—公元前 2300 年，而本书的界定是公元前 3000 年—公元前 2400 年。

排干科帕伊斯湖

科帕伊斯湖区是位于波伊奥提亚西北地区的平坦盆地，面积约为 350 平方公里。基菲索斯河和其他更小的河流汇入其中，不过波东（Ptoon）山截断了其向东延伸和水流入海的路径。不过，石灰质的山上满是岩洞，因此通过人为干预和自然的力量，科帕伊斯湖的湖水可以通过地下暗河或灰岩坑（katavothres）流入海中。毫无疑问，在青铜时代的很长时间里，复杂的水坝

42　Pausanias, X. 32.9.

43　第一卷，第 117—120 页。

44　Homeric Hymn to Gē, 11.6-7; Euripides, Nauck frag. 195.

和圩田系统使基菲索斯河沿着平原北部流动，注入改造过的灰岩坑和大海，于是河流的大部分河床在冬天都会干涸，在夏天则会得到灌溉。这一系统或许是在希腊青铜时代晚期三段结束时（约为公元前 1150 年）崩溃的，据说这时来自北方部族的多利安人和波伊奥提亚人横扫了南方。于是，尽管一些圩田在古典时代得到了修复，但是在公元前 1100 年后的铁器时代，这一流域洪水泛滥，成了颗粒无收的沼泽。这也可以解释，为什么底比斯和波伊奥提亚北部城市奥尔霍迈诺斯在青铜时代拥有巨大的财富和政治力量，而在古风时代和古典时代（也就是从公元前 8 世纪到公元前 4 世纪），这一地区却非常落后。

134

在公元前 4 世纪末期，亚历山大大帝试图再次排干湖泊并开凿一条穿过盆地中部的巨大水道。不过这一工程没有完成，原因可能是政治上的或技术上的，也可能二者兼而有之。不论如何，科帕伊斯湖仍然是一个沼泽湖泊，在之后的两千年里面积甚至变得更大。19 世纪 70 年代一家法国公司想排干这个湖泊，但是没有成功；直到 19 世纪 90 年代，一家英国公司才完成了青铜时代的人们已经做到的事情，把科帕伊斯湖再次变成了富饶的农业产区。[45]

青铜时代的排水和灌溉似乎是从在北部湖岸围绕各个"湖湾"或"深坑"修建圩田一点点地开始的。不过，这无疑需要非常精细复杂的水利工程建设，并且需要有稳定的社会环境和大规模的政治机构作为支撑。

这些工程给我们留下的最大问题就是它们的修建时间。考古学家福西和彼得·华莱士（Peter Wallace）倾向于认为它们是迈锡尼时代修建的（大约公元前 1700 年—公元前 1200 年）。[46]另一方面，德国的水利工程师和考古学家在对这些水利建筑工程研究了 50 年后宣布，最早的工程开建的时间要早得多。从事这些研究的资深专家劳费尔认为它们建于希腊青铜时代早期。[47]他的继承者，例如克瑙斯（Knauss）等人，倾向于认为它们是米尼安人（Minyan）修建的。根据传说，负责排水的是米尼安人。Minyan 这个名称来自埃及语的 Mniw（牧人），对此第三卷将会有所讨论。在希腊传说中，米尼安人指居住在科帕伊斯湖北岸城市奥尔霍迈诺斯的早期部族。这个名称后来被用来指代一种陶器风

45　关于排干科帕伊斯湖的参考资料，见 Hope-Simpson（1965, pp. 113-20）。同时参考 Spyropoulos（1972a, pp. 22-6, 1973a）；Fossey（1974），Wallace（1979）；Knauss, Heinrich and Kalcyk（1984）；Knauss（1986, 1987a, 1987b）。

46　Fossey（1974, p. 7）；Wallace（1979, p. 8）. 不过福西承认"开工修建"的时间可能要更早。

47　Lauffer（1981, pp. 245-6）.

格，这种来自奥尔霍迈诺斯的陶器风格被视为青铜时代中期的典型风格。应该强调，这种现代的联系完全是任意的，因为在古代模式里没有任何理由可以让我们认为米尼安人独属于青铜时代中期。

不管怎样，克瑙斯和他的同事所写的长篇巨著的第一卷是《米尼安人在科帕伊斯湖的水利工程——欧洲最古老的河流控制》(*The Hydraulic Constructions of the Minyans in the Kopais–the Oldest River Control in Europe*)，第二卷是《公元前两千纪米尼安人对科帕伊斯湖区盆地的改造》(*The Improvement of the Kopais Basin by the Minyans in the Second Millennium B.C.*)。他们或其他同时代的学者无疑都认为，这一工程始于青铜时代中期（公元前 2050 年—公元前 1675 年），比斯皮罗普洛斯认为的时间要晚，但是**早于迈锡尼时代或青铜时代晚期**。[48] 德国学者无疑是十分谨慎的，因而也更加精确。在克瑙斯和他的同事于 1984 年出版的书中，他们估计该工程始于公元前 2100 年到公元前 1900 年期间。[49] 在 1987 年，克瑙斯描绘说，他眼中最早的工程开始的时间"或许是在希腊青铜时代中期下半叶的某个时候"[50]。根据所列出的年表，这似乎是在公元前 1830 年到公元前 1675 年期间。

不过，克瑙斯并没有考虑斯皮罗普洛斯给出的陶器证据，即在科帕伊斯湖北岸发现的陶器可以追溯到希腊青铜时代早期，或许与安菲翁和仄托斯之墓属于同一时代。[51] 希腊考古学家 D. 康索拉（Konsola）、约安尼斯和伊夫林·卢卡斯都接受了这种较早的年代判定。[52] 斯皮罗普洛斯认为，传统的米尼安人应该与弥诺斯人等同，从而与埃及人等同。[53] 他把 Minyan（米尼安人）与新名词 Minoan（弥诺斯人）等同，对此我无法接受，但他认为，在科帕伊斯湖区发现的高水平水利工程的源头，可以想见显然是处于古王国鼎盛时期的埃及，这当然是十分正确的。[54] 因此，他认为安菲翁和仄托斯之墓与科帕伊斯湖最早的水坝在某种程度上是有关联的，都可追溯到公元前三千纪，这似乎是有道理的，

---

48 Knauss, Heinrich and Kalcyk（1984）；Knauss（1986, 1987a, 1987b）。

49 Knauss, Heinrich and Kalcyk（1984, p. 56）。

50 Knauss（1987a, p. 103）。

51 Spyropoulos（1981, pp. 133-4）。

52 Konsola（1981, p. 39）；Loucas and Loucas（1987, pp. 102-3）。

53 Spyropoulos（1981, pp. 135-6）。

54 有关第十二王朝在法尤姆地区进行的水利建设这一重要主题，近来很少有人研究，发表过的相关文章少得令人吃惊，不过可以参考 Arnold（1977, cols 87-93）。

尽管在这一时期的波伊奥提亚没有发现确定来自埃及的物品。

不过，来自周边地区的大量证据可以支持斯皮罗普洛斯的假设。首先，在希腊青铜时代早期二段，这一地区普遍富有。可惜的是，这一时期的聚落大多数没有经过认真的挖掘与公开。不过，在底比斯东南 10 公里的尤特西斯有一座属于这一时期的大型村落，此外，最近在距海莱克（Hylike）湖畔城市北部 7 公里的利萨莱斯（Lithares）进行的挖掘，也显示出希腊青铜时代早期二段的繁荣情况，这里的聚落具有清晰的城镇规划，同时，这里与安纳托利亚、马其顿和基克拉泽斯的贸易接触也得到了证实。[55]

粮　仓

在奥尔霍迈诺斯有很多圆形建筑的遗迹，直径从 2.5 米到 8 米不等。这些建筑的存在让人们更有理由认定，波伊奥提亚的水利工程可能始建于公元前三千纪中期。日后成为希腊青铜时代考古学界权威人士的斯派雷登·马瑞纳托斯在 1946 年论述说，这些建筑并非墓葬、庙宇或住所，而是粮仓，它们与埃及图画中所描绘的谷仓以及在基克拉泽斯群岛的米洛斯岛发现的一处粮仓模型非常相似。他认为，这些建筑的体量显示出它们存储的是来自很大一片地域的谷物，这样大规模的谷物贮藏意味着存在规模足够大的政治机构。马瑞纳托斯根据出土陶器类型把它们归在了希腊青铜时代早期一段和二段。他进一步指出，在伯罗奔尼撒东北阿尔戈斯地区的梯林斯，似乎有更大规模或"真正巨型的"砖制环形建筑，其周长是 88 米，穹顶高度估计是 26.4 米，建筑年代也可以追溯到希腊青铜时代早期二段。该建筑看起来像是粮仓，倘若它真是粮仓，就应该是用来贮存整个阿尔戈斯平原产出的谷物的。[56]

马瑞纳托斯的文章似乎会让这一研究领域的人感到尴尬。一方面，这位文章的作者是 20 世纪 50、60 和 70 年代早期古希腊考古学界最著名的学者；另一方面，文章认为，公元前三千纪的希腊大陆受到了埃及的影响，并存在大规模的政治和经济机构，这与这一时期北欧的希腊研究的整体精神是完全相反的。

136

55　Tzavella-Evjen（1984）.

56　Marinatos（1946）；Vermeule（1964, p. 35）.

这些建筑显然让主张孤立主义的柯林·伦弗鲁和其他很多人一样感到困惑，因为它们实在是太大了。伦弗鲁认为青铜时代早期希腊的经济模式是以本地的小规模耕作为基础的。如果这些建筑真是粮仓，这种经济模式就站不住脚了。在《文明的出现》中，他怀疑这些圆形建筑不是粮仓，认为"它们应该被视为居所"。[57] 然而在其他地方，伦弗鲁也承认，它们和梯林斯的建筑可能都储藏过谷物。不过，他仍然不愿意因此否定自己的模式，并认为公元前三千纪的希腊农业只是基于"最低生活保障体系"。[58]

由于在科帕伊斯湖存在着排水工程，而在梯林斯附近也有虽然长度较短但是规模更大的类似水坝，我们似乎有理由把这些大型粮仓与水利工程联系到一起。

诚如我们所看到的，这些粮仓属于希腊青铜时代早期一段和二段（约公元前3300年—公元前2400年）。梯林斯水坝的修建时间尚无定论。美国学者杰克·马丁·巴尔塞（Jack Martin Balcer）将之与科帕伊斯湖的堤坝进行了对比，认为它建于迈锡尼时代晚期。[59] 不过，克瑙斯认为，梯林斯的水坝比波伊奥提亚的大得多，因此无法在两者之间建立起联系。他认为科帕伊斯湖的水坝是在公元前1830年至公元前1680年之间修建的。[60] 有趣的是，他认为梯林斯的水坝可能修建得更早，"可能的最早时期"（terminus post quem）是希腊青铜时代早期二段。[61] 因此，这就可以与梯林斯粮仓的年代相对应。另一方面，克瑙斯判定的科帕伊斯圩田的年代要远远晚于粮仓修建的年代，即希腊青铜时代早期二段。不过，斯皮罗普洛斯把粮仓与农田灌溉联系到了一起，其时间就上溯到了希腊青铜时代早期二段。[62] 于是，这些圆形建筑似乎有可能就是粮仓，它们受到了埃及的影响，而把它们的修建时间定为更早的年代可能是准确的。另一方面，由于存在不确定性，我们只能说，科帕伊斯湖（以及伯罗奔尼撒）的排水系统是在古王国时期的埃及的影响下产生的，大约是在公元前3000年—公元前2470年，而这些粮仓可能就是为基菲索斯河沿岸的富庶地区或湖床自然干涸的年份里的偶然收获准备的。

137

57　Renfrew（1972, p. 110）.

58　Renfrew（1972, p. 288）.

59　Balcer（1974）并没有考虑希腊青铜时代早期或中期的时间。

60　Knauss（1987a, pp. 103-4）.

61　Knauss（1987a, p. 206, n. 33）.

62　Spyropoulos（1973a, p. 209）.

在距离梯林斯几公里远的勒纳，人们发现了希腊青铜时代早期二段的小型宫殿或"瓦片房屋"，这一来自周边地区的证据也可以为这一时期的农田灌溉和农业增收提供佐证。无论如何，我们不应该认为，底比斯和勒纳的"瓦片房屋"意味着这样的小型宫殿只是与灌溉联系在一起。在伯罗奔尼撒西南的麦西尼亚（Messenia）发现的"瓦片房屋"附近并没有修建水坝的痕迹，尽管这一地区应当会进行农田灌溉。在埃伊纳（Aigina）岛也有一座"瓦片房屋"，基本可以肯定，这里的人们进行过灌溉。[63]

阿尔戈斯地区的灌溉和殖民过程

我在第一卷里提到了阿尔戈斯的创建者达那俄斯曾进行过的灌溉，依照传统观点，我认为殖民者达那俄斯是在公元前两千纪的希克索斯时代从埃及来到这里的。人们强调达那俄斯的灌溉活动，或许是因为他的名字 Danaos 来自埃及语的 dni（分配，灌溉）或与之双关。[64] 倘若如此，达那俄斯的某些人物特征就来自公元前三千纪而非公元前两千纪的灌溉活动。不过，我仍然认为，他的复杂的传奇特性至少主要出现在公元前两千纪，原因将在第九章中进行讨论。

另一方面，伊那科斯（Inachos）即使不是神话人物，也是传奇人物，他是阿尔戈斯的第一个国王，艾奥的父亲，通常被认为生活在达那俄斯之前。伊那科斯可以被简单地解读为阿尔戈斯最大的河流伊那科斯河的化身。不过，对这个地名没有传统的解释方法，我在第一卷中提出，Inachos 这个词可能来自埃及语的 ꜥnḫ（生命），后者有时用以描述"活水"，经常以 ꜥnḫ ḏt（愿他永生）的形式出现，并作为在世的法老的称号。[65]

通常认为，伊那科斯是本地人，或者是出生在当地。不过，基督教教父尤西比乌斯（Eusebius）提到过一种传说，把伊那科斯和达那俄斯一样视为来自埃及的殖民者。18 世纪的法国学者尼古拉·弗雷列（Nicolas Fréret）和巴泰勒米（Abbé Barthélemy）神父在此基础上提出，伊那科斯和神话中伊那科斯的儿子甫洛纽斯（Phoroneus）是公元前 20 世纪出现在阿尔戈斯地区的埃及殖民

138

63　Shaw（1987）.

64　第一卷，第 88—98 页。

65　Volume 1, p. 94.

者。[66] 考虑到伊那科斯这个名字可能的埃及词源，以及名字中有关王室、水和古老年代的清晰含义，或许可以说，在民间存在着与埃及的灌溉甚至殖民有关的记忆，它们与梯林斯的圆形建筑、水坝，以及那些或许是勒纳"宫殿"的公元前三千纪的"瓦片房屋"联系在一起。不过，这一切仍然只是猜测。

阿卡狄亚的排水和灌溉

虽然位于梯林斯水坝之上和科帕伊斯湖的排水和灌溉活动是同类中规模最大的，但是在希腊，不仅梯林斯，伯罗奔尼撒的中心阿卡狄亚也有其他这样的水利工程。

我在第二章讨论塞尔福萨和从菲尼奥斯湖流出的拉冬河时，提到了阿卡狄亚的一些自然特点。菲尼奥斯湖也是通过一条地下水道（katavothra）流到了斯廷法利斯湖中。根据帕萨尼亚斯的记录，当地传说把这一水道的产生归于赫拉克勒斯。[67] 现代的调查则支持了这一观点：这条水道是人工修建的，或者至少是经过了人工改建。这些调查最近主要是由克瑙斯和他的团队进行的，范围涵盖菲尼奥斯湖和斯廷法利斯湖，以及卡夫亚伊盆地和刚好在其南边的伯罗奔尼撒的奥尔霍迈诺斯，还有阿卡狄亚的特里波利（Tripoli）西南的忒革亚（Tegea）附近的塔卡（Takka）湖。所有这些都显示出，人们曾在这一地区大规模修建水坝或改建天然的地下水道。[68]

这些工程的修建年代十分不确切。其中一些建于希腊化时代或罗马时代。不过，大多数工程在青铜时代晚期都已存在。附近的聚落可以追溯到迈锡尼时代，就可以对此进行证明。[69] 此外，荷马说，在特洛伊战争时期，阿卡狄亚的奥尔霍迈诺斯"牲畜成群"。[70]

总的来说，阿卡狄亚在青铜时代的富庶与它在古典时代的落后形成了对比，这似乎可以显示出，排水和灌溉在较早的时期更为有效。此外，这些堤坝和水道与传说中的赫拉克勒斯联系在一起，尽管存在很多不确定性，但赫拉克

66　第一卷，第 83、186 页。
67　Pausanias, VIII. 14.2.
68　Kalcyk and Heinrich（1986）；Knauss（1987c）；Knauss, Heinrich and Kalcyk（1986）.
69　Hope-Simpson（1965, p. 81）.
70　*Iliad*, II. 605. 同时参考 Knauss, Heinrich and Kalcyk（1986, p. 604）。

勒斯显然是青铜时代的人物，这也显示出，这些堤坝和水道可以追溯到青铜时代。[71] 对于阿卡狄亚水利工程的古老年代，更确切的证据则是克瑙斯和他的团队所澄清的一点：阿卡狄亚的水坝和梯林斯以及波伊奥提亚的水坝非常相似。梯林斯和波伊奥提亚的水坝肯定在迈锡尼时代就已经存在，所以没有理由认为阿卡狄亚的水坝修建得更晚。正如克瑙斯和他的同事指出的，伯罗奔尼撒的水坝类似于科帕伊斯湖的"米尼安"工程，因此它们开始修建的时间更有可能是希腊青铜时代早期或中期，而非晚期。[72]

波伊奥提亚和阿卡狄亚地名之间的对应

　　波伊奥提亚与阿卡狄亚修建水坝和渠道的技术非常相似，这给现代考古学家留下了深刻印象。更令人注目的则是，这两个兴修水利的地区在地名上存在明显的对应关系。在第二章中提到，这两个地区都有拉冬河，名称提尔福萨与塞尔福萨、翁卡与翁凯奥斯之间也有相似性。[73] 给人留下更深印象的是奥尔霍迈诺斯，一个位于科帕伊斯湖最早的圩田附近，一个占据着阿卡狄亚的古老湖泊卡夫亚伊湖和奥尔霍迈诺斯之间的水道上的战略位置。在塞萨利的梯奥底斯（Phtiotis）平原边缘还有一处奥尔霍迈诺斯。

　　我们几乎可以肯定，奥尔霍迈诺斯是个古老的名字。Okomeno 和 Ekomeno 的形式出现在了 B 类线形文字中。尽管查德威克坚持认为它们指的并非阿卡狄亚的奥尔霍迈诺斯——他并没有把波伊奥提亚的奥尔霍迈诺斯考虑进来——但他承认它们与在古典时代出现的两个变体 Orchomenos 和 Erchomenos 非常契合。[74] 根据尚特莱纳的说法，Orchomenos 的词源是"模糊的"。不过，人们普遍认为它来自词干 orch-，意思是"一排葡萄藤或果树"。这可以有两种相关的含义，一种是"篱笆"或"花园"，一种是圈起来的土地。克瑙斯于是依循传统认识，认为这一地名意味着"圈起来的地方"。[75] 他承认这样有一个问题，那就是两个城市都高出灌溉工程而非位于灌溉工程中间。不过，他

71　关于赫拉克勒斯与阿卡狄亚湖泊的联系，见第二章注释 213—214。

72　Knauss, Heinrich and Kalcyk（1986, p. 604）。

73　第二章注释 122—124。

74　Ventris and Chadwick（1973, p. 543）。

75　Knauss, Heinrich and Kalcyk（1986, p. 611）。

根据斯特拉博和帕萨尼亚斯的说法，认为波伊奥提亚的奥尔霍迈诺斯原本是在科帕伊斯的平原地区上，只是在青铜时代末期的洪水之后才迁移到后来的位置。[76] 另一方面，关于阿卡狄亚的奥尔霍迈诺斯，我们没有可供比较的证据。

有人提出词根 orch- 的印欧语词源是重构了的 *wer-gh（接近），它出现在立陶宛语的 veržiu（围住）和古斯堪的纳维亚语（Norse）的 virgill（琴弦）中。不过，这个词根的词源同样可能或更有可能是迦南语词根 ˁrk，其基本含义是"按顺序排列"或"排成行"，不过经常用于军事语境中，意思是"画出战线"。这里有个语音上的小问题：我们并不确定，迦南语什么时候才开始显现出擦音化（begadkephat）或柔化非重读爆破音，塞音 b，g，d 等和位于元音之后的 k，p，t，使 ˁrk 变成了 ˁrkh。不论如何，闪米特语的 k 转化成希腊语的 ch 的现象足够普遍，可以证明这种等同。与另一个闪米特语词根 ʾrḫ 的混同更促进了这种擦音化，这个词根来自更早的 ʾrḫ（道路，旅行，来，到达）。ʾRḫ 似乎是希腊语的 erchomai（旅行，来，去）的来源，而 erchomai 没有印欧语词源。

词根 ˁrk 和 ʾrḫ 在希腊语中似乎有很多派生形式。就"排成'战斗'序列"的含义而言，ˁrk 可能是以 arch- 开头的众多希腊词语的来源，这些词语没有印欧语词源。尚特莱纳给出的基本词义是"首先去，采取主动，开始"；他也把 archein 翻译成军事意义上的"命令"，这样就可以从中衍生出 arch- 作为"领导"和"早"的众多含义。[77] 这样，orcho- 和 ercho- 可能就是来自闪米特的借词。这样就会强化一种假说：Orchomenos 或 Erchomenos 意味着"得到控制"或"围起来的地方"，指的就是控制水流的堤坝和水道。尽管单词的第一个成分在根本上具有闪米特的渊源，但最后的 -menos 似乎是希腊语的被动分词，因而显示出这个地名本身是希腊的。不过，这里可能存在与迦南语中的闪米特语词汇 mayîm 或与阿拉姆语（Aramaic）的 mayîn 的感染错合，它们表示"水域"。和在其他许多语言中一样，在闪米特语中，双元音 ay 经常被单元音化或简化成 ê。[78]"得到控制的水域"完全符合这一语境。

在此，我们应该考察与灌溉相关的希腊单词的两个词源。首先是古代作家用来表示水坝和堤岸的单词 khōma。这个词与希伯来语中表示围绕城市和其他

76　Knauss, Heinrich and Kalcyk（1986, p. 611）. 参考 Strabo, IX. 2. 18; Pausanias, IX. 24. 1-3。

77　这里可能存在来自动词 erchomai 的感染错合。

78　例如，Moscati et al.（1969, p. 47）。

较大区域的城墙的ḫōma（墙）惊人地相似。不过，由于ḫōma在闪米特语中比khōma在希腊语中更加孤立，这里的借词方向或许是由西到东的。第二个词是gephyra。古典学者詹姆斯·胡克（James Hooker）曾经讨论过这个词的闪米特来源，他认为这个词原本指"堤岸"而不是后来的含义"桥梁"，这很有道理。他提出，这个词源于含义为"挖掘""堤坝"和"壁垒"的闪米特语词根√gb。[79] 我认为最好是以语音为基础把gephyra追溯到闪米特语的*qʷbr（埋葬），在第三卷中会对此进行论述。无论如何，这个词的闪米特含义在希罗多德的下述记录中得到了强化：

> 盖披拉人（Gephyrai）……根据他们自己的叙述，最初来自埃雷特里亚（Eretria）；但是我自己进行了考察，发现他们实际上是腓尼基人，其祖先与卡德摩斯一起来到现在的波伊奥提亚，被分配到塔那格拉（Tanagra）地区安家。在卡德摩斯被阿尔戈斯人驱逐之后，盖披拉人也被波伊奥提亚人赶走，在雅典找到了避难所。[80]

于是，在青铜时代跟随入侵的卡德摩斯一起到来，以"堤岸"作为名字的一个氏族，就被特别标记为腓尼基人。这就耐人寻味地暗示着，讲闪米特语的人参与了波伊奥提亚的灌溉工程。这些可信的闪米特地名、单词和人名非常符合与膜拜和神话有关的证据，因而可以证明青铜时代的波伊奥提亚和阿卡狄亚受到了闪米特的影响。[81]

德国学者卡尔齐克（Kalcyk）和海因里希指出，阿卡狄亚的奥尔霍迈诺斯附近的Oryxis（奥利西斯山）与单词oryssō（挖掘运河）相关，意思是"挖掘山脉"。[82] 词干oryg/k没有令人满意的印欧语词源。[83] 另一方面，闪米特语词根√rq（啃咬）的存在在《约伯记》的语句"啃咬干旱的土地"中得到了证明。[84] 奥利西斯山靠近塞蒂斯山（Saitis）。上面提到了奈斯／雅典娜的家园城市赛斯

79　Hooker（1979）.

80　Herodotos, V.60, trans. de Selincourt（1954, pp. 360-1）.

81　例如，Astour（1967a, pp. 138-224）；Bérard（1894）.

82　Kalcyk and Heinrich（1986, p. 12）.

83　尚特莱纳试图将之与立陶宛语的rūkēt（挖掘）联系起来。

84　Job 30.3-8.

以及赛斯与治水之间的联系。[85] 二者都紧邻菲尼奥斯湖岸的奥尔霍迈诺斯。

菲尼奥斯湖的名字显示出埃及对于波伊奥提亚和阿卡狄亚地区的水域名称和灌溉的影响。前面已经提到, Pheneos 和 Pēneios (佩奈渥斯河) 来自 P3 Nw(y) (洪水)——或者是科普特语中的 Panau。[86] 佩奈渥斯河是伯罗奔尼撒西北部伊利斯地区一条河流的名字, 拉冬河汇入其中。佩奈渥斯河也是塞萨利主要河流的名称, 这条河穿过塞萨利平原, 在古代被认为原本是一个湖泊。不过, 由于地震, 或波塞冬的活动, 塞萨利的佩奈渥斯河得以直奔入海。[87] 基于古代的资料, 埃及的史诗诗人农诺斯 (Nonnos) 在其写于公元 5 世纪的作品中把这一戏剧化的事件与席卷全世界的灾难性大洪水的结束联系了起来。[88] 阿卡狄亚的菲尼奥斯湖也同样意味着发生过洪水。前面提到过, 菲尼奥斯湖地区经常发生地震, 堵塞拉冬河的出口, 其他自然的或人工的灰岩坑肯定同样脆弱。[89] 普林尼记录说, 有历史记载以来发生过五次洪水。[90] 帕萨尼亚斯就此写道:

> 菲尼 (Phenean) 平原位于卡里亚 (Karyai) 之下, 据说它曾遭遇过洪水, 并且古代的菲尼奥斯被洪水淹没, 因此人们说那时水涨到了山上, 即使今天, 在山上仍能看到洪水水位留下的痕迹。[91]

詹姆斯·弗雷泽 (James Frazer) 和后来的学者看到了洪水留下的水线, 克瑙斯和他的同事则认为这是人工湖的水线 [不应把 Pheneos/Pēneios 与人名 Phinea/es 混淆。这个词就像希伯来语的 Pînḥās 一样, 源自埃及语的 P3 Nḥs (努比亚人或黑人), 具体讨论见第八章 [92]]。[93]

另一处似乎具有埃及词源的阿卡狄亚湖泊是 Kaphyai (卡夫亚伊湖)。

85　见本书第二章注释 59—71 和 139—141。

86　见本书第二章注释 123—124。关于 Panau, 见 Gardiner (1947, II, p. 177)。

87　Herodotos, VII. 128-9.

88　Nonnos, *Dionysiaka*, VI.366-80.

89　见本书第二章注释 122。

90　Pliny, *Natural History*, XXXI. 54.

91　Pausanias, VIII. 14. 1; Levi (1971, II, p. 405)。

92　见本书第八章注释 48—49。

93　Frazer (1898, IV pp. 231-3); Kalcyk and Heinrich (1986, p. 12). 他们在第 11 页复制了拍摄的照片, 但是我在上面无法看出这条线。

Ḳbḥ(w) 是用来表示溪流、河流和其他水体的最常见的埃及地名之一。[94] 它显然与词根 ḳbb（凉爽）和 ḳbḥ（净化）存在联系。Ḳbb 是象岛附近两处洞穴之一的名字，象岛据信是尼罗河之源，希罗多德在提到这两处洞穴时使用了 pēgai 作为指称。[95]

埃及人把 Ḳbḥw 与地上洞穴流出的凉爽、纯净的水联系到一起，这非常符合靠神秘泉水和灰岩坑补充水源的卡夫亚伊湖的情况。加上爱琴海地区常用的地名后缀 -issos，这也符合流入科帕伊斯湖的主要河流 Kēphissos 的情况，Kēphissos 也是希腊最常用的河流名称之一。这些河流即使不是绝大部分，也是有很多从岩洞流出，河水会被用于净化仪式。[96]Ḳbḥ(w) 加上义符🦆或🦢，用于表示有水鸟的池塘或湖泊的名字。[97] 这或许适用于 Kaphyai，当然也适用于 Kopais 本身。

不过，克瑙斯提出了不同的假设。他引用了普林尼的叙述，"科帕伊（Kopai）发现了船桨，普拉提亚（Plataia）发现了舵，伊卡洛斯（Ikaros）发现了帆，代达罗斯发现了船桅和主帆桁。"[98] 这一说明显然具有学术性，不能被轻易忽视。Plataia 和 platē（船桨或舵）之间的文字游戏很明显，传说中伊卡洛斯的翅膀似乎也符合"船帆"的形象。帕萨尼亚斯和普鲁塔克描写了代达拉（Daidala）膜拜，阿提卡和波伊奥提亚边界的普拉提亚的市民为了进行膜拜会砍倒高高的橡树做成巨大的木头神像。这实际上或许与埃及人制造木头的"稳定的人像"（Ḍed）有关联。这些可以解释人们为什么相信**代达**罗斯发明了桅杆。[99] 但是科帕伊斯湖与船桨之间的关联就不那么容易被理解或接受了。克瑙斯认为 Kopai 一词来自"船桨"，因为他相信，科帕伊斯的运河不仅用于排水和灌溉，而且也用于内陆航行。[100] 不过，尽管最后一点是可信的，但他提出的词源仍然站不住脚，因为一个地区也不可能被称为"船桨"。

143

94　Brugsch（1879-80, pp. 823-5）; Gauthier（1925-31, V. pp. 169-72）。

95　见本书第二章注释 135—138。

96　关于 -issos，见本书第三卷。忒修斯（Theseus）在阿提卡的基菲索斯河得到净化，在这里有一处基菲索斯神庙，能够听到河水在地下流淌的声音，关于该地点，参考 Pausanias, I.37. 3, II. 20.6。

97　Gauthier（1925-31, V, p. 171）。

98　*Natural History*, VII. 209. 见 Knauss（1987a, p. 199, n. 22）。

99　Pausanias, IX. 3.3-4; Plutarch, *Daedala*, in Eusebius *Praeparatio Evangelica*, III. 1.6.关于 the Ded，参考本书第四章注释 45。

100　Knauss（1987a, pp. 194-9）。

因此，Kopais 这个名字就像 Kaphyai 一样，似乎更有可能源于得到广泛证实的埃及地名 Ḳbḥ。Ḳbḥ 这个地名完全适合描述浅浅的沼泽湖泊。于是，就科帕伊斯和卡夫亚伊而言，这些地名与波伊奥提亚和阿卡狄亚地区的灌溉联系在一起，并与埃及又有着惊人的联系，因此我们又多了一个地名对应方面的例子。

从这些不同的词源中又能得出什么结论呢？事实是，这么多的词源似乎都来自埃及语和西闪米特语，这意味着这些名字开始被使用时存在讲埃及语和西闪米特语的人。不过这并不确定，因为有可能只是地名来自埃及和黎凡特，而并没有涉及灌溉。另一个问题就是年代的界定：这些名字出现的时间是在水利工程修建前、修建中还是修建后？

波伊奥提亚和伯罗奔尼撒的水利工程的相对年代使问题更加复杂。前面的讨论显示出，波伊奥提亚和阿尔戈斯地区的水利工程或许在青铜时代早期就已开始，以此类推，阿卡狄亚的情况可能也是一样，尽管时间上可能要晚几个世纪。我们是否应该以此推断说，波伊奥提亚的经验在更靠南的区域得到了应用，致使波伊奥提亚和阿卡狄亚拥有相似的技术，而这些地名就从波伊奥提亚传到了伯罗奔尼撒，而非直接来自中东？进一步说，尽管至少有一个地名奥尔霍迈诺斯是在青铜时代晚期时已经在使用的，但是如果水利系统的年代再往前推，那么在水利工程的开建与地名的采用之间就不会有必然的联系。

有关这些地名的整个问题非常复杂。一方面，就像一些神话一样，某些具有中东渊源的地名，例如 Thisbe 和 Thespiai，基本可以肯定是在青铜时代晚期传入的，也就是在第一批水利工程开建之后。其他的地名则似乎形成得更早。我只能肯定地说，到了青铜时代末期，出现了一系列与水利工程有关的地名，其中大多数都有可靠的埃及和西闪米特词源。因此，尽管地名上的证据远非确切，最实用的办法仍然是做出这样的假定：这些地名是与水坝和运河一起出现的，讲西闪米特语和埃及语的人参与了水坝和运河的修建，这可能发生在青铜时代早期，并几乎可以肯定是发生在迈锡尼时代。

青铜时代早期希腊的社会和政治结构

我要考察的第一个希腊"城邦"是以阿尔戈斯地区的梯林斯和勒纳为基础的。这里应该强调，阿尔戈斯平原面积广阔，显然有过若干极其繁荣的时期，尽管在公元前三千纪中期，这种繁荣有时会遭到破坏。

勒纳位于阿尔戈斯湾尽头，这个聚落规模很大。在希腊青铜时代早期二段，这里建起了很多房子，精心修筑了城墙，甚至还有"瓦片房屋"，即一座小型"宫殿"。[101] 勒纳很可能比梯林斯本身要小，或许在这一区域还有其他更大的城市。而且，正如我在前面提过的，在其他地方也有"瓦片房屋"，包括麦西尼亚、阿提卡和阿尔戈斯之间的埃伊纳岛，或许还有底比斯。[102] 因此，几乎可以肯定，在研究青铜时代早期的阿尔戈斯时，我们面对的是一个富裕的、高度发达的社会。而且，梯林斯的粮仓和水坝规模可观，倘若它们也属于这个时期，那么这一地区肯定存在着政治上的统一。埃米莉·弗穆尔只是提出当时的合作是"社区的"，但是并没有说明当时的社会组织形式。不过，如果考虑到同时代近东地区的社会结构和国家结构，那么阿尔戈斯要么可能与埃及以及黎凡特海岸最大的贸易城市毕布勒一样，是个王国或公国，要么可能与同时代的叙利亚城市埃卜拉一样，有一个由贵族或富豪组成的"威尼斯式的"政府。[103]

尽管科帕伊斯湖此时尚未被完全排干，这里的谷仓规模也比不上梯林斯，但是似乎可以肯定，波伊奥提亚的奥尔霍迈诺斯已经建立起了公国或小型"共和国"。安菲翁和仄托斯之墓的规模和地位显示出，在底比斯也有相当规模的城邦。阿卡狄亚水坝背后的社会组织形式甚至更难推测，但是从整体上看，在希腊青铜时代早期二段，希腊大陆似乎存在着很多城邦，其中一些城邦的规模已经相当可观。

同样清楚的是，至少在阿提卡和基克拉泽斯岛还存在着商业化的采矿行为。在克里特和波伊奥提亚的希腊青铜时代早期二段的遗址中都发现了这两个地方出产的铅矿。[104] 在位于阿尔戈斯外的佐科斯（Dokos）的希腊青铜时代早期二段的沉船里发现了两个铅锭，这显然指向 80 公里外阿提卡一角附近的劳利昂铅矿和银矿。[105] 下一章里我们会谈到，劳利昂地区的银在公元前两千纪之初被出口到了埃及。[106] 佐科斯的沉船看起来非常坚固，似乎足以把货物运送到黎凡特

145

101　Caskey（1956, 1957, 1960, 1971）; Vermeule（1964, pp. 29-44）。

102　Shaw（1987）。

103　Vermeule（1964, p. 35）. 关于埃卜拉城的组织结构，见 Pettinato（1981, pp. 69-95）。

104　Gale and Stos-Gale（1981）; Stos-Gale and Gale（1984b）。

105　Vichos and Kyriakopoulou（1989）; Bass（1990a）。

106　见本书第四章注释 23。

或埃及。不过没有证据显示黎凡特或埃及是航运的目的地。实际上，沉船的地点显示这艘船是驶往阿尔戈斯平原、伯罗奔尼撒南部或克里特的。可以说，在公元前三千纪上半叶，铅在爱琴海地区可能已经成为商品了。通常认为，劳利昂矿区只是在公元前 5 世纪才投入使用，但是最近的冶金研究显示，人们估计的这一时间比实际情况至少晚了两千年。[107]

有关这一时期希腊大陆存在大城邦的假设似乎会引出一系列问题。首先，我们难以解释，为什么克里特在青铜时代早期似乎更多地受到了埃及和黎凡特的影响，却没有建起宫殿或国家，而远至波伊奥提亚和阿尔戈斯北部的地区似乎都有宫殿。地理层面上的解释或许最有说服力，因为除了美萨拉（Messara）之外，克里特没有适合排水和灌溉的平原或沼泽，因此也没有可以操控这种活动的大规模社会组织。于是我们可以看到，尽管克里特在青铜时代中期和晚期可以支撑起宫殿经济结构，但是早期弥诺斯时期或前宫殿时代克里特的繁荣和高度发展的文明显示出，克里特没有宫殿经济结构也可以很好地发展。基克拉泽斯群岛在青铜时代早期也有繁荣的经济和灿烂的文化，并与近东文明有过接触，但是据我们所知从来不曾有过宫殿。[108] 有人认为，希腊大陆的平原需要大规模的社会组织来发挥农业生产的潜力，科帕伊斯湖的排水系统和青铜时代波伊奥提亚的财富实际上为此提供了有力的证明。

另一个问题似乎是，如果在整个近东都存在这样发达的国家和文字记录，那么"希腊"各城邦地区的人也肯定要有读写能力。然而没有任何文字存在的痕迹。由于存在这种空白，人们曾经因此认为，所发现的印章并不是在青铜时代早期的希腊制造或使用的。然而现在我们清楚，这些印章是在希腊制造的，并且实际上当时常见的做法是在印章上进行雕刻。[109] 这显示出，当时社会有很强的重视私人的和／或团体的财产的意识。希腊青铜时代早期二段也存在很多制陶工人留下的印记。不过，这些符号与线形文字的音节符号毫无相似之处，也没有其他迹象能够显示出，这一时期当地存在着书写文字。[110]

我在其他地方曾详细论述过，对于与文字有关的"默证"，我们应该格外

146

107　例如，Dayton（1982a, p. 158）。

108　Vermeule（1964, pp. 45-58）；Renfrew（1972）。

109　Vermeule（1964, pp. 37-9）。

110　关于制陶工人的印记，见 Vermeule（1964, pp. 40-1）。

谨慎，因为文字记录通常包括容易消逝的或脆弱的物体表面上的轻微印痕。[111]
所以，在青铜时代早期的希腊没有发现文字留下的痕迹，这并不会让我感到困
惑。如果在这一时期的希腊存在着文字，那么极有可能的是，这种文字或者与
克里特的象形文字相似，或者与原始 A 类线形文字和原始 B 类线形文字相似。
下一章会谈到，B 类线形文字不可能直接源自 A 类线形文字，学者们则认为，
B 类线形文字是在公元前 1600 年左右与 A 类线形文字分离开来的。[112] 为了解释
互相关联的塞浦路斯语、A 类线形文字和 B 类线形文字的音节表之间的差异，
我提出的看法是，它们共有的原型的年代几乎不可能晚于公元前三千纪中期。
可以支持我这里的假设的是，既然邻近社会的人们都会读写，那么即使不考虑
较小的社区的情况，至少爱琴海和安纳托利亚地区的较大的国家也应该已经在
用文字进行书写了。倘若字母表是在我所认为的公元前两千纪中期传入这个地
区的，那么后来出现的这些影响深远的词根应该可以解释，这些音节表为什么
仍然是克里特和希腊大陆的官方文字。

　　这样的推测与斯皮罗普洛斯的埃及殖民理论背道而驰，如果埃及殖民像他
假定的那样范围广阔，象形文字或埃及僧侣书写体这种草体字肯定会被引入波
伊奥提亚。青铜时代早期希腊最普遍的书写方式可能要么是爱琴海的要么是安
纳托利亚的，这也显示出了它的其他文化属性。我相信，口头语的情况也是如
此。另一方面，就埃及对青铜时代早期爱琴海诸国的深远影响而言，除了"金
字塔"、灌溉工程和粮仓以外，还有其他的考古证据能够证明，这一时期的爱
琴海地区生活着很多埃及人。

古王国时期的埃及在爱琴海留下的其他考古证据

　　在继续讨论公元前三千纪中期埃及同爱琴海地区的接触之前，应该强调
的是，这一时期近东文明的发展可谓蒸蒸日上，近东的外交和贸易范围也扩
展到了该地区之外很远的地方。我们知道，这时叙利亚的埃卜拉城与现今库
尔德斯坦（Kurdistan）地区的一个王国有过通信往来，而美索不达米亚肯定在

147

111　Bernal（1990, pp. 54-6）.

112　见本书第四章注释 43—44。

从阿富汗进口天青石，很可能还有锡。[113] 铅同位素分析显示，这时的美索不达米亚也在从西班牙东南部的阿尔梅里亚（Almeria）进口银和铜。[114] 既然有这样大规模的活动，那么埃及和爱琴海地区的接触在很多方面可能就像本地的来往一样频繁。

我们在第一章介绍了公元前三千纪埃及对克里特的影响，第十章则将讨论古王国时期以来可能存在的埃及对爱琴海地区的记述。因此这里我们要考察的只是这一区域其他地方的考古证据。在阿尔戈斯的亚辛（Asine）和迈锡尼——也就是和梯林斯在同一地区——发现了两个属于埃及前王朝时期或早王朝时期的石碗。不过，迈锡尼的石碗是与希腊青铜时代晚期的陶器同出的，亚辛的石碗可能也来自迈锡尼时代，那就是在它们制成之后又过去 1500 年到 2000 年了。克里特考古学家和埃及学家彭德尔伯里提出，这些美轮美奂而又持久耐用的物品之所以出现在它们被发现的地方，可能是由于后人对希腊墓葬进行的洗劫，也可能是经由克里特被带到那里的。[115] 既然我们认为埃及在公元前三千纪对阿尔戈斯地区产生了影响，那么我们不能不考虑另一种可能性：这些石碗是在那时被带到希腊大陆，并作为祖传遗物埋葬或保留下来的。与此相似，在亚辛属于希腊青铜时代早期三段的遗址中发现了一枚纽扣印章，挖掘者认为这是埃及制造的，我们也不能以"这样早的接触不可能存在"为理由就忽视这一发现。[116] 不过另一方面，这只是一种可能性，我们也不能将这一印章视为特别重要的补充证据。

人们还发现了另一件肯定属于古王国的物品，这是一个大理石做的杯子，上面铭刻着第五王朝创立者乌瑟卡夫（Userkaf）的太阳神庙的名字，乌瑟卡夫的统治时期可能是在公元前 26 世纪。这个杯子是在伯罗奔尼撒东南端外的基西拉（Kythera）岛发现的。[117] 这一极为精美的物品可能是在制成后不久就运到了基西拉岛。不过黑尔克认为，杯子很可能是在第五王朝陷落之后才被带

---

113 Pettinato（1981, pp. 103-9）. 同时参考 Biggs（1966），Herrmann（1968），Kulke（1976, pp. 43-56）。

114 Dayton（1982a, pp. 159, 163）。

115 Pendlebury（1930a, pp. 53, 57, 64-5）。

116 Brown（1975, pp. 8, 106）. 关于原本的归属，见 Frödin and Persson（1938, p. 234）。

117 这个杯子是雅典博物馆的 4578 号藏品。见 Stevenson Smith（1971, p, 180）。

到这里的，因为在这之前不曾有任何物品会从当朝的神庙中"消失"。[118] 鉴于基西拉岛与闪米特的密切联系，我们可以认为杯子是在公元前两千纪的某个时候由黎凡特人运来的。举例来说，在岛上有一份埃什努那（Eshnuna）的纳拉姆辛（Naram Sin）国王的楔形文字献词——纳拉姆辛的统治是在这个千纪之初。[119]Ku-te-ra 这个名字出现在公元前两千纪中期埃及的一份爱琴海地名录上，这会在第十章中进行讨论。名称 Kythera（基西拉岛）来自闪米特语的 ktrt（王冠），另一个名字 Skandeia（斯坎迪亚）源自埃及语的 shmty（埃及的双层王冠）或与其相对，这在第一卷中已经讨论过了。[120]

不过，所有这些都无法告诉我们，这个杯子是否可以用来证明埃及与爱琴海地区在希腊青铜时代早期二段存在交往。同样，这里的证据尽管颇有意味，但是并不可靠，也无法清晰地证明埃及对希腊大陆的影响，因为基西拉岛在这个时期处于克里特而非希腊大陆的影响范围之下。[121]

在爱琴海地区发现的另外两组古王国时期的物品给我们提出了一系列截然不同的难题，因为它们是被商业寻宝者从黄金窖藏挖出来打算卖给不讲道德的交易者的，有的已经被卖了出去，有的在待价而沽。

这些物品中最出名的就是"朵拉克宝藏"（Dorak Treasure）。该宝藏可能是在特洛伊以东 160 公里外的马尔马拉海附近的朵拉克挖掘出来的。据说，其中包括一些属于当地约坦（Yortan）文化的黄金物品、一把残损的铁剑和一些黄金薄板。铁剑在青铜时代早期并不寻常，而薄板则显然是宝座上的，上面刻有第五王朝法老萨胡拉（Sahure^r）的名号。1959 年的《伦敦新闻画报》（*London Illustrated News*）上刊出了有关这批宝藏的描述和图片，之后宝藏就无迹可寻，甚至有人怀疑这会不会只是个虚构的故事。[122] 不过，我愿意相信詹姆斯·梅拉特的判断，他在所写的一篇短文中声明曾经检视过这些物品。[123] 如果这些薄板真的存在，那么它们似乎是埃及官方送给当地统治者的礼物，而且应该就是送给朵拉克的统治者的，这或许显示出埃及对这一地区的某种统治。

148

118　Helck（1979, p. 15）.

119　关于这一文本的副本和讨论，见 Astour（1967a, pp. 142-3）。

120　第一卷，第 382、501 页。

121　Coldstream（1973）；Coldstream and Huxley（1984）.

122　这无疑是引起轰动的消息，相关的不同寻常的观点，见 Pearson and Connor（1968）。

123　有关梅拉特的肯定说法，可参考 Mellaart（1967, p. 394）。

有关古王国时期埃及与安纳托利亚的接触，这并非唯一的证据。在吉萨（Giza）的埃及第四王朝的墓葬中发现了来自奇里乞亚的大罐子，在奇里乞亚的塔尔苏斯发现了埃及第六王朝的纽扣印章。[124] 尽管安纳托利亚东南的奇里乞亚、西北的朵拉克和特洛伊之间的频繁接触令人惊诧，这些发现也的确表明埃及的贸易和官方交往到达了比叙利亚更远的地方，但是它们与朵拉克宝藏不同，并不能显示出爱琴海地区存在着埃及人。

不过，另一处黄金窖藏显示出了埃及人的存在，那似乎是一位公主的随葬品。尽管宝藏看起来无疑来自爱琴海地区，但是具体的出处不为人知。黑尔克认为，这处宝藏就像朵拉克宝藏一样来自安纳托利亚西北，或许就来自特洛伊本身，并且可追溯到青铜时代早期的一处独立的器物群。[125] 其中最令人震惊的物品是一个圆柱状的黄金大印章，它的所有者是第五王朝法老门卡霍尔（Menkauḥōr）和伊塞西（Izozi）统治时期一名地位极高的官员。那么，这一私人印章怎么会来到爱琴海北部呢？埃米莉·弗穆尔和科尼利厄斯·弗穆尔这样推测："他们是不是派过一位官员到埃及外的地中海沿岸地区出任外交或商业使节？……这位官员是不是带着作为信物的印章在这里结了婚？他是不是在国外遭到了谋杀或抢劫？"[126] 他们指出，在毕布勒发现的石膏罐子上刻着门卡霍尔、伊塞西和萨胡拉的名字。这可以佐证他们的这一看法：公元前三千纪时埃及官员曾经乘船经过地中海东部地区。因此，认为埃及人在这一时期关注到了海外的疆土，就不是荒谬的看法了。如此贵重的个人物品竟会丢失，这当然需要得到解释。埃米莉·弗穆尔曾经在其他论述中谈到希腊青铜时代早期基克拉泽斯的海上贸易和其他的"希腊"海上贸易发展到了什么程度，近期的著述则展现出了波伊奥提亚港口在该时期的繁荣状态，现在又有了佐科斯沉船的证明。因此，我们没有理由认为，希腊会比安纳托利亚西北地区更落后。[127]

一些人在整体上接受了古代模式，特别是认为希腊的狄俄尼索斯膜拜源自埃及的奥西里斯膜拜，对于这些人来说，有关公元前三千纪埃及和爱琴海地区的接触还有进一步的证据——在阿提卡尽头之外的凯奥斯（Keos）岛，

124　Mellaart（1967, p. 401）.

125　Helck（1979, p. 16）; Vermeule and Vermeule（1970）.

126　Vermeule and Vermeule（1970, pp. 36-7）.

127　Vermeule（1964, pp. 64-6）; Konsola（1981, p. 182）. Loucas（1987, p. 103）对两者进行了引用。

人们在公元前三千纪的地层中发现了将狄俄尼索斯作为丰收之神进行膜拜的证据。[128]

不过，把所有这些零星证据联系到一起的，是埃及学和比较艺术史专家威廉·史蒂文森·史密斯（William Stevenson Smith）所表述的一种极大的可能性：

> 从第五王朝开始，皇家的陆上和海上贸易的扩展更加显而易见。贸易的繁荣意味着，从斯尼弗鲁（Sneferu）［第四王朝开始时，约为公元前2900年］到佩皮二世（Phiops II）［第六王朝结束时，约为公元前2450年］的这一时期会是……埃及开始了解爱琴海世界的有利时机。[129]

换种说法就是，正如我们所知道的，古王国时期的埃及非常富有，法老拥有政治实力，热衷于与南方邻国进行贸易或劫掠它们的财富，并与毕布勒和黎凡特海岸长期保持商业和政治联系，因此，倘若埃及同爱琴海地区此时没有任何接触，那才真是奇怪的事情。而且，接触的结果几乎可以肯定是埃及影响到了爱琴海地区，而非相反。所以我认为，在克里特和爱琴海地区的其他地方发现的埃及古王国物品虽然相对较少，但是应该引起我们的重视。无论如何，在我看来，要证明埃及对爱琴海地区的影响，底比斯的"金字塔"、灌溉工程和谷仓更能令人信服。

150

青铜时代早期文明的"全盛时期"走向终结

通常认为，公元前23世纪的一系列破坏，终结了希腊在其青铜时代早期二段的文化发展和繁荣（我认为这应该追溯到公元前25世纪）。很多学者把这一文化断裂与印欧语在希腊半岛的出现联系在一起。尽管我倾向于认为，某种印欧语被加在印度-赫梯语之上的时间比这更早，但我不想就此发表意见。不过，几乎可以肯定，北方的部族参与了破坏和接踵而来的殖民活动，因此事

128　Caskey（1980）.

129　Stevenson Smith（1971, p. 181 ）.

件发生的时间可能正是印欧语传入希腊的时候。[130] 毫无疑问，此时勒纳遭到毁灭，阿尔戈斯也被摧毁，正如埃米莉·弗穆尔所说："〔勒纳〕瓦建的房屋被大火焚毁后，希腊用了近五个世纪才恢复到先前的文明水平。"[131] 不过，就像公元前 12 世纪迈锡尼文明遭到破坏后的"黑暗时代"一样，并非到处都一片凄惨。有些地区似乎并没有受到影响，有些地区实际上反而因为邻国的损失而获益。而且，人口数量在整体上似乎在沿着不同的方向变化。比如说，在公元前 24 世纪，波伊奥提亚遭到的破坏似乎并没有那么严重，尽管大多数专家都认为，在希腊青铜时代早期二段结束后那里的人口和繁荣程度急剧下降，就和希腊其他地方的情况一样。[132] 西米奥诺格鲁发现，实际上，在希腊青铜时代早期三段，底比斯和波伊奥提亚的人口激增，社会也更加复杂。他尝试着将之与外部的"入侵"联系起来，而且是来自南方而非北方的入侵，只不过他是"雅利安主义者"，因此他又急忙补充说，这来自"爱琴海地区内部的人口迁徙"。[133]

西米奥诺格鲁把希腊青铜时代早期三段的"入侵"与有关卡德摩斯的传说联系到了一起，他认为卡德摩斯是在这一时期从克里特来到这里的。[134] 我不想反驳萨兰蒂斯·西米奥诺格鲁的考古学结论，不过这一方案面临很多问题；斯皮罗普洛斯认为，卡德摩斯和达那俄斯的传说指的是希腊青铜时代早期来自国外，主要是埃及的影响，这同样难以成立。[135]

首先，有很多流传下来的说法，认为卡德摩斯是腓尼基人，他的名字很可能具有闪米特词源，第十二章会对此进行详细讨论。其次，荷马时代的传说认为是安菲翁和仄托斯创建了底比斯，卡德摩斯则**重建了**底比斯，西米奥诺格鲁和斯皮罗普洛斯的方案都否定了这一传统看法。公元前 6 世纪的希腊历史学家斐勒库德斯曾解释过这个故事，以此说明较古老的城市在卡德摩斯到来之前已经沦为一片废墟。[136] 不过，西米奥诺格鲁更愿意接受后来流传的相反说法，认为卡德摩斯才是底比斯原初的创建者。[137]第一种传说与传统的考古学观点相同，

151

130　Howell（1973），Caskey（1986, pp. 22-3）. 近期对相关论述所做的综述见 Drews（1988, pp. 17-20）。

131　Vermeule（1964, p. 59）。

132　Buck（1979, pp. 35-6）。

133　Symeonoglou（1985, pp. 69-70）。

134　Symeonoglou（1985, pp. 70-5）。

135　Spyropoulos（1981, pp. 133-7）。

136　见本章注释 18 以及 Buck（1979, p. 47）。

137　Symeonoglou（1985, pp. 76-7）。

认为希腊青铜时代早期三段和中期开始时文明处于低谷，这会在第十二章中进行讨论。

希腊在其青铜时代早期二段遭到的破坏，似乎是与埃及古王国的崩溃和第一中间期政治和社会结构的瓦解同时发生的。与公元前 13 世纪和公元前 12 世纪外族入侵终结了青铜时代晚期文明的情况一样，埃及和黎凡特迅速恢复了元气，但是爱琴海等周边地区则经历了持续数世纪之久的漫长的"黑暗时代"。

结 论

结合第二章讨论的大量涉及地名、宗教膜拜和当地传说的复杂证据，几乎可以肯定，在青铜时代，埃及和讲闪米特语的黎凡特对波伊奥提亚和伯罗奔尼撒的部分地区在文化上造成了很大影响。

要做到更加精确是很难的。我相信，一些神话，可能包括有关雅典娜和波塞冬的神话，与征服沼泽的斗争联系在一起，它们可能源自青铜时代早期，而且与此时埃及的排水和灌溉工程有关。其他神话，例如关于宙斯、阿尔克墨涅和不同身份特征的赫拉克勒斯的神话，可能是在公元前两千纪才产生的。而其他神话，尤其是那些与马有关的神话，肯定是在公元前 18 世纪马匹和双轮战车在希腊出现之后才产生的。尽管有关卡德摩斯的传说无疑包含更古老的素材，但是它们似乎也来自这一更晚的时期。

神话、传说和地名，这些都显示出讲埃及语和西闪米特语的人在波伊奥提亚、阿尔戈斯和阿卡狄亚地区留下了深远而持久的影响。[138]

这样一幅图景非常符合考古学的记录。前面已经详细讨论过，埃及可能极大地影响了安菲翁和仄托斯的"金字塔"的建造，青铜时代早期科帕伊斯最早的排水工程，以及邻近的奥尔霍迈诺斯的"埃及式粮仓"的修建。埃及和黎凡特对底比斯的迈锡尼宫殿产生了影响，在卡德米恩（Kadmeon）还发现了公元前 13 世纪的令人称奇的近东物品窖藏，第十二章将对此做进一步讨论。这些都证明了上述接触和影响具有连续性。

可惜我们无法确定，在我们所关注的这个时期，波伊奥提亚和埃及之间的

152

---

138 第一卷，第 51—54 页，第 88—101 页。雅典和斯巴达的情况将在第三卷中更详细地讨论。

关系是什么形式的。直接殖民的形式是极不可能的。尽管"默证"并不可靠，但是必须指出，一方面，这里缺少埃及的物品，也没有留下埃及人在此殖民的证据，另一方面，波伊奥提亚的文字体系极有可能是爱琴海式的，而非象形文字或楔形文字。不过，考古证据显示，这一时期的波伊奥提亚应用了埃及的技术，波伊奥提亚的宗教膜拜、神话、传说和地名也都体现出埃及和闪米特深远而广泛的渗透，公元前三千纪的爱琴海地区或许还有埃及官员，这些都体现出，某种形式的统治权力很有可能存在。

我们能在多大程度上把波伊奥提亚的情况扩展到希腊其余地方呢？考古学的模式揭示出，从采用埃及风格的粮仓，以及或许还建设了埃及式的水利工程的角度看，阿尔戈斯地区存在着复杂的协调机构。这似乎表明，这里可能存在着某种统治权力，并且阿尔戈斯和埃及之间实际上肯定存在外交关系。波伊奥提亚和阿卡狄亚的排水和灌溉系统间不寻常的对应关系，以及围绕着两个地区建筑工程的神话和地名之间的对应关系，都显示出，如果阿卡狄亚的水利工程早在希腊青铜时代早期就开始修建，应该也会受到埃及和闪米特的影响。因此，153 从很早的时候开始，甚或是在印欧的语言——与印度-赫梯语相对——到来之前，青铜时代的埃及和黎凡特文明就已经对爱琴海地区施加了很大的影响。

青铜时代早期克里特和基克拉泽斯群岛的情况与希腊大陆的情况大不相同。在群岛可以见到非常有吸引力的、高度发展的物质文化，带有城市生活的痕迹，但是没有显示出存在任何强大的国家权力。如同我在第一章里说过的，至少就克里特而言，考古学提供的证据可以充分证明埃及和黎凡特对当地文化产生了重要影响。在第十章中我们会看到，埃及文献的证据似乎可以支持这一观点。实际上，爱琴海地区和近东的关系在青铜时代早期埃及古王国的鼎盛时期与在青铜时代晚期埃及新王国强盛时的情况基本相似。

当然也存在很多惊人的差异。首先，事实上，经过了第一中间期的分裂和混乱后，当埃及的力量在公元前 21 世纪的中王国时期重新强大起来后，它似乎对克里特产生了很大影响，使之变成了分布着宫殿和城邦的地区。相对而言，中王国的兴起对希腊大陆和更靠北的岛屿的影响似乎并没有那么显著。

公元前 2000 年之后，"弥诺斯的"克里特文化欣欣向荣，或许在政治上也强大有力，因此克里特这个岛屿在公元前两千纪上半叶成了近东和爱琴海地区沟通交往的最重要的中介。我们将会看到，这对"希腊"文明的发展是至关重要的。青铜时代早期与青铜时代晚期的爱琴海地区的另一个关键差别就是，在公元前三千纪，这里几乎没有和直接殖民相关的证据。另一方面，我们在第九章会看到，在公元前 18 世纪和公元前 17 世纪，隶属于埃及–闪米特文化、讲埃及–闪米特语的希克索斯王子们实际上在希腊建立了殖民地并开创了长久的王朝统治。

第四章　古宫殿时期的克里特和埃及中王国：公元前2100年—公元前1730年

　　我们在这一章要重新考察，克里特是怎样从一个由小型社区组成的繁荣文明的社会发展成由宫殿统治的权力各自集中的城邦的。这一变化使克里特形成了新的模式，这一模式在许多个世纪前已经普及于中东大部分地区。克里特带有自身特性的发展具有重大意义，这不仅是对其自身而言，也是因为它为青铜时代晚期主导爱琴海地区的迈锡尼文明增添了很多重要成分，并且构成了古风时代和古典时代希腊文明的基础。

　　这一章着重强调克里特宫殿的兴起背后的埃及影响，尽管在古代传说中对此已经有所提及，但是自从阿瑟·埃文斯爵士于1900年左右在克诺索斯获得考古发现以来，这种影响在整个20世纪一直没有得到重视。人们发现，"弥诺斯的"克里特文化璀璨炫丽，令人称奇，就连雅利安模式的追随者都无法将它仅仅视为"东方"和"欧洲"之间的一块垫脚石。因此克里特被视为古希腊文明的源头之一，从而也成为整个西方文明的源头之一。文明的另一个源头就是中亚群山和欧亚大草原，那里养育出了充满阳刚活力的印欧人。[1]

1　关于1900年后古代克里特产生的新的吸引力的讨论，见第一卷，第385—386页。

弥诺斯早期三段——前宫殿时期

弥诺斯早期三段的陶器时期结束了，弥诺斯中期一段 a 大约始自公元前两千纪之初。这一变化也标志着克里特历史上宫殿时期的开始。早期弥诺斯时期的克里特大部分都是乡野，只存在极不明显的社会分化，中期弥诺斯时期的社会则是由中央宫殿控制的一个城邦。

对于涉及外部影响的所有变化，孤立主义者柯林·伦弗鲁一概不想强调变化的程度。因此他明确地说："必须强调克里特在由前宫殿时期转变到原始宫殿时期的过程中的连续性。"[2] 这里有个术语上的问题，前宫殿时期既可以指整个早期弥诺斯时期，也可以指即将建造宫殿的年代，而我所说的前宫殿时期就是后者。近来，更年轻的学者重又开始强调在无宫殿的早期弥诺斯时期和前宫殿时期之间进行清晰划分的必要性。他们对平稳演进的质疑尤其集中在克里特东部南海岸的米尔托斯（Myrtos）地区，这里曾被视为早期弥诺斯时期末的一个定居点，处于发展成宫殿的前夕。在对米尔托斯地区的详细考察中，年轻的考古学家 T. M. 怀特洛（T. M. Whitelaw）展示出，米尔托斯并不能充当早期弥诺斯时期与前宫殿时期克里特社会之间的桥梁。[3] 其他学者倾向于接受他的观点。如同一位剑桥考古学家所说，"在重新解释米尔托斯之后，清楚的是，并不能说中期弥诺斯时期的宫殿只是在数量上不同于早期弥诺斯时期的任何原始形态"[4]。另一位剑桥考古学家约翰·彻利（John Cherry）看起来得出了相同的结论。他在文章《进化、革命和弥诺斯的克里特复杂社会的起源》（"Evoltuion, Revolution and the Origins of Complex Society in Minoan Crete"）中声明说，他只是认为这一情况更有可能，那就是，"公元前2000 年前后的几个世纪里向宫殿社会的转换在某些重要方面是量的飞跃，并且达到了前所未有的境地"[5]。在剑桥大学活跃着的考古学顶尖教授是柯林·伦弗鲁，因此彻利如此谨慎也是正常的。不过，彻利内心的想法很明确。他不仅对克里特考古学的奠基人阿瑟·埃文斯及其同时代者激进的进化论观点进行了中肯的批评，并明确把伦弗鲁归为这一类学者，还将这一传统与达尔文主义相提并论，

2　Renfrew（1972, p. 98）.

3　Whitelaw（1983, pp. 323-40）.

4　Lewthwaite（1983, p. 172）.

5　Cherry（1983, p. 33）.

而达尔文主义是最具震撼力的维多利亚时代的进化体系。生物学界近期在否定达尔文进化论的平稳进化观，主张间断平衡（punctuated equilibria），也就是相对的静态平衡之后的突然变化。彻利则将这种间接平衡观应用到考古学中。他的论述的基础就是，克里特的城镇、乡村和社会阶层与复杂的宫殿社会结构之间存在着惊人的差异。他同时强调，考古学提供的证据表明这一时期克里特和近东之间的交往剧增。[6]

在思索这一现象之前，我们应该先看一下两个地区的相对年表。阿瑟·埃文斯原本在古埃及三个王国的基础上建立了他的克里特陶器时期年表。他的早期弥诺斯时期与古王国对应，中期弥诺斯时期与中王国对应，后期弥诺斯时期与新王国对应。这一整套方案使用了相当长的时间，不过，在过去 50 年里，人们不得不对其做出调整。[7]其中一项调整的缘由正如把大量时间投入地中海东部地区关系研究中的美国埃及学家威廉·沃德所说的，"大部分采用陶器时期年表的爱琴海研究专家现在都认为，弥诺斯中期一段 a 的开始时间大约是在公元前 2000 年，或者是在第十二王朝开始时"[8]。根据他的说法，在这之前的弥诺斯早期三段似乎是在公元前 22 世纪的最后几十年里开始的。最近，卡多根（Cadogan）教授把弥诺斯中期一段 a 开始的时间设定在公元前 2050 年前后，这似乎符合碳测年的结果。[9]不过，他和其他专家整体上认为，这些宫殿的修建始于陶器时期开始的几十年后。无论如何，克里特大宫殿似乎都是在公元前两千纪之初的 25 年之内修建的。[10]不过，在此之前显然有一个大约持续了一个世纪的前宫殿时期，不同陶器时期的分界在此并不十分明确。实际上，在弥诺斯中期一段 a 的克诺索斯陶器和更早的弥诺斯早期三段克里特东部的陶器之间存在重叠。正如沃德所言，弥诺斯早期三段后期的大部分时间以及在建筑上与之相应的前宫殿时期，并未对应埃及第一中间期，而是与埃及第十一王朝，即

6　Cherry（1983, p. 41）.

7　Matz（1973a, pp. 141-3）.

8　Ward（1971, p. 72）. Ward（pp. 74-82）继续批评了阿斯特罗姆的低位年表。在后来的写作中（1978, pp. 87-90），Åström 并没有对此进行调整。这当然是基于他有关美索不达米亚的低位年表，见本书第五章注释 105。

9　Cadogan（1978, pp. 209-14）. 使情况复杂的是这一事实：克诺索斯被称为弥诺斯中期一段 A 的陶器风格与岛屿其他地方弥诺斯早期三段陶器风格的终结在时间上有重叠。见 Merrillees（1977, p. 37）。

10　Matz（1973a, pp. 141-5）.

中王国的第一个王朝时间相同，而后者开始于公元前 22 世纪中期，兴盛于公元前 21 世纪。[11]

在弥诺斯早期三段，克里特同整个中东的交往骤增，同埃及的交往更是如此。考古学家基思·布兰尼根注意到，克里特受到了来自叙利亚的新一轮影响。例如，他指出，尽管具有明显的连续性，但是克里特的冶金业此时"受到了叙利亚和奇里乞亚冶金技术和种类的极大影响，在这一时期与之后的时期实际上还从叙利亚进口了匕首"[12]。另一位考古学家科基斯库斯卡（O. Krzyszkowska）注意到，弥诺斯早期三段时象牙进口量显著增加，这些象牙可能来自埃及或叙利亚，其他进口的物品有可能也包括河马牙，那就肯定是来自埃及的。[13]

彼得·沃伦指出，在克里特发现的弥诺斯早期三段的陶器中，一些小型的圆柱罐和微缩的两耳细颈罐源自埃及的石罐样品。[14]

考古学家万斯·沃特罗斯（L. Vance Watrous）指出，"在弥诺斯中期一段，克里特的瓶类器物出现了很多新型式，包括高脚杯、龙骨杯、圆锥形杯、有凹槽的双耳大杯和兽形来通，它们都模仿了近东地区具有更悠久历史的容器"。他也注意到了这些容器在克里特、埃及和黎凡特作为特殊的祭祀物品使用时的联系。[15] 他提出了有趣而有理据的看法，认为弥诺斯中期一段到二段最早出现在克里特南部的（带托座的）快速陶轮，是从近东引入的，目的是"满足宫殿体系所要求的数量和专有用途"。[16]

铅和螺旋

在克里特也发现了这一时期实际来自埃及的物品。在克里特南部的美萨拉

11　Ward（1971, pp. 72-125）.

12　Branigan（1970a, p. 81）.

13　Krzyszkowska（1983, p. 168）. 与此类似，在弥诺斯早期三段，彩陶的进口量也增加了，这些彩陶可能来自埃及或叙利亚。卡伦·波林格·福斯特倾向于认为彩陶来自叙利亚，其间接的理由是，传统看法认为，近东的商品就是从这里运到克里特的，同时也是因为，在克里特发现的彩陶在工艺上与叙利亚的彩陶而不是与埃及的彩陶更接近（1979, pp. 56-9）。

14　Warren（1965, pp. 7-43; 1967, pp. 37-48; 1969, pp. 41-5, 71-91）.

15　Watrous（1987b, p. 67）. 他瓦解了有关这些陶器风格的孤立主义观点，见他在该书第 70 页的讨论。

16　Watrous（1987b, p. 70）.

的穹隆顶蜂巢式墓葬 (tholoi) 中发现了属于弥诺斯早期三段和弥诺斯中期一段器物群中的六个埃及圣甲虫雕饰。[17] 它们的重要性远远无法以大小或数量来评判，因为它们证实了从弥诺斯早期三段开始都具有复杂装饰风格的埃及与克里特印章间的联系。[18] 彭德尔伯里写道，"很多相对应的事物都是如此近似，尤其是当物品输入实际存在着时，我们只能认为埃及和美萨拉在这一时期有着直接接触"[19]。在此之前，F. 马茨 (F. Matz) 在 1928 年柏林的一份出版物中批驳了埃文斯有关埃及和克里特之间存在联系的观点。他认为这一时期克里特的雕刻艺术与巴尔干甚至多瑙河有联系。[20] 其他德国和奥地利学者认为，克里特的印章制造源于安纳托利亚。[21] 不过，倾向于支持这一观点的沃德也承认，"尽管这些学者有这种看法，但是即使在最近的研究中，也有很多论述支持埃文斯的原始观点"[22]。

现在我们要看一下从北到南的联系。铅同位素分析显示，公元前 21 世纪的两座埃及第十一王朝的雕塑很有可能是用阿提卡劳利昂矿区出产的银制造的。这一同位素分析的结果可能是错误的，另外，所用的银也有可能是在若干世纪之前的古王国时期输入的，上一章中已经提到了古王国时期埃及和阿提卡可能存在交往，而晚些时候埃及从劳利昂地区的矿物进口将在第十一章中讨论。不过，最有可能的合理解释是，中王国早期的埃及和爱琴海之间存在直接或间接的贸易或政治来往。[23]

158 　　关于北方的影响，最经常引用的例子就是螺旋。德国学者称之为螺旋问题 (Spiralenproblem)，因为在公元前 21 世纪和公元前 20 世纪，克里特和埃及都频繁使用螺旋装饰。菲门 (Fimmen) 和黑尔克等德国学者对这个问题给出了一种回答，他们认为这些装饰来自北方，或许就来自基克拉泽斯。[24] "二战"之

17　Ward (1971, pp. 92-5)。

18　Evans (1921-35, I, pp. 117-25)。

19　Pendlebury (1963, p. 83)。

20　Matz (1928, pp. 30-42)。尽管他否认克里特和埃及此时存在关联，但他仍认为，卍字图案是从克里特传入非洲东北部的。虽然卍字图案与雅利安"种族"的联系并不限于纳粹，但人们很难想象这个图案有可能是从非洲传入欧洲的。Ward (1971, pp. 85, 89) 回避了这个话题，坚持认为该图案在克里特和埃及同时出现，是两地各自独立地创造出来的。

21　Fimmen (1921, pp. 154-60)；Biesautl (1954, pp. 33-41)；Helck, (1979, p. 20)。

22　Ward (1971, p. 86)。有关印章引起的争论，参考文献见 Ward 书中的注释 347。

23　Z. A. 斯托斯-盖尔 (Z. A. Stos-Gale) 对 Poursat 的评论 (1984, p. 87)。

24　Ward (1971, pp. 107-25)；Helck (1979, pp. 21-2)。

后，在反传播论者中更流行的是另一种解释：螺旋是这三个地方各自孤立的发明。[25]沃德就此进行了详尽讨论，在强调独立创造的方便性之后，试着指出了三个传播的中心——基克拉泽斯、土耳其东部和伊朗。[26]这种看法似乎可以接受。

不过，需要强调的是，实际上，至少从公元前三千纪中期开始，螺旋图案在整个中东和爱琴海地区已经是普遍可见的。[27]而且，在埃及古王国也存在带曲线的图案。此外还有两个例子特别地与公牛膜拜联系在一起，一是表示埃及姆奈维斯的⊔⊓（弯弯曲曲的墙），一是 i3wt 上的或敏神的神圣图案❦（伸展开的螺旋和角），从其他角度来看，它们可能是在这个时期从埃及传入克里特的（见下文）。因此，尽管公元前两千纪之初埃及–克里特的螺旋形可能与基克拉泽斯或安纳托利亚的相符，但是它们在使用时的象征意义可能来自埃及。

克里特宫殿

在讨论克里特公牛膜拜的起源之前，我们应该先看一看盛行公牛膜拜的宫殿。这些宫殿最初建造于公元前 21 世纪的最后几十年，似乎一直存在到公元前 12 世纪，到那时它们被迈锡尼的希腊人所控制的时间似乎已经超过了 250 年。[28]

克里特所在的区域地震活动频繁，地震造成的破坏似乎远远超出了战争或偶然发生的火灾。不过，除了希腊人在公元前 1450 年的到来之外，唯一显著的文化断裂似乎发生在公元前 18 世纪快要结束的时候，即迈锡尼文化中期二段的陶器时期和迈锡尼文化中期三段的陶器时期之间，这一时间段在考古学上被视为早期宫殿时期和晚期宫殿时期的分野。[29]尽管宫殿的结构和使用的符号象征都曾有所变化，对于其中一些变化下文还会讨论，但是在整个宫殿时期的八百多年里似乎存在着显著的连续性。因此，我们在审视早期的很多特点时似

25　Kantor（1947, pp. 21-4）.

26　Ward（1971, pp. 108-10）. 关于这种联系，有趣的一点是，"平结"设计似乎是在公元前 19 世纪或公元前 18 世纪从埃及传入克里特的。Higgins（1979, p. 37）.

27　例如，Vermeule（1970, p. 33）。

28　对这一非传统的编年法的辩护，见本书第十章注释 91—105。

29　《剑桥古代史》把这一文化断裂的时间定为公元前 1700 年，这符合锡拉火山喷发时间改为公元前 1628 年后所要求的陶器时期年代。我把这一时间定为公元前 1730 年，请参考本书第七章。

159 乎应该将之与我们所了解的晚期宫殿时期快要结束时宫殿官僚制度和经济的许多情况相对比。

在公元前 2000 年左右，克里特的宫殿建筑无疑代表了经济和社会体系向爱琴海南部的延伸，而该体系在中东的大部分地区已经建立了一千多年。[30] 而且，该经济和社会体系的引入不仅是整体上的，也包括了各种细节。詹姆斯·瓦尔特·格雷厄姆（James Walter Graham）的大部分学术生涯都献给了对这些宫殿的考古研究，他所著的《克里特宫殿》（*The Palaces of Crete*）至今仍是该领域的权威作品。书中写道：

> 克里特和近东宫殿之间的确存在相似性，这在某些方面几乎无法否认，克里特和埃及的建筑的……情况也是一样。
>
> 有些相似性是笼统的，尤其是弥诺斯和上幼发拉底河畔城市马利的宫殿，那里的房屋都环绕在圆形庭院周围，宫殿的不同区域有不同功能……有配有黏土浴缸的浴室、会客大厅，等等。不过，在大体的相似背后又有着根深蒂固的巨大差异，有谁敢说是否其中一种宫殿建筑真的大大影响了另一种呢？某些建筑方法也是广为应用的，例如"半木结构"和直立石的使用。……
>
> 有些相似之处是细节上的，例如马利和克诺索斯的黏土管道……或者克里特饰有凹槽的高柱柱身，或许还有某些柱顶……和埃及的柱子；壁画也在有限的程度上体现了接触交流。……
>
> 可以获得的证据让我认为，在宫殿于公元前 2000 年左右最初建成时，克里特的建筑师尽管了解其他地方宫殿建筑的整体风格，还是创造出了满足克里特人所需、适合克里特的环境的建筑形式，并且采用了他们所熟悉的地中海东部的传统建筑技艺。……［他们］发展了更加有效、更加独特的地方形式，这些形式在某种程度上受到了海外邻国建筑的影响。……在某些装饰形式上，他们把目光转向了埃及。……弥诺斯的国王希望模仿埃及法老，增添奢华特色，于是可能就选择了埃及式的宴会厅。……[31]

160

---

30 关于淡化这一事实的方式，见 Trump（1981, p. 175）。

31 Graham（1962, pp. 231-2）.

格雷厄姆在这里承认了近东和埃及的影响，但是非常勉强，他在后来的一篇文章里用同样勉强的方式详细描述了埃及对晚期宫殿时期克里特中南部斐斯托斯（Phaistos）的建筑风格产生的独特影响：

> 在前一篇文章中我论述说，没有理由认为，来自岛屿外部的文化对克里特岛的建筑形式产生了巨大影响，不论是在发展的哪个阶段。这种观点并没有改变。不过，单独引入奢华的装饰，例如细节的修饰，或者引入接待厅或宴会厅的华丽特色，不仅是有可能的，而且是很有可能的。[32]

奢华装饰之类的内容对于宫殿并非多余。它们所传递出来的高贵感对于政权和经济的运转都是基本的。[33]克里特宫殿在建造伊始就有很多这样的"细节"。比如说，埃及和克里特的珠宝极为相似，这只能说意味着从古代宫殿时期开始的在主题和工艺上的大量借用。[34]克里特绘画中的很多修饰图案都可以在中王国时期的埃及找到。例如，"弥诺斯人"采取了埃及传统，把女性画成黄色／白色，把男性画成红色／棕色。埃及的生育女神 T3 wrt（最高神）被表现成背上覆盖着鳄鱼皮的直立的河马，这一形象似乎就是在这时进入了克里特，并开始转型成爱琴海考古学家称为"genii"的各种昆虫，这些在克里特艺术中是普遍存在的。[35]

在这一章和这卷书后面的部分中将会讨论到在克里特宫殿中发现的其他装饰和宗教象征与埃及的装饰和象征之间的关系。同样，克里特与中东宫殿在官员和经济结构方面有引人注意的细节上的对应性，这将在第十章中予以讨论。

沃特罗斯最近指出，弥诺斯早期三段有很多源自东方的艺术和建筑革新，它们同宫殿建筑和官僚体系的引入有关，都应当被认为是作为"国王统治的一部分"被统一引入克里特的。他明确否定了伦弗鲁的孤立主义，我认为他的否定是有效的。他还指出，很多历史对应性都显示出，逐渐累积的财富和城市化本身并不能产生在克里特和近东地区产生所发现的独特形式的宫殿社

32　Graham（1970, pp. 238-9）.

33　关于这一原则应用于古埃及的详细描述，见 Springborg（1990, pp. 73-88）。

34　Higgins（1979, pp. 22-37）.

35　Schachermeyr（1967, p. 47）认为，这种习俗是在迈锡尼文化中期三段才在克里特建立起来的。不过，他论述的基础是从未体现出这一习俗的罐子。关于 Thueris，见 Schachermeyr（1967, p. 31, plates. 63-9）。

会。[36] 沃特罗斯的观点在爱琴海考古学家中间非常不受欢迎，尽管这些观点
在其他学科的学者眼里似乎并无特别之处，但是研究爱琴海地区的学者仍然
难以接受他的结论。[37]

不过有两点是明确的。首先，宫殿的整体模式和以宫殿为中心的社会，以
及诸多细节，都是从中东进入克里特的；其次，公元 20 世纪的大部分学者都
不愿意接受这一事实。

我引用了格雷厄姆的论述，他也不愿承认克里特对近东地区的效仿，他的整
部作品都体现出了这种倾向。基思·布兰尼根在这方面的态度比较明确，前面提
到，对于克里特受到外部影响的这一观点，布兰尼根是持开放态度的。他写道：

> 但最重要的是这一整体性的概念：弥诺斯的宫殿完全不同于青铜时代
> 其他地方的宫殿建筑。弥诺斯宫殿的中心是中央的庭院，整个宫殿都围绕
> 着院落从内向外延伸。因此我们看到，建筑师在进行设计时并不会囿于预
> 先设定的空间或形状。[38]

这里表述的是意识形态上的一种清晰信念：弥诺斯人在某种程度上是"原
始欧洲人"，因此在某些方面具有亚洲人和非洲人所不具有的**自由**。关于这种
看法，经常提到的一点就是宫殿没有外墙；这也经常被用来证明弥诺斯社会恬
静平和的本质特点。这在很多方面都类似于温克尔曼（Winckelmann）笔下希
腊人宁静、天真的形象，对希腊人的这种看法在 18 世纪和 19 世纪非常流行、
广为接受。同样，近来有人注意到，阿瑟·埃文斯在重构克里特人幸福平静的
生活时，也受到了他的教育和上流阶层背景的影响。[39]

综上所述，克里特的宫殿和宫殿文明**是**独属于"克里特"的。不过，所有存
在中东宫殿的地方都有类似的本土特色，包括美索不达米亚、叙利亚、安纳托利
亚等等。在所有这些地方，宫殿都反映了当地的地理、社会、经济和文化状况。
近期的发现显示当时很可能存在着用人献祭的情况（某些例证将在第三卷中讨

---

36 Watrous（1987b, pp. 65-6, 70）.
37 Bennet（1990, p. 194, n. 70）.
38 Branigan（1970a, p. 52）.
39 Bintliff（1984）.

论），这表明弥诺斯社会并非像阿瑟·埃文斯所希望的那样恬静安逸。[40] 不过，在早期宫殿时期，对于防御和暴力的担忧似乎相对较少，然而到了晚期宫殿时期情况就发生了极大的变化。这似乎意味着，在公元前 2000 年到公元前 1730 年的早期，岛上的宫殿"国家"享有相对的和谐，而且不存在来自外界的威胁。

克里特的其他特征，例如沿海地区高超的装饰工艺，可以简单地用地理环境因素进行解释。把克里特的宫殿文化与同时代其他地区的文化区分开来的，正是克里特地理上的中心地位。在这一时期，克里特岛是黎凡特和埃及的影响与本土特点的交汇之处。尽管在前宫殿时期开始时出现了明显的断裂，但是伦弗鲁认为早期弥诺斯时期和中期弥诺斯时期之间存在着相当的连续性，他是正确的。我们要记住，这些并不是孤立发展的结果，而是由频繁的文化融合造成的，但是同时，早期弥诺斯时期的克里特无疑是具有独立文化的文明社会。

克里特的文字体系

宫殿时期的克里特并没有采用埃及的象形文字、楔形文字或巴比伦文字，而是使用了自己的象形和音节文字，这也反映出了克里特在文化上的独立。传统上认为，克里特书面文字的发展是在弥诺斯中期一段宫殿奠基后不久，自此弥诺斯早期一段以来一直使用的符号形成了系统，从而发展为一种象形文字。这种文字使用了几个世纪，直到弥诺斯中期三段开始时，也就是后来的公元前 18 世纪，才开始被语音音节文字 A 类线形文字代替。这种线形音节文字在克里特一直使用至被 B 类线形文字代替，后者是用来书写希腊文的相似的文字，它是在公元前 1450 年左右随着希腊人的到来而在克诺索斯开始投入使用的。

必须承认这一方案面对着一些困难。首先是 B 类线形文字不能直接源自 A 类线形文字的事实，这就需要假定，B 类线形文字是从 A 类线形文字的前身中分离出来的，但在上面的模式中，象形文字直接发展成了 A 类线形文字，并不存在 A 类线形文字的前身。认为是在希腊人征服克诺索斯宫殿时 B 类线形文字在克里特得到了发展，这种简单的理论尽管有吸引力，但是由于上面的

40　Warren（1981）；Sakellerakis and Sapouna-Sakelleraki（1981）.

原因，也一样是不可能的。要对铭文的证据进行解释，就需要认为，B 类线形文字在这之前早已出现在了希腊大陆。

美国的古典学者斯特林·道（Sterling Dow）提出，音节文字是在公元前1600 年左右创造出来的。这给依循传统的历史学家提出了两个问题。首先，希腊人为什么在建起宫殿之前就会需要这样的文字？其次，为什么这种文字在很多个世纪里一直未得到证实？[41] 这两个问题在我看来都不严重。政治和经济结构极其简单的社会也会使用并发展出非常复杂成熟的文字，例如公元一千纪晚期新疆西部的西夏文。上一章里讨论过，在公元前三千纪中期，希腊大陆已经出现了一些规模足够大的城邦。至于说公元前两千纪的几个世纪里缺少有关希腊文字的明证，我认为这种对"默证"的担心显示出考古学界缺乏确定的信心；在文字记录中出现更长时间的空白的情况也不少。[42]

常规方案的另一个困难就来自 A 类线形文字、B 类线形文字和塞浦路斯音节文字之间的关系。塞浦路斯音节文字或许是源自比爱琴海的两大音节文字的原型更加古老的文字。因此我们就有了这样的图示：

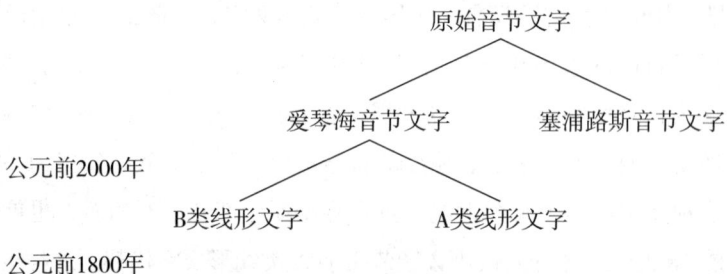

原始音节文字

爱琴海音节文字　　　塞浦路斯音节文字

公元前2000年

B类线形文字　　　A类线形文字

公元前1800年

来自斐斯托斯的克里特南部宫殿的证据显示，在公元前三千纪末期的弥诺斯中期一段 a 时期已经有某种形式的 A 类线形文字在被使用了。[43] 有人认为A 类线形文字本身在公元前 17 世纪和公元前 16 世纪时早已使用，可以强化这种观点的是这样的事实：这种文字到弥诺斯中期三段 b（约公元前 1700 年）时期已经成了若干不同地区的书面方言，留存下来的最早的泥板大多都来自这一

41　Dow（1973, p. 602）。

42　斯特林·道对这个问题尤其敏感，因为他想用"默证"来证明，在青铜时代和古风时代之间有一个漫长的缺乏文字的时期。出于同样的缘由，他急切地想说明，在将青铜时代的文字保留至古典时代这方面，"塞浦路斯或许截然不同于"希腊（1973, p. 606）。他的论述可以用来支持雅利安模式并否定古代模式，相关内容见第一卷，第 398 页，以及 Bernal（1990, pp. 57-8）。

43　Godart（1983）。

时期。[44] 如果 A 类线形文字是在公元前两千纪之初出现的，那么它的原型，也就是 B 类线形文字的源头，必然在公元前三千纪时已经存在。在这种情况下，这些文字的原型和塞浦路斯音节文字必然在这之前，也就是在公元前三千纪中期甚至更早的时候，就已经发展起来。这种文字在公元前 2500 年之前发展起来的可能性，被下述事实进一步增强：那就是，黎凡特地区在这一时期已经形成了具有强大适应性并被改写成多种语言的楔形文字。

因此，最合理的假说似乎是，大约在青铜时代早期伊始，在象形文字于从塞浦路斯经整个安纳托利亚南部再到克里特的区域内形成不久之后，在某个地方就出现了这些音节文字的原型。这种文字的语言与希腊语不同，但是与闪米特学家塞勒斯·戈登（Cyrus Gordon）所推断的安纳托利亚和克里特地区的大部分闪米特语的情况一样，对于浊辅音和清辅音都不加区分。

这样，尽管缺少证明，但是象形文字和音节文字在前宫殿时期的克里特可能都已形成。这可以解释，为什么克里特宫殿并没有接受楔形文字、埃及象形文字或僧侣书写体，尽管在尚无宫殿的克里特与前宫殿时期的克里特之间存在文化断裂，并且在公元前 21 世纪还出现了来自埃及和黎凡特的巨大影响。矛盾的是，在文字这一重要领域，这样的历史模式似乎可以证实伦弗鲁的观点：从早期弥诺斯时期到中期弥诺斯时期存在着文化连续性。

早期宫殿时期克里特的膜拜象征

不过，前宫殿时期和早期宫殿时期在其他重要方面都有重要创新，其中具有黎凡特或埃及渊源的新事物数量惊人。在宗教符号中有 s*t* 🐕（肩饰）和 tit 🍾（领带）。后者复制了 Ḍed 🪑，这个符号既代表一种见于膜拜场所的芦苇立柱，也代表公牛的脊椎与肋骨再加上 'nḫ♀，这个写成 Ankh 的生命之符或许代表着鞋的扣带，不过显得更合理的是代表了古代欧洲野牛的脊椎。[45] 公元前两千纪早期，公牛这一埃及宗教象征在克里特得到了更明确的应用，那就是"神

44　Ventris and Chadwick（1973, p. 31）.

45　Evans（1921-35, II, p. 49）；Rundle Clark（1959, p. 237）. 令人信服的假设是，两个符号都源自古代欧洲野牛或野生公牛的脊椎。脊椎被视为精液之源，由此也被视为生命之源。关于这一假设，见 Schwabe, Adams and Hodge（1982）。这不是说它们并没有附加其他的象征意义。

圣化的牛角"，这个神圣的图案在克里特宫殿文化中使用得如此广泛，有时似乎是只具有装饰功能的了。20世纪早期的埃及学家纽波里（Newberry）和盖尔特（Gaerte）认为这些符号来自两个埃及语符号的合成：一个是牛角，∪，wpt，一个是被山谷分开的两座山，◡，dw。[46] 两个符号在外观上的融合最先出现在弥诺斯中期二段，似乎是在克里特本土产生的。不过，从概念上说，这一融合有更古老的埃及根源。金字塔铭文刻写于公元前28世纪和公元前27世纪的埃及第五和第六王朝，但其初创时间显然要更加古老，在文本中有一段文字谈到了这一合并：

Wpy "两座山峰被分开，王者出现了，王者的体内蕴含力量。"[47]

Wpy 显然与 wpi，∪□×（打开，尤其是生育时打开子宫）联系在一起。与两座山的关系似乎来自另一个象征：3ḫt，□□□或者🐦●□★，即两山间地平线上的太阳和太阳落下的地方，也是死亡与重生的象征。这种关联也与埃及和早期弥诺斯宗教中永生不朽与植物复活间的联系（见第一章）相关，在动词群3ḫt（泛滥）、3ḫt 或 3ḫt（可耕地）、3ḫ（莎草丛）和 3ḫ（是或者成为灵魂）中都可以看出。这似乎出现在希腊语词根 lakh-（蔬菜，绿色）中。[48] 3ḫ 3ḫ（长成绿色）似乎出现在词语 Rarian 中，这个名字指的是依洛西斯神圣的肥沃平原，通常更多地被称为奥尔加斯（Orgas）。[49]

尼尔松反对把这些埃及象征与克里特的"神圣化的牛角"等同，尽管他承认存在"形式上的相似"。他认为，符号◡在埃及语中是个象征，弥诺斯的这些例子却只是膜拜仪式中的物品，用来指称地名或神圣之物。他也认为，克里特的象征并没有被附加上任何特殊的神性。[50] 不过，现代学者巴里·B. 鲍威尔（Barry B. Powell）指出，两座山的情况也是一样，他甚至否定了尼尔松的其他

46　Newberry（1909, pp. 24-31）；Gaerte（1922, pp. 72-5）。

47　*Pyramid Text*, Utt. 685. Faulkner（1969, p. 295）。

48　有关早期弥诺斯的膜拜，见第一章注释55。Lakh- 没有印欧语词源。这个词的其他来源似乎包括 leikhēn（树上的苔藓，地衣）。与源自在我们的"lick"和希腊语 leikhō 中发现的印欧语词根 *leigh 相比，这似乎更加可信。还有一种很大的可能，就是希腊语的 lasios（多毛的）。ḫ 和 š 之间的转换在埃及语中是经常发生的。

49　关于 Rarian 平原的参考文献，见 Frazer（1898, II. pp. 514-15）。关于 Orgas 的词源见本书第四卷。

50　Nilsson（1950, p. 189）。

更加含蓄的反对意见。[51] 不过几乎可以确定，"神圣化的牛角"是在宫殿时期的克里特发现的丰富的埃及宗教象征之一。

公牛膜拜可能存在的安纳托利亚渊源

对牛角的讨论把我们引向了宫殿时期克里特的公牛膜拜，我们认为这种膜拜可能来自中王国早期的埃及。不论在现实中还是在象征意义上，公牛都是迷人而有力量的动物。因此，公牛膜拜在很多地方都存在，而且看起来通常都源于本土。不过，克里特的名字本身可能就来自常见的埃及地名 Ḳȝyt（高地），多山的克里特格外适合山羊、野山羊或克里特长角山羊栖息繁衍，却不适合公牛。[52] 那么公牛膜拜又从何而来呢？如果要寻找东方的渊源，传统上的备选者就是安纳托利亚。[53] 例如，瓦尔特·伯克特在其现今被奉为经典的《希腊宗教》（Greek Religion）中写道：

> 如今，在新石器时期城镇恰塔尔许于克的发现让我们几乎无法怀疑，牛角象征，也就是埃文斯所说的"神圣化的牛角"，的确源自真正的公牛角。在恰塔尔许于克的祭坛内发现的密集排列的公牛角，就是狩猎野牛所获的战利品，那时野牛还没有被驯化，那些牛角被陈列在女神的周围……在恰塔尔许于克到克里特的路上开始出现了驿站。可以追溯到公元前三千纪末期的来自塞浦路斯的圣殿模式……[54]

166

伯克特对克里特公牛膜拜起源的分析与他对双头斧起源的推测一样存在严重的问题。[55] 恰塔尔许于克的公牛膜拜令人无法忽视，但是伯克特未能指出，这里的公牛膜拜是在公元前六千纪兴盛而后衰落的，也就是说，这要比塞浦路

51　Powell（1977, pp. 72-3）。鲍威尔充分回顾了相关的早期文献。他坚持主张雅利安正统思想，认为象征符号可以在完全不同的文化间传递，却不会影响固有的思想体系。

52　Ḳȝyt 并没有被证实有与岛屿的联系。关于克里特的已知的埃及名称，相关讨论见本章第十章注释2—23。

53　关于人们倾向于安纳托利亚的讨论，见第一卷，第391—392页。

54　Burkert（1985, p. 37）.

55　见本书第一章注释60。

斯或克里特得到证实的最早的"神圣化的牛角"早三千多年。实际上，同样给人深刻印象的传统或零星出现的情况是，在埃及，从公元前十一千纪到公元前四千纪的早王朝时期，会用突出地面的带角的公牛头来对墓葬进行标示。[56]

我经常论述说，我们不应该过分注重"默证"，公牛角的膜拜功用在安纳托利亚可能已存在了三千年，只是没有得到证实。无论如何，把安纳托利亚视为"神圣化的牛角"的源头似乎牵强，所以我们在上一节里已经给出了更有说服力的埃及-克里特渊源。而把安纳托利亚视为整个克里特公牛膜拜的源头也一样牵强。

在新石器时代或青铜时代早期的克里特几乎找不到公牛的形象。[57]公元前三千纪末期，塞浦路斯存在公牛膜拜。在同样的时代，在宫殿时期开始时，公牛在克里特的宗教生活中逐渐占据了重要的核心位置。

雷电与性：敏神、潘神和 BʷÄZÄ

克里特公牛膜拜是公元前 21 世纪和公元前 20 世纪在岛上突然出现的。在这一节里，我们要脱离考古学的路线，看一下克里特公牛膜拜的另一种可能的起源。我认为，虽然安纳托利亚的膜拜被证实比克里特的膜拜早了三千年，但是克里特公牛膜拜并不是源自安纳托利亚传统，而是来自与之同时代的第十一王朝时的埃及。不过，在探讨埃及中王国早期的公牛膜拜之前，我们应该先看一下更早的非洲公牛膜拜及其与克里特的关联。

我们应该从埃及的敏神开始说起，敏神的对应者是希腊的潘神，希罗多德认为，他"非常古老，是早于其余神灵的八大神灵之一"[58]。埃塞俄比亚的麦罗埃（Meroe）是尼罗河上游地区重要的政治与文化中心，位于现今的喀土穆（Khartoum）以北 100 英里处。公元前 1 世纪的历史学家狄奥多罗斯把麦罗埃诸

56　Hoffmann（1979, p. 91）.

57　唯一可能与弥诺斯早期公牛膜拜有关的证据，就是来自美萨拉的库马萨（Kumasa）和波尔迪（Porti）的两个花瓶，在它们的公牛角上似乎有人的形状。Branigan（1970b, p. 81）这样写道："有些可以被合理地归于弥诺斯早期二段。我们无法确定其时间。它们可能更晚，某些带有公牛图案的容器显然与圣基里洛斯（Agios Kyrillos）的一样，出自弥诺斯中期一段。"（这条引用要感谢利维亚·摩根）伊拉克利翁（Herakleon）博物馆的编号 4126 和 5052 的黏土模型的时间同样无法确定。这些似乎不能作为坚实的基础，来证明宫殿时期克里特的公牛膜拜有更早的或本地的起源。

58　Herodotos, II. 145.

神命名为伊希斯、潘、赫拉克勒斯和宙斯。[59] 比他年轻的同时代地理学家斯特拉博认为，他们膜拜的是赫拉克勒斯、潘、伊希斯和另一个野蛮的神。[60] 第四卷将继续讨论其他神灵之间的具体对应关系，这里主要关注的是潘，即埃及的敏神。

在科普托斯（Koptos）和阿克敏（Akhmin）这两座南方城市，敏神的历史可以追溯到埃及历史上最古老的阶段。敏的名字可能起初被读成 *Minw，从很早的时候开始，敏就与努比亚和蓬特（Punt）联系在一起，前者是尼罗河上游距离埃及最近的国家，后者位于东非更南一直到海的地区。[61] 在中王国时期敏被称为"年轻的异乡人"，其所来的方向显然是南方。[62] 在托勒密文书中，敏总是与 Mḏ3 和蓬特联系在一起，Mḏ3 指贝贾人（Beja），他们如今仍居住在尼罗河以东的沙漠，也就是现在的埃及南部和苏丹东部。敏神还被视为热带地区奢侈品的消费者。法国的埃及学家沙西纳（Chassinat）等人的假设是，沿海地区与尼罗河河谷之间的贸易中介人或许就是贝贾人。[63]

在埃及，敏神和繁衍、生长联系在一起，这似乎不符合沙漠之神的身份。我认为，要解决这个矛盾，可以把敏神与现代的东非神灵 Bʷäzä 对应起来，这一神灵代表着伴随雨水而来的具有繁衍之力的雷电。

除了在伊拉克和叙利亚的雅兹迪（Yazidis）和阿拉维（Alawi）可能例外之外，生活在埃塞俄比亚中南部古拉格（Gurage）的非基督徒和非穆斯林，或许是今天仅存的讲闪米特语的"异教徒"了。这些人仍然崇拜肆意狂暴、性欲极强的 Bʷäzä 或 Bazo。一首古拉格圣歌中说：

> Bʷäzä 啊，在你降临的哪个地方，
> 在你去过的哪个家中，
> 你不曾杀死为人父或为人子者，
> 你不曾诱拐为人母或为人女者？[64]

59　Diodoros, III. 8.

60　Strabo, XVII. 2.3.

61　Chassinat（1966-8, II, p. 676）；Gundlach（1982, cols 135-9）.

62　Chassinat（1966-8, II, p. 676）.

63　Chassinat（1966-8, II, pp. 676-7）；同时参考 Gardiner（1947, I, pp. 80-6）。

64　Shack and Habte（1974, p. 26）. 有关 Bʷäzä 的更多资料见 Leslau（1950, pp. 54-5）。

有趣的是，这两个显然矛盾的特征似乎反映了 Bʷäzä 这个名字本身的词源。这个词来自闪米特语或亚非语系的双辅音词根 √BZ，该词根具有多种形式，词汇学家大卫·科恩（David Cohen）将之分成了两个语义群："裂开，分开，扩散"与"膨胀，使受精和充满"。[65]

我会在第三卷中论述，名字 Bʷäzä 在迦南文化中呈现为 Bōˤaz。在《路得记》中 Bōˤaz 是拿俄米的亲戚的名字，他与繁衍的联系表现在他与路得的婚姻中，婚礼是在伯利恒，即"面包的房屋"（House of Bread），处于收获季节的打谷场上举办的。[66]《圣经》中耶和华（Yahweh）神庙前放置的一对柱子之一的名称就是 Bōˤaz，这与 Bʷäzä 的雷电特征相对应。据信，Bōˤaz 也是其他迦南神庙前类似柱子的名称。[67] 在神庙前放置独立的柱子，这种做法也能在古拉格的 Bʷäzä 膜拜中找到对应。Bʷäzä 的祭司称为 maga，这个别有意味而又令人费解的名称与伊朗的 magi 非常相似。他们分配小块的木头，这些木头被称为 šäna，是从被闪电击倒的树上取下的。这些木头会被放到距离院子入口不远的地方或棚舍外面，正如人类学家威廉·沙克（William Shack）所说，"只要放置了 šäna，就代表这块土地和财产得到了祝福，其他人也会由于畏惧 Boza（Bʷäzä）的报复而表示尊重"[68]。这种放置在房屋前的精神上的雷电导体，与古拉格地区普遍放置在神庙前的 Bōˤaz 似乎相互对应。人们需要从这位西闪米特宗教中的凶猛然而有创造力的神灵身上寻求保护，这也表现在乌加里特关于 Baˤal 的赞美诗和史诗之中，他毫不留情地进行惩罚，又可使土地肥沃丰饶，同时他就像暴风雨一样劈开并卷起树木。[69]

这种膜拜或许与克里特存在有趣的关联。亚里士多德（Aristotle）的一个学生克利尔克霍斯（Klearkhos）在公元前 5 世纪描写过，意大利南部塔兰托（Tarantum）的人们征服了附近的城市考斯纳（Kausina），居住在那里的人被称为雅皮吉人（Iapyges）。这一行为受到了惩罚，塔兰托人遭到了雷击。因此，他们在那些被雷电击中的人的门前立起了柱子，并向这些献给"降罪者"宙斯（Zeus Katabaites）的柱子献上祭品。

---

65 Cohen（1970-6, II, p. 53）. 对这个名称的正统解释是，它源自 b₃+aˤaz（具有力量），这种结构是有问题的；见 Mulder（1986, pp. 19-25）。

66 Ruth 3. 1-18. 这个有多重含义的神话在其他方面的特征，将在第三卷中讨论。

67 I Kings 7.21. 关于其他例子，参考 Herodotos, II. 45，这方面的参考书目见 Lloyd（1976, p. 200）。

68 Shack and Habte（1974, p. 175）。

69 可以参考如 Gordon（1962b, pp. 178-205）。

英国古典学者库克（A. B. Cook）令人信服地论述说，这种崇拜"指向了克里特"。实际上，克利尔克霍斯给出了一系列的细节，可以支持传统信仰中有关 Iapyges 的词源 Iapyx 来自克里特的观点。[70] 库克也提出，宙斯使用的雷电或许与克里特的双斧有关，他认为这是宙斯的象征。[71]

伯克特追寻双斧形象的踪迹，一直追溯到了公元前四千纪的美索不达米亚，但是那时并没有明显迹象显示这一形象有任何宗教含义。不过，正如我在第一章中提到的，在古埃及也有双斧膜拜。[72] 克里特的双斧有些排列在矮护墙边，有些则是独立放置的。如果接受库克提出的看法，那么在克里特的双斧的宗教用途中，至少有一种与雅皮吉人的柱子一样，都是为避免现实中的和精神上的雷击。我们会在下面看到，双斧的形状与宙斯使用的雷电也有些相似。因此，古拉格人用从被雷电劈倒的树木上取下的 šäna 来保护人们不受 Bʷäzä 伤害，与此相似，双斧的形象也既代表着它所带来的伤害，又代表着保护人们免受其伤害。

我们并不清楚，宙斯的埃及对应者阿蒙是否也有雷电武器。不过，早已存在并经常与阿蒙和鹰／牛神联系在一起的敏神，显然拥有雷电，即 Ḥm，▬◄▬。Ḥm 是敏的象征，被用于两个膜拜他的城市的名字之中，即 Akhmin（阿克敏）／Panopolis（帕诺波利斯）和 Koptos（科普托斯），可能也用于公元前 9 世纪上埃及一个行省的名称中，这个省在希腊被称为 Khemmis（凯米斯）。这一神秘符号至少可以追溯到埃及第一王朝时期（公元前 3400 年—公元前 3200 年），它的含义模糊晦涩。加德纳不太确定地称之为"两个箭石化石"。他指出，"最早的［符号的例子］代表双头的箭"[73]。埃及学学者温赖特（G. A. Wainwright）认为，Ḥm 是在公牛与公羊雷神融合之后阿蒙从敏那里获得的常规雷电武器。[74] 因此，当代自然史无法解释的神秘箭石可能就这样在埃及和希腊得到了解释——它们是雷电。在古风希腊的雕像上，宙斯一只手拿着箭石"雷电"，一只手拿着看似菊石

169

70　Klearkhos, fr. 9, in *Frag. Hist. Gr.* II. 见 Cook（1914-40, II, pp. 28-32）。关于 Iapyges 的更多信息参考 Bernal（1990, pp. 44-7）。

71　见 Cook（1914-40, II, p. 30）。Jane Harrison（1927, pp. 176-7）也看到了双斧与"降罪者"宙斯和雷电的对应。与雷电相对应的不只是双斧。Harrison（1927, pp. 56-7）指出，石斧或凯尔特人也被以这种方式看待，现代希腊农民称之为 astropelekia（星斧）。

72　本书第一章注释 61—62。

73　Gardiner（1957, p. 503, R-22）。

74　Wainwright（1931, pp. 84-6）. 温赖特也把这一武器与荷鲁斯及其对应者阿波罗联系到了一起。

的权杖。[75] Ḥm，"两个或成对的箭石"，也非常近似于公元前 7 世纪对宙斯将要掷出雷电的展现。[76]

有趣的是，埃及的许多神灵都有旗帜，而敏神的神庙前竖起的却是仪式柱。这些是 i3t 或 i3wt ⚲。这个符号似乎代表着带着螺旋的权杖上的公牛头或角，这在前面已经提到过。螺旋的意义并不明确，可能是牧人的棍杖和 / 或菊石，而后者的可能性更大。菊石是一种最普通的腹足纲生物化石，尽管实际上没有头，但是形状像是盘在一起的蛇，而它本身就被视为雷电。Ammonite（菊石）这个词源于 Amon（阿蒙），几乎可以肯定，在中世纪的学者把这种化石称为 Cornu Ammonis 并由此渐渐形成了如今的 ammonite 这个名称前，其他人已经看出了阿蒙的公羊角与菊石之间的相似性以及由此而生的联系。[77] 而 i3t 可能也代表着子宫，写成⚲，或许螺旋和迷宫也是如此。[78]

此外，有趣的迹象也显示出，成双的箭石 Ḥm 符号可能也以类似的方式出现。尽管词语 ḫm（圣地）和词语 ḫm（神圣意象）被证实只是从中王国时期开始才与◅━▻写在一起，但是语音上的 ḫm 似乎有可能意味着"神圣的"，而象征神圣力量的"双箭石"更多地被作为神圣庄严的一般性符号使用，这也是双头斧在克里特的使用方式。[79] 这就使得前王朝时期和古王国时期埃及仪式中的双斧更有可能是 Ḥm 的发展或变体，而 Ḥm 即使不是克里特"双斧"最重要的来源，也是重要来源之一。

170

75　Cook（1914-40, I, pp. 84-6）. 新词语"belemnite"（箭石）的词源来自希腊语的 belemna（投掷物），表明它们多么易于被视为投射物。

76　Cook（1914-40, I. 1, pp. 85-6）.

77　Gardiner（1957, p. 487）；Gundlach（1982, p. 136）.

78　埃及符号代表着母牛的子宫，而不是人的子宫。这种反映了以牲畜，尤其是母牛为核心的思想，在前面已经提及。Schwabe, Adams and Hodge（1982, p. 445）主张说，认为这个符号代表人的子宫的欧洲观念，一直持续到了公元 16 世纪维萨里（Vesalius）的作品中。我没有理由对此怀疑，但是我并没有找到他们对 Gardiner（1947）的引用。关于子宫和肠道与螺旋和迷宫之间的变化着的联系，参考 Eco（1989, pp. 362-3）。

79　与其他义符写在一起的 ḫm 使这一连缀更值得关注。与◅━▻（倒下的墙）和◢━（击打，强迫）连用时，ḫm 表示"摧毁建筑物，伤害某人"，但是它也用于"阻止，排除"的含义。在后来的埃及语中，这个词表示"摧毁，强迫打开，闯入"。与义符 ◡（运动）连用时它似乎意味着"动物的狂野"。Ḥm ꜥ 含义为"抓住"或"穿透"或"赶走"。这一连缀放在一起似乎在语义上非常近似于闪米特语的 bᵂaz，它具有毁坏、穿透和保护不受其伤害的双重意义。Ḥm(w/y) 也表示"尘土"。它和⚲（航行）连用，表示它与风联系在一起。由于风暴之神 bᵂäza 和风暴之神敏神的 Ḥm 的对应，这可能就是含义为"风暴"的希腊词语 kheima 的来源。含义为"冬天"的 Kheima 具有明确的印欧语词源，不过，尽管希腊的冬天可能多风暴，但是这个词的确似乎有两种相对独特的语域，这可能是两种不同的词根融合在一起的结果。

回到对敏神的讨论上。研究过敏神膜拜的埃及学学者戈捷和沙西纳试图解释敏的两种特征，即作为干旱蛮荒之神与肥沃耕地之神，他们认为，对敏神的膜拜始于热带的蓬特，然后从东方的沙漠传播到上埃及，在那里与科普托斯古代的丰饶之神 K3 mwt.f（他母亲的公牛）同化。[80] 如果发生了这样的融合，时间可能就是在公元前四千纪，因为科普托斯的敏神雕像可以追溯到古王国时期开始之前。[81] 我相信，在这种情况下，我们应该尽量避免可能出错的精准判定，仅只认可在包括上埃及在内的东非的宽广地带，对敏一类的神灵的膜拜是与牲畜联系在一起的，而在湿润地区，这一膜拜倾向于与庄稼丰收联系在一起，在干旱地区，与这一膜拜联系在一起的则是雷声隆隆却不下雨的现象。敏与异乡客的多山国家具有特殊的联系。[82]

无疑，敏神的最主要的动物形象是公牛，他不仅被称为 K3 mwt.f，也被称为 K3 nfr（美丽的公牛）和 K3 nḫt（强大有力的公牛）。有时他的形象也被与公牛角一起呈现。[83] 而且，他的巨大阴茎长在腹部而非阴部，就像公牛一样。不过，如同德国埃及学学者奥托（Eberhard Otto）所说，在敏神和公羊神阿蒙之间一直有"根本上的近似关系"[84]。从第十一王朝开始，这两个神灵在底比斯就相互关联，而到了新王国时期，阿蒙和拉似乎在很多膜拜中都与拥有竖起的巨大阴茎的敏神融汇到了一起。[85]

希腊的潘神被表现为山羊，这也可以解释为与公羊／山羊神阿蒙相融汇的结果。潘来自敏神，可以证实这一点的不仅是他巨大的阴茎、他与牲畜繁衍之间的联系以及他在荒野的居所，而且还有对他的形象的描绘，他经常被描绘为带着鞭子，就像伴随他的萨蒂尔（Satyrs）一样拥有黑人特征的黝黑皮肤。他的母亲卡丽丝托（Kallisto）的埃及名字和神话地位将在第四卷中予以讨论。

在 19 世纪早期，尼布尔的赞助者，浪漫主义诗人和神学家约翰·海因里希·福斯（Johann Heinrich Voss）推测说，潘神的名字 Pan 源自欧洲词根

80　Gauthier（1931, pp. 149-50）；Chassinat（1966-8, II, pp. 684-91）.

81　Gundlach（1982, col. 136）.

82　Gauthier（1931, p. 197）.关于这些地区这一神灵的铭文，更详细的综述参考 Bernand（1977）。

83　Gauthier（1931, p. 176）.

84　Otto（1966, p. 118; n.d., p. 123）.

85　Budge（1904, II, p. 18）；Gauthier（1931, pp. 180-1）；Otto（n.d., p. 123）.

171

*pa(s)（守卫，保护），这一词根生成了 pasture（牧场）、pastor（牧师）等词语。[86]
法国古典学者菲利普·博尔若（Philippe Borgeaud）写过一本关于潘神的书，
认为公元前 6 世纪对被称为 Paoni 的潘的献礼，可以证实福斯的观点。博尔若
说，该词来自 *Pāwōn，源头上则来自提供了所需要的 s 的 *Pa(s)ōn。[87] 尚特莱
纳对此表示怀疑并支持荷兰学者 C. H. 瑞格（C. H. Rujgh）提出的主张，认为
潘的名字是"前古希腊的"，可能只是被视为阿波罗的古代名字的 Paiáōn 的同
源双式词。[88] 在第一卷中已经提到名字 Iōn、Iaōn 和 Paiōn 之间的关联，以及其
来自埃及语中含义为"野蛮的"和"蛮族"的 iwn 和 p3 iwn 的词源。[89] 这样的
名字似乎非常适合野蛮的潘神。

　　不过，这似乎不是这个名字的唯一来源。把 *Paiáōn 缩写为 Pan 似乎受到
了神圣而神秘的谐音双关或双关的影响，古代近东和地中海的文化充满了这
种双关的印迹。[90] 首先是希腊语的 pan（所有的，一切）。不过，另外两种或许
是埃及语，并把潘和敏联系到了一起。例如，它可能与 P3 ḥm，'The Ḥm' 本
身有关。另一种更大的可能是，名字 Pan 的形成受到了埃及语的 p3 im（呻
吟）的影响。语音上的一个对应词来自希腊词语 pan 的变体 panos（尼罗河的
鱼），这一说法来自埃及语 p3 in（鱼）。[91] 在语义上，在 p3 im（呻吟）与 ꜥš（呻
吟）和 ꜥš（雪松）之间存在着相似性，二者都用来指代神话场景中位于一棵树
里的奥西里斯。[92] 从其他名字中也可以看出神灵的名字与呻吟之间的联系。例
如，来自闪米特语的 Bâkûi（被哀悼）的名字 Bakchos，还有他的对应者来自
印欧语的名字 Pentheus（被哀悼）。[93] 从词语 panikos 和 panismos（惊恐和恐怖
的事）中，可以看出潘神与呻吟的联系。普鲁塔克在关于塔穆斯（Thamus）
的故事中清晰地表述了这种联系。塔穆斯显然是美索不达米亚和叙利亚的神灵

86　Voss（1827-34）。关于 Voss 和 Niebuhr，参考第一卷，第 298 页。

87　Borgeaud（1979, p. 263）。更大胆的推测参考 Alfred Willy（Borgeaud 1979, pp. 283-5）的附录。

88　Ruijgh（1967, s. 86, n. 40）。

89　Volume 1, p. 454, n. 50。

90　有关的讨论参考 Volume 1, pp. 91-2。

91　埃及语的 in(t) 和希腊语的 pan 指的都是 Tilapia Nilotica。

92　参考 Sethe（1908, pp. 11-14; 1910a, pp. 71-8）。同时参考 Hani（1976, p. 69）。更多的内容见本书第
四卷。

93　参考 Astour（1967a, pp. 174-5）。也有可能，希腊神秘的鱼的名称 bakkhos 是 pan-panos 的双关词。

Dumuzi/Tammûz，司掌庄稼和牲畜的繁衍，每年人们都会哀悼他的早夭。[94]他在很多方面与埃及的奥西里斯对等。根据普鲁塔克的说法，塔穆斯得到了神秘的指示，要他航行到派洛德斯（Palodes），宣告："伟大的神祇潘已死！"他这样做了，"他的话音未落，就传来哀伤的哭喊，哭喊声不是来自一个人而是很多人，混合着惊诧的呼声"。[95]

敏神与弥诺斯

我们分析了埃及好色的公牛神敏和希腊好色的山羊神潘之间的联系，现在让我们沿着这一思路，看一看爱琴海地区 Minos（弥诺斯）这个名字中可能表现出的埃及 Min（敏神）的影响。

根据至少可以追溯到赫西俄德时代的希腊传说，弥诺斯是克里特的国王和立法者，"人类的国王中最有王者风范的王"。[96]荷马也认为弥诺斯是死者的裁决者。[97]这一埃及化的角色似乎可以使他等同于奥西里斯。不过，到了新王国时期，阿蒙被视为具有 b3 或奥西里斯"灵魂"的特征，或者更准确地说，是被视为 b3 或奥西里斯的"灵魂"。在公元前 7 世纪的塞易斯王朝版本的《亡灵书》中提到了对阿蒙的呼唤，这时阿蒙已经与奥西里斯合而为一，成为死者的裁决者。[98]那么在这一方面，克里特的弥诺斯就与奥西里斯和阿蒙两者都相似，同时也通过敏神与阿蒙的融合而与敏神相似。

在第十章中我将考察奥尔布赖特（Albright）提出的假说，那就是，埃及语中用来指一个外国国名的 Mnws，可以通过 Minos（弥诺斯）与克里特对应。我也会探讨 Minos 与 M3nw 相互关联的可能性，M3nw 指太阳落下的山峰，与太阳神拉直接相关，拉又与阿蒙相关。[99]不过遗憾的是，我们不知道 Mnws 和 M3nw 的发音，因此它们与 Minos 的关系只能是不确定的，尤其还因为，希腊名称并非直接指代克里特岛，而只是指代传说中的克里特国王。

172

94　可以参考 Frazer（1911, I, pp. 6-121）；Jacobsen（1976, pp. 25-73）。

95　Plutarch, 'On the Obsolescence of Oracles', 419, trans. Babbit（1936, p. 403）。

96　Plato 的引用见 *Minos*，出自 *Loeb*, Hesiod, p. 204。

97　*Odyssey*, XI.586.

98　Rubric to chs. CLXII, CLXIII，引用于 Budge（1904, II, p, 10）。同时参考 Otto（1975b, cols. 245-6）。

99　参考本书第十章注释 2—8。

名字 Minos 更有可能的来源是埃及第一位法老 Mn（约公元前 3400 年），人们通常按照后来希腊人记录的名字 Mēnēs（美尼斯）来称呼他，不过几个世纪之前的希罗多德曾经称之为 Min（敏）。[100] 这个名字很难解释，因为官方的新王国时期的埃及国王名录采用了一种名字（Nbty-name）来指称第一王朝的早期统治者，而当时人用的是荷鲁斯名（Horus-name）来指称在世的法老。于是，尽管 Nbty 名的 Mni 出现在了国王名录上，但是人名 Mn 在同时代的铭文上只出现了一两次。因此，我们很难得知附加上的荷鲁斯名是哪个。加德纳和劳埃德或许是正确的，他们把 Mn 等同于该王朝的第一任法老，其荷鲁斯名是 Nar'mer。[101]

不过这个问题并非我们要考虑的，因为这个名字明显是由第一王朝早期一位重要的法老所使用的，而在后来的时代，Mn(i) 被普遍认为是王朝统治的创建者。也有可能，这里存在与单词 mn（坚实，建好的）的双关，mn 有时会用作不及物动词（建立）。在这种情况下，克里特的弥诺斯可能只是当地"创建者"和统一者的称号。[102] 在古典时期，Mn 似乎不仅被视为第一位法老，而且是各个地区连续的政府统治的开拓者。狄奥多罗斯描述了 Mn 和克里特的弥诺斯之间清晰的对应关系。根据他的说法，这位埃及人是：

> ……这样的人，不仅有伟大的灵魂，而且其一生都是名字得到记录的所有立法者中最有公众精神的。根据传统记述，他声称赫尔墨斯把法律传给了他，保证说他的事业会受到神的祝福，这就如同希腊人所说的克里特的弥诺斯以及斯巴达人当中的莱克格斯（Lycurgus），前者声称他的法律来自宙斯，后者声称他的法律来自阿波罗。[103]

这很有趣，因为我们现在考虑的是克里特的公牛膜拜，这一后来的传统把敏／美尼斯与公牛联系到了一起。公元 2 世纪和 3 世纪时的罗马作家伊良（Aelian）说，美尼斯创建了阿匹斯的公牛膜拜。[104] 埃及历史学家曼涅托认为，

100　Herodotos, II. 7, 99. 这两个发音有可能指更早的 *Mayn，不过这纯粹是假设。

101　Lloyd（1988, pp. 6-10）.

102　使情况更加令人困惑的是，传说中印第安的政治秩序创立者和立法者被称为 Manu。

103　Diodoros, I.XCIV 1-2, trans. Oldfather（1935, I, p. 319）.

104　Aelian XI. 10, cite. Otto（1938, p. 5, n. 2）.

这是在第二王朝时期创建的，不过他的说法没有得到支持，因为第一王朝法老「ḥ统治时期就已经提及了这一膜拜。[105] 而且，在 Min/Mēnēs 与 Mn nfr，即阿匹斯的膜拜地点 Memphis（孟菲斯）之间存在很多联系。[106] 于是，我们似乎有足够的理由接受伊良的说法，尽管这一膜拜创建于他写作之前三千多年。这是传说能够在漫长的时间跨度里持久流传的一个典型例证，我认为它也是很有启发性的。简而言之，考虑到名称的相似性、与公牛膜拜的联系以及作为政治秩序创建者的埃及统治者的形象，那么我们似乎也可以合理地认为，弥诺斯是源自敏／美尼斯的立法者和死者的裁决者。

不过，弥诺斯国王名字的来源不只是敏／美尼斯，此外至少还有两个名字。第一个是 Mnevis（姆奈维斯）。前面引用了狄奥多罗斯的文本，这位作家显然谈到了美尼斯，不过他使用的名字是 Mnevis。这是个希腊名字，用来指 iwn 或赫利奥波利斯的神圣的公牛，这个地点就在如今的开罗郊外，第一卷中已对此进行了讨论。[107] 公牛的名字通常在埃及语中写成 Mr Wr，即"伟大的 Mr"。不过，在中王国时期的棺文中其被写成了 Nm Wr。[108] 20 世纪初的德国埃及学家库尔特·泽特认为 Mnevis 来自假设中的埃及形式 *Mnewe，这在后来发现的 Mni 的写法中得到了证实。[109]

实际上，从最早的时候开始，埃及语中的三个双辅音 mr、mn 和 nm 之间就存在很多混淆。需要指出，在中王国时期，闪米特名字中的 l 几乎被不假思索地改写成了埃及语中的 r、ꜣ 和 n。写成 n 的最著名的例子是埃及的 Kbn 这个名字，这个城市中讲闪米特语的居住者称之为葛布拉（Gubla），后来的希腊人称之为毕布勒（Byblos）。[110] 所有这三个音，mr、mn 和 nm，都与牛有关。Mrw 的意思是"公牛"，mry 的意思是"战斗的公牛"。除了 Mni 之外，还有词语 mniw（牧人）、mn ꜥt（产奶的奶牛）和 mnmnt（牛）。Mnmn mwt.f（他

174

105　Manetho fragments 8, 9，10；Vercoutter（1975, col. 338）. 同时参考 Lloyd（1976, p. 171）。

106　Herodotos, II. 99，表示这是敏创建的。同时参考 Gardiner（1961a, p. 408）。

107　关于 iwn, iwnw 或 ꜥOn，见第一卷，第176—177页。

108　*Coffin Texts*, V 1916. 同时参考 Kakosy（1982, col. 165）。

109　Sethe（1923, p. 191）. 同时参考 Otto（1938, p. 34）。

110　除了文中提到的这些之外，这样的相似性也存在于 mniwt（港口）和 mrw, mr 和 mrgt 之间，它们的含义都是"港口，海岸，在地面上流过"；这种相似性也存在于 mr 与 mn 之间，二者的含义都是"病人"。有趣的是，在现代的马格里布（Maghrebi）和埃及的阿拉伯语中，最后的 l 常常是被发成 -n 的音，例如 futban（football，足球）。

母亲的公牛）是敏的修饰语。Nmiw 看起来很像 mniw，含义是"贝都因人"（Bedouin）。[111]Nmnm 和 mnnm 一样意味着"震动"，不过前者也有"像畜群一样前后移动"的含义。有趣的是注意到，nmi 的两种含义：⸺即"跨越"（在晚期埃及语中是"四处旅行"）和 ⸺（牛叫声），二者都包含 ⊔，加德纳认为这个符号应该按照"某种未知的原因"读成 nm 的发音。不过，同样的符号出现在 mrrt 的写法 （街道）和公牛名字 Mnevis Mr Wr 的写法 或 中。但是，语音上的 nm 和语义上的"弯弯曲曲的墙"一起出现在了晚期埃及语的 nmʿ（开始，筑墙）之中。围绕着在 nomaditēs（游牧民族）和 nomos（法律）中出现的词根 nom- 的希腊语义群，源自这个以 nm 为核心的埃及语义群，我们将在第三卷中对此进行讨论。[112]

综上所述，我们可以看到三重的对应。在埃及，公牛膜拜与名字 Mn 联系在一起，Mn 指的是创始的法老和弯弯曲曲的墙。在克里特，公牛膜拜与开国之王弥诺斯和迷宫联系在一起。这种对应还可以更为接近。古典学者和埃及学学者艾伦·劳埃德指出，斯特拉博描写的发生在孟菲斯的阿匹斯和赫菲斯托斯（卜塔）神庙甬道（dromos）中的公牛间的战斗，属于可以追溯到古王国时期的埃及传说，似乎象征着荷鲁斯和塞特之间的争斗。[113]要把 dromos 一词译为英文实在困难。它显然是个可以奔跑的地方，但是形状是不确定的。它可能是圆形剧场，但是更多的时候可能是通道或跑道，那么是否带有弯弯曲曲的墙呢？正在决斗的公牛通常被称为 mry，这个词显然与 Mr Wr 联系在一起。此外，Mr Wr/Mnevis 有时被表现为公牛，但是也被表现为长着公牛头的人，因此就与迷宫中的弥诺陶洛斯有惊人的相似性，尽管这样的表现可能只是出现在后来的时期。[114]

古代流传的记述说，弥诺斯的建筑师代达罗斯按照埃及模式建造了克诺索斯的迷宫。[115]值得注意的还有，希罗多德最早大量使用词语 labyrinthos 时，并

111　Mniw 将在下面关于米尼安人的部分予以讨论。

112　参考第三卷。

113　Lloyd（1978, pp. 609-26）. 这种公牛之战发生地点的名称是词语 mṯwn，关于它与词语 mothos、-acc. mothon（动物决斗时的声音）和 Mothone、Methana 等地名之间的关系，参考本章注释 174 和第三卷。

114　Erman（1934, p. 27）；Otto（1938, p. 36）. Lanzone（1881-6, vol. 1, pp. 170-2, pl. 55.3）再现的长着牛头的姆奈维斯属于托勒密时代，据我所知没有更早的证明。

115　参考 Diodoros, I.61. 1-3; Pliny, N.H. XXXVI.90。

不是指克里特的建筑，而是指第十二王朝法老阿蒙涅姆赫特三世（Amenemḥe
III，公元前 1859 年—公元前 1814）修建的复杂的大型陵庙，其位置是在现今
的哈瓦拉（Hawwâra），法尤姆入口的 El Lâhûn 以西数英里的地方。值得注意
的是，这一大型建筑在希罗多德的时代之后仍然矗立，公元前 1 世纪时斯特拉
博或许还看到过它。[116]

埃及学家海因里希·布鲁格施（Heinrich Brugsch）受埃及人赫迪夫·伊
斯梅尔（Khedive Ismailᶜil，1866—1879）聘用，成为商博良（Champollion）
之后哥廷根大学的第一位埃及学教授。他也写了一本内容广泛的《古埃及地理
词典》（Dictionnaire géographique de l'ancienne Égypte），于 1879 年出版。他
在其中提出，希腊的 labyrinthos（迷宫）源自埃及建筑名 * R-pr R-ḥnt（湖泊
入口的庙宇）。[117]这个名字没有得到证实，但是 r-pr 是"庙宇"的常用名称，R-ḥnt
则是地区的名称，在科普特语中表现为 Leḥōne 或 Liḥōne，这在如今的村庄名
El Lâhûn 中得到了保留。由于显而易见的原因，这一假说在之后的几十年中并
没有得到赞同，并且在 20 世纪 30 年代，戈捷在他的《地理词典》（Dictionnaire
géographique）中激昂有力地对此进行了否定。[118]在 20 世纪之初，彻底地否定
了 * R-pr R-ḥnt 作为词源的可能性的，是吕底亚语（Lydian）中的 labrys（双
斧），在克诺索斯频繁发现双斧符号，因此增加了这个词源的可信度。[119]前面提
到，双斧是弥诺斯克里特的重要宗教象征，但是我们难以看出为什么要给建筑
起这个名字。不管怎样，很难确定克里特曾经使用过吕底亚语或其他安纳托利
亚语。显然没有能够将 labyrinth（迷宫）和 Lydia（吕底亚）联系在一起的重

175

116　参考 Herodotos, II. 148-49, Strabo XVII. 1.37。皮特里在 1889 年和 1911 年探访这一遗址时，只发
现了大范围的石灰石碎片，在罗马时代这里似乎曾经烧过大量的石灰。Diodoros, I.61.1-3 和 Pliny（36.90）
声称该建筑是在他们的时代被毁的。参考 Gardiner（1961a, pp. 139-40）。有人对希罗多德、斯特拉博和皮
特里对此的证明持有怀疑态度，但是不能令人信服，关于这点参考 Armayor（1978, p. 70; 1985）。极少数
的学者自从古代晚期就把希罗多德笔下的莫埃里斯湖和法尤姆对应起来，他们接受了希罗多德对湖泊和
莫埃里斯或阿蒙涅姆赫特三世的迷宫建筑的详细描述。无论如何，他们令人信服地看到了迷宫与看起来是
精心修建的大型的陵庙建筑之间联系，这得到了考古学和铭文证据的证明。详细的综述参考 Lloyd（1988,
pp. 1 21-7）。阿马约尔（Armayor）从克里特迷宫中获得了更含糊不清的渊源，这值得注意，而且表明了
持怀疑论的雅利安主义者的方法，他们倾向于认为，希腊对埃及的很多描述是狂热的想象。

117　Brugsch（1879-80, II, p. 501）. 第一卷也提到了布鲁格施，参考第一卷，第 258、261 页。

118　Gauthier（1925-31, III , p. 119）.

119　参考 Kretschmer（1896, p. 404）等人的资料，关于这种假设，参考 Hester（1965, pp. 358-9）。
Frisk 和商博良并没有提到布鲁格施的假设。关于双斧膜拜及其近东渊源，参考第一章注释 61—63。

要传说。这一牵强的假说的来由似乎在于 1880 年后的知识社会学以及大多数德国和英国学者无法想象的埃及或闪米特渊源，与近东的其他地方相比，他们更倾向于承认安纳托利亚的"小亚细亚"影响。

我在第一卷中接受了布鲁格施提出的词源 * R-pr R-ḥnt，这一词源在最近由闪米特学家罗伯特·施蒂格利茨（Robert Stieglitz）重新提起。[120] 我仍然相信，这个名字可能影响了希腊词语。不过，我现在更乐于接受马伯乐（Maspero）、施皮格尔伯格（Spiegelberg）和阿瑟·埃文斯提出的词源，然而历史学家 H. R. 霍尔（H. R. Hall）在 1920 年对这一词源表示了怀疑，最近艾伦·劳埃德则彻底将之否定。[121] 这种词源是，labyrinthos 源于法老阿蒙涅姆赫特三世姓名中的第一个名字 Ny-mȝˁt-Rˁ，阿蒙涅姆赫特三世是埃及"迷宫"始建造者。古典作家用多种不同的方式来表现 Ny-mȝˁt-Rˁ，包括 Marēs、Lamarēs、Lamaris、Labarēs 和 Labaris。[122] 迷宫建筑的名称和迷宫所献给的法老的名字之间的巧合，在我看来似乎是太突出了。我认为，通常被认为是在前古希腊时期广泛传播的词尾 -nthos 有很多不同的来源，包括齿音前简单的鼻音化。不过在某些情况下，我认为它来自埃及语的 nṯr［神（在泛神论的意义上）的生长］，就如同单词 anthos（开花，生长）本身的情况。[123] 词语 labyrinthos 词尾的 -inthos 可能也是这样。

前面提到过，在迷宫和埃及之间有很强的联系。而且，埃及对克里特宫殿在建筑和装饰上产生了很多明显的影响。与此相对的是，在青铜时代的克里特和安纳托利亚之间只存在无关紧要的微弱影响，与吕底亚之间则根本没有影响。由于这些原因，以及更恰当的语义上的对应，我主张 labyrinthos 具有埃及语词源而非吕底亚语词源。

即使名称"labyrinth"（迷宫）并非来自埃及，并且尽管在后来的希腊语和其他语言中，在为公牛准备的 dromos，即陵庙，与克里特宫殿之间有明显的混淆，但是，埃及的公牛膜拜和宫殿时期克里特的公牛膜拜之间有无法忽视

120　第一卷，第 64 页，以及 Stieglitz（1981b, pp. 195-8）。

121　Hall（1905, pp. 320-4），见 1920（pp. 153-5）；Lloyd（1970, pp. 92-6; 1988, pp. 120-1）。

122　Waddell（1940, p. 224, n. 1）. Diodoros, I.61，似乎复制了法老的两个名字，因为他称之为"Mendēs 或 Marrus"。我认为这些来自 imn m ḫ3t 和 Ny-mȝˁt-Rˁ. 不过，Vergote（1962）认为，它们都是 Ny-mȝˁt-Rˁ 的不同形式。关于 imn m ḫ3t 与 Memnōn 的关系参考本书第六章注释 147—148。

123　参考第三卷。

的相似性。我们能确定哪里的膜拜在先，因为公牛膜拜在埃及可以追溯到公元前四千纪，但是在克里特只始于公元前 2000 年左右。在继续讨论具体的传播情况之前，考察一些神话上的对应对我们是有帮助的。

克里特的弥诺斯具有一些并不符合其伟大立法者形象的特性。据说，他会强奸和诱奸女子。[124] 当然，在这方面弥诺斯可以和宙斯相比，只是弥诺斯明显并非超越于凡人之上的神灵。不过，弥诺斯的这些特点的确与埃及的敏神相对应，而非与名字为敏的法老相对应。

首先，在敏神的象征，Ḥm（双箭石）与在弥诺斯克里特普遍存在的双斧之间有明显的对应性。而且，在弥诺斯的故事中，弥诺斯钟爱一头美丽的白色公牛，这头牛成了他牛群的首领。而后弥诺斯的妻子帕西菲（Pasiphai）命令代达罗斯为她造出了一只木制母牛，她蹲在里面与白色公牛交配并因而怀孕，生下了牛头怪弥诺陶洛斯。埃及的公牛神敏有一头敬献给他的白色公牛，这与他的修饰语 K₃ Mwt.f［他母亲的（使之怀孕的）公牛］有关系。因此，考虑到弥诺斯和帕西菲的儿子弥诺陶洛斯是他的白色公牛，他们可以与敏神对等。同样值得注意的是，敏神膜拜中包括一头黑色的神圣母牛，iḥt kmt。[125] 鉴于埃及的敏神和阿蒙与克里特的宙斯和弥诺斯之间有相近的成对关系，而在第一卷中我们讨论过，宙斯的恋人艾奥（Iō）的名字很可能源于 iḥt（奶牛），因此这种可能性也是有趣的。[126]

作为神灵的敏和作为法老的敏相融合，这并非纯粹的克里特现象。在埃及，二者有时会被共同膜拜。在第十九王朝（公元前 13 世纪）的底比斯敏神盛宴上，出现的第一个神灵雕像就是敏 / 美尼斯的雕像。[127]

因此，即使在二者之间没有实际联系，就像一些学者认为的那样，古代的双关现象也会让膜拜者看到显著的宗教联系。[128] 所以，王室的敏 / 美尼斯、神灵敏和神圣的公牛姆奈维斯，似乎就构成了弥诺斯的全部传奇特点。

177

124　Apollodoros, II. 5.9 and III.1.2; Nonnos, XIII.222 and XI.284.关于弥诺斯的性冒险的古代资料，参考文献见 Graves（1955, I, p. 301）。

125　Gauthier（1931, p. 83）。

126　第一卷，第 95 页。

127　Gauthier（1931, pp. 83, 205）.塞特把阿拜多斯名单上的名字 47 和 52 解读为 Nfr-k₃ Min 和 Nfr-k₃ Min ꜥnnw（见 Stock, 1949, p. 35），这种解读在这方面耐人寻味的。这些神秘的第八王朝（从公元前 25 世纪中期开始）的法老或许有助于建立敏和四百年后在克里特形成的王权之间的联系。

128　Gundlach（1982, col. 136）。

对于存在埃及影响的反对意见

对敏神和弥诺斯之间惊人的相似性的揭示，实际上是比较神话学而非考古学的内容。而且，在希腊，有关克里特的传说存在于公元前 1000 年—公元前 700 年的几何时期的陶器时期和公元前 776 年—公元前 500 年的古风时期，而克里特宫殿公牛膜拜的出现时间比这早了一千年，两者之间存在巨大的时间鸿沟。如果进行综合考虑，我们似乎就有可能与卡尔·奥特弗里德·缪勒和他的众多追随者一样认为，克里特和埃及之所以存在对应性，只是后来希腊同"蛮族"（也就是埃及祭司）的"结合"与"联络"的结果。[129]

然而，这种解释面临两种主要的困难。第一，对应关系存在突出的复杂性。第二，事实上，尽管有关弥诺斯国王的各种传说的完整版本只是后来出现的，但是赫西俄德和荷马都在作品中断断续续地对此有所提及，这清楚地表明，在他们的时代这些传说已经为人所知。因此，那些现代学者如果主张这些对应性是后来虚构出来的，并且如果他们与缪勒不同，持有系统的观点，那么他们就必须把这样的虚构设定在公元前 10 世纪之前，而我认为赫西俄德是时代较早的诗人，他就属于那个年代。[130] 也就是说，这种虚构只能是要么发生得更早，可能是在公元前 1150 年—公元前 1000 年的次迈锡尼时代，此时在爱琴海和中东之间存在不太复杂也相对不太友好的接触，要么就是发生在青铜时代晚期。后一种情况似乎意味着，在人们对素材进行编造时，不仅在埃及和克里特有文化水平很高的祭司，而且克里特和／或迈锡尼宫殿仍然繁荣，或许还有某种历史记录。这似乎就限制了历史虚构的可能性。不过，毫无疑问，这些神话或许就是在这个时期生成的。而且，考虑到公元前 15 世纪和公元前 14 世纪埃及和爱琴海之间的密切联系，人们甚至可以发现这种虚构背后的动机：那就是将两个地区联系到一起，建立起埃及胜于北方的优越地位。

不过，还有进一步的证据支持更简单的情况，那就是，传说反映了某些真实的历史，就如同克里特宫殿是近东影响的结果一样，在宫殿中扮演了如此重要的角色的公牛膜拜也来自埃及，特别还是在同一时间，即公元前 21 世纪。

129　参考第一卷，第 310—311 页。

130　参考第一卷，第 85—88 页。

蒙特和拉达曼提斯

要审视另一种证据的来源，先考察一下拉达曼提斯国王的情况或许会有所助益，他是传说中弥诺斯的一个兄弟。罗伯特·格雷夫斯（Robert Graves）尝试着提出，Rhadamanthys（拉达曼提斯）这个令人难忘的名字来自 *Rhabda Mantis（拿着魔杖统治的人），维拉莫维茨（Wilamowitz）则不那么确切地表示这个名字属于卡里亚语（Carian）。[131] 另一方面，尚特莱纳认为这一推测和其他推测都是"没有根据的"。我相信这个名字有可能来自埃及语的 *Rdi Mntw（"Mntw 或 Mont 给予"，或者 "Mntw 或 Mont 所给予的人"）。尽管这一形式未得到证实，但是这种结构是标准的，Rdi+ 神的名字和神的名字 Mntw 这两个因素在现存的埃及语专有名词中是非常常见的。[132]Rhadamanthys 这个形式本身就表明，假设中的借词发生得很早，因为动词 rdi 甚至在中王国时期就丢下了词首的 r，尽管人们从来不应该低估埃及文化中复古的力量。[133]

我们首先考察一下这种可能性：Rhadamanthys/Rdi Mntw 代表鹰 / 牛神或发生了融合的 Mntw Rˁ（拉）本身。鹰 / 牛神是另一个与阿蒙或拉联系在一起的太阳神，金字塔铭文中在提到他时称之为太阳或星星之神。[134] 他是上埃及的底比斯行省之神，在第十一王朝时期（公元前 2153 年—公元前 1979 年）伴随着他的领土一起兴起。在这一时期的后半期，与王室法庭联系在一起的对他的膜拜在整个国家占据了首要位置，但是在第十二王朝开始后，对他的膜拜就被阿蒙膜拜所取代，而阿蒙常被认为是等同于鹰 / 牛神的。不过，即使在这之后，鹰 / 牛神在底比斯行省也仍然重要，通常以战神的身份著称，他与第十一王朝时期埃及的重新统一联系在一起，在这次统一之前，埃及经历了持续了三百年的第一中间期的分裂。这位神灵也特别与北方蛮族的征服联系在一起，对此我们会在第五章中看到更多细节。[135]

---

131 Graves（1955, I, p. 298）；Wilamowitz-Moelendorff（1931-32, I, p. 56, n. 3）。

132 Ranke（1935-52）.我并非第一个提出 Rhadamanthys 具有埃及词源的人。Bérard（1902-3, pp. 68-9）认为这个名字源自埃及语的 amenti，即 imnty，他指出这是由普鲁塔克转译为 Amenthys 的，指的是死者受到裁决的西方土地。或许还存在着某些双关（参考下文注释 143），不过贝拉尔无法解释词语开头的 Rhada- 是怎么么回事。

133 Gardiner（1957, p. 217, §288）。

134 *Pyramid Texts*, Utt. 503.

135 有关该膜拜的整体概述，参考 Bourghouts（1982, cols 200-4）。

179

　　鹰/牛神原本有两个配偶。第一个是 iwnyt（南方的 iwn 的她），这是他的膜拜中心的名称，指艾尔曼特（Armant）或赫蒙提斯（Hermonthis）城，位于底比斯上游 20 公里处。与这个词对应的是 iwn，即下埃及的赫利奥波利斯。[136]第二个是 Tnnyt，也就是 Tnn 的阴性名称，Tnn 是与造物工匠神卜塔（Ptah）融汇在一起的古代冥府的造物神。后来，iwnyt 和 Tnnyt 失去了独立身份，被 R't t3wy（两片土地上的 Ria）替代。[137] 显然，R't 是 R' 的阴性形式，而且是名字 Rhea（瑞亚）的埃及语原型，二者在语音上有完美的对应。我们知道，在新王国时期 R't 被改写成阿卡德语的 Riya 或 Ri'a。[138]Ria（瑞亚）还与 Nut（努特）结合在一起，而努特在希腊化时代被视为瑞亚（Rhea）的埃及对应者。

　　努特是天空女神，瑞亚是以保护天然和人工洞穴中的年轻人而著称的大地神灵，消解了二者间存在的明显差异的是，在埃及仪式中，身体上带着星星的努特的主要职责是弓成弧形飘在棺材中的木乃伊上方，守护墓葬和棺材。一些学者说，他们发现努特是由一名天空之神衍化成与地下世界有密切关联的死亡之神的。不过其他学者认为，努特从最初就是与地下世界相关联的。[139] 在探讨与拉达曼提斯有关的鹰/牛神的配偶 R't 时，格外引人注意的是，瑞亚是克里特最重要的神灵之一，由此加强了这位埃及神灵与这座岛屿之间的联系。

　　通常使用的名字 Mntw R' 显示出鹰/牛神和太阳神拉之间的联系，而名字 Mntw Ḥ' 则表现出其与年轻战神荷鲁斯之间的关联。鹰/牛神与荷鲁斯一样，作为追逐猎物的战神，有时会被描绘为长着鹰头。不过，从埃及第十一王朝开始，他就被等同于愤怒的公牛，人们把他作为公牛膜拜或把他与一群公牛放在一起膜拜，这在第十二王朝时期的鹰/牛神膜拜中得到了证实。到了这时，神圣公牛的颜色常被描绘为白色，而鹰/牛神的公牛与敏神的白色公牛有密切联系。鹰/牛神也常与"黑色母牛"iḥt km 联系在一起，后者与艾奥（Iō）的联系在上文中已经探讨过。[140]在公元前 700 年之后的年代里存在着四种与鹰/牛神相关的公牛膜拜。其中之一来自神谕，并且所有这些膜拜都包括仪式、游行和

136　Jahnkuhn（1980, col. 212）.

137　Bourghouts（1982, col. 201）.

138　Budge（1904, I, p. 328）, Mercer（1949, p. 125）.

139　Rusch（1922）; Frankfort, de Buck and Gunn（1933, p. 27）. 关于相反的观点，参考 Hollis（1987a, pp. 7-8）。

140　Otto（1938, p. 47）; Bourghouts（1982, col. 201）; Drawer（1940 pp. 157-9）.

公牛的角斗。[141] 有人提出，这样好战的神灵不可能在丧葬宗教中扮演死者的裁
决者这样重要的角色。然而，不论对哪里的裁决者来说，勇猛似乎都是优良品
质，在地下世界尤其如此。实际上，通常被称为《亡灵书》的《白日前往之书》
的确把鹰／牛神纳入了希腊极乐世界的神灵行列中。[142]

　　这些特点是怎么与拉达曼提斯的特点相对应的呢？这位克里特人被视为立
法者，而他的继子赫拉克勒斯促使他确立了关于谋杀的条例，这似乎就是"以
眼还眼"的原则。拉达曼提斯与弥诺斯一起被赫西俄德、荷马和后来的作家视
为死者的裁决者。[143] 在《奥德赛》中他被称为 xanthos，第三卷中会讨论到，这
个词经常应该被翻译成"神圣的"而非"金发的"。[144] 解释为"神圣的"显然
更符合 antitheos（神灵般的）的含义，这是《伊利亚特》中对他的描述。[145] 在《奥
德赛》中，拉达曼提斯被描绘为有能力在一天内抵达西方最远处并从那里返回，
这显然暗示着其与太阳的联系。[146]

　　这里应该再次说明，拉达曼提斯作为立法者和裁决者的身份并不能让他爱
好和平。据信，他在爱奥尼亚诸岛获得了统治地位，这并非由于他的声望，而
是由于他"无情地惩罚……罪犯"。[147] 传说中拉达曼提斯从克里特飞到了波伊
奥提亚，而他与宙斯的联系以及他作为赫拉克勒斯"父亲"的身份，在第二章
中都已经讨论过。因此，在赫拉克勒斯是中王国法老的情况下，拉达曼提斯就
与鹰／牛神等同起来，成为第十一王朝和后来的法老的庇护者。[148]

　　因此，总体上看，有很好的理由可以把拉达曼提斯和鹰／牛神联系在一起：
他们不仅好战，而且在某种意义上都是某个四处闯荡的英雄／法老的父亲。我
在第二章中提到过，鹰／牛神被表现为孟图荷太普二世的保护者。[149] 拉达曼提

180

141　Bourghouts（1982, col. 202）。

142　*Book of Coming Forth by Day*, CXI, 6, CLXX. 见 Budge（1904, II, p. 26）。

143　Hesiod，见 Merkelbach and West 1983, frs 140-4。*Odyssey*, IV. 564; Diodoros, V.79; Nonnos, XIX.190.
同时参考 Marinatos（1949, p. 11）。Victor Bérard（1902-3, pp. 68-9）将之与 "amenti" 联系在一起，见上文注
释 132。关于拉达曼提斯的这一特征，或许还存在着其他的双关。

144　*Odyssey*, IV. 564, VII. 323. Marinatos（1949, p. 11）将之解释为"金发的"，并以此来支持他在拉
达曼提斯和波伊奥提亚之间建立起的联系，他认为波伊奥提亚的居民以金发著称。

145　*Iliad*, XIV.322.

146　*Odyssey*, VII.323.

147　Diodoros, V. 79. 1-2.

148　参考本书第二章注释 190—191。

149　参考本书第二章注释 159。

斯和鹰／牛神都与阿蒙／宙斯有密切联系，因此多少也与公牛有些关联。从语音上看，-manthys 源自 Mntw 是没有问题的。亚述语中的人名 Mntw m ḫ3t 被写成 Mantimeḫe，因此我们可以得知，Mntw 原本含有一个 a 音。[150]

鹰／牛神与克里特的联系并不限于拉达曼提斯。考虑到瑞亚后来在克里特岛的宗教中的核心地位，那么埃及神话中并不出众的 R'ʿt/Ria 会成为鹰／牛神的配偶，就令人惊讶了。还有与白色的公相关的一致性，白色的公牛似乎把鹰／牛神和拉达曼提斯与拉达曼提斯的兄弟弥诺斯和敏神联系到了一起。而且，鹰／牛神与姆奈维斯一样被表现为长着公牛头的男子。可以肯定，在后来的时代，情况也是这样。[151] 来自底比斯附近卡纳克的独特的三面印章可以追溯到第一中间期或第十一王朝，上面的图案就是一个长着牛头的人。[152] 在这一时期，鹰／牛神有重要的地位，因此印章上的图案可能就是对他的描绘，不过这无法得到确定。有趣的是，在一座鹰／牛神的神庙下面发现了阿蒙涅姆赫特二世统治时期（公元前 1917 年—公元前 1882 年）的透德宝藏，其中的两枚美索不达米亚印章上也有"牛人"的图案。我们在第五章中还会对此进行讨论。值得关注的是，它们是否被认为尤其符合鹰／牛神的形象。[153]

尽管鹰／牛神与中王国时期的公牛紧密联系在一起，他在这一时期却通常被表现为长着鹰隼的头。[154] 而在宫殿时期的克里特也没有描绘成长着牛头的弥诺陶洛斯，其在希腊传说中极有影响力的形象或许只是在公元前 15 世纪与埃及大量接触之后才出现。无论如何，代表鹰／牛神的狂暴公牛非常符合弥诺陶洛斯的形象，而前者的公牛同敏神的公牛一样与阿蒙有间接联系，后者则是弥诺斯之子、拉达曼提斯的侄子、宙斯的孙子。

此时应该考虑一下这种可能性：拉达曼提斯并非仅仅源自埃及神灵，也源自埃及的君王（同样不要忘记，弥诺斯似乎被认为与敏神和王室的敏／美尼斯都有关联）。

作为第一王朝的创始人，敏／美尼斯总是以征服者和立法者的身份著称。在其他埃及统治者中，唯一能接近他的声望的是重新统一埃及、建立了中王国

150　Ranke（1935-52, I, pp. 54, 57）.关于 Mntw 带有"a"音的迹象，参考 Gardiner（1947, II, p. 22）。

151　Drioton（1931, pp. 260-1）; Lanzone（1881-6, vol. 1, pp, 293-9, plate. 99.2, 4）.

152　Ward（1971, p. 138）.

153　Contenau（1953, p. 17, plate. 40）.本书第五章注释 126—137 会详细讨论这一宝藏。

154　Bourghouts（1982, col. 200）.

的人。从严格意义上讲，活跃在公元前 2150 年左右的孟图荷太普一世似乎并不是法老，不过，人们认为他是第十一王朝的创始人，是以底比斯行省为起点重新统一埃及的黑人家族的成员。[155] 在公元前 21 世纪统治埃及的孟图荷太普二世是王朝时代最有执行力的统治者，在他统治的 51 年里，埃及重获古王国统治时期的荣光，成为强国。[156] 如同加德纳所说，

> 孟图荷太普这个名字代表着"蒙特是满意的"：这位本土神灵有足够的理由感到满意，因为……在多年的争斗之后，［他］目睹了整个埃及在一位统治者的统治下重新统一。[157]

在埃及传说中，两位伟大的孟图荷太普经常作为中王国的创建者合而为一，并且与敏／美尼斯对应。例如，在第十九王朝拉美西斯二世统治时期，在底比斯附近的拉美西姆（Ramesseum）为敏神举行的盛大庆典上，敏／美尼斯和孟图荷太普的雕像都被赋予了特别的重要意义。[158] 因此我们发现，法老敏／美尼斯和孟图荷太普在对敏神的公牛膜拜中扮演了重要角色。

埃及和克里特的膜拜之间的宗教对应关系既复杂又清晰。在埃及，敏和鹰／牛神都与白色公牛相关，并与阿蒙对应。在克里特，弥诺斯和拉达曼提斯是兄弟，前者与一头白色公牛有关系，并且二者的父亲都是阿蒙的对应者宙斯。如果把拉达曼提斯与孟图荷太普等同起来，就可以很好地理清这种关系了。弥诺斯的身上结合了公牛神敏与作为创始者的法老敏／美尼斯的特征，拉达曼提斯则结合了公牛神鹰／牛神和作为创建者的法老孟图荷太普的特征。在埃及，两位法老都是无情的统治者和立法者，而克里特的弥诺斯和拉达曼提斯正结合了这两方面的特点。此外值得注意的还有，克里特人的观念中两位王室英雄在裁决死者的法庭上所起的作用，该法庭基本上是埃及形式的。

182

虽然神灵和帝王的结合可能会显得怪异，但是正如我们在敏的例子中所看

155　关于这种对应，可以参考 Maspero（1884, p. 462, n. 1）。如果这一形象归属于他，那么敏／美尼斯的特征就如同 Sheikh Anta Diop 所指出的那样，属于早期的非洲人。孟图荷太普二世相貌的黑人特征不那么明显，但是开罗博物馆收藏的著名的雕塑的颜色无疑显示出他是黑人。参考 Diop（1974, plates. 5，9）。

156　Beckerath（1982a, col. 66; 1982b, cols 66-8）.

157　Gardiner（1961a, p. 120）.

158　Gauthier（1931, p. 205）.

到的那样，这种情况在埃及非常正常，类似的情况也出现在对第十二王朝法老色梭斯特里斯一世的指称上，对这位法老我们将在第五章详细介绍。色梭斯特里斯曾被描写为"白色的公牛"，让"intyw［蛮族］溃逃"。[159] 德国的埃及学家奥托曾就埃及的公牛膜拜写过很多东西，他这样评论说：

> 这似乎可以与 Month（Mntw）公牛的好战特性相关联，同时可以作为新的证据，证明好战的国王和上埃及的公牛膜拜之间的联系是多么紧密。[160]

埃及和克里特的膜拜之间的复杂联系给人留下了深刻印象，这是因为，对神圣的白色公牛的膜拜在公元前 21 世纪的埃及盛行，而上述的考古证据显示，正是在同一时期，克里特人开始建造宫殿，也是在这一时期，克里特出现了能够得到证实的最早的公牛膜拜。[161] 如上所述，一些学者也已经注意到，在这一时期，埃及和黎凡特对克里特岛产生了影响。彭德尔伯里认为，克里特受到了埃及和黎凡特文化的极大影响，这种影响以尼罗河三角洲为中介，而在第一中间期，尼罗河三角洲的一部分地区是由讲闪米特语的人控制的。[162] 威廉·沃德认为，这一现象发生在中王国早期，此时埃及通过腓尼基，特别是通过毕布勒，影响到了克里特。他这样说的理由似乎足够充分。[163] 毕布勒一直在很大程度上被埃及同化：很多中王国时期的埃及铭文是在毕布勒发现的，这一时期的埃及文书在提到毕布勒王子时用的是 ḥȝti（市长），而不是像称呼其他叙利亚-巴勒斯坦的统治者那样称之为 ḥḳȝ ḫȝswt，即"希克索斯"或"外国王子"。[164]

我们知道，孟图荷太普二世不仅重新统一了埃及，他麾下的将领也曾在努比亚、西奈以及或许更远的北方征战。我们也从文献资料中知道，至少有一支埃及官方的海上远征队被派往了毕布勒。[165] 这一情况得到了考古证据的支持。

---

159 Wadi Halfa 的铭文，由 Otto（1938, p. 47）引用。

160 Otto（1938, p. 47）.

161 参考本章注释 28—39。

162 Pendlebury（1963, pp. 120-1）.

163 Ward（1971, pp. 119-20）.

164 关于这一点的参考文献见 Helck（1975a, cols 889-91）。

165 Ward（1971, pp. 58-65）.

第十一王朝的箱子和棺材上使用了叙利亚的木头。而且，在毕布勒发现的被称为"蒙泰罐子"（Montet Jar）的大规模窖藏可以追溯到公元前 21 世纪，其中的物品主要来自埃及。[166] 前面提到，在两座第十一王朝时的埃及雕像上发现了来自阿提卡劳利昂矿区的银，这可以证明埃及人或许深入爱琴海地区，同时也能显示出埃及人进行海上航行的动机。[167] 克里特在公元前 21 世纪似乎受到了来自黎凡特的西闪米特和埃及的相当大的影响，此时统治埃及和叙利亚-巴勒斯坦的都是孟图荷太普，其王室的膜拜对象就是鹰 / 牛神和他那凶猛的公牛。

文献中并没有记载这一时期埃及人到爱琴海的远征，但是米特·拉辛纳碑文被发现了，其中还描述了埃及人在陆地和海上的远征，这将在第五章中详细讨论。在碑文发现前，人们并不知道这些远征，因此这就提醒我们要当心这种情况下的默证。不过我们并不需要用征服来解释文化影响的扩散。事实上，名叫孟图荷太普的法老们重新统一了埃及并在黎凡特确立了统治权力，他们需要非洲东北部没有的金属，而亚洲西南部足以提供这些金属。如果认可拉达曼提斯和孟图荷太普的等同关系，那么一些传说甚至就显示出了政治权力的扩张。狄奥多罗斯在描写拉达曼提斯时说，"他的到来也是为了占有为数不少的岛屿和亚洲海岸的一大部分，所有的人都因为他的公正而自愿将自己交到他的手中"[168]。狄奥多罗斯还特别提到了岛屿卡里亚和爱奥尼亚。[169] 希腊的民族名称爱奥尼亚或许来自埃及语的 iwn（使用弓箭的人，蛮族），这在第一卷中曾论述过。[170] 在这方面有趣的是，鹰 / 牛神与对抗北方蛮族的战役有特别的联系，其称号是 Nb ḥsf iwntyw（征服了蛮族的王）。[171] 除了劳利昂的银之外，没有其他考古证据能证明第十一王朝时期埃及对爱琴海地区的渗透。就我所知，在克里特之外的爱琴海地区所发现的埃及中王国时期的物品只有来自斯巴达的圣甲虫和在萨摩斯（Samos）的赫拉神庙（Heraion）发现的木雕。[172] 但这些更有可能是在古风时期（公元前 776 年—公元前 500 年）萨摩斯人（Samian）与埃及进

166　Ward（1971, pp. 62-3）.

167　见本章注释 23。

168　Diodoros, V.77. 1, trans. C. H. Oldfather（III, p. 313）.

169　Diodoros, V. 84.1-4.

170　第一卷，第 83 页。

171　Reisner and Reisner（1933, pp. 35-46）.

172　Pendlebury（1930a, p. 109）；Burleigh and Hewson（1979）.

行广泛贸易时输入的。拉达曼提斯也与波伊奥提亚有关联，正如我们在第二章和第三章中看到的，这一地区在公元前三千纪受到了埃及的很大影响。

公牛膜拜的延续——克里特的保守主义

尽管公牛膜拜，尤其是鹰／牛神膜拜，在公元 2 世纪和 3 世纪埃及宗教衰败瓦解之前，一直在埃及占据非常重要的地位，但是该膜拜无疑是在第十一王朝时期到达巅峰，而在第十二王朝时伴随着王室新的公羊神或长着人头的阿蒙神膜拜的崛起开始衰颓。爱琴海考古学家辛克莱·胡德指出，"保守主义……是克里特的弥诺斯文明很多特点的关键所在，原本在近东其他地区盛行的信仰和习俗，都在这里经久不衰"[173]。而克里特的公牛膜拜似乎可以为他的说法提供例证。在宫殿时期的很多个世纪里，公牛膜拜在克里特岛一直具有核心地位，从而使中王国早期的埃及宗教得以保存。在东亚也有与此对应的模式。朝鲜和日本在隋朝和唐朝时从中国引进了很多东西，在中国文明继续发展的同时，这两个国家保留了隋唐文化的很多特征。这些古老的中国特征在几百年间经过了与本土文化的磨合，最终被视为日本和朝鲜的特色。例如，即使在今天，朝鲜妇女的"民族服饰"仍然保留着公元 7 世纪和 8 世纪时的中国风尚。更直接相关的宗教上的例子则是，佛教在其发源地印度实际上已经消失了，却在斯里兰卡、西藏地区和东南亚流传下来，并成为这些地方的本土特色。

结　论

现在我们回到这一章的主题上。克里特公元前 2000 年以前的考古证据会告诉我们什么呢？我想先向读者强调一下我在第一章中提出的观点。首先，证据显示，新石器时期的克里特从安纳托利亚接受了农业和陶器制造，但是此时克里特已经与北非和黎凡特发生了接触。第二，新石器时代晚期和青铜时代早期的克里特文化是由克里特本土、利比亚、埃及、黎凡特、安纳托利

173　参考本书第一章注释 16。

亚和北方的影响杂合而成的。虽然没有证据，但是公元前三千纪之初在爱琴海南部地区发展起来的新型贸易社会，可能是受到了近东地区相似的、更早的发展的直接或间接激发而产生的。不管怎样，爱琴海地区几乎肯定是接受了近东地区的葬礼习俗、陶轮和陶器风格。对早期弥诺斯时期克里特宗教象征的物质遗存所进行的研究工作显示出，克里特的宗教与同时代埃及古王国的宗教非常相似。

克里特的宫殿显然并不是在早期弥诺斯社会中渐渐地自发产生的，而是体现出了与之前文化的断裂。宫殿和宫殿社会的组织方式借用的是已经在近东地区存在了几个世纪的模式，这种引入本身就清晰地显示出黎凡特的影响。而且，这些宫殿的建筑细节和装饰特色都只可能来自埃及。同样令人无法忽视的是，宫殿社会在公元前 21 世纪出现在克里特，而此时，日后将在克里特占据核心地位的公牛膜拜正盛行于第十一王朝时期的埃及。

考古学只能将上述这些情况展示为一系列不寻常的巧合。但是，当这些证据与希腊传说和埃及铭文中流传下来的信息汇合在一起时，就出现了一系列复杂而具体的对应物，要想令人满意地对它们进行解释，就只能认为膜拜实际上是当时从埃及引入的。因此，宫殿时期克里特最典型的膜拜似乎无法追溯到三千年前的安纳托利亚的恰塔尔许于克，而是来自同时期埃及王室的公牛膜拜，而弥诺斯和弥诺陶洛斯的传说也都是围绕着这种膜拜产生的。

与公元前 21 世纪克里特的社会和文化转型同时发生的，是第十一王朝时期埃及的重新统一，同时，埃及的影响扩展到了黎凡特，或许还有黎凡特以外的地区。明显的对王朝膜拜的采纳，似乎就意味着在这一关键阶段有来自埃及的直接影响。一些只是在希腊化时代才被记录下来的传说似乎意味着，这一时期在克里特和一些岛屿上可能存在着埃及的统治或宗主权。不过，这些传说在时间上较晚，而且含义并不直接，因此只能供我们参考。但是，在公元前 21 世纪时，克里特无疑受到了埃及的很大影响。

虽然我们认为，近东地区，尤其是埃及，对克里特产生了重要影响，但是我们的假定并不意味着"弥诺斯人"只是把邻居的东西照搬照抄过来。和其他大多数民族一样，克里特人具有相当可观的文化原创性。正如他们似乎从两种埃及象征中发展出了"神圣的牛角"一样，他们也无疑发展了自己的公牛膜拜。例如，没有多少迹象能显示出埃及的仪式上会进行公牛跳跃环节，而公牛跳跃

186　　在克里特却非常普遍。[174] 与之类似的是，尽管克里特频繁借用埃及和黎凡特的风格和图案，但是谁都不难辨识出克里特艺术，尤其是以航海生活为表现对象的艺术品，而这一主题在近东大陆的艺术中是基本不见的。不论如何，本章所给出的证据都显示，尽管和其他地区一样具有一些显著的本土特色，但是早期宫殿时期的克里特无疑隶属于中东文明世界，文化的引进则主要的是来自埃及和黎凡特。

174　词语 mtwn（场地）的义符 上奇怪的符号显示出在牛背上移动（Erman and Grapow, 1982, II, p. 175），这在古王国时期得到了证实。同时参考前面的注释 107—112。

第五章　色梭斯特里斯（第一部分）：希腊人讲述的色梭斯特里斯征服——考古学和文献证据

色梭斯特里斯这一奇怪的人物是希罗多德《历史》第二卷中的问题 之一。

（Levi, 1971, vol.1, p. 117, n.245）

我希望已经表明了自己的看法：研究古代地中海地区有很多途径，包括研究考古学、语言、专有名词和后来的时代里这一地区流传的传说，此外还有同时代的文献。文献资料尤其具有相关性，因为到了公元前三千纪初期，埃及当然已经有了文字，而黎凡特似乎也已经有了文字。公元前两千纪时，安纳托利亚和爱琴海地区显然也开始了书写，这也正是我们主要关注的时期。

在此还要明确的是，就考古学而言，不存在"冒着烟的枪"这样的切实证据。哪篇当时的文献里都不会写着"埃及人/腓尼基人 X 来到了希腊的这个地方，在这里/那里建立了一座城市/一个王国"，从而明确地证明古代模式。同样，也没有什么文献会对此进行否认。既然缺乏这样的文献，我们所能做的就只是在青铜时代的资料中寻找关于青铜时代中期和晚期黎凡特与爱琴海地区之间的接触往来的旁证。

　　这一章的焦点是大量文字记录中的一篇独立文本，该文本来自埃及，并没有直接提到希腊；我们会在第十章中考察直接提及希腊的文献资料。不过，这里要谈论的米特·拉辛纳碑文与希罗多德等人描述过的法老色梭斯特里斯的伟大征服是有关联的，我认为，该碑文以及这种关联具有不容忽视的重要性，它不仅可以用以检验古典资料的可信度，而且有助于我们认识青铜时代末期安纳托利亚、巴尔干、高加索和爱琴海地区发生的变化。

米特·拉辛纳碑文的发现

　　开罗瑞士考古学院（Swiss Archaeological Institute in Cairo）院长格哈德·哈尼（Gerhard Haeny）多年来一直认为，在卜塔神庙前的一座拉美西斯二世（公元前 1290 年—公元前 1224 年）巨像下埋藏着大篇的铭文。这座神庙是由第十九王朝的法老在其属于第十二王朝的原址上修建或扩建的，它位于孟菲斯，就在现今的米特·拉辛纳村附近。1974 年，古迹巡查员萨米·法拉格（Sami Farag）在这里挖出了一大块石板，上面刻有铭文。

　　埃及的资深埃及学家拉比卜·哈巴奇（Labib Habachi）看到这块石板后立刻就意识到，这一铭文与 1909 年弗林德斯·皮特里在附近发现并公之于众的小很多的铭文残片非常相似。人们没过多久就确定，这两份残片同属于一份"非常长的"铭文。尽管新的"残片"面积已有 2×2½ 平方米，但是两片石板拼在一起也只是整篇的一小部分。原本的铭文的开头和结尾，以及每行的开头都缺失了。依据照片誊写的文本更加难辨，因为照片的左侧很模糊，也不可能再拍一张新的了。不过，法拉格和比利时的埃及学家乔治·波斯纳都认为，这一铭文非常重要，尽管有上述缺陷，还是应该尽快将之发表，这就是 1980 年《埃及学期刊》（Revue d'égyptologie）上的相关文章的由来。[1]

　　铭文没有完整的翻译，这并不出人意料。波斯纳和法拉格都就铭文的内容写了一些注释。铭文中提及最多的是中王国时期的两位法老，也就是公元前 1959 年到公元前 1882 年间第十二王朝早期的森乌塞特一世和他的儿子阿蒙

1　Farag（1980, p. 75）; Posener（1982, p. 7）; Petrie and Walker（1909, pp. 6-7, 17-18）.

涅姆赫特二世。几乎可以肯定，铭文就是在后者开始统治后不久刻下的。[2] 铭文的内容主要是关于其在埃及之外的陆地和海上的远征。有些远征是去往非洲的，不过大多数远征都是在亚洲进行的。一次远征是到西奈，两次是到 Ḫnty-š（黎巴嫩），然而还有一次是到 Stt，并由法老亲征。

Stt 是位于遥远北方的一个国家的名称，在新王国时期用来表示纳林（Nahrin）或者美索不达米亚和叙利亚北部的米坦尼王国，但是自从第十一王朝以来其被证实是用来表示一个亚洲国家的。[3] 米特·拉辛纳碑文也提到了向北摧毁了其他国家的远征，这些国家的名字在埃及的其他地理性质的文本中都没有提到过。这些战役或侵袭的结果是，大量的特殊物品被送回埃及，其中最多的是牲畜、奴隶和金属。

铭文的重要意义：中王国时期埃及在亚洲建立帝国的证据

是什么使这一文本如此令人称奇呢？第一，就如我们所看到的，文本似乎提供了有力的证据，可以支持后来的希腊传说，也就是森乌塞特一世和阿蒙涅姆赫特二世的确领导过远至埃及北部的重大战役。第二，一些埃及学家和古代史学家认为中王国时期的埃及可能在黎凡特建立了一个帝国，或者至少是将黎凡特纳入了其影响范围之下，而文本可以支持他们的观点。第三，文本对作为学科的埃及学和古代史学给出了有益的告诫，因为它作为新的重要证据证明了许多大规模战役的存在，而它所出自的时期通常被认为在官方和文学资料中都得到了很好的记录。从中我们可以知道，在第十二王朝早期，在王朝创建者阿蒙涅姆赫特一世获得权力之后，埃及成了富庶而强大的国家。

2　法拉格和波斯纳认为，该铭文应该按照表面价值追溯到第十二王朝，持有相同看法的是 Giveon（1985, p. 16, n. 34）。同样是研究中王国的专家威廉·沃德不同意他们的观点，也不同意皮特里有关残片的观点，他认为铭文是"拉美西斯时期的"，也就是说其时间应追溯到公元前 13 世纪而非公元前 19 世纪（1987, p. 528）。他指出，铭文给出的名字不是当时在世的国王，而是葬礼墓碑上的名字。不过他承认，它们可能属于"第十二王朝早期"。要反对沃德的观点，可以说，这些外国地名是不见于新王国时期的文本的，似乎可能依循了中王国的发音。由于这一原因和下面给出的详细证据，我倾向于同意法拉格和波斯纳的观点，认为铭文的时间是第十二王朝，那也是文本所显示出的时间。埃及学家现在普遍接受了这种观点，读者可以参考 O'Connor（1990）。给人印象最深的是 Helck（1989）的例子。

3　Farag（1980, pp. 78-9）；Posener（1982, p. 8）. 关于 Stt，参考 Gardiner（1947, I, p. 177）和 Gauthier（1925-31, I, p. 95）。

该王室家族来自最南端。阿蒙涅姆赫特的父亲可能来自底比斯行省或区，他的母亲来自努比亚以外或象岛边界的城市，T3 Sty。不管怎样，就像加德纳所说的，王朝兴起的地方"人口中至少有一部分是努比亚人"。[4] 因此似乎有理由认为，这些雕像把法老呈现为黑人是准确的，尽管其他雕像也会把他们表现为具有更多的亚洲人的外貌特征。虽然源自南方，该王朝还是把首都从第十一王朝的都城底比斯迁移到了上埃及北部的利什特（Lisht）。

森乌塞特一世统治时进行了大量的建设。埃及学家辛普森（W. K. Simpson）说，"几乎没有多少地方不能证明国王进行过大规模的纪念碑修建工程"[5]。非常有趣的是，碑文似乎与孟菲斯的卜塔神庙有关联，而我们即将看到，希腊作家们明确地把该神庙与色梭斯特里斯联系到了一起。[6]

我们知道，阿蒙涅姆赫特一世的将领们积极参与了努比亚的重大战役，并在西方与利比亚人作战。森乌塞特一世在他父亲的生命受到威胁时似乎还曾亲自率领军队与利比亚作战。后一事件发生的时间并不确定，我们也不知道对森乌塞特一世父亲的暗杀是否成功，尽管结果很可能如此。[7] 如果真是这样，那么事件应该发生在森乌塞特一世和父亲共同执政的十年的末期，而森乌塞特很快就恢复了埃及的秩序，埃及的财富和力量都在继续增长。

关于第十二王朝在亚洲的利益和统治力量，学者们的意见存在分歧。时至今日，唯一能够直接证明埃及在亚洲的征服的文献记录就是纪念 Nsw Mntw 将军的石碑（stela）或柱形纪念碑，它记录了埃及人战胜亚洲人的战役，并且表明在阿蒙涅姆赫特一世和森乌塞特一世共同摄政时埃及人摧毁了亚洲人的堡垒。[8] 不过，关于这样的征服有大量间接的证据。有趣的是，埃及学家获得的有关埃及同亚洲此时的关系的信息主要来自这一时期的一份文学材料，即《辛

4　Gardiner（1961a, p. 126）。

5　Simpson（1984a, col. 891）。

6　参考 Herodotos, II. 110 和 Diodoros, I.57.5。Lloyd（1988, pp. 36-7）虽然没有讨论该铭文，却认为这里有第十二王朝的遗迹，他颇有道理地坚持说，这些雕像被希腊人认为是属于森乌塞特和他的家人的，但是实际上是拉美西斯二世的雕像。

7　对此的怀疑观点，参考 Simpson（1984b, col. 950）。关于认为暗杀成功的观点，参考 Posener（1956, pp. 66-73）和 Blumenthal（1983, pp. 105-6）。

8　关于石碑以及关于 Nsw Mntw 本人的参考文献，见 Posener（1971, p. 538）和 Simpson（1984a, col. 899）。

奴亥的故事》(*Story of Sinuhe*)。[9]

　　这是许多个世纪里埃及最流行的故事，它生动地讲述了朝臣辛奴亥的经历。辛奴亥偷听到了有关阿蒙涅姆赫特之死的秘密，由于担心被杀，他逃到了迦南，又继续向北逃到毕布勒。而后他向"家的方向"返回，最终在上 Rtnw 安顿下来，这个地方似乎是叙利亚南部的内陆地区。[10] 在那里他先是当上了当地国王的谋臣，而后成了当地富有的族长，他在那里生活了多年之后，法老森乌塞特一世允许他返回埃及故土，并欢迎他重归朝廷，他死后被葬在了埃及。

　　毋庸置疑，这个故事既包含史实，也包含虚构的成分。困难之处就在于如何区分史实和虚构。故事在讲述辛奴亥在 Rtnw 的生活时几乎很少描写到战役。实际上，故事中所述的埃及人和当地人整体上友好的关系、森乌塞特一世的使者在 Rtnw 的来来往往以及叙利亚王子对埃及官员的谦卑态度，似乎都表明埃及在这一地区拥有某种统治权。另一方面，这个故事把森乌塞特一世描述为"生来就是要击垮贝都因人，摧毁沙漠中的漫游者"，而且会"斩断处于亚洲人中间的那些人的脖颈"。森乌塞特一世墓葬神庙的场景展示了得自被征服的对手的战利品和牲畜，还有排成队的囚徒，其中包括一个叙利亚人。[11] 该怎样协调这些战争与和平相对立的图景呢？一种方法就是，假定埃及统治下的区域一派和平，埃及统治外的地方则在经历战争。不过，在拓展这种观点之前，我们应该看一下考古证据对于有关中王国时期的埃及是否真的拥有一个亚洲帝国的问题的不同解释。

191

　　我们知道，在西奈矿区存在大量的人类活动。在这里发现的埃及人活动的纪念碑中，第十二王朝的纪念碑超过了其他所有时期的纪念碑的总和。而且，与其他时期形成对照的是，此时人们的关系似乎是友好的。与来自古王国的纪念碑不同，中王国的纪念碑几乎很少显示出开矿活动是武装进行的。[12]

　　不过，有关与埃及的接触的考古证据的范围远远超出了西奈地区。不仅在叙利亚-巴勒斯坦地区，在安纳托利亚也发现了森乌塞特一世统治时期的大量物品。它们的重要性在 20 世纪已经引起了热烈讨论，对此我们在这一章和下一章

9　参考 Lichtheim（1975, I, pp. 222-35）。关于这一故事的多种译文版本的参考文献，见 Lichtheim（pp. 222-3）和 Simpson（1984b, col. 953）。

10　关于 Rtnw 位置的长篇讨论，参考 Gardiner（1947, I, pp. 142-9）。

11　Posener（1971, p. 538）.

12　Posener（1971, p. 539）.

中都将看到。巴勒斯坦考古学家、闪米特学家威廉·福克斯韦尔·奥尔布赖特（William Foxwell Albright）总结了英国和美国考古学在大战期间得出的结论：

> 巴勒斯坦西部、腓尼基和叙利亚的部分地区处于埃及的权力和物质文化的主导下。……在北至乌加里特、东至胡姆斯（Hums）东北的卡特纳（Qatna）的遥远地方都发现了纪念碑，它们证实了其与埃及王室的直接接触，这种接触可以追溯到公元前 19 世纪早期［奥尔布赖特把第十二王朝定在了这一时段］。毕布勒的考古发现清晰地显示出腓尼基的艺术和工艺在多大程度上受到了埃及的影响。《咒诅文》（"The Execration Text"）［属于第十二王朝末期，内容是谴责埃及的敌人］甚至可以让我们确定埃及直接控制的区域范围，即从大马士革（Damascus）北部横跨叙利亚中部，一直延伸到腓尼基中部的厄娄忒洛（Eleutherus）河谷。[13]

这一总体上的介绍得到了乔治·波斯纳和以色列考古学家拉斐尔·吉文的认可和发展。[14] 波斯纳注意到了叙利亚-巴勒斯坦地区的埃及"帝国"以及与之相伴的常规交往和战利品的运输。他从有关辛奴亥在 Rtnw 的经历的描述中引用了一句话："去往北方或南方（法老）居所的信使停了下来，因为我在那里。"[15] 波斯纳指出，辛奴亥在他到过的很多地方都发现了埃及人。波斯纳还提到了一篇著名的同时代的文本，该文本通常被称为《行业的讽刺》（*Satire of the Trades*）。这份学校使用的文本将文书之外的所有行业都描写为令人不愉快，从而鼓励男孩子去学习。文本中有这样的诗行：

192

> 信使走进沙漠，
> 把货物留给他的孩子；
> 心怀对狮子和亚洲人［ˈ3mw］的恐惧，

13　Albright（1960, p. 85）.

14　Posener（1940, 1956, 1971）；Giveon,（1978a, pp. 61-72; 1981; 1985）. 温斯坦极力反对中王国在黎凡特拥有"帝国"的观点，但也承认，在巴勒斯坦有很多森乌塞特一世的纪念碑，在 Tell Gezer 发现的一座女性雕塑刻画的可能是他女儿（1974, p. 52）. 不过，他借以论述这位公主是阿蒙涅姆赫特三世的女儿的考古证据从那之后就遗失了。

15　Posener（1956, p. 109）.

他［只有］在埃及时才感到自在。[16]

　　通常认为，名字 ꜥ3mw 不是埃及语，它或许属于闪米特语。不过，专家们无法确定其来源。最有可能的来源似乎是 ꜣăramî（在亚述文本中是 Arami），即游牧的阿拉姆人（Aramaean）。要将之确认为闪米特语的困难是，我们最早从闪米特语资料中听说到阿拉姆人，是在公元前 12 世纪晚期亚述征服者提格拉特帕拉沙尔一世（Tiglath-Pileser I）的年鉴之中，而 r3mw 出现在埃及文本中的时间比这早了一千多年。[17] 我认为这个问题可以通过种族名称的持久性和两个群体间惊人的相似性来解决。ꜥ3mw 和 ꜣăramî 似乎都是居住在美索不达米亚北部和叙利亚的沙漠中的游牧部落。ꜥ3mw 最早在古王国晚期出现，在中王国时期得到普遍使用，而我们知道 3 在这一时期是用来表示外语中的 r 和 l 的，因此这就不存在问题。用作名字开头的埃及语 ꜥayin 和西闪米特语 ꜣaleph 之间的区别更大。不过，有很多例子表明它们在闪米特语中可以互换，因此借词中的混淆似乎是很有可能发生的，尤其是还有可能存在沙漠游牧部落的另一个闪米特名字 ꜥăråb 对埃及名字的影响。[18]

　　就像神话学者方滕罗斯所指出的，荷马在提到阿里摩亚人（Arimoi）时似乎是知道阿拉姆人的。《伊利亚特》的相关文字格外有趣：

<hr>

16　Posener（1971, p. 540）. 关于这一引文，参考 Lichtheim（1975, I, 188）。她讨论了 Sꜣꜣꜣty 这个词，将之翻译成 "courier"（信使），但是黑尔克将之翻译成 "caravaneer"（篷车旅行者）。

17　Giveon（1975, cols 462-63）. 关于这个名字的简短的文献可同时参考 Helm（1980, p. 229, 注释 5）。

18　两个名字之间的混淆体现在围绕着荷马在《奥德赛》中的描写的一些难题中。荷马在描写 Menelaos 的游荡时提到一个称为 Eremboi 的民族："我在塞浦路斯、腓尼基和埃及游荡，我来到埃塞俄比亚人、西顿人（Sidonian）和 Eremboi 中间，来到利比亚……"（IV. 82-5）。在古代，人们认为这里提到的是阿拉伯人（Strabo, I.41），不过，正如 Helm（1980, p. 217）指出的，这可能受到了名字 Aramaean 的影响，因此 Eremboi 可能只是指近东的游牧部落。在比这还要更早的时候，希腊人已经提到了阿拉伯人，赫西俄德在《名媛录》（Catalogue of Women）中就说过："阿拉伯人的女儿，值得敬重的 Hermaon 与 Thronia 所生，Bēlos 之王的女儿。"见残篇 15（137），英译见 Evelyn-White（1914, p. 167）。又见残篇 137，Merkelbach and West（1983）。Bēlos 为此提供了明确的闪米特语源。假设我们把赫西俄德的时代定为公元前 10 世纪，如同第一卷，第 86—88 页所讨论过的，那么此处的引用就早于近东的文本，最早的证据来自公元前 853 年亚述帝王沙尔马那塞尔三世（Shalmaneser III）的铭文。《圣经》中最早提到这个名字是在公元前 6 世纪写作的预言中。所有相关的资料来源参考 Eph'al（1982, pp. 6-9）。

Eph'al（p. 7, n. 24）拒绝讨论 ꜥăråb（阿拉伯）和 ꜥăråbåh（沙漠）之间的联系。他认为 ꜥăråbåh 不是 ꜥåråb 的来源，这是正确的，但这两个词肯定存在联系。在我看来，Arab 最有可能的词源是闪米特语词根 √rb 或 √grb（进入，日落，西方）。因此，这一种族或民族的名称可能是美索不达米亚人用来表示居住在他们西方的民族的。

大地在他们［亚加亚主人］下面呻吟，就和宙斯在愤怒中投掷出雷电时一样，宙斯在阿里摩亚烧焦 Typhōeos 周围的土地，人们说那里是 Typhōeos 的憩息之地。[19]

极端的雅利安主义者弗朗西斯·维安（Francis Vian）试图系统地排除闪米特对希腊的所有影响，他认为荷马笔下的阿里摩亚完全是神话中的仙境。[20] 方滕罗斯的观点更令人信服，他把 Typhōeos 或堤丰的土地与奇里乞亚或叙利亚北部联系在一起，而公元前 9 世纪时这里主要为阿拉姆人所占据。[21] 在这种语境下，值得指出的是，Typhōeos 对应的是埃及的塞特，后者是动荡与沙漠之神，尤其是在 Stt 的土地上。这两个名字之间似乎存在双关。Stt 通常被视为叙利亚-巴勒斯坦并指向北方（见英文版第 231 页），也就是 ꞌ3mw 的土地。塞特与荷鲁斯的争斗清晰地反映在有关 Typhōeos/ 堤丰和宙斯争斗的希腊神话中。[22]

早期的希腊人很可能知道 ꞌ3mw/ 阿拉姆人，这种可能性在荷马笔下得到了加强。荷马的作品证实了词语 erēmos 来自词根 erēmo，其含义是"孤独的或被遗弃的地方或人"，特指沙漠和沙漠的居民；它的一个派生词是 erēmitēs，"hermit"（隐士）这个词就是由此产生的。词汇学家找不到这个词的印欧语词源，因此这个词更可能具有亚非词源。[23]

现在我们回到波斯纳的论述上。波斯纳倾向于认为埃及在此时控制了叙利亚-巴勒斯坦。在毕布勒和贝鲁特（Beirut），乃至在乌加里特、阿勒颇（Aleppo）和其他地方，都发现了第十二王朝时期的王室狮身人面像所使用的宝石或黄金胸饰，波斯纳认为，这些是送给附属国国王的仪式性礼物。[24] 史蒂文森·史密斯和威廉·沃德指出，此外还有来自巴勒斯坦和叙利亚，以及远至克里特和安纳托利亚南部的埃及人的私人雕塑，它们是献给当地神庙的，因此暗示了埃及

19　*Iliad*, II. 782-85.

20　Vian（1960, pp. 19-24）.

21　Fontenrose（1959, p. 71, n. 2），与 Vian（1963, pp. 64-82）的观点相反。

22　Fontenrose（1959, pp. 82, 177-93）. 关于塞特与 Stt 和叙利亚-巴勒斯坦的联系，参考 Van Seters（1966, p. 99）。

23　Chantraine（1968-75, p. 371）讨论过这种"什么都不清楚的情况"，并否定了 Pokorny（1959-69, pp. 332-3）的做法，后者试图证明 erēmo- 来自印欧语词根 er（自由的，松开的）。

24　Posener（1971, pp. 540-1）. 关于这些雕塑的名单，参考 Helck（1971, pp. 68-9）。

人在这些地区的某种长期存在。[25] 另一方面，波斯纳表示，来自埃及中部的贝尼哈桑（Beni Hasan）的一幅公元前 19 世纪的墓葬壁画中的亚洲人，并非像人们通常认为的那样是饥饿状态下的贝都因人，而是富裕的酋长和他的随从，他们或许是在进行贸易或履行官方的使命。波斯纳把这一画像与第十二王朝时期埃及从亚洲进口的大量商品和奴隶联系在一起。森乌塞特一世统治早期的其他绘画展示出的也不仅是埃及人和努比亚人，还有亚洲的士兵。[26]

其他学者对于这一亚洲"帝国"的存在抱有更为怀疑的态度。过去 30 年里德国最重要的埃及学研究者沃尔夫冈·黑尔克并不认为辛奴亥的故事中存在关于叙利亚的资料，他认为作者可能只是处于巴勒斯坦南部。[27] 黑尔克反对亚洲存在埃及"帝国"的观点，他承认埃及与毕布勒之间存在近乎殖民形式的紧密接触，但是认为，在第十二王朝时期埃及与远至阿富汗的地区的货物交换和埃及的大量亚洲奴隶，都源自主要以叙利亚人为中介的间接贸易。

主张交往涉及黎巴嫩人和腓尼基人的美国学者威廉·沃德同样怀疑中王国时期的埃及是否拥有亚洲"帝国"。沃德承认，辛奴亥的证据显示出巴勒斯坦存在埃及人，但他指出，按照辛奴亥的陈述，他必须偷偷溜过埃及东部边疆修建的防御城墙，因此埃及不可能控制到这一防线外的遥远的土地。[28] 不过，在中国和罗马等传统的帝国，尽管城墙会得到良好维护和守卫，它们却只是把定居者和游牧部落生活的区域区分开来，很少起到标示疆土范围的作用。我想不出能有什么理由来否定埃及存在类似的情况。

法国和德国的埃及学领军人物对这一问题似乎已经进行了彼此针锋相对的论述。波斯纳立刻意识到，米特·拉辛纳碑文的发现有助于支持他的研究，他在笔记中这样描述道：

> 除了词汇、地理和经济领域的有趣信息外，米特·拉辛纳碑文还让我们进一步了解了第十二王朝早期国王的对外政策。我愿意坚持这一观点。包括黑尔克在内的学者，最近还有弗兰德森（Frandsen），在讨论埃及和

194

25　Ward（1961, pp. 17-38）; Stevenson Smith（1965, pp. 14-150）. 完整的参考文献见 Stevenson Smith（1965, p. 15, n. 48）。

26　Posener（1971, pp. 540-1）. 关于绘画参考 Davies and Gardiner（1936, plates X, XI）。

27　Helck（1971, p. 41）。

28　Ward（1971, p. 68）。

邻国的关系时，都极大地削减了第十二王朝对叙利亚和巴勒斯坦的影响。

我们不知道各国关系的实质究竟如何。即使只是在商业上，各方也并不平等。埃及这样的强大国家对亚洲的小国施加了很大压力，加上一些军队的远征，这就促成了大国在某种程度上的主导权。

现在，有了米特·拉辛纳碑文的证据，我们认识到，我们不必低估埃及在第十二王朝开始之后对叙利亚和巴勒斯坦的控制。[29]

遗憾的是，波斯纳在此后就去世了，再没有发表过任何有关这一发现的重要意义的研究进展。但是，沃尔夫冈·黑尔克怀着开放的心态不偏不倚地追求知识，这在最伟大的学者中并不多见。在一篇短文中，黑尔克承认，波斯纳基于米特·拉辛纳碑文的内容对他和其他低估埃及影响的人提出的反对意见是正确的，中王国期间埃及"至少在地理层面上"在叙利亚和巴勒斯坦拥有权力。而且，黑尔克现在认为，森乌塞特一世，或者至少是阿蒙涅姆赫特二世——森乌塞特一世的儿子和继承人——曾经向更北部的地区发动过远征。[30]

森乌塞特和色梭斯特里斯

除了中王国时期叙利亚-巴勒斯坦是否存在埃及"帝国"的问题之外，米特·拉辛纳碑文还引发了更为重要的讨论。讨论的内容与加强森乌塞特一世和色梭斯特里斯之间的对应关系有关。希罗多德和其他希腊作家把色梭斯特里斯描写为埃及人中最伟大的征服者，公元前3世纪的埃及祭司和历史学家曼涅托则认为色梭斯特里斯属于第十二王朝。

在古埃及，表示法老名字的象形文字通常是用椭圆形圈起的，图形之内的文字符号的排列非常不规则。起初，埃及学家把第十二王朝法老的常用名字写成 Wsrt sn。对于希腊人用以称呼埃及的世界征服者名字，包括 Sesōstris（色梭斯特里斯）、Sesoōsis 或 Sesonchōsis 和该名字的其他变体，商博良和他的一些学生都看不出 Wsrt sn 与它们之间有什么相似性。[31] 因此他们认为，色梭斯

29　Posener（1982, p. 8）.

30　Helck（1989, p. 27）.

31　Maspero（1901, p. 593）.

特里斯是虚构的人物，人们所说的色梭斯特里斯的征服都是对后来的征服的夸张描述，这些征服实际上是由法老拉美西斯二世在公元前 13 世纪和舍顺克（Sheshonk）在公元前 9 世纪完成的。从很多方面来看，这都是有道理的。首先，这证实了有科学观念的现代埃及学家比希罗多德和相信他的"后来的"希腊人拥有良知论（Besserwissen）或"知道得更多"。其次，对于非洲人在国外的征服，特别是据信为消极被动的埃及人的征服，这种说法限制了其次数和范围。学者们不愿意把这些名字联系在一起，也有可能是因为基督徒从 19 世纪早期开始就不愿接受埃及的早期历史，因为埃及史威胁到了《圣经》中的年表。德国的古代史学家巴托尔德·尼布尔就表现出了这种态度，他认定在希克索斯人之前的埃及历史没有真实性。[32]

不过也有一些不同的观点，包括尼布尔的秘书克里斯蒂安·本森（Christian Bunsen）在内的一些学者都注意到了这一事实：公元前 3 世纪的埃及祭司和历史学家曼涅托明确地表明色梭斯特里斯是第十二王朝时期的法老。因此，这些人想把色梭斯特里斯与被认为名叫 Wsrt sn 的三位法老或至少其中之一等同起来。[33]1900 年，德国的埃及学家库尔特·泽特解决了这个问题，他把这一王室名字读成了 S-n Wsrt（女神 Wsrt 的男人），而不是 Wsrt sn。他认为，这个传统上被写成 Senwosre 的名字是 Sesōstris 的词源。[34] 这种将色梭斯特里斯和森乌塞特等同起来的观点具有不容忽视的可信度，它几乎立刻就被人们接受，并在之后的 75 年里从未受到过质疑。[35]

虽然名字 imn mḥ3t（出众的阿蒙）显然属于一位膜拜阿蒙的法老，但是 S-n Wsrt 的情况让人感到既困惑又有趣。名字 Wsrt 源自形容词 wsr，意思是"强壮，富有，有影响力"。这位女神很古老，但身份不太明确，她或许是美丽之神、牛神哈索尔（Hathor）在底比斯当地的化身：两位女神都与遥远的地方相关，而哈索尔还特别是珍稀矿物及其产地的庇护神。[36] 狄奥多罗斯曾经提到过

32 第一卷，第 252、306 页。

33 Bunsen（1848-60, I, 309-24）；Maspero（1901, p. 593）.

34 Sethe（1900, 1904）. Burton（1972, p. 164）把赛特两篇文章的时间错误地标成了 1902 年和 1905 年。

35 Maspero（1901, pp. 596-7）接受了泽特对 Senwosre 这个名字的解读，但是他最初主张，Sesōstris 来自 Ramessēs 和 Rˤss tsw 这两个名字。塞特在 1904 年否定了他的说法。

36 Burton（1972, p. 166）.

196

色梭斯特里斯的女儿阿瑟尔提斯（Athyrtis），她在父亲出征途中充当向导，这所指的似乎就是法老与哈索尔的联系。[37]

考虑到森乌塞特后来的征服及其对贵金属和宝石的需求，那么森乌塞特与哈索尔 /Wsrt 的联系就是非常恰当的。不过我们并不清楚，森乌塞特这个名字是在这些征服活动开始之前还是之后形成的。从专业术语上讲，Senwosre 就是埃及学者所说的法老长长的一串称号中的**族名**。这个名字是在他登基之前被赋予的，拥有同一族名的后来的法老的情况当然也是如此。[38] 这可能就是我们这里所谈到的情形，因为阿蒙涅姆赫特一世似乎也与对外国的征服相关。这个名字也可能是在森乌塞特完成若干征服之后赋予他的，那时他还在和父亲共同执政。至少，这个名字显然昭示着森乌塞特在统治期间最著名的一些征服活动。

曼涅托笔下的色梭斯特里斯

在此，为了进一步考察这里的对应性，我要首先探讨希腊和后来的埃及作家对于色梭斯特里斯的描述，然后再转向埃及考古学和铭文中有关森乌塞特一世的证据。

这种对应性也留下了一些问题。首先，曼涅托把色梭斯特里斯确定为第十二王朝的第三位法老。根据曼涅托的说法，这位伟大的征服者之前就是王朝的创建者阿蒙涅姆赫特一世（Ammenemēs），之后统治的是森乌塞特一世（Sesonchosis），之后是阿蒙涅姆赫特二世（Ammanemēs），他被自己的宦官谋杀。[39] 曼涅托在此给出了令人困惑的帝王统治的顺序，按今天的人名写法大致如下：

阿蒙涅姆赫特一世	公元前 1979 年—公元前 1950 年
森乌塞特一世	公元前 1959 年—公元前 1914 年
阿蒙涅姆赫特二世	公元前 1917 年—公元前 1882 年
森乌塞特二世	公元前 1884 年—公元前 1878 年
森乌塞特三世	公元前 1878 年—公元前 1859 年

37　Diodoros, I. 53. 8.

38　Gardiner（1957, p. 74）.

39　Manetho, frs 32, 34-6, trans. Waddell（1940, pp. 64-73）.

阿蒙涅姆赫特三世　　　公元前 1859 年—公元前 1814 年

阿蒙涅姆赫特四世　　　公元前 1814 年—公元前 1805 年

塞贝克诺弗鲁（Sebeknofru）公元前 1805 年—公元前 1801 年

曼涅托似乎混淆了森乌塞特一世与二世和三世，他称森乌塞特一世为 Sesonchosis。森乌塞特三世实际上是强大的统治者，他在非洲进行的征服似乎超出了他之前的很多统治者。[40] 因此我们必须面对的可能性是，希罗多德等后来的作家把森乌塞特一世的后人——尤其是森乌塞特三世——取得的成就，都归功于森乌塞特一世了。[41]

曼涅托引出的第二个问题来自他对色梭斯特里斯的描述：

> 在九年里，他征服了整个亚洲和欧洲远至色雷斯的地方，在每个地方都竖立起纪念碑，纪念他对各部族［ethnē］的征服。他在柱形纪念碑［stelae］上刻绘男性的隐秘部位代表勇敢的种族，女性的隐秘部位代表不高尚的种族。因此他的地位被埃及人视为仅次于奥西里斯。[42]

曼涅托创造出这样的形象，即使不是为了激起人们的欲望，似乎也是为了吸引读者注意。该形象与色梭斯特里斯神灵般的伟大声望联系在一起，似乎就强化了现代古典学者眼中曼涅托的形象，即那些不重要、不可信赖的希腊化历史学家的典型代表。不过我在下面会展示出，这些记录背后都存在着某些事实。

希罗多德笔下的色梭斯特里斯

在探讨这些问题之前，我们先来看一下关于这位征服者的两种相似的描述，一种描述是公元前 5 世纪时希罗多德给出的，另一种描述是公元前 1 世纪时狄奥多罗斯给出的。希罗多德写道：

> 由于祭司名录上的其他国王都未留下任何纪念碑，因此我要继续讲一

197

40　更多细节参考 Delia（1980, pp. 24-107）。

41　参考 Hayes（1971, p. 505），他认为森乌塞特三世是原型。

42　Manetho, Frs 32, 34-6.

下他们的继任者色梭斯特里斯。祭司说，色梭斯特里斯首先与战船组成的
舰队从阿拉伯湾出发，沿着印度洋海岸航行，征服了途经的沿岸的部落，
直到舰队遇到浅水再无法前进。而后，在返回埃及的途中（仍然是根据
祭司的叙述），他召集了强大的军队穿过大陆，征服了沿途经过的每个国
家［ethnos］。每当遭遇为自由而战的英勇的敌人，他都会下令就地树立
起柱形纪念碑，在上面刻上他的名字和国家的名字，并写下一句话，来表
明他强大的军队为他赢得了胜利。不过，如果有城镇不做多少抵抗，轻易
地向他投降，他在柱形纪念碑上刻下的就不仅是上述内容，而且还有女性
生殖器的图案，意思就是这个城镇的人还不如妇孺勇敢。如此，他在亚洲
继续着英勇的征程，直到进入欧洲并击败了塞西亚人和色雷斯人。我认为
这是埃及军队到达的最远的地方，因为在这里还能看到纪念碑，但是在更
远的地方就看不到了。在归途中，色梭斯特里斯来到了科尔基斯的费西斯
（Phasis）河。很有可能的是，他在这里命令一支队伍留下来定居——或者，
也有可能发生的是，在他的队伍中，一些人厌倦了长途跋涉，因此离开了
大部队。我无法肯定地说哪种情况是真实的，但事实无疑就是，科尔基斯
人是埃及人的后裔。……

　　色梭斯特里斯国王在被征服的国家竖立起的柱形纪念碑大多数已经消
失了，不过我自己在巴勒斯坦见到过一些这类的纪念碑，上面刻着我提到
的铭文和女性的生殖器图案。在爱奥尼亚，也有两处岩石上雕刻着色梭斯
特里斯的形象，一处是在从以弗所（Ephesus）到福西亚（Phocaea）的路边，
另一处是在萨第斯（Sardis）和士每拿（Smyrna）之间。两处雕刻的人物
都是将近 7 英尺高，右手持矛，左手执弓，而且身上的其他装备也是相配
的——一半属于埃及，一半属于埃塞俄比亚。在胸部从左肩到右肩之间刻
着埃及神圣字体的铭文：**凭借双肩的力量我赢得了这片土地**……

　　祭司接着告诉我，色梭斯特里斯在与一群来自被征服的国家的囚犯
返回埃及时，在培琉喜阿姆（Pelusium）附近的达夫尼（Daphnae）遇到
了他的兄弟。色梭斯特里斯原本让他的兄弟在自己离开时治理埃及。他邀
请兄弟和儿子共同赴宴。在宴会上，他兄弟在房子周围堆上了枝条点着了
火……结果色梭斯特里斯的两个儿子被烧死了，与色梭斯特里斯在一起的
其他儿子幸免于难……

色梭斯特里斯是唯一统治过埃塞俄比亚的埃及国王。为了纪念他的统治，他留下了自己和妻子的石像，每个石像都是 45 英尺高；他还留下了 4 个儿子的石像，每个雕像都是 30 英尺高。石像矗立在赫菲斯托斯［卜塔］神庙前。很久以后，赫菲斯托斯的祭司不允许波斯国王大流士（Darius）在这些雕像前树立自己的雕像，因为，（按祭司所言）大流士的功绩比不上埃及人色梭斯特里斯的功绩。色梭斯特里斯的征服范围绝不小于大流士的征服范围，他还征服了大流士无法征服的塞西亚人。大流士不应该把自己的雕像立在敬献给色梭斯特里斯的雕像前，因为他未能超过色梭斯特里斯的成就。据说大流士承认这是事实。[43]

狄奥多罗斯笔下的色梭斯特里斯

狄奥多罗斯对这位他称之为 Sesoōsis 的法老的描述更长，这些描述与希罗多德的描述相近，似乎直接来自更早的历史学家以及同类的埃及资料。关于色梭斯特里斯的征服的篇章如下：

首先，色梭斯特里斯接受他父亲的派遣，他的同伴们也和他一起，率领一支军队进入阿拉伯。他在阿拉伯……征服了阿拉伯人的整个国家，在这之前阿拉伯从未曾臣服过。而后他被派往西方的地区，他征服了利比亚的大部分土地，尽管过了好几年，但他仍然是个年轻人。他在父亲死后登基，由于之前的胜利，他充满信心地向着其他有人居住的土地进发。……

组建好军队后，他首先向居住在埃及南部的埃塞俄比亚人进军并征服了他们，之后迫使他们献上乌木、黄金和象牙。接着他派出了由四百艘船组成的舰队进入红海。作为最早建造战船的人，他的船队不仅占领了这些水域中的岛屿，也征服了远至印度的大陆沿岸，而且他自己也和军队一道从陆上征服了整个亚洲。他不仅抵达了后来被马其顿的亚历山大占领的土地，而且还造访了亚历山大未能到达的国家中的一些民族。他甚至越过了恒河（The Ganges），穿过了整个印度，一直到达了印度洋，并且他还来

199

---

43 Herodotos, II. 100-110, trans. de Selincourt（1954, pp. 166-9）.

到了把欧洲和亚洲分开的塔内斯（Tanais）河河边，造访了塞西亚人的部族。据说就是在这时，一些被留在梅奥蒂斯（Maeotis）湖［亚速海（the Sea of Azov）］边的埃及人建立起了科尔基斯国。……他以同样的方式征服了亚洲其余地方，还有基克拉泽斯群岛的大部分岛屿。他进入欧洲之后，在穿过整个色雷斯的路上，由于缺乏食物，又遇到了这片土地上恶劣的自然条件，几乎损失了所有部队。最后他在色雷斯完成了远征，在他攻占的这一区域内的很多地方竖起了纪念碑。……他仁慈地对待所有被征服的民族，在完成了九年的征战之后，他命令这些国家每年根据自己的能力向埃及进贡，而他自己获得了大量战利品，还有大量战俘，其规模再也没有人能够超越……

200

尽管很多伟大的业绩都被归功于色梭斯特里斯，但他的最伟大之处似乎就表现在，在他离开自己宫殿向外进发的过程中是如何对待外国国王的。那些获得他的允许继续统治被他征服的民族的国王，还有那些受他任命担任要职的人，都会在特别的日子里来到埃及为他送上礼物，而他会欢迎他们，以各种方式向他们表示尊重，并对他们给予特别的照顾。不过，每次他要去造访神庙或城市时，他都会卸下战车上的四匹马，让四名国王和其他官员代替马来拉车。[44]

色梭斯特里斯故事中的真实与虚构成分

对于这些过分夸张的故事，我们应该相信多少呢？今天的很多学者都接受了色梭斯特里斯与森乌塞特一世和三世的对应关系，并认为这些故事中存在着历史共核。不过，他们认为，这一内核相对较小，而且埋藏得很深。根据他们的观点，传奇人物色梭斯特里斯沾染上了很多后来进行征服的法老的特征，尤其是第十九王朝的拉美西斯二世和第二十二王朝的舍顺克，而他就发展成了理想中的法老，一位来自埃及的征服者，其功绩能够与后来波斯人和希腊人的胜利相媲美。在希罗多德进行写作时，波斯帝国仍然繁荣，而曼涅托和狄奥多罗

44　Diodoros, I. 53.5–58.2, trans. Oldfather（1933, pp. 187–95）.

斯的著述是在亚历山大大帝完成其伟大征服之后进行的。[45] 他们的解释中似乎有可能存在某些真实的东西，尽管他们显然缺少"良知论"（读过《黑色雅典娜》第一卷的读者会知道，我认为他们的解释不如古代资料可靠）。

不过，其他学者，尤其是乔治·波斯纳，坚持认为色梭斯特里斯的传说基于以下两个原因可以追溯到中王国时期：第一，这些故事有大量事实基础；第二，从古王国末期开始，人们就为了多种目的有意识地进行宣传，而其中最重要的目的就是创造王室的神话。[46]

表示"神话"含义的埃及词语 md.t（言语，话语），是希腊词语 mythos 的来源。Mdw 或 mwdw——世俗体（Demotic）为 mt，科普特语为 moute 或 mout——作为动词表示"说或建议"，作为名词表示"言语或词语"。Mdw ntr 意思是"神的词语"，其复数形式的意思是"神圣的书写文字"，而 ḏd mdw，世俗体的 ḏd md(t) 和科普特语的 ḏe mtau，意思是"言说的词语"或"魔法"。Mdt 的意思是"言语，词语或合法请求"。不过，这个词被证实发音为 mēt 或 met。因此，希腊词语 mythos 所借用的究竟是哪种形式并不确定。不过，语音上的这种松散对应性应该根据 mdw/mdt 和 mythos 以及带有这一词干的诸多单词之间严格的语义对应关系来考虑。[47]

201

回到有关色梭斯特里斯的记录上，与其贬低或否定"轻信他人的古人"的说法，似乎不如通过其他来源的资料来检验这些记录。我在第一卷中提出，把广为流传、未受质疑的古代传说作为有效的假说，对我们会有所帮助。不过，似乎合理的做法是只关注这些故事中的某些在古代就得到接受的要素。因此，现在我想考察一下这些要素都是什么。

就我所知，唯一受到质疑的说法是色梭斯特里斯征服过印度，尽管耐人寻味的是，希罗多德并没有提到色梭斯特里斯到过美索不达米亚。[48] 因此，似乎人们所说的色梭斯特里斯在北方的征服应该被限制在"亚洲"（所谓的"亚洲"

45 Sethe（1900, 1904）；Maspero（1901）；Rattenbury（1933）；Braun（1938, pp. 13-18）；Lange（1954）；Malaise（1966）；West（1977）；Lloyd（1982; 1988, pp. 16-18）。

46 Posener（1956, p. 15）。

47 苏联的埃及学家和科普特语研究者恩施泰特（Ernshtedt）于 1953 年提出了 mythos 的埃及词源（pp. 55-7）。尚特莱纳（Chantraine）认为 mythos 的本意是"具有指引、建议、话语的一系列词语""词语的内容"。另一个事实就是，这个词没有印欧语词源。

48 Megasthenes，引自 Strabo, XV, 686; Arrian, *Indica*. V.4。

的界限会在下面讨论）、科尔基斯（格鲁吉亚）、色雷斯（巴尔干东南）和俄罗斯南部的塞西亚。不过，对于色雷斯和塞西亚的情况还存在一些疑问。

现代研究者提出了有道理的说法，就是不应该把对色雷斯和塞西亚的征服视为事实。原因是，就像希腊化时代的埃及人夸大了色梭斯特里斯的征服，使之胜过亚历山大的征服一样，在波斯人征服埃及期间或之后，传说也会试图超越伟大的波斯征服者居鲁士（Cyrus）和大流士。关于大流士的传说就可以支持这种说法。大流士想把自己的雕塑立在孟菲斯的卜塔神庙前，却遭到了拒绝，因为色梭斯特里斯成功地征服了塞西亚，波斯人却没有做到这点。[49] 对于波斯人未能征服的努比亚也可以进行同样的论述，不同的只是，明确的铭文、考古学和膜拜的证据可以证明，森乌塞特一世和三世在这里取得了成功。因此，埃及人穿过色雷斯和塞西亚的征程似乎不如穿过"亚洲"的可能性大。尽管如此，对这样的可能性仍然必须加以考量。

这让我们面对着"亚洲"这个词的模糊性所造成的难题。"Asia"（亚洲）这个希腊名称来自在阿苏瓦王国发现的早期地方名称，在赫梯文本的记录中该王国位于安纳托利亚西部，此外还有特洛伊附近的特罗阿德（Troad）地区的城市名称 Assos（阿索斯）。当安纳托利亚西部的吕底亚王国在公元前 6 世纪被波斯帝国吞并时，爱奥尼亚的地理学家在两种方式上扩展了"Asia"的含义，它既指安纳托利亚全部地区，也指与欧洲和利比亚（非洲）并列的三个大洲之一。

无疑，希罗多德追随前人，选择了这里的第二种含义。希罗多德的作品中没有出现任何指代安纳托利亚的词语，因此似乎很有可能的就是，他与之前和之后的地理学家一样，也用"亚洲"这个词来指代后来被称为"小亚细亚"的地区。[50] 于是，在希罗多德写到色梭斯特里斯"在亚洲继续着英勇的征程，直到进入欧洲"时，他或许只是在说，色梭斯特里斯穿过了安纳托利亚。我认为，正是"亚洲"这个词的模糊性导致了狄奥多罗斯和其他后来的作家把色梭斯特里斯的征服描述为覆盖了整个大洲。

在看待后人对色梭斯特里斯征服的扩展时，我们必须考虑到，狄奥多罗斯和／或其资料来源需要与亚历山大大帝的成就相抗衡。我们在下面会看到关于

49　参考 Herodotos, II. 110 和 Diodoros, I. 58.4。关于这点的现代讨论参考 Lloyd（1982, p. 37）。

50　Georgacas（1969, pp. 34-7）。同时参考 Helm（1980, p. 23, n. 23）。关于埃及词源或对 Asia 一词的翻译，参考下面的注释 164—172。

两人的"浪漫传说"之间的紧密联系。[51] 这里我只想简单说明，狄奥多罗斯描述了年轻的色梭斯特里斯在父亲死后征服世界的雄心壮志，这听起来很像是亚历山大对待他父亲腓力（Philip）的态度。另一方面，与或为虚构的这一内容联系在一起的是，色梭斯特里斯征服了"利比亚的大部分土地，尽管经过了好几年，但他仍然是个年轻人"，而这似乎具有历史依据。同样，曼涅托记录说，色梭斯特里斯的前任阿蒙涅姆赫特二世"被自己的宦官谋杀"，这似乎也得到了现代埃及学的证实。[52]

在希罗多德和狄奥多罗斯讲述的很多故事中都可以看到这种并存的虚构与现实成分。例如，色梭斯特里斯的兄弟试图把他烧死，似乎就是不可信的，因为这其中的传说性质太明显了。[53] 不过令人惊奇的是，同样奇异或更加荒诞的其他故事或许会具有事实根据。比如说，在希罗多德、曼涅托和狄奥多罗斯的记录中写道，法老在纪念碑上的铭文中加上了男性和女性的生殖器图案，这似乎就有事实根据。我们知道，词语 ḥm（胆小鬼）包含了象征女性和男性生殖器的符号，它作为贬义词也明确具有男同性恋的含义。这个词也与 ḥmt（女人）有关联。Ḥm 指埃及军队里的懦夫和敌人，它既出现在了中王国时期的军事资料中，也出现在了森乌塞特三世在努比亚的尼罗河上游地区的乌鲁那提（Uronarti）和塞姆那（Semna）竖立起的石碑上。[54]

狄奥多罗斯的另一种"夸张的"叙述就是，色梭斯特里斯的战车是由埃及的官员和外国国王拉动的。泽特、马莱斯（Malaise）和伯顿（Burton）对此提出了质疑，认为没有证据能证明埃及在中王国时期有双轮战车或马匹，它们实际上是由希克索斯入侵者带到埃及的。[55] 不过情况并非这么简单。在努比亚布衡（Buhen）的中王国堡垒附近的破败墓地里就发现了一匹马的残骸，如果色梭斯特里斯在北方的大范围征服能够得到证实，那么埃及人就与至少使用了简

203

51　本书第六章注释 12—14。

52　有关这点的参考文献见 Posener（1956, pp. 68-9）。

53　Spiegelberg（1927, p. 25）解释说，色梭斯特里斯跨过他两个儿子的尸体从火灾中逃生，属于"导游讲述的故事"，是建立在对凯旋的法老的经常反复出现的描述的基础上的。色梭斯特里斯经常被描绘为踩在两颗头颅上，它们象征着埃及的外国敌人，一个代表黑人，一个代表叙利亚人。这种解释虽然牵强，但也并非不可能。

54　首先指出这种对应的是 Iversen（1961, p. 149, n. 16）。同时参考 Burton（1972, p. 171）。更多的细节见 Delia（1980, pp. 54-6）。符号（井）从中王国时期开始就用来表示 ḥm（女性器官）。

55　Sethe（1900, p. 3）；Malaise（1966, p. 250）；Burton（1972, p. 178）。

单的马车的民族有过来往。已经发现的圆柱形印章就显示出，在公元前 20 世纪末安纳托利亚东部的人们是知道这些民族的。[56] 不过这是一种循环论述，因此并不能令人满意。或许有关马和双轮战车的记录只是后人的一种臆测。

另一方面，狄奥多罗斯说，高级官员和外国的国王代替马匹为色梭斯特里斯拉车，如果考虑到宗教活动中人们背负着或拉着神像进入城镇的埃及传统，那么这也非常有可能是事实。需要强调的是，森乌塞特一世本身**就是**神灵，这与他之前的统治者不同，因为那些人只不过是"犹如神灵"，是神的代表或与神相似。[57] 事实上，狄奥多罗斯提到了法老"造访神庙或城市"，这就可以进一步支持高官和外国国王亲自拉车的故事。

如果希罗多德讲述的有关色梭斯特里斯的最奇异的故事有可能包含着真实的因素，那么我们对那些有关他的大范围征服的更可信的说法又该如何看待呢？在对此进行直接探讨之前，我们应该先考察一下这些说法为什么会被现代学者否定。

关于大范围征服的说法遭到了舍弃，并非基于详细的考古学或历史研究，而是因为人们"认定"它们在本质上是荒诞的。甚至在古代模式被摧毁之前，学者们就已经开始怀疑这种模式。我在第一卷中提到，1752 年，15 岁的爱德华·吉本（Edward Gibbon）写出了他的第一篇关于"色梭斯特里斯时代"的历史论文。但是到了 1780 年，他就撕毁了这篇论文，原因就如他所写的，"在更成熟的年纪，我不再敢把希腊、犹太和埃及的古代联系起来，它们已经消失在遥远的云端了"[58]。到了 19 世纪 20 年代和 30 年代，种族层级已经建立起来，埃及人作为独特的独立民族的形象已经确立。在这些模式下，关于亚洲或欧洲存在埃及帝国的想法是完全行不通的。[59]

因此，尽管可以认可第十二王朝在非洲的征服，以及希腊故事中关于法老的某些细节，但是在过去 150 年里不言自明的观念都是，有关色梭斯特里斯在

56 Emery, 1960, p. 6; Clutton-Brock（1974, pp. 92-3）. 关于来自库尔特普 II（Kültepe II）的圆柱形印章上的"战车"，参考 Drews（1988, pp. 93-6）。Drews（n. 48）接受了"中位年表"，把库尔特普 II 的年代定为公元前 1910 年—公元前 1840 年。

57 关于官方参与的神像运输，参考 the Stela of Ikhernofret（Berlin Museum 1204），翻译见 Lichtheim（1975, pp. 123-9）。森乌塞特一世的"神灵"头衔是前人未有的，参考 Blumenthal（1985, pp. 108-9）。同时参考 Springborg（1990, pp. 46-7）。

58 第一卷，第 170、185 页。

59 参考第一卷，第 326 页。

北方的征服的希腊故事从根本上就是错误的。[60] 只有法国古典学者保罗·富卡尔（Paul Foucart）站出来反对这一思潮，认为不应该抹杀广为流传的古代观念。[61] 然而，还没有人尝试着按照那之后人们获得的大量新信息来判断这些故事的真实性。

如果不去考虑狄奥多罗斯有关色梭斯特里斯到达了印度和更远地方的说法，那么人们所面对的方案就要从他对埃塞俄比亚和利比亚的征服以及到"红海"的海上远征开始，而希腊人所说的"红海"通常指的是印度洋。色梭斯特里斯在这些行动之后进行了九年的陆上征战，范围包括安纳托利亚、色雷斯，而且显然是围绕黑海地区，通过塞西亚到达了科尔基斯。另外还有不确切的描述，认为他在美索不达米亚和波斯进行了征服。

204

在这一语境下"征服"意味着什么呢？除了埃及人所声称的色梭斯特里斯的友善之外，对于那些亲身经历过的人来说，这些征服似乎意味着恐怖的体验。埃及和古典时代的记录都谈到了破坏，居民和财富遭到掳掠，以及按时向埃及进贡。竖起的石碑暗示着保持控制的努力，但是并不能证明色梭斯特里斯建立起了长久的帝国。不过有一种传说就是，他曾经建立了殖民地，下面就将对此进行讨论。

中王国时期埃及的军事力量

"遭遇船难的水手"（the shipwrecked sailor）的故事让我们知道，中王国时期的埃及人曾经向南航行到热带地区。[62] 从底比斯穿过尼罗河，在代尔拜赫里（Deir el Bahri）发现的著名的女王哈特谢普苏特（Ḥashepsowe）的带状饰物也让我们得知，到了公元前15世纪，官方的舰队已经在向着东非的海岸航行。[63]

不过，伯顿认为，尽管埃及人自从古王国时期就把船只用于"战争目的"，但是直到公元前12世纪初拉美西斯三世统治期间，在抗击海洋民族的大战

60　有关对色梭斯特里斯征服非洲和阿拉伯的故事，参考 Sethe（1900, pp. 16-20），Malaise（1966, pp. 260-4）和 Lloyd（1988, p. 36）。关于这一点的二手文献，劳埃德给出了完整的参考文献目录。

61　Foucart（1914, p. 4），为 E. Meyer（1928-36, I, p. 263）所引用。关于富卡尔的更多介绍见第一卷，第264—265页，第314、380、383页。

62　Lichtheim（1975, I, pp. 211-15）。

63　Naville（1894-1908, III, plates 69-71）；Stevenson Smith（1958, pp. 136, 138; 1965, p. 7）。

之中，才出现了专为作战设计的船只。然而我们从文献记录中知道，埃及第十八王朝的海军已经变得专业化，很有战斗力。[64] 我们对于埃及中王国的舰队只有零星了解，因此无法排除这些船在若干世纪之前就已经存在的可能。即使如此，我们也有理由怀疑狄奥多罗斯有关色梭斯特里斯是"最早建造战船的人"的说法。而且，色梭斯特里斯似乎不太可能派遣 400 艘船前往红海或印度洋，尽管考虑到他的军事行动的规模这也并非全无可能。希罗多德的说法也同样有问题：

> ［他］首先与战船组成的舰队从阿拉伯湾出发，沿着印度洋海岸航行，征服了途经的沿岸部落，直到舰队遇到浅水再无法前进。[65]

这似乎显示出海上的航行与尼罗河上的航行之间的混淆。我们知道后者的浅水区的确会对第十二王朝的军事远征造成困难。[66] 尽管如此，我们仍没有本质上的理由来怀疑希罗多德的陈述中的前一部分。

关于色梭斯特里斯在陆地上的征战的记述乍看上去似乎也不真实，因为他的军队没有战车、马匹，甚至也没有通常与古代战役联系在一起的刀剑，这与亚述人提格拉特帕拉沙尔、波斯的居鲁士和亚历山大的征服都不同。不过我们要记住，在色梭斯特里斯之前 300 年左右，美索不达米亚的萨尔贡大帝就已经征服了相同区域内的大片的土地，而他的装备并不会更加精良。而且，马的出现也不意味着以后军队的运输就要依靠马匹。实际上，直到公元 19 世纪，人们才找到在陆路运送士兵及其供给的替代方式。

米特·拉辛纳碑文告诉我们，人们在把战利品运回埃及时使用了船只。因此，部队补给似乎也有可能以这种方式沿海岸运输。我们也知道，此时在叙利亚和安纳托利亚，人们已经在用驴来运送货物，因此埃及军队也可以用驴进行运输。关于色梭斯特里斯的战役的记述如果可信，那么大量补给似乎就是从当

64　关于拉美西斯的舰队，参考 Burton（1972, p. 169）。关于第十八王朝的海军，参考 Hayes（1973, pp. 367-9）、Säve-Söderbergh（1946, pp. 33-50）。同时参考本书第十章注释 86。

65　Herodotos, II. 100.

66　见 Delia（1980, pp. 77-9）讨论过的森乌塞特三世统治第 19 年的铭文（约为公元前 1864 年），铭文来自 Uronarti（Khartoum 2683）。关于色梭斯特里斯被浅滩阻拦的文学解释见 Lloyd（1988, p. 19）。Lloyd 认为该文本指的是大海而非尼罗河。

地人那里获得的。有趣的是，狄奥多罗斯讲到，色梭斯特里斯遇到的唯一困难就是，在相对贫穷遥远的色雷斯和塞西亚，他"由于缺乏食物，又遇到了这片土地上恶劣的自然条件，几乎损失了所有部队"[67]。

这一时期的作品里有很多对穿着军装的埃及人、努比亚人和亚洲人的描绘，他们手里拿着长矛、弓箭和狼牙棒。[68] 不过，在对第十二王朝军队规模和战斗力的表现上，给人印象最深的是努比亚的堡垒遗迹，可惜这些堡垒现在大部分都被阿斯旺水坝的水淹没了。研究努比亚的权威人物威廉·亚当斯写道：

> 法老们对南方土地上的破坏感到不满，于是继续在 Batn el Hajar 北部加固尼罗河的堤防，在那里修起了一连串最坚固的堡垒。它们建成距今已有 4000 年，最终被人废弃也有 3000 年了，然而这些遗址 40 英尺高的泥墙仍然在沙漠上巍然屹立，规模令人瞠目。……第二瀑布堡垒（the Second Cataract forts）是在森乌塞特一世、二世和三世统治期间建成的，修建过程显然持续了一个世纪左右。这些堡垒构成了复杂的整体，或许就是在统一的命令下修筑的。修建方案的相似性显示出，一些堡垒是由同一个建筑师设计的，并且几乎是在同时段完成修建的。……布衡堡垒激发了人们的想象，不仅是由于其规模，而且是由于其防御工事的复杂性。棱堡、观察孔、护壕、吊桥、斜坡，中世纪堡垒的所有经典元素几乎都在这一建筑中出现了。……中王国时期的其他堡垒也或多或少地体现了这些要素。[69]

206

对于色梭斯特里斯统治时期埃及的财富和权力的集中，我们已经有所了解。努比亚的证据表明，埃及有能力把这些资源集中到一起用于战争目的，因此不需要什么理由就能证明，一个拥有这样的军事机器的国家有能力在亚洲进行大范围的征服。不过，拥有这种能力并不意味着这些征服一定会发生，对此我们需要更多的证据。我希望在下面能提供这类证据。

67　Diodoros, I. 55. 6.

68　参考 Wildung（1984, plates. 140, 150-1）。

69　Adams（1984, pp. 176-81）. 关于这些堡垒的另一种可供比较的观点，参考 van Seters（1966, pp. 33-7）。

背　景

公元前四千纪和公元前三千纪的埃及年表

在查找有关色梭斯特里斯征服的考古证据之前，有必要尽可能找出人们所说的战役发生的时间。第十二王朝对于其法老统治时间的长短有清晰的记录，但是似乎需要一个相对固定的时间起点。这个起点就基于恰巧与标示着尼罗河开始泛滥的天狼星的上升处在同一个时间点上的阳历新年的开始，在记录中则是森乌塞特三世统治的第七年。如果当时的观测是在孟菲斯进行的，那么这似乎发生在公元前 1872 年。这种一致性多年里一直受到埃及学家的注意，埃及学家和埃及天文学专家帕克（R. A. Parker）在 1950 年建立了从公元前 1991 年到公元前 1786 年的整个王朝的年表。[70] 不过，在之后的几十年里，帕克等人开始探究传说中法老统治的时间，希望把这些时间的长度压缩，并延长所有的共同摄政的时间。这样该王朝的长度就缩短了 12 年，现在被确定为公元前 1979 年到公元前 1801 年之间。[71]

同时，一些德国学者开始论述说，对天狼星上升的观测并不是在孟菲斯或赫利奥波利斯进行的，而是在象岛的边界进行的，也就是说并非在北纬 30 度或附近地区，而是在比这往南 6 度的纬度上。这样，天狼星的上升和阳历新年的开始重合在一起的时间似乎是在公元前 1830 年，因此该王朝存在于公元前 1937 年到公元前 1759 年，比此前的推论又少了 42 年。[72] 但是考虑到希腊陶器时期的年代界定，这一时间段即使并非完全不能接受，至少也是不太可能的。对于希腊陶器时期的年代，我们将在下面的章节中讨论。

埃及古王国的年表

较低位的或"短"年表在整体上遭遇的困难，以及学者们提出这种年表的原因，需要放在 20 世纪对更早的埃及历史的年代界定中进行解释。我认为，先考虑一下人们对埃及古王国的年代界定，会有助于我们理解学术界的做法，尽管这在严格意义上对于界定第十二王朝的年代来说并非绝对必要。

70　Parker（1950, p. 69）.

71　Parker（1976, pp. 178-84）; Kitchen（1987, p. 43）.

72　Krauss（1985, pp. 73-82）; Kitchen（1987, p. 43）.

到 20 世纪伊始时，学者们能够看到我们现在所掌握的全部埃及史年表，并计算了天狼星纪年。于是，从那时起的所有年表就都是天狼星纪年与埃及记录的结合。[73]

关于第十一王朝法老统治的情况不如第十二王朝那样完善，但是有证据显示，这个王朝在整体上似乎持续了 160 年或更久，尽管现代学者更能接受的时间长度是 143 年。[74]

对第十一王朝持续时间的推论来自人们所说的《都灵纸草》（*Turin Canon*）。这份纸莎草文献列出了公元前 13 世纪第十九王朝法老的名号和在位时期。曼涅托在大约 1000 年后记录的埃及的希腊统治者的历史，与这份文献的内容具有惊人的相似性。法国驻埃及的领事德罗韦蒂（Drovetti）获得《都灵纸草》时，这份文献似乎还是完整的。不过到商博良在都林看到这份文献时，纸莎草已经只剩残片，在此之前它已经在都灵保存了 180 年，所以人们称这份纸莎草文献为《都灵纸草》。人们尽力把脆弱的纸莎草残片拼凑到一起。不仅文本及其反面的课税资料，就连纸莎草的纤维，都被用来进行连接并重建联系。[75] 无论如何，一个主要的数字似乎确实得到了较好的确认。这就是，从第一位法老美尼斯开始统治起，到第六或第八王朝，也就是古王国最后一个王朝及其后裔或实力衰退的继任者统治的结束，中间经历了 955 年。

纵然接受了这个数字，对于第六或第八王朝覆灭之后的所谓的第一中间期，人们仍然面对着一个问题。研究中间期的专家汉斯·斯托克（Hans Stock）

73　Meyer（1904, pp. 45-51）。

74　法里纳（Farina）把都灵莎草纸文献中 col. V. 1. 18 的僧侣文文本转写成了象形文字（1938, p. 35），这得到了 Winlock（1940, p. 118, n. 2）带有几分犹疑的说法的支持，从这之后，现代普遍的观点就是，这一王朝持续了 143 年。Gardiner（1959, p. 16）用同样的方式进行了复写。不过，Sethe（1905）认为王朝的持续时间是 160 年以上，对此表示接受的是 Meyer（1907b, p. 21）和 Breasted（1906, I, p. 41）。这个问题实在是太费解了，我们无法做出确切的判断。这条线索似乎是由不同的残篇中的两个或三个不清晰的部分组成的（63, 64 以及？）。如同迈尔所说，"从这些令人费解的不多的残篇中［Sethe］以其一贯的精准建立起了"他所发现的时间，那就是超过 160 年。无疑，在温洛克（Winlock）进行写作时，以及在法里纳和加德纳研究这一文本时，埃及编年的趋势就是把时间大幅推后（见下文）。因此我们无法肯定，究竟是那些学者和他们的同时代人所研究的文本中确实出现了 143，还是他们认为他们看到了 143。新的放射性碳测年法让更早的学者们的年表在整体上更具有可信性，因此在这方面我也倾向于追随更早的学者而非他们的后来者。

75　Gardiner（1959, pp. 11-13）。

在 20 世纪 30 年代写作时给出了下面的时间：

第七王朝（约 27 年）公元前 2190 年——公元前 2163 年

第八王朝（约 65 年）公元前 2175 年——公元前 2110 年

第九王朝（约 45 年）公元前 2175 年——公元前 2130 年

第十王朝（约 90 年）公元前 2130 年——公元前 2040 年。[76]

这一模式与 20 世纪初期提出的年表差异很大。美国埃及学家詹姆斯·布雷斯特德（James Breasted）在 1906 年提出了下面的年表：

第七王朝：公元前 2475 年

第八王朝：公元前 2475 年

第九王朝：公元前 2445 年

第十王朝：公元前 2160 年。[77]

布雷斯特德的同时代人，博学的古代史学家爱德华·迈尔把整个第一中间期界定为公元前 2440 年 ±100 年至公元前 2160 年之间。[78] 如上所示，根据斯托克的年表，近期的学者已经在把这一断裂时期的长度最小化。加德纳在晚年时认为中间期持续了 100 年到 200 年的时间[79]。威廉·海耶斯（William Hayes）在《剑桥古代史》（*Cambridge Ancient History*）中认为中间期只持续了 48 年，并提出第十一王朝统一埃及的事件只是发生在公元前 2040 年，无疑，当今大多数埃及学家都会赞同他的说法。[80]

人们认为，对第一中间期的这种压缩隶属于把埃及历史的时间向晚近时期推进的趋势。既然如上所述，在布雷斯特德和迈尔之后并没有发现新的埃及年表，学者们为什么想要把埃及历史事件的时间判定得离现在更近呢？我认为知识社会学是解释这种趋势的最佳出发点。自从第一次世界大战以来，考古学家和古代史学家一直力争获得"科学的"地位。他们的驱动力就表现在他们渴望"比你更可靠"的想法之中。谨慎的、保守的学者们开始害怕所有不准确的推测。同时，他们期望有所创新。在这种情况下，创新的唯一余地就是对每一种

76　Stock（1949, p. 103）.

77　Breasted（1906, I, pp. 40-5）.

78　Meyer（1907b, pp. 68, 178）.

79　Gardiner（1961a, p. 67）.

80　Hayes（1971, p. 996）. 关于这种主张缩短甚至取消第一中间期的做法的详细介绍，参考 Kemp（1980, p. 27）。

证据都吹毛求疵，尤其是对于古代文献资料。于是，他们就倾向于在时间和空间上限制古代流传下来的所有说法。

具有讽刺意味的是，这种倾向现在受到了埃及学家和考古学家试图模仿的"硬"科学所提供的资料的制约。在本书中我们可以看到，新获得的资料倾向于加大人类古代活动的历史深度和地理宽度。

在我们所讨论的这一问题上，挑战来自放射性碳元素。在 1979 年，涉猎广泛的安纳托利亚考古学家詹姆斯·梅拉特在权威的英国刊物《古代》上发表了一篇令人震惊的文章，标题为《埃及和近东年表：困境？》（"Egyptian and Near Eastern Chronology：A Dilemma？"）。在文章中他提出，传统上人们认为放射性碳测年不适用于埃及和美索不达米亚，因为这里有其他年表来源，但是自从碳年代测定得到重新校准并得出更精确的年代之后，这种看法已经不再有效。因此，梅拉特提出依照新的证据评估年表的意见。他得出的关于埃及的结论是，碳测年显示第一王朝始于公元前 3400 年左右。这样，埃及史上新王国建立前的所有时间都应该被提前 300 年。传统上认为新王国开始的时间是公元前 1567 年，梅拉特认为这是可信的。

从梅拉特的高位年表"过渡"到传统年表，衔接点是在第二中间期，在这一时期的大部分时间里，埃及被来自北方的希克索斯侵略者控制。[81] 他认为，这一时期的持续时间要比通常认为的长很多。《剑桥古代史》估计，在第十二王朝覆灭和第十八王朝兴起之间相隔了 219 年，具体是在公元前 1786 年到公元前 1567 年。梅拉特认为这个时间段持续了 379 年，是在公元前 1946 年到公元前 1567 年之间。我们在第八章会重提这一话题并加以详细讨论，不过这里要指出的是，梅拉特认为希克索斯人在公元前 18 世纪来到埃及，而曼涅托的记述和同时代的纪念碑都显示出，在希克索斯人到来之前埃及第十三王朝有多位法老，这些都可以支持梅拉特对第二中间期更长的持续时间的判定。

梅拉特承认，他把第十二王朝界定在公元前 2115 年到公元前 1946 年间，这不符合以天狼星为基础的古埃及历法，但是他看不出有什么可以使之与他认为无法驳倒的放射性碳证据相协调。[82]

81　Mellaart（1979, pp. 7-11）.

82　Mellaart（1979, p. 7）.

梅拉特关于埃及和巴勒斯坦的年代判定让整个埃及学界感到不安，在那之前，埃及学界被分成了两派，一派支持"中位年表"，一派试图建立时间更晚的更低位的年表。梅拉特的文章立刻受到了两名埃及学家的挑战，他们是巴里·肯普（Barry Kemp）和詹姆斯·温斯坦（James Weinstein），争论很快变成了技术上的，气氛也剑拔弩张，让大多数读者无法追随。[83] 不过，对梅拉特的攻击结果是使人们怀疑梅拉特对以往年表的修正。

八年之后的 1987 年，一篇详细的关于金字塔的最新碳测年结果的报告发表了。一群瑞士和美国学者在赫伯特·哈斯（Herbert Hass）的带领下从金字塔中收集了 64 份新鲜的有机样本，在得克萨斯和瑞士的实验室中对其进行了测定。他们的测定结果令人惊讶，因为这些结果要使《剑桥古代史》的时代划定提早 374 年。[84] 在对似乎能支持传统年表的早期放射性碳测年的讨论中，哈斯和他的同事注意到了一项事实，那就是之前的样本与新的样本迥异，而且更早的研究者采用的技术不那么先进和精确，校准也是不定期的。[85]

得克萨斯人和瑞士人并没有提出他们的工作与其他很多研究者的工作之间存在的其他差异，那些研究者包括 1985 年发表了文章《埃及年表和爱尔兰橡木校准》（"Egyptian Chronology and The Irish Oak Calibration"）的剑桥考古学家伊恩·肖（Ian Shaw）。[86] 肖和其他学者与埃及学家有紧密的工作联系，他们渴望自己的发现能够与传统的年表契合，在无法达到预期目的时他们似乎颇为失望。而哈斯和他的同事们更加关心技术问题，他们怀着开放的心态深入探讨问题，尽管他们的年代判定与《剑桥古代史》的年代划定之间的差异也让他们大吃一惊。[87] 哈斯及其同事的研究所引起的反响自那以后就沉寂了。一种反对意见就是，得克萨斯人和瑞士人未能充分注意到寿命很短和寿命很长的材料之间的差异，如果样本来自一大块木头，那么在这块木头用于修建金字塔之前，树木中心部位的树轮或许就已经死去了几十年或几个世纪，因此这样的时间测

83　Kemp（1980）and Weinstein（1980）.

84　Haas et al.（1987）. 他们的测定结果似乎也得到了后来在汉诺威（Hanover）对通过最新方法取得的另一份样本的分析的支持。Haas et al.（1987, p. 597）.

85　Haas et al.（1987, pp. 586-7）.

86　Shaw（1985）.

87　Shaw（1985, p. 304）；Haas et al.（1987, pp. 596-7）.

定是不够准确的。哈斯和他的团队试图反驳这点，他们说，修建金字塔的时间通常需要几十年。[88] 而且，寿命很长，甚至能比金字塔更古老的样本似乎只有一小部分。这个团队主张把《剑桥古代史》的年代界定提早 374 年，但是我认为这个数字需要在某种程度上缩小一些。

不过有趣的是，人们对得克萨斯人和瑞士人提出的主要反对意见是，他们的结果与有关埃及的更早的放射性碳测年结果并不契合，也不符合建立在历史资料之上的年表。而且，这一结果也不符合巴勒斯坦的年表，而巴勒斯坦的年表本身是基于埃及与之相对应的年表与放射性碳测年的结果。[89]

与此相反，可以说哈斯和他的同事实际上考虑到了更早的埃及放射性碳测年的结果。而且，尽管他们给出的时间不符合如今重构的历史年表，但是如果基于上面所说的原因把他们给出的时间放宽一些，就会符合布雷斯特德和他的同时代人基于同样的埃及编年史得出的年表。如上所述，我相信布雷斯特德给出的年表比他的后继者的更加可信，因为后继者面对着把时间往后推的压力。巴勒斯坦的年表主要是以埃及的对照性历史年表为基础的。因此，要根据巴勒斯坦的年表来推定埃及这些时期的年表，就是在原地绕圈了。至于有关巴勒斯坦的放射性碳年代测定结果，温斯坦和梅拉特之间的争论显示出他们对此的解释是非常不确定的。

211

埃卜拉的年表

对埃及古王国采取布雷斯特德和迈尔的年表有一个好处，那就是解决了叙利亚城市埃卜拉的年代学难题。对埃卜拉这座重要城市的发掘是 20 世纪最后二十八年里近东考古学最令人激动的事件。人们发现了不同时期的大量物品，但是最引人瞩目的是在标记为 IIB1 的地层中发现的宫殿，其中有一处大型档案室。泥板档案的发现给古代近东地区的经济、社会、宗教和语言研究带来了革命性的冲击，其影响如此深远，在此不可能详细讨论。[90]

因此，我想只考察考古学方面的问题以及宫殿被毁的时间，也就是制作这些泥板的时间。美索不达米亚的两个统治者，萨尔贡大帝和他的孙子纳拉姆辛，

88　Haas et al.（1987, pp. 588-9）.

89　参考 Weinstein（1989b, p. 103）。同时参考 Harding and Tait（1989, pp. 151-2）。

90　关于埃卜拉的考古发现及其意义的研究，参考 Pettinato（1981）。

宣称他们征服了埃卜拉。考古学家保罗·马蒂埃（Paolo Matthiae）选择了这一地点进行挖掘并发现了很多古物。根据所发现的建筑和艺术风格，他最初认为，遗迹为公元前 23 世纪的纳拉姆辛的城市。[91]

碑铭研究专家乔万尼·佩蒂纳托（Giovanni Pettinato）最先阅读了这些文本并重构了埃卜拉当地使用的新的闪米特语，在埃卜拉发现的很多泥板都是用这种语言进行书写的。佩蒂纳托反对马蒂埃的年代判定，他认为埃卜拉的档案室是在更早的时候被毁的，时间远在萨尔贡统治之前。他的观点基于下述事实。首先，这些文本包含大量地理信息，但是没有提到萨尔贡或他的城市阿卡德（Akkad），这似乎有些奇怪，因为这位征服者在美索不达米亚具有重要地位并摧毁了叙利亚。第二，埃卜拉泥板和来自美索不达米亚的公元前 2500 年左右的"前萨尔贡"文本在字体和语言上都具有对应性。因此，佩蒂纳托最初把埃卜拉档案室的破坏归因于美索不达米亚南部城市拉格什（Lagash）的苏美尔王恩纳图姆（Eannatum），据信恩纳图姆曾征服了埃卜拉以东 170 英里的上幼发拉底河边的城市马利。不过，佩蒂纳托后来把这一事件推后到公元前 2400 年左右，同时推后的还有卢加尔扎克西（Lugalzaggizi）发起的大规模战役，他是美索不达米亚城市基什（Kish）的苏美尔统治者。[92] 佩蒂纳托提出的毁灭发生在萨尔贡之前的观点，是很有说服力的。马蒂埃和他的支持者因此默默地改变了说法，认为这个地方是在公元前 2350 年被萨尔贡摧毁的，尽管他们并没有像佩蒂纳托一样把时间往前推得更多。[93]

马蒂埃的确有一项证据，可以证明毁灭是由纳拉姆辛带来的。这一证据就是，在发现了档案的 IIB1 宫殿中有两块刻有第四王朝法老哈夫拉（Chephrēn）名字的闪长岩容器残片和一个刻有第六王朝法老佩皮（Pepi）一世名字的雪花石膏罐盖。根据《剑桥古代史》，佩皮一世的统治时间是在公元前 2331 年到公元前 2283 年，纳拉姆辛的统治时间则是在公元前 2291 年到公元前 2255 年。尽管马蒂埃把后者的时间推定得更晚，但是他就是从这一点出发，认为虽然宫殿倒塌时哈夫拉的容器碎片已经存在了很久，但是佩皮的罐子就是当时的礼物。因此他认为，埃卜拉的宫殿不可能是由萨尔贡摧毁的，而是由更早的美索不达米

91　Matthiae（1981, p. 9）.

92　Pettinato（1981, p. 107）.

93　Matthiae（1988, p. 76）.

亚统治者摧毁的。即使在今天，尽管马蒂埃现在接受了宫殿是由萨尔贡摧毁的这种观点，他仍明确地对此感到不安，因为他认为这把埃及的相应年代推迟了。[94]

天文学的数据现在似乎支持《剑桥古代史》对于这一时期美索不达米亚统治者统治时间的界定，把萨尔贡的统治时间提早了九年。于是，现在应该认为，萨尔贡是在公元前 2380 年到公元前 2324 年实行统治的，纳拉姆辛的统治时间则是公元前 2300 年到公元前 2263 年。[95] 根据这里提出的埃及年表，佩皮一世的统治时间大约是公元前 2614 年到公元前 2565 年。佩蒂纳托最初将埃卜拉 IIB1 宫殿最早的被毁时间判定为公元前 2500 年，基于与美索不达米亚铭文的对应关系，很多学者都认为这一时间是可以接受的。按照这样的界定，该宫殿被毁就发生在佩皮一世统治期间。

如果回归到布雷斯特德和迈尔的埃及古王国年表上，那么另两个问题也同样可能得到解决。第一个问题是，在埃卜拉文本中没有提到埃及。佩蒂纳托接受了传统的对埃及古王国年代的界定，认为伟大的第四王朝在文本所涵盖的 50 至 70 年的时间里是繁荣兴盛的，因而他对此感到困惑。[96] 不过，到了公元前 2500 年，第六王朝和古王国似乎都在崩溃，而且，如果埃卜拉的毁灭时间再晚 30 年左右，即发生于公元前 2470 年前后，就会与埃及历史上最混乱的时期之一相吻合。因此，对于埃卜拉文本中没有提到埃及，人们似乎没有理由感到惊讶。

不过我们无法把这一论述再推进一步，因为对于这些档案包含多少这一城市以西的地理信息，现在还存在相当多的争论。[97]

213

通过把埃及古王国的年代前移，可以解决的第二个问题就是，如果美索不达米亚的阿卡德王朝并非与埃及古王国处在同一时期，而是与埃及第 1 中间期处在同一时期，就可以解释为什么没有发现能够显示出二者在时间上相对应的迹象，即在美索不达米亚没有发现埃及的物品，在埃及也没有发现美索不达米亚的物品，而在这两个力量强大、影响广泛的帝国之间本来是应该存在这样的情况的。

最后这两点当然是基于默证。我在这本书中多次批评了默证。不过，有

94　Matthiae（1988, p. 77）。毕布勒的对照性历史年表也显示出，萨尔贡的统治时间是在埃及的第 1 中间期。

95　Huber（1987b, p. 9）。

96　Pettinato（1981, p. 107; personal communication, Cornell，1983）。

97　Steinkeller（1986, pp. 31-40）。

了这些额外的优势和具有可信度的埃卜拉的对照性年表，我看不出有什么理由怀疑，古王国的年代应该比《剑桥古代史》中给出的编年时间提前很多。新的放射性碳测年结果似乎也证实了布雷斯特德、迈尔和梅拉特的埃及古王国年表。

埃及古王国之前的年表

这是否能扩展到整个早期埃及的年表上呢？要让这些新的结果和"时间提前了的"古王国与符合传统上天狼星纪年的《都灵纸草》相协调，一种方法显然就是缩短在此之前的早王朝时期的持续时间。这样，即使第三王朝是在公元前 3000 年左右开始的，第一王朝的年代也可以被判定为公元前 3200 年左右。可惜的是，这一方案受到了埃及史中另一资料证据的否定，这就是巴勒莫石碑（Palermo Stone），它的存在比《都灵纸草》早了 1000 年。这一石刻现在保存在巴勒莫，是一块大石碑的残片。大石碑显然是在第五王朝时期雕刻的，上面列出了之前的法老和在他们统治期间发生的一些大事。和《都灵纸草》一样，它只能提供一些需要加以探究的信息片段，例如最早的两个王朝存续了 444 年。这个数字具有的数学上的意义或许超过了它的历史意义。不过，对巴勒莫石碑的最新研究显示，最早的两个王朝的存续时间是在 405 年到 486 年之间，这是有可信度的。[98] 因此，不可能把这一时期的长度缩短到两百年之内，尽管石碑上保存下来的法老名字相对较少。似乎可以肯定梅拉特是正确的，他把法老在埃及建立统治的时间重新定为公元前 3400 年左右，这也是布雷斯特德提出的时间。第三王朝现在似乎应被认为是在公元前 3000 年左右开始的，古王国则是在公元前 2470 年左右结束的，这就与《都灵纸草》的说法一致，那上面说古王国的结束发生在第一王朝建立 955 年之后。[99]

中王国的起止年代

如果梅拉特对古王国的年代界定是正确的，那是否意味着我们必须接受他对中王国的更早的年代界定呢？我认为并非如此。巴里·肯普很有理据地

98　Gardiner（1961a, pp. 62-3）; O'Mara（1979, addendum）.

99　Mellaart（1979, p. 9）.

维护了天狼星纪年。[100] 于是，要把新的提前了的古王国年代与中王国时期的天狼星纪年结合在一起，唯一方法就是延长第一中间期而非第二中间期。毋庸置疑，当时有很多法老，在百岁的佩皮二世死后显然达到了 18 位之多。这些法老或属于第六王朝末期或属于第八王朝。《都灵纸草》又增列出了 18 位法老，他们属于第九王朝和第十王朝。[101] 而且，显然并非所有统治者的统治都很短或很混乱。从一些莎草纸文献的描述中可以看出，至少在某些法老统治的某些时期，生活是非常平静繁荣的。似乎还有不少由区或行省的长官建立的王朝。[102]

艺术史学家威廉·史蒂文森·史密斯站出来否定了流行的低位年表的诸多方面的特点，他看出了古王国和中王国之间存在的主要的文化差异，并且关注压缩这一中间期的倾向。[103] 尽管中埃及语作为中王国的官方书面语在古王国时期就已经显露端倪，但是官方方言的转变本身显示出了两个王国之间在政治和文化上的重大断裂。[104] 这似乎不可能在一个世纪里发生，并且不可能在没有时间间隔的情况下发生。

简单地说，我相信我们在确定早期埃及年表时应该回归到布雷斯特德的方式。这意味着对古风时代、古王国和第一中间期的年代要做根本上的变动，但是就这一章所关注的中王国和色梭斯特里斯的统治时期而言，年表上只需要做相对少的改动。

美索不达米亚年表

要评估色梭斯特里斯在美索不达米亚和安纳托利亚的战役可能产生的影响，就需要对公元前两千纪早期的美索不达米亚年表有所了解。实际上，过去五十年间围绕着这个问题一直存在很多争论。争论集中在对于例如著名的巴比

215

100　Kemp（1980, p. 25）。

101　见米特·拉辛纳碑文，col. 5+x。

102　Gardiner（1961a, pp. 112-16）。

103　Smith（1965, p. xxiv）。

104　参考 Callender（1975, p. 1）。他甚至提出，中埃及语是古王国晚期和第一中间期使用的口语。的确，新埃及语和中埃及语之间的差异要比古埃及语和中埃及语之间的差异大得多，而且第二中间期的持续时间是 230 年，要比这里推测的第 1 时间期的 310 年短。不过，比希克索斯人入侵所产生的语言学影响更重要的是，事实上，尽管古埃及语和中埃及语似乎都是基于下埃及孟菲斯的口语，但是新埃及语是上埃及底比斯的口语（见 Greenberg 1986, pp. 282-3）。因此在第二种情况中存在重大的地区和时间差距。

伦国王汉谟拉比的统治时间以及后来赫梯人对巴比伦城的征服等历史事件，该采用"长"、"中间"还是"短"年表的问题上。这些年表基于四种可能的时间，它们符合巴比伦泥板上记录的对金星的观测结果。在过去十年里，最早的年代，也就是"长"年表，得到了麻省理工的统计学家彼得·休伯的强力支持。休伯认为，不仅巴比伦人对金星的八年周期的观测结果，还有特定的月食以及各个月份的长度，都指向"长"年表而非另两种年表。他最近在针对这个问题的论述中总结说：

> 在我看来，有关公元前两千纪早期的年表的问题在性质上已经发生了很大的转变。它不再是从几种金星纪年法中根据历史或其他非天文学的观点去挑选一种，而是要么接受要么摈弃一种年表的问题。

> 当然，99%的信赖仍不同于完全确定。我相信，这1%的错误可能比大多数历史观点所犯的错误要少，潜在的反驳必须基于非常强有力的相反证据。[105]

休伯的结论符合安纳托利亚考古界长期存在的主流趋势。[106] 问题是，现在似乎出现了他所要求的"强有力的相反证据"。证据来自树轮年代学。树轮年代学家彼得·库尼霍姆（Peter Kuniholm）现在相信，安纳托利亚中部的阿辛许于克（Açem Hüyük）宫殿的年代可以被确定为公元前1792/1 ± 37年，在这座宫殿里发现了马利国王阿克吞-利姆（Iakhtun-Lim）的印章。[107] 阿克吞-利姆似乎是早于亚述王沙姆希-阿达德（šamši-Adad）的同时代人，根据长年表，后者的统治时间是在公元前19世纪中期。因此，这一年代划分与这种年表似乎很难协调。不过，这可以很容易地迎合中间的年表，对于低位年表也没有多少问题。[108]

105　Huber（1987a, p. 17）. 同时参考 Huber（1982）。"长"年表并不是由 Landsberger 和 Nagel（见 Strommenger, 1964, chart）提出的更高位的年表。这要提早大约80年的时间。不过，应该指出，休伯并没有像根据更低位的年表那样彻底地根据更高位的年表检查他的数字。关于他对反对意见的分解，参考 Åström（1987-9, III, pp. 61-3）。

106　Mellaart（1957, 1958, 1967）.

107　彼得·库尼霍姆的个人通信，来自康奈尔，1990年10月。

108　参考地图和表。

　　另一方面，要界定阿辛许于克宫殿的年代，还存在着若干困难。首先，年代判定并不是"纯粹的"树轮年代学的结果，也就是说，并没有来自安纳托利亚中部的一直持续至今的一系列连续的平行树轮。宫殿年代是根据对树轮的放射性碳测定得出的，这些树轮与那些存在这种连续序列的地方的树轮相配。因此，尽管这一方法要比单纯的放射性碳测定更加可靠，但是也有可能出现错误。第二个问题就是，人们对木材和印章所在的阿辛许于克宫殿进行过挖掘，但是挖掘的情况并没有得到公开发表。由于这些不确定性，我们不能轻易地放弃长年表。同样，我们也不能完全相信休伯的绝对自信。

216

　　于是，正如我们要界定第十二王朝的起止时间就必须考虑帕克给出的较早的年代和德国人给出的较晚的年代一样，我们现在也必须考虑来自美索不达米亚的长、中、短的年代界定。从埃及的情况出发，我们要寻找安纳托利亚在森乌塞特一世和阿蒙涅姆赫特二世统治期间遭到的毁灭，也就是公元前 1958 年至公元前 1883 年与公元前 1912 年至公元前 1841 年这两个时期。埃及人在安纳托利亚进行的战役似乎都不可能发生在森乌塞特一世刚开始统治的时候。我们知道，森乌塞特一世在登基时遭遇了政治危机，在统治初期就前往利比亚征战。因此，在他建立起足够强大的政治、经济和军事基础之前，他似乎不太可能开始对亚洲的"征服"。如果接受了传统的资料，我们就会认为他在海上和陆地上向南的远征早于向北的远征。最后，在米特·拉辛纳碑文上提到了森乌塞特一世之子阿蒙涅姆赫特二世。所有这些都表示，后者似乎是不太可能被涉及的，而那些战役是在色梭斯特里斯统治后期发生的。因此，我们要寻找的是公元前 1930 年至公元前 1916 年与公元前 1898 年至公元前 1884 年两个时间段在安纳托利亚曾出现过一支强大军队的考古证据。

战役的考古证据

　　如果要对色梭斯特里斯的征服做出假设，那么我们会期待在考古记录中发现什么呢？首先会被发现的是，这一时期在前面提到的安纳托利亚、色雷斯、塞西亚和西高加索这些地区存在遭到大范围破坏的迹象。由于传说并没有特别提到长期性帝国的建立，因此我们不能期待埃及的统治能留下多少遗存，但是可能存在一些埃及的物品。如果足够幸运，我们可能会发现一些从被征服的地区运回埃及的战利品。从经济上看，我们或许会发现，繁荣的中心区域在遭到破坏之后发生了相对迅速的重建，尽管经济不够强大的地区恢复的时间要更长。从政治上看，蒙古人入侵亚洲西南或欧洲人入侵撒哈拉以南的非洲地区后都未能建立长久统治，这可以与激发了大规模移民，促成了新的国家和民族身份形成的"入侵"进行类比。最后，由于传说中谈到建立了长期存在的殖民地，人们或许可以沿着被毁区域找到新的繁荣地区。

在考古学上，根据奥尔布赖特、波斯纳和那些强调帝国化程度的"最大化论者"的诠释，从叙利亚-奇里乞亚（Syro-Cilician）青铜时代中期一段彩绘陶器的分布情况来看，的确存在着第十二王朝"帝国"的迹象。公元前两千纪之初这一地区出现的物质文化，显然是将位于今天土耳其东南的奇里乞亚与叙利亚联系到了一起。正如詹姆斯·梅拉特指出的，这一文化应该与埃及有关，因为这里发现了埃及第十二王朝的物品。[109] 我们在下面会看到，奇里乞亚很可能被森乌塞特一世和／或他的儿子阿蒙涅姆赫特二世征服，并有可能在之后数十年里都处于埃及的政治影响下。尽管遭到了来自东方的游牧民族的侵袭，但是在那之前叙利亚-巴勒斯坦西部就形成了相对稳定的作为埃及附属国的基础，色梭斯特里斯和他的儿子可以从该地区出发开始征战。这似乎解释了考古资料中这一地区在公元前 20 世纪和公元前 19 世纪早期的稳定性，这种稳定与中东其他地方的情况形成了鲜明的对照。

或许因为只是在讨论森乌塞特一世统治末期的情况，梅拉特把叙利亚-奇里乞亚同安纳托利亚中部和北部截然分开，因为前者与埃及有联系，而后两者似乎是与东部的亚述存在贸易关系。[110]

早期的安纳托利亚：历史概述

从地理上看，安纳托利亚是一处地形复杂、气候多样化的地区，既包括富饶的地中海平原，也有内陆高山、高原和内陆湖泊。目前相对统一的土耳其文化是个会给人造成错误印象的例外。在已知的历史中，大部分时候安纳托利亚

109　Mellaart（1982, pp. 31-2）.

110　Mellaart（1982, pp. 31-2）.

都更像是今天的高加索地区，是不同文化和语言的拼图，其中既有坚持地方保护主义的孤立地区，也有极大地受到变革和入侵影响的地区。公元前两千纪初的情况肯定就是这样。

从当时的名字及其后来的分布来看，能够重构出的语言模式就如地图 13 所示。这些语言中的几种——赫梯语、卢维语（Luvian）、巴莱语（Palaic）、吕底亚语，或许还有卡里亚语——属于印度–赫梯语系的安纳托利亚语分支。弗里吉亚语和原始亚美尼亚语（Proto-Armenian）属于印欧语系。还有哈梯语（Hattic）和原始南高加索语（Proto-Kartvelian）——格鲁吉亚语（Georgian）就起源于此——以及胡里安语。所有这些语言都不是印欧语。[111] 对安纳托利亚所遭到的破坏的解释和历史性的重建大多围绕着一个问题，那就是来自北方的讲赫梯语和其他安纳托利亚语的民族的“到来”。我在第一卷中说过，我同意格奥尔基耶夫（Georgiev）和伦弗鲁的观点，相信这些语言和非印欧语一样都是这一地区本土的语言。[112] 因此，它们的引入在此不是问题。另一方面，胡里安语可能来自东南，弗里吉亚语和亚美尼亚语中的印欧语成分则显然来自北方。后两种语言无法证实在公元前两千纪初期就已经出现，但是从语言学证据来看，这两种语言似乎是在那之前进入安纳托利亚的，尽管弗里吉亚人只是在公元前一千纪上半叶才扩展到半岛的中心。他们最初到来的时间有可能就是考古学所展示出的动荡年代，阿卡德文献记录显示这发生在公元前 23 世纪。

通常认为，就是在这一时期，在高加索北部地区以著名的迈科普（Maikop）古墓为代表的所谓的库尔干文化，似乎渗透到了安纳托利亚东部并与当地文明发生了融合。[113] 几乎与此同时，安纳托利亚西部发生了动荡，人们以往将这种动荡与“吕底亚人的入侵”联系在一起，但是这也有可能是由来自西北的原始弗里吉亚人的到来引发的。[114]

无论如何，大约在公元前 2100 年之后，安纳托利亚中部和东部开始进入了经济扩张和繁盛的时期，这是以富饶的矿产资源和与中东的贸易为基础的，并且持续到了公元前 12 世纪青铜时代结束时，虽然这期间也有一些明显的中

111　Gurney（1973, pp. 229-32）；Watkins（1986, pp. 45-8）。

112　第一卷，第 13—14 页。

113　Lang（1966, pp. 43-4; 1977, p. 76）；Burney and Lang（1971, 78-85）；Bosch-Gimpera（1980, p. 171）；Mellaart（1967, pp. 36-8）。

114　关于更早的观点，参考 Mellaart（1967, pp. 29-31）。

218

断。"赫梯象形文字"的最早实例来自公元前2000年，不过这种文字似乎产生在安纳托利亚人学会书写之后和接触到楔形文字之前，时间或许是在公元前三千纪之初。赫梯帝国使用的楔形文字类型不属于亚述语而属于叙利亚语，它形成于我们所关注的动乱时代之后。我们并不知道这种文字究竟是在何时传播，又是如何传播的，但是有一种可能就是源于公元前20世纪和公元前19世纪对叙利亚的开放。

在安纳托利亚发生的毁灭：库尔特普 II 和卡鲁姆·科尼什

尽管到目前为止没有发现公元前三千纪安纳托利亚存在当地文字的痕迹，但是有一份历史资料是关于公元前20世纪中期安纳托利亚中部地区的。这就是在卡鲁姆·科尼什（Karum Kanesh）的亚述贸易点发现的数以千计的泥板，位置就在今天一座名叫库尔特普（Kültepe）的土耳其普通村庄。遗憾的是，就和亚述学研究的几乎所有情况一样，由于完美主义和学者的私有财产观念，这些泥板的大部分内容都未能得到公开发表。不过，已经公开的泥板让人们了解到很多有关卡鲁姆（意思是商业殖民地）结构的情况，还有它与安纳托利亚地区其他亚述殖民地的关系以及与阿舒尔（Assur）城的关系，阿舒尔城距其500英里开外，中间隔着极难穿越的区域。泥板让我们了解到有关古代世界贸易的很多情况和个体商贩的重要性。泥板还特别显示出，大量的安纳托利亚的白银、黄金和铅被出口到亚述，换回纺织品和锡，其中纺织品来自美索不达米亚，锡则来自更远的地方，有可能来自阿富汗。[115]

泥板也揭示出外国商人所处的社会的一些情况。大多数城市都有国王，其中很多人都有赫梯名字。在西方100英里外的哈图沙（Burushattum）有个"伟大的国王"。赫梯的历史记录提到，他们的第一位国王是阿尼塔（Anitta），为科尼什北方的库萨尔（Kussara）之王，他把首都迁至名为涅萨（Nesha 或 Nisha）的地方，或许就是科尼什。据说，他征服了一系列城市，并迫使哈图沙（Purushkhanda/Burushattum）的国王向他臣服。亚述文本中提到了阿尼塔，在科尼什被毁的宫殿废墟中发现了一把刻有他名字的匕首或箭头。不过，对于

115　Larsen（1976, pp. 80-105）.

他生活的时代是公元前 20 世纪晚期的库尔特普 II 还是公元前 19 世纪的库尔特普 Ib，学者们仍有争论。[116] 无论如何，在他与赫梯帝国的下一个"创建者"拉巴尔那（Labarnas）之间有相当大的或者说是彻底的间隔——拉巴尔那属于公元前 18 世纪中期或晚期。

这让我们面对着确定库尔特普文本的年代这一关键性的问题。我们所关注的两个时期是库尔特普 II 和库尔特普 Ib。在这两个一派繁荣的时期，科尼什和阿舒尔之间存在大量的贸易，并制造出了很多泥板。不过，在库尔特普 II 末期，城市和亚述人居住的城市郊区都几乎毫无预警地遭到了彻底摧毁，几十年之后库尔特普才得以重建并进入 Ib 时期。

丹麦亚述学家摩根斯·特洛·拉森（Mogens Trolle Larsen）在有关卡鲁姆经济和社会结构的杰出著作中聪明地避开了年代学的问题。因此，有关卡鲁姆年代的最详细的研究成果仍然是由土耳其古代史学家博尔干（Balkan）在 1955 年出版的。他解读了泥板所谈到的亚述国王，将之与巴比伦同时代的国王联系到了一起。亚述的卡鲁姆似乎是从国王伊里舒姆（Erišum）一世统治初期开始的。不过，文献只是提到了他持续了 40 或 41 年统治的最后 14 年。文献涵盖了伊里舒姆一世的继任者伊库努姆（Ikūnum）和萨鲁姆辛（šarrum-kîn）的统治，终止于普祖尔-阿舒尔（Puzur-Aššur）二世的统治。可惜的是，亚述的国王名录并没有给出这些国王的统治时长，因此我们这里只能进行推测。但是，由于国王沙姆希-阿达德在统治的第十年重建了卡鲁姆，我们似乎又回到了坚实的根基上。

从伊里舒姆一世登基到沙姆希-阿达德离世，亚述年表给出的时间长度是159 年。对于卡鲁姆·科尼什，博尔干给文献中未记录的卡鲁姆时期分配了 26 年，又给库尔特普 II 分配了八年。分给沙姆希-阿达德统治下的库尔特普 Ib 的时间是 23 年，这样在两个时期之间就存在 30 年的间隔，而库尔特普 II 毁灭的时间大约是在公元前 1890 年。[117]

不过还有很多问题。博尔干自己倾向于认为在两个时期之间有更长的间

220

116　关于学者们的争论的参考文献见 Gurney（1973, pp. 232-3）。 Macqueen（1975, p. 21），Mellaart（1978, p. 57）倾向于较晚的年代。

117　Balkan（1955, pp. 58-63）. 树木年轮学看起来几乎可以确定毁灭的时间，但是通过树轮的序列还无法得出绝对年表。参考 Kuniholm and Newton（1989）。

隔。在两个地层之间有一米多厚的废墟，房屋的规划和方向都已经改变，这意味着新的定居者不知道旧时的布局；器物的类型和制造工艺都发生了变化；最后，语言在间隔期也发生了很多显著的变化。[118] 第二点似乎尤其重要，因为即使卡鲁姆的亚述人在城市被毁时全都遭到杀害，由于商业人口的流动性质，在其他地方也肯定会有幸存者了解城市房屋的布局。因此，发掘者奥兹古克（Özgüç）认为，这些变化需要 50 年的时间。我相信这只是最低标准。[119]

这两个时期之间的间隔覆盖了两个国王的统治时期，即纳拉姆辛和伊里舒姆二世，还有沙姆希-阿达德统治的前十年。博尔干教授推测，毁灭发生在普祖尔-阿舒尔二世统治结束时。但是没有可以证实这种推测的理由，普祖尔-阿舒尔二世也可能继续统治了更长的时间。我们知道，纳拉姆辛至少统治了 15 年。因此，30 年的间隔只能允许他或普祖尔-阿舒尔二世再多统治五年的时间，更不用说伊里舒姆二世的统治了。在时间上进行的压缩似乎太多了。

同时，我们似乎把太多时间留给了库尔特普 II 的有记录的时期。的确，某些商人家庭似乎四代都在那里生活，但是在拉森对卡鲁姆的详细研究中被用作例子的情况是，曾祖父在通信开始之前就已经离世，此时曾孙似乎还年幼。[120]

那么，有记录的库尔特普 II 的时间似乎应该缩短，存在的间隔则应该从 20 年加长到 40 年。如果我们认可亚述王名录所说的从伊里舒姆一世登基开始直到阿达德离世一共是 159 年的时间，那么从伊里舒姆的统治中减去卡鲁姆通信开始之前的 30 年的时间，再减去沙姆希-阿达德统治的 23 年时间，留给库尔特普 II 和毁灭时期的时间就是 108 年。如果我们进一步估计，库尔特普 II 的有记录的时期持续了大概 40 到 50 年，那就可以得出结论，库尔特普 II 是在沙姆希-阿达德统治第十年的 50 到 70 年前被毁的。于是，一切就都取决于这一时间，在长的、中间的和短的三种年表中，该时间分别是公元前 1859 年、公元前 1803 年和公元前 1792 年。这些时间再加上流失的 60 到 70 年，就得出了毁灭发生的时间段：公元前 1929 年—公元前 1909 年、公元前 1873 年—公元前 1853 年和公元前 1799 年—公元前 1779 年。根据帕克的年表，长年表与森乌塞特一世统治后期可以形成非常契合的年代对照。

118　Balkan（1955, pp. 42-3, 58-63）.

119　由 Mellaart（1957, p. 58）引用。

120　Larsen（1976, pp. 81-4）.

中间年表无法与此吻合，但是符合德国人就阿蒙涅姆赫特二世统治时间给出的埃及低位年表，也就是公元前 1875 年—公元前 1842 年。对于可能存在的共时性，我们可以认为，假定的埃及人的破坏发生在森乌塞特二世和三世统治期间，这会把埃及的年代范围向后推到公元前 1830 年或公元前 1788 年。尽管梅拉特更倾向于认为破坏发生在第十二王朝早期，但是在安纳托利亚毁灭期的地层中所发现的埃及第十二王朝的物品没有什么是局限于这一时期的。另一方面，在卡鲁姆的通信中没有提到埃及人，这就使埃及人在这一地区进行过长期征战的可能性降至为零。而且有证据显示，在下面要谈到的透德宝藏中，与在库尔特普 II 发现的物品类似的宝藏是在阿蒙涅姆赫特二世统治期间运到埃及的。

我再重复一下，美索不达米亚的长年表得到了休伯的天文学计算结果的支持，如果接受这种年表，那么在库尔特普 II 的毁灭与帕克对森乌塞特一世统治后期的年代界定之间就存在共时性。在德国人的阿蒙涅姆赫特二世统治年表和中间年表之间也存在共时性，但是如果接受了美索不达米亚的低位年表，这种共时性就被消解了。

梅拉特采用高位年表，并在第十二王朝的物品的基础上，提出了毁灭发生在公元前 1940 年到公元前 1900 年之间的观点。[121] 这也使之能够接近假想中色梭斯特里斯在北方的征战发生的时期，我们认为那是公元前 1930 年前后到公元前 1916 年间。

222

至此，我希望已经清楚地展现出，我为什么要用这么多篇幅来确定库尔特普 II 遭到毁灭的时间。科尼什或涅萨（Nišili）——这是赫梯人对该地的称呼——是个具有关键意义的文化和军事中心。赫梯人用他们的创始人阿尼塔的城市的名字来称呼自己的语言，这是在首都向北迁移到哈图斯（Hattus）很久之后的事情。在库尔特普 II 末期科尼什的人口大约有两万到三万，这在当时是相当可观的了。科尼什也是交通要道上的重要枢纽，从美索不达米亚和叙利亚出发向北去往位于今天的谢宾卡拉希萨尔（Sebinkarahisar）和黑海附近的富庶银矿和铅矿，向西去往爱琴海海岸和特洛伊，都要经过科尼什（见地图 12）。我们应该在这种语境下阅读梅拉特写于 1958 年的经典文章《青铜时代早期在

---

121 Mellaart（1958, p. 9）；（1967, p. 37）——公元前 1900 年前后；（1978, p. 49）——公元前 1940 年前后。

安纳托利亚和爱琴海的结束》（"The End of the Early Bronze Age in Anatolia and the Aegean"）的节选部分：

在安纳托利亚中部，亚述富裕的卡鲁姆或大城市科尼什的城墙下的贸易区……在公元前1900年左右（地层Ⅱ）沦为灰烬，半个多世纪里再没有人居住。同时代的城市阿拉加霍裕克（Alacar Hüyük）是另一个贸易中心，也惨遭同样的命运，但是阿拉加霍裕克Ⅴ的毁灭肯定要更早一些。在克尔谢希尔（Kırşehir）盆地的众多遗址中，唯一经过挖掘的是位于哈利斯河（Halys）以南的曾遭焚毁的哈斯许于克（Has Hüyük）。在阿克萨赖（Aksaray）附近的阿西姆克伊（Acemköy）大土堆的破坏层显示出，在公元前1900年前后或稍晚些的时候这里发生过大火。

在哈利斯河与桑加瑞斯河（Sangarius）之间的山区国家中，发生了大范围的破坏。卡罗格兰（Karaoğlan）、比蒂克（Bitik）、波拉特利（Polatli）和戈尔迪翁（Gordion）被放火焚烧，艾提奥库苏（Etiokuşu）、色基斯（Çerkes）和其他几个地点被废弃。在桑加瑞斯河的广阔流域内，埃斯基谢希尔（Eskişehir）平原上原本星罗棋布着青铜时代早期的代米尔吉（Demirci Hüyük）文化的村庄，但是在公元前1900年之后这些村庄至少有半数变得荒无人烟，再无人居住。更往西去，在库塔亚（Kütahya）西部有两个大土丘科普鲁壬（Köprüören）和塔萨里（Tavşanli），那里到处都是大火焚烧后留下的被毁坏的城墙上的砖，它们都与青铜时代早期（特洛伊Ⅴ型）的陶器有关，在这一时期结束后塔普兹克（Tepecik）附近地方的人们似乎也都匆匆逃离了。

在这一区域和特罗阿德之间是巴勒克埃希尔（Balikesir）平原，如今以约坦文化中心而著名，人们对它的了解几乎完全来自那里的墓地，墓地中没有青铜时代早期之后的陶器。

在特罗阿德，特洛伊Ⅴ并未遭到大火焚毁，但是在接下来的时期显示出了文化上的变化。在另两个地点，库姆特普（Kumtepe）Ⅱ和卡拉戈克特普（Karaağaçtepe），即色雷斯克什尼兹（Chersonese）被称为大土丘的地方，也都被废弃了。在利姆诺斯（Lemnos），波罗西尼（Poliochni）的青铜时代早期最后的定居点据说是被地震毁掉的，但是这一地点在青铜时代中期并没有人重新居住。[122]

梅拉特大胆地列出了一大批地名，十年后又在《剑桥古代史》中给出了比这更精简的版本，这对于较为谨慎的学者来说是一大挑战。有影响力的美国考古学家詹姆斯·米利（James Muhly）认为，卡鲁姆·科尼什的毁灭只是"某种地方性的事件"。[123] 一位作者在论述哈图斯的情况时说，亚述人的卡鲁姆在哈图斯并未遭到破坏，不过后来的研究似乎否定了这点。[124] 实际上，梅拉特并没有说这里未遭破坏。不过，他也允许这样的修正存在，他写道，"以后的研究会把一些遗址从我们的名单中排除，但是无疑也会加上更多的遗址"。的确，如今看来，后来被称为阿弗罗狄西亚（Aphrodisias）的安纳托利亚西部的重要城市似乎就是在同一时期被毁的。[125] 毫无疑问的是，如他所言，"遭到焚烧或废弃的地方连成了串，显示出安纳托利亚北部地区在青铜时代早期结束时发生了某种动荡"[126]。

色梭斯特里斯是毁灭者吗？

梅拉特在 1958 年提出，造成这些毁灭的原因，是赫梯人入侵安纳托利亚中部，致使人们向西迁徙并引发了更多的混乱。为了论证自己的观点，他不仅坚持说，刻有赫梯国王阿尼塔的名字的矛头属于库尔特普 Ib——也就是在毁灭之后，而且还否认了在库尔特普 II 发现的赫梯人的名字。[127] 由于他所假定的侵略者没有留下任何物质文化的证据，他自己也对此感到困惑。这使得他认为，"他们来自中东文明之外的区域"。然而，有充分的物质证据可以证明，在公元前三千纪，安纳托利亚与外高加索文化存在接触。他的方案中的这些可疑之处最终似乎让他放弃了整个想法，**但是连成串的遭到毁灭的地方就在那里，并且**

122　Mellaart（1958, p. 10）.

123　Muhly（1973b, p. 326）. 关于梅拉特对自己论文内容的重复，见（1967, pp. 44-5）。不过，他在1978 年删去了这部分内容。

124　Bittel（1970, pp. 46-7）. 关于发生大火的记录，参考 Mellink（1977, p. 293）。

125　Kadish（1971, p. 123）.

126　Mellaart（1958, p. 10）.

127　Mellaart（1958, p. 14）.

由于梅拉特无法给出解释而显得更为扑朔迷离。

我们可不可以将之与色梭斯特里斯联系在一起，并且接受希罗多德、曼涅托和狄奥多罗斯的说法？他们认为色梭斯特里斯"自东向西"征服了"整个亚洲"——这个词常被用来指安纳托利亚。我相信情况有可能如此，尽管存在着年代学上的困难。梅拉特注意到了"北方的"物品的缺失，但他后来记录说，在这一路线上的主要地点中发现了很多埃及第十二王朝的物品。如上所述，他正是以这些物品为部分依据，来确定毁灭发生的时间的。[128] 这一时期更多的有关埃及在安纳托利亚中部征战的考古证据来自埃及本身。

透德宝藏

透德宝藏是 20 世纪 30 年代在托德的一处蒙特神庙的基石下发现的，地点位于卢克索（Luxor）上游 17 公里处。托德所属的底比斯行省是第十二王朝的发源地，当地膜拜的神灵是蒙特。神庙建筑可以追溯到由这个行省出发开始扩张并建立统治的第十一王朝，那时当地的主要神灵就是蒙特，但是森乌塞特一世毁掉了这里更早时候的建筑并修建了一座新的神庙。透德宝藏就放在四个铜箱子中，上面刻着阿蒙涅姆赫特二世的名字。[129]

这些箱子是埃及制造的，但是里面的东西都来自外国，其中包括金锭，由黄金、白银和金银合金制成的成串的戒指、镯子和饰品，还有 143 件被压平的银碗和 10 件未经摺压的银碗。其他箱子装满了天青石，还有一些圆柱形印章。正如挖掘者毕松·德拉罗克（Bisson de la Roque）所指出的那样，这些物品无疑来自亚洲。来自努比亚和红海沿岸的黄金是装在袋子里而不是箱子里运来的，而且这些地区并不产银，那时银和黄金同样贵重，甚至比黄金还要贵重。[130] 产地最近的白银来自安纳托利亚、高加索和希腊的劳利昂，尽管在巴尔干还有更大的产地。

一些宝藏上有埃及检测者留下的质量标记，他们显然是由所含的金属成分的分量来确定宝藏的价值的。不过，尽管一些碗遭到了挤压，却并没有被熔化

128　Mellaart（1978, maps pp. 46-7）.

129　Bisson de la Roque et al.（1953, pp. 7-14）；Helck（1971, p. 382）. 相关的参考文献见 Kemp and Merrillees（1980, p. 290, n. 690）。同时参考 Vandier（1972, pp. 260-1）。

130　Bisson de la Roque et al.（1953, p. 10）.

掉，这意味着它们的外形和来源地提升了它们的价值。[131] 如果人们对于金属的来源地留有疑问，那么宝藏的造型可以回答这个问题。它们并不像有些人所认为的那样是弥诺斯式的。尽管其中一些具有爱琴海式的外观，有可能来自半岛西部，但是器物群总体上显然是来自安纳托利亚或高加索的。有一个杯子甚至与在库尔特普 II 发现的一个杯子极其相似。[132]

　　圆柱形印章显示出同样的总体来源。它们大多数来自美索不达米亚，但是其中至少有一件来自安纳托利亚中北部的卡帕多西亚（Cappadocia），还有一件来自伊朗。印章或硬币组合出自一个持续时间很长的历史时期，但是指向了这一时期末期。就这些印章而言，它们可追溯到公元前 23 世纪的阿卡德时期末期，但是大多数来自巴比伦第一王朝早期，其统治时间为公元前 20 世纪或公元前 19 世纪早期。鲍腊达试图证明这些石雕风格存在于第一王朝之前，但是如果接受关于美索不达米亚的长年表，那么鲍腊达的努力就没有必要了。[133]这些印章的来源和年代非常符合这一假设：在公元前 20 世纪晚期，埃及人及其盟友劫掠了安纳托利亚和那里的亚述贸易者。

　　宝藏的另一重要组成部分就是原产于阿富汗的天青石。尽管我不想截然否定埃及的军队曾经到过阿富汗，但是更可信的假设是，这些天青石是经由美索不达米亚、高加索和安纳托利亚来到埃及的。我们知道，在新王国时期，亚述是这种原材料的重要来源。[134]

　　这些宝藏是怎么抵达托德的呢？一个银杯子上的标记显示，它是被一个埃及人带来的，波斯纳认为此人的地位与《辛奴亥的故事》中提到的那些在叙利亚-巴勒斯坦地区来回活动的使者有关。[135] 他引用了托德的色梭斯特里斯神庙的献词铭文，献词描述了敬献由贵金属制成的桌子的情形：

　　　　其美丽程度和数量都成倍地超出了这个国家的人们以前所见到过的，

131　*Pace* Kemp and Merrillees（1980, p. 296）.

132　Davis（1977, pp. 69-78, esp. p. 72; 1974, pp. 46-81）; Kemp and Merrillees（1980, p. 290）.

133　Porada（1950, pp. 155-62）. 需要注意的是，肯普和梅里利斯没有提到那些他们无法确定年代的印章。他们在其他方面取得了卓越的成果，却无法确定这些宝藏的年代。

134　Bisson de la Roque et al.（1953, p. 9, plates. XLIII–XLIX）; Kemp and Merrillees（1980, p. 295）.

135　Posener（1971, p. 540）.

225

那是穿越各个地方的探路者和外国人所带来的物品的代表。[136]

色梭斯特里斯的形象符合其名字的内涵，他的名字 S-n Wsrt（Wsrt 的人）的含义就是外国矿区的保护人。[137] 这里的敬献意味着在色梭斯特里斯统治后半期发生了一些非常特别的事情，这与希腊作家的叙述和米特·拉辛纳碑文的内容完全对应；此外，这也意味着，带来这些东西的既有献上礼物的外国人，也有埃及官员。这符合新王国对于送到埃及的礼物的描述和绘画。肯普和梅里利斯这样描写那些礼物："一些是从被征服的地方掠夺或征收来的，一些则是作为外交礼物送到埃及的。"[138] 这可能也是透德宝藏的情况。不过考虑到其他和军事活动有关的迹象，我们就应该把重点放在掠夺和征收上。

而且，还要记住的是，这里的敬献是献给鹰／牛神或蒙特的。这位底比斯行省的神灵是战争之神，尤其是征服外国和制伏蛮族的战争之神，在第十一王朝和第十二王朝均具有重要的核心地位。蒙特还与亚洲的 Stt 这个地方有特别的联系。[139] 格外值得注意的是，在米特·拉辛纳碑文中特别提到，托德的蒙特神是来自 Stt（sic）的战利品的接收者。[140]

我们之后会回到 Stt 位于何处这个问题上——更准确的写法是 Stt。我们也会关注这个地方与托德的蒙特神庙的关联。同时，我们还要考虑这些宝藏可能的作用。肯普和梅里利斯强调的是原材料和经济价值，这无疑是重要的方面。但是我们不应忘记，很多物品并没有被还原成原材料，而是被敬献给蒙特并保留在了蒙特神庙。因此，这些宝藏与其他很多神庙的宝藏一样，会让我们看到其在两方面的作用，一方面属于世俗，另一方面属于宗教，尽管我们的观点未必与古人相同。透德宝藏不只有黄金白银，那些被压制过的异国物品都代表着外国人的臣服。这些宝藏是献给蒙特神的，同时也是用来纪念归功于蒙特的埃及的军事胜利。

于是，在埃及、黎凡特和安纳托利亚的考古发现中，没有什么能够影响到

136　未发表，但是由 Posener（1971, p. 543）引用。

137　见本章注释 36—37。

138　Kemp and Merrillees（1980, p. 295）。

139　Erman and Grapow（1982, 11, p. 92）。

140　Farag（1980, p. 78, line 9+x）；Borghouts（1982, cols 200-4），见下文。Helck（1989, p. 29）在米特·拉辛纳碑文和托德的宝藏之间建立起了整体上的联系。

希腊作家对色梭斯特里斯在安纳托利亚的征服的描述。实际上，这样的征战可以解释很多原本无法解释的现象，尤其是那遭到毁灭的一连串地点，以及透德宝藏中为什么会包含来自安纳托利亚和更远的东方地区的物品。另一方面，如果接受美索不达米亚的中间或低位年表，那么这些毁灭或许就是其他一些原因造成的结果。不过，在考虑米特·拉辛纳碑文以及关于在安纳托利亚的征战的其他资料之前，先看一下其他地区有关战役的证据，似乎会有所帮助。

色梭斯特里斯到达过色雷斯和塞西亚？

上面引用了梅拉特对安纳托利亚北部遭到毁灭的地带的叙述，其中提到了刚过达达尼尔（Hellespont）海峡的色雷斯的克什尼兹一带重要的地点被人匆匆遗弃。他继续写道：

> 土耳其的色雷斯（也被称为欧洲的土耳其）和沿岸省份以及马其顿（希腊的色雷斯）在考古学的地图上是一片空白，但是在保加利亚有迹象显示，安纳托利亚北部的动荡也影响到了这里。保加利亚的学者把这些地方青铜时代早期结束的时间［乌纳塞特（Yunacite）、萨尔库萨（Salcutza）、艾思罗（Esero）等等］定为公元前 1900 年左右，当时人们突然离开这些地点，导致它们完全缺失青铜时代中期的文化，这显然意味着发生了某种大灾难。[141]

梅拉特继续描述了希腊的更为复杂的情况，对此我们会在下一章继续讨论。这里不予详述的原因是，按照希腊作家的描述，它不在色梭斯特里斯的征战路线上。

需要强调的是，保加利亚色雷斯的马里查（Mariça）山谷的青铜时代早期文化要比它北方的邻居的文化更加丰富和发达，尽管二者有很多共有的文化特色。因此，保加利亚考古学家所提到的青铜时代早期，被他们在罗马尼亚、南斯拉夫和俄罗斯的同行称为次新石器时代（Aeneolithic）或"铜／石时代"

227

141　Mellaart（1958, p. 11）.

（Copper/Stone Age）。这是因为，尽管出产红铜和黄金，这些地方的人们仍然在使用石头而非青铜来制造工具和武器。[142] 无疑，公元前1900年左右这一时间点标志着巴尔干历史的分水岭。

就我所知，没有考古证据可以证明这一地区在中王国时期存在埃及人。不过，也有一些来自埃及的有趣迹象。埃及最早使用含有30%的银和70%的金的合金，似乎是在中王国时期，而唯一能够出产含有这一比例成分的天然矿物的矿区就是特兰西瓦尼亚的阿普塞尼（Apusini）山区。这一地区也出产紫水晶、碧玉、光玉髓和玉髓。这些矿物最早出现在埃及的时间是在中王国时期，此外，用于镶嵌装饰的通透的红色和黄色碧玉也是一样，它们来自罗马尼亚的其他地方。这些类型的碧玉和同样质量的紫水晶不会产于埃及。[143] 上述合金与这些半宝石似乎很可能就是来自巴尔干的。这当然并不意味着埃及肯定征服了这一区域，我们知道，不受政治和军事控制的贸易链一直延伸到了比这更远的地方。另一方面，对这些奢侈品的需求会成为埃及对这一地区发起远征的动因，这一时期出现在埃及的这些奢侈品也为有关色梭斯特里斯征服的传说的历史真实性提供了另一条周边证据。

俄罗斯大草原在公元前1900年左右也出现了发展的中断，如同在色雷斯一样，这一时间点在传统观点中标志着次新石器时代的结束和青铜时代的开始。不过，考古学家并没有观察到梅拉特在保加利亚所发现的那种大范围的破坏。要追溯这里的历史可能更困难，因为这些地区的大部分人口都是游牧民族。应该指出的是，兴盛于俄罗斯南部的特里波列（Tripolye）农业文化几个世纪之前就已瓦解。难以想象，一支主要由非洲人组成的军队是怎样应对大草原的气候的。狄奥多罗斯在讲述色梭斯特里斯的故事时，没有提到寒冷，而是提到了饥饿："他进入欧洲之后，在穿过整个色雷斯的路上，由于缺乏食物，又遇到了这片土地上恶劣的自然条件，几乎损失了所有部队。"[144] 因此，塞西亚的情况就给我们提出了两个难题。第一是在考古学上没有什么能够证明这里有埃及人存在。第二是由于上面所说的明确的动机，即为了让自己的英雄胜过未能征服塞西亚的波斯统治者，埃及人编造出了色梭斯特里斯征服塞西亚的故

142 Dumitrescu（1982, pp. 37-43）; Garašanin（1982a, pp. 142-52）.

143 Dayton（1982a, p. 155）.

144 Diodoros, I. 55. 6-7.

事。[145] 不过，如同我前面所说的，色梭斯特里斯在努比亚的征服同样起到了反波斯人的作用，但这一征服被证实为事实。因此，尽管法老征服塞西亚的故事的确起到了宣传作用，但这不能证明它并非史实。

色梭斯特里斯到达过科尔基斯？

关于色梭斯特里斯曾经到过黑海东岸的科尔基斯的传说要更加可信。在公元前三千纪期间，尽管存在着巨大的语言差异，但是在高加索西部存在着引人瞩目的统一的物质文化，即库尔诺-阿拉克希斯（Kuro-Araxes）文化。在黎凡特发现的属于该文化的精美陶器，以其最早发现的地方基伯·卡拉克（Khirbet Kerak）而得名，这种陶器在向南远至巴勒斯坦的地方也有发现，尽管位置并不在安纳托利亚中部。那时，人们已经在开采高加索西南部的富饶矿藏，既是供当地使用，也是为了向南方和北方出口。[146]

库尔诺-阿拉克希斯文明在公元前 2300 年左右瓦解，这显然是在与印欧语有关的北方库尔干文化的侵压下发生的，此外，以迈科普的王室墓地和在格鲁吉亚的特里阿莱蒂（Trialeti）发现的最早的墓葬而闻名的民族也对其进行了侵略或文化渗透。这种根本性的变化从陶器方面来看就被视为从青铜时代早期二段到青铜时代早期三段的转变。[147]

考古学家在界定发生毁灭和文化变革的年代时似乎有些混乱。伯尼（Burney）教授试图将之与上面引述的梅拉特提出的序列联系起来。[148] 不过，这就会把印欧人的入侵延长到四百多年，也就是从公元前 2300 年到公元前 1900年，因为在这些时期似乎出现过一波波的破坏。要解决这个问题，可以假定约公元前 2300 年发生了来自北方的入侵，而公元前 20 世纪 30 年代或公元前 20世纪 20 年代则发生了色梭斯特里斯领导的征战。这符合伯尼和朗格（Lang）所写的有关公元前两千纪之初的情况：

229

145 参考本章注释 49。

146 Lang（1966, pp. 43-5；1978, pp. 70-3）；Muhly（1973b, pp. 202-6）；Mellaart（1982, pp. 22-3）.

147 Burney（1958, pp. 169-75）；Lang（1978, p. 78）；Burney and Lang（1971, p. 95）.

148 Burney（1958, p. 178）；Lang（1978, p. 78）.

……漫长的公元前三千纪即终于逝去了。尽管人口没有发生急剧变化，但是出现了新的族属成分。新的力量也出现在泛高加索和乌尔米耶（Urmia）盆地的大部分地区。[149]

朗格在其他著述中写道：

伴随着主要的人口迁徙，青铜时代晚期在亚美尼亚和安纳托利亚东部结束了，从留下的一层层灰烬中就可以看出这一点，在这一地区的若干遗址中也发现了其他可以证明突发动荡的证据。在亚美尼亚，我们观察到，人们离开了已经在富饶的低地建起的村落社区，向山地牧场迁徙。然而，偏爱山地的通常是牛群和羊群的所有者，来自大草原的早期印欧部族的游牧生活就具有这种特点。[150]

人们之所以撤向山区，很有可能是由于有组织的军队发起了侵略。在同一方向上还有其他证据，那就是在高度埃及化的毕布勒出现了高加索的金属工匠。法国考古学家克劳德·舍费尔（Claude Schaeffer）将之归因于高加索青铜工匠的迁徙。他认为高加索工匠的迁徙是由于公元前2000年左右发生了"威力极强的地震"，在这一地区造成了震荡。由于出现了新的发现和科学的方法，舍费尔给出的年代大多数必须加以修改。不过，他提出的基本观点仍然站得住脚：

事实上，小亚细亚各国在公元前三千纪末期拥有的冶金工业，超出了西亚和原始时代的欧洲各国。但是在公元前两千纪初期，小亚细亚各国失去了这方面的垄断地位，也失去了最好的工匠。在公元前2000年到公元前1500年间，小亚细亚完全缺乏各类金属，这让考古学家感到惊讶，更值得注意的是，这与周边国家金属制造的繁荣程度形成了鲜明对照。[151]

值得注意的是，梅拉特在1978年指出，拥有丰富矿藏和密集的金属加工

149　Burney and Lang（1971, p. 85）.

150　Lang（1978, p. 76）.

151　Schaeffer（1948, pp. 544-5）.

业的安纳托利亚东北部地区——也就是后来的亚美尼亚和格鲁吉亚西部——

"没有已知的青铜时代中期的聚落"。[152] 需要强调的是，这里以东的地区继续保持了繁荣状态，包括著名的格鲁吉亚内陆的特里阿莱蒂遗址。在公元前 2300年左右的青铜时代早期二段末期发生的"入侵"，为库班（Kuban）和高加索北部带来了财富，却没有毁掉安纳托利亚东北的繁荣和技术。公元前 20 世纪的动荡在发生地是毁灭性的，却似乎有利于周边地区，尤其是南方的地区。在整个黎凡特都能找到北方工匠留下的痕迹，以及冶金业出现的巨大进步。[153]

埃及本身也只是在这一时期才开始大规模使用金属。同样值得注意的是，第十二王朝的军队是多么迅速地拥有了新的冶金业带来的新武器，包括匕首、独特的带孔战斧和镰状剑。实际上，值得我们注意的是，在这一时期，从努比亚到高加索地区，军事装备和技术出现了何种程度的科伊内（koinē）或普遍标准。[154]

就我所知，在高加索并没有发现可以证实属于这一时期的埃及物品，尽管在亚美尼亚发现的一对狼牙棒头可能是来自埃及的。另一方面，几乎可以肯定在埃及发现了源自高加索的物品。[155]

因此，来自高加索西南的考古证据显示这里发生了入侵。就像在保加利亚的色雷斯一样，入侵给这一地区带来了巨大的破坏和长期的荒芜。考古发现和文献记录都无法让我们用来自北方的入侵去解释安纳托利亚北部和高加索的冶金业为什么会在第十二王朝时期向南方扩散。相反，希腊作家对于色梭斯特里斯送回大量战俘的描述，反而可以很好地解释这一现象。

米特·拉辛纳碑文对色梭斯特里斯"征服"的证明

我想回到米特·拉辛纳碑文上，讨论一下碑文对这些传说的意义。对照诸

152　Mellaart（1978, p. 47, map）.关于青铜时代早期三段安纳托利亚金属加工的高度发展，参考 Yakar（1985）。

153　Maxwell-Hyslop.（1946）.

154　Tylecote（1976, p. 21）；Yadin（1963, I, pp. 60-2, 153-75）；Maxwell-Hyslop（1946）.同时参考本书第九章注释 22—34。

155　Lang（1978, p. 77）.例如，第十二王朝时期两个以黄金装饰的精美油膏罐，它们是用来自高加索的黑曜石制成的，见 Wildung（1984, p. 93, plate. 82）。

多有关法老们英勇取胜、获得大量战利品的战役的描述，米特·拉辛纳碑文勾勒出的是同样的景象。这些描述主要涉及的就是把牲畜、战俘和贵重物品，尤其是金属，送回埃及。经常被提到的是白银，还有一处提到了铅，而此前我们所知道的是，铅只是在新王国时期才被进口到埃及。[156] 这些只能是来自安纳托利亚、高加索或希腊。此外提到的还有 Stt<S̱tt 这片土地。[157]

米特·拉辛纳碑文与透德宝藏的结合，明确暗示着 Stt 包括安纳托利亚。对于从 Stt 向位于尼罗河西岸底比斯上游 20 公里处的艾尔曼特的 iwny 蒙特神庙敬献的物品，和阿蒙涅姆赫特二世从 Stt 向托德的 Ḏrty 蒙特神庙敬献的物品，碑文中缺字的两行给出了同样的描述——其中都包括金属。确切的所指并不清晰，但是考虑到在 iwny 的神庙和著名的托德的蒙特神庙之间存在对应关系，这种解释似乎是最有可能的。[158] 这其中所描述的物品并非那些宝藏。不过，考古工作者发现了来自安纳托利亚的金属物品，它们是由阿蒙涅姆赫特二世敬献给托德的蒙特神庙的，而来自 Stt 的物品也是由同一位法老敬献的，二者联系在一起就令人惊奇了。因此，几乎可以肯定，至少在中王国时期，Stt 包括安纳托利亚，就如同 Stt 后来的对应者是"亚洲"的情况一样。

文本中在向蒙特敬献这一行之前谈到的，似乎是阿蒙涅姆赫特二世统治下 Stt 的 b3（毁灭或征服），而这有不同的含义。[159] 这是唯一提到 Stt 的地方，但是碑文包含了三个原本不为人所知的亚洲地名。

第一个是 ⸗⫯⫯⫯⫯，Tmp3w。一种可能是它表示 ⫯⫯⫯⫯，Tnpw，或者 ⫯⫯⫯⫯，Twn(y)p3，图尼普（Tunip），是叙利亚中部的一座城市。这个重

156　Helck（1971, p. 389）。主要的银矿和铅矿位于黑海边的吉雷松（Giresun）以南 55 英里的谢宾卡拉希萨尔附近，还有土耳其中部幼发拉底河上游迪亚巴克尔（Diyarbakir）附近的埃尔加尼（Ergani Maden）。参考 Dayton（1982a, p. 166）。

157　Gardiner（1947, I, p. 177）。

158　Farag（1980, p. 78, lines. 9+x, 10+x）。不仅文本内容，就连这些段落的风格都是晦涩的。例如，文本中使用的 dy，而不是更常用的 rdi 和 ⸗⎮◯，使用的是 -ds，而不是 ds-，指代的也不是"装啤酒的罐子"，而是普通的贡品，就如以义符 inw ⎮◯（敬献）所表现出的那样。参考 Gardiner（1957, p. 530）。我所主张的解读方法中也涉及，用 ◯ n(y)w 表示"所属"而非使用中王国普遍采取的 n 或 nl。之所以把 ⋈ 解读为外国而不是"蛋糕"，是因为这一行中前面指代的是 ⋈（3=0）◯（stt 的铜或青铜）。在这一点上，还有其他很多地方，我都要感谢 Edward Meltzer。当然，他无须为我的结论负责。关于 Stt 的写法和第十一王朝碑文中提到的 sttyw（Asiatics）的 ⋈，还有另一种讨论，参考 van Seters（1966, p. 107）。

159　Farag（1980, p. 77, lines 8+x）。我遵循了 Posener（1982, p. 8）的做法，把 Stt 之前的"鸟"解读为 b3。

要的城市在巴比伦文本中从汉谟拉比统治时期就为人所知，尽管存在 n 和 m 互换的问题，但这种可能性似乎很大。[160] 不过还存在着语音上的困难，因为尽管 ✗, p3，在新王国时期仅仅作为 pa 发成元音，但是 3 在中王国时期保留了流音的性质，发音类似于 r 或 l。语义上的困难更大，因为 Tmp3w 被描写为制造 "铅"，但是在叙利亚并没有人知道铅。[161] 所指的地方更不可能是 Tabalu 或 Tubal，在亚述人的文本和《圣经》中，这个地名指的是以金属工艺著称的安纳托利亚中部或东北部：在《圣经·创世记》中，它的词源 Tûbal Qayîn（金属工匠）表示 "铜匠和铁匠中的大师"。在安纳托利亚，铁的小规模生产从公元前三千纪时就开始了。[162] 因此，这里说的从 Tmp3 带来铅，似乎意味着此时在安纳托利亚存在埃及权力的影响。

碑文中出现的其他新名字是被埃及军队毁灭或征服的两座城市，🖼️，iw3i 和 🖼️，i3sy。沃尔夫冈·黑尔克把 iw3i 读作 ʾ3ur-a，认为这个名字是 600 年后，也就是公元前 13 世纪的赫梯、乌加里特和埃及文本中的乌拉（Ura），指的是奇里乞亚海边的一个重要城市。[163] 情况或许就是如此。不过，iw3i 看起来也有些像🖼️，w3 iwr y，这是人们在建于公元前 1400 年左右的阿蒙霍特普三世的柱基上发现的一个爱琴海地名，大多数学者认为其所标示的是 (W)Ilios——特洛伊。[164] 如果把这个名字读作 w3y，就会有更确定的对应性，不过这似乎不太可能。如同我在第三章中提到的，在特罗阿德也发现了可以追溯到古王国时期的具有重要政治意义的埃及物品，因此，这里涉及的情况没有任何内在的不可能性。[165]

梅拉特把特洛伊加进了他所罗列的于公元前 1900 年左右遭到毁灭的城市名单中，但他承认，在这一时期终结的特洛伊 V 并没有遭到火烧。不过，他认为在这一时期出现了明确的中断，这是有理由的。[166] 米特·拉辛纳碑文上说

232

160　Helck（1971, pp. 295-7, 571）。

161　Muhly（1973b, pp. 209-11）甚至怀疑，有关这一地区开采铜矿的记录是否真实。

162　*Genesis*（4.22）. 关于制铁工艺，参考 Tylecote（1976, p. 40）。同时参考 Yakar（1985）。并参见第十一章注释 76。关于特别提到安纳托利亚的有关 m、p 和 b 之间的交换的讨论，参考 Bernal（1990, pp. 92-3）。同时参考 Helck（1989, p. 28）。

163　Helck（1989, p. 28）。

164　Cline（1987, p. 28）. 更多的讨论参考本书第三章注释 122—124。

165　参考本书第三章注释 122 和 Macqueen（1975, p. 18）。

166　见本章注释 121。

iw₃i 这个城市是 b₃，字面意义是"被洗劫"或"被毁"，如果 iw₃i 是特洛伊的话，就不会存在不可解决的问题，因为至少在新王国时期，这个词似乎仅被用来指"征服"。iw₃i 和 Ilios 之间的联系太过微弱，我们无法以此为基础确立任何实质性的内容。不过，这并不意味着我们应该把特洛伊从公元前 20 世纪末期横扫安纳托利亚的破坏区域中排除出去。我们会在第六章重新讨论非洲军队兵临特洛伊城下的情形。

黑尔克认为应该将 iw₃i 与乌拉对应起来，他的观点得到了另外一种有力的支持，那就是与南边隔海 150 公里远的塞浦路斯联系在一起的地名 i₃sy。名字 i₃sy 的情况更加复杂，因为它位于两个名字之间，而这两个名字本身都是有极大争议的。第一个名字是 𓇋𓂝𓈌𓏤，irs，通常依据阿卡德语和赫梯语的写法读为 Alasia（阿莱西亚）。它的争议性略小。人们普遍认为 irs 是塞浦路斯的名字，尽管一些学者认为它指的是安纳托利亚南部的一段海岸线。[167] 这个名字只是在新王国时期才得到了来自埃及和其他地方的证实。梅尔策（Meltzer）和黑尔克认为 i₃sy 是 Alasia 的早期形式，由于在中王国时期 ₃ 是个流音，这种看法似乎是可信的。这也符合米特·拉辛纳碑文的证据。[168]

如同波斯纳所指出的，iw₃i 和 i₃sy 肯定是在亚洲，因为 1546 名 ῾₃mw（亚洲的）因犯就是从它们这里获得的。另一种战利品也符合安纳托利亚或塞浦路斯的情况，因为其中包含青铜斧、匕首和刀，而塞浦路斯在青铜时代晚期是铜的主要来源地。不过很多学者认为，这个地方自从公元前 2000 年左右的塞浦

167　参考 Gardiner（1947, p. 131）和 Helck（1971, pp. 282-3）。Strange（1980, pp, 169-83）认为，Alashia（阿里沙）不是塞浦路斯，但是 Wachsmann（1987, pp. 99-102）坚决主张传统观点。瓦赫斯曼的主要观点在几乎 50 年前就已经由 Power（1929, p. 156）提出了，他认为阿里沙不可能是毕布勒北方的城市，因为在 Amarna Letter 114 中，毕布勒的国王 Rib-Addi 把阿里沙视为避开敌人抵达埃及的路径。Merrillees（1987, p. 59）的主张并不是很有说服力，他认为上面这种说法与阿斯特提出的观点相似，但是后者错误地否定了泰尔-马尔迪赫丘（Tell-Mardikh）与埃卜拉的对应性，理由是泰尔-马尔迪赫丘并非像所描述的那样是通往埃卜拉的路线。梅里利斯正确地指出，阿里沙与塞浦路斯的关系并非像其他城市那样确切，例如埃卜拉和乌加里特之间所存在的确切的联系，这两个名字在大量文献资料中得到了证实。另一方面，他和与他同一派系的人并没有提出阿里沙还能指什么地方，在公元前两千纪的埃及、黎凡特、美索不达米亚或赫梯的语言中也没有其他能够指代塞浦路斯的地名。因此这种对应性仍然是非常有可能的。奇怪的是，梅里利斯竟如此频繁地提到阿斯特所要求的确切性，以及其对泰尔-马尔迪赫丘与埃卜拉对应的可能性的否认，而他自己却对阿里沙和塞浦路斯之间可能的联系做出了同样的论述。

168　Meltzer（私人通信，1987 年 10 月 22 日）和 Helck（1989, p. 28）。Vercoutter（1956, p. 93, n. 4）注意到，irs 只是在阿克那顿统治后才出现，因此认为这肯定是 isy 之后。i₃sy 似乎更为可能，尽管 isy 也可能曾得到使用。

路斯文化早期三段起就一直在制造金属。[169]埃及似乎对这一时期的塞浦路斯有很大影响，在塞浦路斯与中王国同时代的地层中发现了中王国的珠子和护身符等饰物，尽管在埃及并没有发现属于这一时期的塞浦路斯的东西。[170]没有清楚的证据能够表明公元前 20 世纪塞浦路斯遭到了毁灭，在这里很可能并没有发生安纳托利亚那样的大规模破坏。

还有个小问题，就是 iw3i 和 i3sy 都是和用于表示城市的城垛涡卷装饰写在一起的——这些城市几乎都是被征服的——而不是和表示山峰的符号 ᗱᗱ 写在一起，这个符号通常用来指代外国，在这一碑文中写作 Tmp3w。不过，在一片疆域和其主要城市之间的界限并非总是分明的，在这种情况下就出现了 irs/Alasia 作为城市和作为国家的频繁互换。因此，i3sy 或许指恩科米或塞浦路斯的其他主要城市。[171]

iw3i 和 i3sy 之间密切的对应关系显示，这两个"城市"在地理位置上就像乌拉和塞浦路斯一样相邻。如果 iw3i 是特洛伊，i3sy 是塞浦路斯，这种情况就不会出现。不过，如果我们考虑到新王国记录中的另一个地名，〰〰，isy，有关 iw3i 的情况就会更加混乱。这个名字看起来与 i3sy 极其相似，一直是诸多争论的中心，一些学者认为它是 irs/Alasia 的更早的形式。不过，在 1946 年，古代安纳托利亚研究专家博赛特（H. T. Bossert）明确地把 isy 与 Assuwa（阿苏瓦）对应起来，上面提到过，阿苏瓦是安纳托利亚西部一个王国的赫梯语名称，希腊名称 Asia（亚洲）就是由此而来的。[172]早在 1886 年，埃及学家和古代史学家马伯乐就把 Asia 这个名称的源头归结为 isy 的延展，他认为 isy 原本是塞浦路斯的名称。[173]

对于这一复杂问题，一种可能的解决方法来自米特·拉辛纳碑文中的名字 i3sy。这暗示着埃及接受了当地或黎凡特的名字 i3sy 来表示塞浦路斯，这又向西北延伸到了更远的地方。与此类同的是，欧洲人在 16 世纪使用 Indies（印度）这个名字的情况，或者希腊对于 Asia（亚洲）这个词本身的扩展。因此，在这

169　Farag（1980, p. 79, line 16+x）；Posener（1982, p. 8）。

170　Catling（1971, pp, 818-22）；Merrillees（1977, pp. 44-6）。

171　Ward（1961, p. 30）. Merrillees（1987, pp. 67-71）给出了有关这种模糊性的完整的文献综述。同时参考 Helck（1989, pp. 27-8）。

172　Bossert（1946, pp. 5-40, 177）。

173　Maspero（1886, pp. 361-8）。

233

个名字真正的源头 Cyprus（塞浦路斯）这个词中，在语音得以保留的情况下，i₃sy 被重写为 irs/Alasia；在安纳托利亚西部，发音和后来的写法为 isy 的书写形式 i₃sy 占据了主导地位。这一假说完全符合古代史学家温赖特在 1915 年得出的结论，即 isy 位于海边，与叙利亚和小亚细亚有密切的关系，并与奇里乞亚有联系，而且从不曾被称为岛屿。[174]

另一方面，希腊文化研究者乔加卡斯（D. J. Georgacas）在他对名称 Asia（亚洲）的详细研究中提出了两种反对意见。首先，埃及人已经用 Stt 表示了亚洲。不过，由于上面提到的第一个名称的模糊性，我看不出有什么理由来证明安纳托利亚西部的区域不应该有自己的名字。乔加卡斯论述的第二点更有力度：Assuwa 这个词已经植根于安纳托利亚的语言之中，因此不需要再到埃及语中寻找这个词的起源了。[175]

因此，尽管 isy、Assuwa 和 Asia 之间有明确的关联，但是它们的起源并不明确。类似地，虽然 i₃sy 很可能是 irs/Alasia/Cyprus（塞浦路斯）的早期形式，它也有可能是 isy/Assuwa/Asia（亚洲）的源头。关于亚洲囚犯和掠夺来的金属制品的记录与这两种情况都能吻合。塞浦路斯距埃及更近，因此可能性似乎更大。不论如何，米特·拉辛纳碑文中所提到的地名 Stt、Tmp₃w、iw₃i 和 i₃sy 以及这些地方的制品明确显示出，色梭斯特里斯的远征越过了叙利亚-巴勒斯坦，并进入了塞浦路斯和安纳托利亚。

结　论

从 19 世纪初期起，有关色梭斯特里斯在北方的战役的传说就开始受到怀疑，此时相关的考古学或碑文的证据还未被发现。这些记述之所以会遭到否定，首先是因为，新的怀疑论不能容忍在缺乏证据的情况下对如此古老的时期做出推测。宗教人士也反对希克索斯之前的埃及史，因为这段历史接近《圣经·创世记》，所以太过危险了。此外不容忽视的是日益系统化的种族主义，持这种

174　Wainwright（1915, pp. 1-36）.

175　Georgacas（1969, pp. 39-41）.Vercoutter（1956, p. 181）避开了这个问题，只是否认 isy 与 Assuwa 之间有任何联系。如同 Merrillees（1987, p. 36）指出的那样，韦库特这样做并非基于语文学，而是基于史学理据。

观念的人认为，非洲帝王发起的军事远征不可能抵达黎凡特，更不可能抵达小亚细亚和欧洲。

因此，与这一问题相关的后来的发现，都是在这样的"知识"观照下被审视的：关于色梭斯特里斯征服北方的传说纯属虚构。如果有人怀疑这一先入之见，就会发现之前被认为是互不相干的若干证据符合相对连贯的模式。这些证据包括：努比亚的堡垒反映出了第十二王朝军队的军事发达程度和强大力量；安纳托利亚和巴尔干地区很可能就在此时遭到了破坏和毁灭；透德宝藏中来自北方和东方的贵金属和宝石，都是敬献给征服北方的神灵蒙特的；此外还有献给森乌塞特一世和他的儿子阿蒙涅姆赫特二世的纪念碑上的碑文和浮雕。

米特·拉辛纳碑文与埃及在希腊的可能的殖民活动无关。即使是用最宽泛的方式来解读米特·拉辛纳碑文，并将之与关于色梭斯特里斯的传说联系在一起，它也只是影响了邻近的安纳托利亚和色雷斯地区，而非希腊半岛和群岛本身。那么为什么要在这一章和之后的章节里讨论该碑文呢？原因首先在于它和古代模式的联系。米特·拉辛纳碑文支持由希罗多德和希腊化时期的希腊作家所讲述的一系列故事，而这些故事通常被认为是极其荒唐的。如果这些故事在本质上包含真实的成分，那么古代模式就应该在整体上得到更认真的对待。

米特·拉辛纳碑文还特别显示出，埃及人并非像雅利安模式的支持者所想的那样，是总"待在家里"的保守者。20世纪早期，古典学者保罗·富卡尔指出，人们在代尔拜赫里的浮雕上发现了在女王哈特谢普苏特统治时期从海上远征非洲的画像，这完全否定了死守故土的埃及人形象，而且没有理由认为埃及人的出征只局限于南方。[176] 雅利安模式的支持者无法否定富卡尔的观点，只好选择忽视。米特·拉辛纳碑文记录了范围超过叙利亚–巴勒斯坦的陆地和**海上**的远征，也就再次把这个问题摆到了人们面前，而且是以更加尖锐的形式，时机也更加有利，因为雅利安模式的支持者无法再坚持说他们垄断了"科学真理"。

在前四章的讨论中，来自克里特和波伊奥提亚的考古证据似乎有必要被置于传说、膜拜和地名的语境下。与此相同，现在，要考察米特·拉辛纳碑文及其含义，我必须介绍来自各方的更多证据，尤其是考古证据。尽管这种兼容并

235

176　Foucart（1914, pp. 2-3）. 关于富卡尔的更多资料，参考第一卷，第70、264—265、314、380、383、495页。富卡尔的观点会在第四卷中加以详细讨论。

蓄的途径不够严谨，但是我仍相信，通过这种方法得出的整体图景显示出，在包括这一问题在内的很多方面，我们都应该对传统观念多些怀疑，对古代模式多些信任。不过，还有一种来源的信息可以证实希腊记述，那就是古代世界的神话、传说和民间故事，对此我会在下一章中进行讨论。

第六章　色梭斯特里斯（第二部分）：膜拜、神话和传说中的证据

　　这一章里要探讨的一系列文化涵盖了埃及、黎凡特、安纳托利亚、色雷斯和黑海东岸的科尔基斯，还包括希腊文化。我所关注的是，这些文化中的膜拜、神话和传说所包含的要素是否会指向色梭斯特里斯征服的历史真实性。

　　我相信这样的情况会有很多。实际上，如果认定历史上存在这位征服者，那么很多传说中原本无法解释的特征都可以得到解释。这就将文献记录中的证据与上一章讨论过的考古发现联系到了一起，从而也会使色梭斯特里斯接近于希罗多德、曼涅托和狄奥多罗斯所描述过的人物，即使我们对此不能够完全肯定，至少也是有可能的。鉴于这些人物描述被视为他们作品中"最怪诞的"，因此，重构埃及第十二王朝时期某些征服的史实性——即使不是大部分征服——会对提升希腊和埃及历史学家的可信度起到非常积极的作用。

埃及的传说

　　不论我们是否相信希罗多德、狄奥多罗斯和曼涅托所描述的色梭斯特里斯是真实的历史人物，都没有人会指责他们创造出了色梭斯特里斯的故事。我们已经看到，标准的观点就是，这些故事把有关森乌塞特一世、森乌塞特三世和

拉美西斯二世的传说融合到了一起，并加上了东方式的夸张。德国埃及学家施皮格尔伯格在 1925 年发表的演说至今仍被视为对希罗多德的维护，但是他完全受到了 19 和 20 世纪风气的影响，内心充满优越感，而且认为自己比古人拥有"良知论"。他说：

> 在他［希罗多德］的故事中，有很多是纯粹的埃及故事，例如著名的关于拉姆波西尼德斯（Rhampsinitus）宝藏的故事（ch.121），或者关于世界征服者色梭斯特里斯的传奇（chs.102ff），几位埃及国王的功绩都被汇合到了后者的名字之下。这些具有地方色彩的故事如此真实，就像是直接出自古代埃及的纸草书，马伯乐把它们编入了他的令人称道的古埃及民间故事集，这种做法是很正确的。[1]

因此，我们不难认为，在公元前一千纪里存在有关色梭斯特里斯大规模征服的埃及故事。色梭斯特里斯 / 森乌塞特一世在新王国时期受到崇拜，这明确显示出，关于他的独有特点的传说时代还要更早。[2] 波斯纳甚至提出，色梭斯特里斯的传奇特点中包含有很多史实成分，并且具体可以追溯到中王国时期。[3] 尽管后来的法老，尤其是拉美西斯二世，进行了大规模的重建，但是米特·拉辛纳碑文和其他类似记录很可能在这个时期的大部分时间都是可见的，更不必说写在纸莎草纸上的年表了。

从整体上看，当希罗多德以及后来的作家进行写作之时，在很长时间里一直有连续而丰富的关于色梭斯特里斯的传说。几乎同样可以肯定的是，狄奥多罗斯和 / 或为他提供信息的人对传说添枝加叶，目的是为了使色梭斯特里斯的功绩可以与亚历山大齐平。现代学者认为这些添油加醋的传说旨在满足与波斯人竞争的心态，这可能也是正确的。[4] 不论如何，几乎确定无疑的是，传说的核心内容要更加古老，而且大多出自埃及"征服"发生时的资料，因此需要加以检验。

1　Spiegelberg（1927, p. 20）。他是那个时代的学者的典型代表，但是在这个问题上，我认为他的态度要比 Diels（1887, p. 423），Sayce（1885）或 Armayor（1985）更加开放。

2　Simpson（1984a, col. 891）。

3　Poesner（1956, pp. 141-4）。

4　参考本书第五章注释 45。

如果公元前 5 世纪的一位谨慎的历史学家想要记述有关色梭斯特里斯的真实情况，他应该是有办法实现这一目标的。于是，有待我们回答的问题就是，希罗多德是否有这样做的时间或意愿？我认为，基于我们所知道的他在其他领域的大部分记述，答案应该是肯定的。曼涅托和狄奥多罗斯的写作背景并不明确，不过，尽管在希腊化时代存在埃及民族主义的压力，我们仍没有理由在不检验正面或反面证据的情况下就摈弃他们的记述和他们所参考的资料。

色梭斯特里斯和奥西里斯／狄俄尼索斯

在埃及的另一种传说中也能找到色梭斯特里斯的征服的痕迹，那就是奥西里斯在世界范围内的征服。狄奥多罗斯记录说，根据埃及人的说法，奥西里斯留下了一些神灵统治埃及，而后亲自率领由一群乐师和舞者组成的军队出发。他在穿过埃塞俄比亚和印度之后，

> 迷上了捕获大象，每到一处都在身后留下雕刻的石碑纪念他的征战。他造访了其他所有的亚洲国家，从达达尼尔海峡进入了欧洲。在色雷斯他屠杀了莱克格斯。……最后，奥西里斯以这种方式抵达了有人居住的所有地方，通过引入最容易种植的果实促进了社群的发展。如果有哪个国家不适合种植葡萄，他就会引进那种由大麦制成的饮料。……返回埃及时，他带回了来自各地的最贵重的礼物，并由于各种善举既得到了所有人的赞许，也获得了与天上神灵相同的荣耀，从而得到了永生。[5]

一个多世纪之后，在公元 100 年左右，普鲁塔克写下了类似的话：

> 与奥西里斯统治相关的最早活动就是让埃及人脱离衣食无着的、野蛮的生活方式。他展示给他们收获的果实，赋予他们法律，教会他们敬神。而后他环游世界，传播文明，丝毫未借助武力。他能言善辩，通过有魅力

5　Diodoros, I. 20, trans. Oldfather, pp. 63-5.

的话语以及曼妙的歌声和音乐，赢得了大多数民族的追随。因此，希腊人把他等同于狄俄尼索斯。[6]

要考查这些记述，我们面对的第一个难题就是它们太过古老了。与狄奥多罗斯对色梭斯特里斯征服的描述一样，文中提到了印度，提到了骑大象，这显示出关于奥西里斯的记述显然受到了亚历山大的影响。另一方面，如同我们在第一卷中看到的，有关奥西里斯的希腊对应者狄俄尼索斯征服世界的故事，在时间上早于亚历山大，而有关奥西里斯征服的传说至少要追溯到第十八王朝。[7]因此，这些相互对应的传说只能是源于埃及。

这些故事显然包含肇因型神话（aetiological myth），可以用来解释农业与文明的起源和传播以及狂欢式的生殖崇拜的形成。征服一事就不那么容易解释了，但是狄奥多罗斯对奥西里斯的描述和对色梭斯特里斯的描述之间具有结构上的相似性，这显示出后者可能是前者灵感的源泉。

这让我们联想到"神话即历史论"的问题。我在第一卷中使用这个术语时，采取的是其最普遍的意义，即把神灵转变成凡人。[8]现在，我认为这非常符合"良知论"的精神，也就是说，我们现在要比犹希迈罗斯在说出神灵是伟大人物的完美体现时知道得更多。[9]不过，还有很多例子可以支持现代观点相对于第一卷中描述的古代观点所做的转变，并且，将神话人物"合理化"为"历史"人物是个相对普遍的程序，可以追溯到很久以前。这里值得注意的是，有关奥西里斯和其他神灵原本是埃及国王的传说，在第十九王朝的《都灵纸草》中得到了证实。[10]另一方面，我们知道，很多法老和后来的帝王都会把他们的前任或他们自身神化，而且我在第二章中谈到了中王国法老对希腊英雄的影响。这样，凡人有时就会以犹希迈罗斯所描述的方式成为神灵。[11]

6　*De Iside...*, 356A, trans. V, p. 35.

7　第一卷，第 115、461 页。

8　第一卷，第 142—145 页。

9　Dörrie（1979）.

10　Gardiner（1961a, pp. 47-8）.

11　关于这一点的讨论，参考 Posener（1960, p. 43）；Bell（1985a, p. 274; 1985b）；Springborg（1990, pp. 209-14）。关于法老和英雄的关系，参考本书第二章注释 208—210。

如果现实中森乌塞特／色梭斯特里斯的征服是奥西里斯／狄俄尼索斯征服的神话原型，原初意义上的"神话即历史论"就多了一个典型例子。不过，我们没有什么理由认为这两个过程应该相互排斥，凡人很可能成为神灵，反之亦然。实际上，这一独特的历史和神话的循环似乎给这种双向过程提供了恰当范例。神灵化的森乌塞特的伟大统治和征服与奥西里斯／狄俄尼索斯的功绩融合在了一起。后者在神话中的征服和传播文明的事迹激励了亚历山大大帝，而亚历山大大帝的真实成就又为色梭斯特里斯的传说和奥西里斯／狄俄尼索斯的神话增添了色彩，从而开始了神话与传说的新一轮循环。[12] 于是，在埃及，在森乌塞特征服的基础上似乎存在两种相关而又独特的传说，一种是历史记载，另一种则与奥西里斯的神话相关联。

色梭斯特里斯并非只是通过奥西里斯／狄俄尼索斯间接影响了亚历山大的生平和传说，此外还存在着直接影响的明确证据。比如《亚历山大大帝传奇》（*Alexander Romance*），这是第一本关于亚历山大生平的传奇式的长篇虚构故事，其最早的版本是在埃及完成的，时间就在公元前323年这位马其顿人去世之后不久。[13] 在这部传奇中，亚历山大在埃塞俄比亚的一处洞穴中遇到了伟大的埃及征服者森梭克西斯（Sensonchōsis）。Sensonchōsis这个名字源于埃及第二十二王朝（公元前945年—公元前730年）的第一位法老，法老名叫 Shōshenḳ（舍顺克），希腊作家称之为 Sechōnsis 或 Sesonchōsis（色梭克西斯），《圣经》中称之为史沙克（Shishak），他领导了在巴勒斯坦和叙利亚的战役。不过，这个名字和这些功绩无疑与色梭斯特里斯的混淆在了一起。例如，曼涅托就曾把这两个名字交替使用。[14] 另一方面，亚历山大被明确称为"新的色梭斯特里斯"，当亚历山大的遗体被运至孟菲斯时，人们视之为"半神的世界统治者色梭斯特里斯"。[15] 实际上，没有理由怀疑这些修饰词的史实性。从总体上看，在《亚历山大大帝传奇》与勾勒出了埃及征服者的丰功伟绩的《色梭克西斯传奇》（*Sesonchōsis Romance*）之间，存在着很多对应之处。这两部传奇故

240

12　参考第一卷，第115—116页，以及本章注释16。

13　关于《亚历山大传奇》最早的残篇的时间，参考 Rattenbury（1933, pp. 220-1）。

14　关于第二十二王朝，参考 Gardiner（1961, pp. 326-34）。关于曼涅托所使用的名字的不确定性，参考残篇34、35，英译见 Waddell（1940, pp. 66-9）。

15　*Alexander Romance*, Pseudo Kallisthenes, I.34.2, I.34.4, III. 24.

事在托勒密和罗马统治时期的埃及都非常流行，在其他地方肯定也是如此。[16]

黎凡特和安纳托利亚的传说

在黎凡特或安纳托利亚的文本记录中，并没有谈到色梭斯特里斯或其他埃及人的"征服"。不过，传说和民间故事中的一些内容或许暗示着发生过这些征服。

这其中最不容忽视的就是，公元前 18 世纪和公元前 17 世纪出现了攻击之神（striking god）的形象，这位神灵手拿锤子或斧头，头上戴着 $\mathcal{J}$，ḥdt（上埃及的白色王冠）或者 $\mathcal{V}$，sḫmty（上埃及和下埃及的双层王冠），这有时也与具有更古老的美索不达米亚传统的牛角象征融合在一起。[17]该形象显然主要是埃及化的，但是这一人物形象也与当地的雷神 Baʿal、Tessub 和塔昆（Tarkhun）有关。

这些形象也被视为等同于迦南神灵雷瑟夫，他是雷电和疾病之神。这一外国神灵在第十八王朝时成为埃及众神之一，但是雷瑟夫是中王国时期名字中的神圣要素。他的名字很难用西闪米特语解释，有可能是来自埃及语的 Ḥry š.f，即希腊语中的 Arsaphes（在他的湖边）。在第二章中我们已经谈过这位神灵与赫拉克勒斯的关联，实际上，在 Ḥry š.f 和雷瑟夫之间也存在混淆，因为毕布勒的一座神庙就供奉着这位埃及神灵。[18]有趣的是，在雷瑟夫跻身埃及神灵的行列后，是与蒙特特别联系在一起的，我们之前也看到，蒙特与北方的征服相关，假如我对此的判断正确无误，那么蒙特的希腊对应者就是克里特的统治者拉达曼提斯，也就是赫拉克勒斯的继父。[19]

241

16　关于这两个传说的对应性，参考 Rattenbury（1933, pp. 219-23），Braun（1938, pp. 13-18, 41-2）和 West（1977, pp. 47-8）。色梭斯特里斯和亚历山大大帝的"传奇"并非仅存的这类文本，此外还有其他很多文本，尤其著名的是国王尼弩斯（Ninos）和女王塞米勒米斯（Semiramis）的传奇故事，其中添加了公元前 9 世纪亚述帝王的功绩。参考 Rattenbury（1933, pp. 221-6），Braun（1938, pp. 6-18），最近的资料来自 Pettinnato（1985）。

17　Simpson（1953, p. 86）. 关于这些来自毕布勒和乌加里特的公元前两千纪的形象，参考 Amiet（1977, plates. 73-7）。关于牛角，参考现今卢浮宫（Louvre）的著名石碑上纳拉姆辛所佩戴的头盔，即 Amiet（plate. 49）。不过这显然是个头盔而非王冠，它的顶部要比上埃及的白色王冠低得多。

18　参考本书第二章注释 187。

19　Simpson（1960, p. 64）.

在拉美西斯二世的纪念碑上有一段话："尊贵的他渡过［叙利亚北部的］奥龙特斯河那如同雷瑟夫般狂怒咆哮的激流。"[20] 因此，似乎没有什么疑问的是，至少在埃及人眼中，雷瑟夫是与王室在北方的征服联系在一起的，这种联系的直接中介是法老和蒙特，间接中介是 Ḥry š.f 和赫拉克勒斯。

图像研究也清晰地体现出了人与神灵的联系。"攻击之神"的形象难免让人联想到中王国时期所描绘的法老打倒外国人的情形。[21] 研究印章的专家艾迪斯·鲍腊达承认，色梭斯特里斯一世在塞德节（Heb Sed）或纪念庆典上跳舞的形象，与在泰尔埃尔-达巴发现的一两个世纪之后的人物形象存在相似性，而后者描绘的是叙利亚-巴勒斯坦掌管气象的神灵。不过，她认为两者之间仍有重要差异：

> 国王未迈出的那只脚的脚跟抬离了地面，而气象之神的脚则平踏在所站立的山上。此外，尽管埃及国王迈开了大步，但是挺直的身躯似乎并未移动，然而气象之神的身体似乎是微微前倾的。[22]

不过，这里的对应性仍然是显著的。

黎凡特的人物形象并未被证实是出自公元前三千纪，因此，或许无法将之归结为受到埃及古王国的影响。另一方面，人物形象是在公元前 15 世纪新王国征服叙利亚之前绘制完成的。因此，尽管图特摩斯三世在公元前 15 世纪和拉美西斯二世在公元前 13 世纪的活动或许强化了这种神灵般强大的、具有毁灭力量的法老形象，却并不可能是这一法老形象产生的根源。赫梯的尖顶高帽可能受到了 ḥdt 或 3tf （王冠）的影响，尽管二者的形状并不一致。即使没有这种关联，如果色梭斯特里斯曾在这些地区征战，也可以很好地解释为什么在这些地方会出现具有这一时期埃及法老特点的攻击之神的形象。

这样看来，我们有必要在这里重复一下此前引用的希罗多德的记录：

20　Simpson（1960, p. 65）；Grdseloff（1942）.

21　埃及的例子参考 Wildung（1984, p. 40, plate 33）。黎凡特的例子参考 Amiet（1977, pp. 390-3）。赫梯和新赫梯王国的例子参考 Amiet（1977, p. 399）。在本书第十一章注释 217—224 中也讨论了这些形象。

22　Porada（1984, p. 486）.

色梭斯特里斯国王在被征服的国家竖立起的柱形纪念碑大多数已经消失了，不过我自己在巴勒斯坦见到过一些这类的石碑，上面刻着我提到的铭文和女性的生殖器图案。在爱奥尼亚，也有两处岩石上雕刻着色梭斯特里斯的形象，一处是在从以弗所到福西亚的路边，另一处是在萨第斯和士每拿之间。两处雕刻的人物都是将近 7 英尺高，右手持矛，左手执弓，而且身上的其他装备也是相配的——一半属于埃及，一半属于埃塞俄比亚。在胸部从左肩到右肩之间刻着埃及神圣字体的铭文：**凭借双肩的力量我赢得了这片土地。**这里并没有记下征服者的名字和国家。[23]

这里位于梅拉特描述的成片的破坏区域以南，但是在希罗多德的记录之后，又发现了同一时期在阿弗罗狄西亚岛上发生的破坏，该岛位于安纳托利亚西部海岸到米利都的中途内陆。[24] 因此，如果色梭斯特里斯在安纳托利亚进行了征服，那么他就有可能在那里留下了纪念碑。另一方面，几乎可以肯定，那些浮雕不是埃及人的而是赫梯人的，已经得到确认的一处雕像就位于以弗所到福西亚的路边。不过，雕像也体现出了与埃及的联系，那就是雕像表现的王室人物戴着赫梯人的高帽子，这种帽子可能源自埃及人的王冠，而雕像手里拿的"连枷"也是典型的埃及王室象征。[25]

至于有关埃及的色梭斯特里斯的故事，我认为希罗多德不可能编造出埃及人与浮雕的联系。更有可能的是，他依循了安纳托利亚西部本土或爱奥尼亚的希腊传说。

地名研究为埃及人对安纳托利亚的影响提供了另一类证据。位于安纳托利亚北部海岸的锡诺普（Sinope）在希腊化时代是与孟菲斯附近的 Se(s-t)-n Hᶜ py（尼罗河之神 Hᶜ py 的地方）相混淆的。由此得出的观点就是，明显属于埃及的多位一体的神灵（composite god）塞拉匹斯（Serapis）是从安纳托利亚的本都（Pontos）的锡诺普引入的。不过，这里还存在着与孟菲斯的公牛神阿匹斯的神庙 S-t n Hp 的双关。在第一卷对达那俄斯和**跪在祭坛前的人们**的讨论中，

23　Herodotos, II. 106.

24　Kadish（1971, p. 123）.

25　开罗博物馆中的浮雕和样品，见 Wildung（1984, pp. 175-6, plates. 150-1）。

我们已经看到了 Ḥp 和 Ḥᶜpy 这两个名字之间的混淆或谐音双关。[26] 因此，安纳托利亚的锡诺普这个地名很可能具有埃及起源。

更令人称奇的例子是阿拜多斯（Abydos）城，这个城市位于达达尼尔海峡关键性的狭窄位置上，在古代被视为等同于埃及的 ȝbdw，在希腊语中写成 Abydos，这是以奥西里斯之墓著称的宗教中心的名字。位于博斯普鲁斯（Bosphoros）海峡欧洲一侧海岸上的拜占庭（Byzantium）的名字仍然是谜，不过在公元 5 世纪，希腊化时代的埃及人、博学的农诺斯的说法是，拜占斯［（Byzas）拜占庭的创建者和命名来源］类似于卡德摩斯和他的兄弟，其中一位兄弟是安纳托利亚东南的奇里乞亚的命名来源基利克斯（Kilix），另一位是爱琴海北部的萨索斯的命名来源萨索斯，他们都是在放弃了追寻妹妹欧罗巴后定居下来的：

> 另一个四处漂泊的人名字叫作拜占斯，具有神灵艾奥的血统，是天庭的宙斯留下的后裔。他喝了生生不息的尼罗河的七个河口的水，在邻近的地方定居下来，伊那科斯的小母牛就曾在那里渡过博斯普鲁斯海峡。当他扭断那狂野公牛的脖颈时，发出的光芒映照在那里居民的身上。[27]

和古代诗歌惯常的情况一样，这段文字充满暗指和双重含义。"光芒"似乎暗指达达尼尔海峡尽头的兰萨库斯（Lampsakhos）城。[*] 至于艾奥、母牛、尼罗河和伊那科斯之间的复杂联系，在第一卷中曾予以过探讨。[28] 这里要补充的是，博斯普鲁斯海峡在传统上被视为"运送公牛"之地，宙斯化身为公牛，从那里把欧罗巴带到了西方，他显然就是上文所指的"狂野公牛"。这里也可能包含对色梭斯特里斯的暗指，因为埃及向北远征时的庇护神就是公牛神蒙特。

拜占斯自己似乎与另一个神话人物对应，那就是菲纽斯（Phineus），他是阿革诺耳（Agenor）的儿子、卡德摩斯的兄弟，其定居地是把马尔马拉海

243

26　Amiet（1977, p. 395, plate. 518）; Spiegelberg（1927, p. 24）. 同时参考第一卷，第92—95页。关于S-t n Ḥp，参考 Gauthier（1925-31, V, p. 83）。首先提出 Sinope 与 Se n Ḥᶜpy 的等同关系的是 Guignant（1828），但是我与 Griffiths（1970, pp. 396-7）一样，都无法看出这一点。

27　Nonnos, III. 1 s.365-71, trans. Rouse（1940, I, p. 127）.

*　因为 Lamp 的意思是"灯"。——译者注

28　第一卷，第94—95。

和黑海分隔开的蒂尼亚（Thynia）海角，这也是拜占斯的定居地。Phineus 和 Peneus 的词源来自埃及语的 P3 Nw(y)［（阳性）水或洪水］，这在第三章中讨论过。[29] 菲纽斯和蒂尼亚之间的对应，可以通过 Thynia 已经证实的埃及词源地名 T3 nwt［（阴性）水域］来解释。[30] 人们从地中海通过海峡进入黑海，这些名词作为金角湾（the Golden Horn）的名字似乎很恰当。

地名上的证据并不确定。因为事实上，这些名字即使是纯粹的埃及地名，也不可能告诉我们，它们是在什么时候由谁带入安纳托利亚的。这些地名可能要追溯到色梭斯特里斯的"征服"，但是更有可能源于后来发生的直接接触或通过腓尼基人进行的接触，也有可能是由那些了解埃及命名原则的希腊人引入的。到了古典时代，埃及的影响显然已经遍及沿岸地区，因为从莱斯博斯（Lesbos）岛上的米蒂利尼（Mytelene）到马尔马拉海南部海岸的基齐库斯（Kyzikos）和兰萨库斯，都发行了刻有阿蒙头像的硬币。[31] 对于我们所关注的这一时期，唯一确切指向埃及人的影响的名称，就是马尔马拉海岸边的门农墓，后面会对此进行讨论。

244　　就年代学问题而言，同样模糊的是埃及宗教和安纳托利亚西北部地区宗教间的惊人的对应性，尤其是对早亡的丰饶之神的宗教膜拜——这些神灵包括埃及的奥西里斯、闪米特的阿多尼斯（Adonis）和安纳托利亚北部弗里吉亚的阿提斯（Attis）。[32] 第三卷将对此进行详细讨论。希罗多德讲过一个故事，在故事中的两个孩子被抚养长大的过程中，人们遵从法老萨美忒克斯（Psammetekhos）的旨意，没有让他们听到过任何话语，他们说出的第一个词是 bekos，就是弗里吉亚语中表示面包的词语。这就**证明**了弗里吉亚语是世界上最古老的语言，甚至比埃及语还要古老。[33] 现代语言学认为，弗里吉亚语是一种狭义上的印欧语，其出现要比埃及语晚得多。不过，有趣的是，弗里吉亚被视为与埃及同样古老。一种可信的原因就是这两个国家在区域上的相似性。这里同样存在这个问题：埃及的影响源于何时？将此归结为色梭斯特里斯短暂的暴力入侵似乎是不太合理的。无论如何，与那些我们无法确定年代的地名不同，安纳托利亚的

29　参考本书第二章注释 123，第三章注释 86—92 和 Apollonius, II. 11. 178-533。

30　Gauthier（1925-31, III, P. 75）。

31　Parke（1967, p. 220）。

32　Frazer（1914）。

33　Herodotos, II. 1-2。

膜拜确实是非常古老的，可能要追溯到公元前两千纪，因此在公元前 20 世纪其与埃及发生了接触是非常有可能的。

色雷斯和塞西亚

我们在这一章后面的内容里会结合来自希腊的传说，讨论安纳托利亚更偏西北地区的关于公元前 20 世纪的埃及征服的传说。同时，我们会检视埃及的影响在博斯普鲁斯海峡另一侧的色雷斯留下的痕迹。

希罗多德和后来的作家描写过色雷斯人对狄俄尼索斯的膜拜，这发生在被称为萨特莱（Satrai）和贝松伊（Bessoi）的这些遥远部族之中。[34] 我会在第四卷中论述，名字 Satrai 和 Satyroi（萨特莱伊）一样，都源自 *Sntrw 这个形式，这个形式来自埃及语的动词 sntr（奉献）；同样，Bessoi（贝松伊）这个名字应该源于来自动词 bs（开始）的埃及语中的 *Bsw［开始（第三人称单数）］。我还要指出，其他色雷斯的神祇的名字，例如贝尼兹（Bendis）和塞巴兹奥斯（Sebazios），可能也源于埃及语；同时我也要强调，色雷斯和埃及的俄耳甫斯教（Orphism）的对应特征。要补充的是，我并不是最早看出这些对应性的人。很多学者都曾用"利比亚、色雷斯的基础"来解释色雷斯–弗里吉亚和非洲之间的很多相似性，但是在我看来，将之解释为埃及影响的结果似乎会更有说服力。[35]

不过，就像埃及与弗里吉亚在膜拜上的对应性一样，我们难以界定这些影响发生的时间。奥西里斯膜拜兴盛于第十二王朝时期，它可能是狄俄尼索斯膜拜的起源。阿蒙膜拜的情况也是一样，我认为与宙斯相关的公羊膜拜就源于阿蒙膜拜。这些可能都是在"征服"时代被引入的。其他很多埃及的成分，例如对喜神贝斯（Bes）、给布（Geb）/ 俄耳甫斯（Orpheus）的膜拜，似乎来自更晚的时期，我们从色雷斯的那些带有阿蒙头像的硬币中就可以看出，在后来的时候那里受到了埃及宗教膜拜的影响。[36] 这样的影响如果是发生在公元前一千纪早期，就会与这一时期爱琴海北部出现的大量腓尼基人的

245

---

34 Herodotos, VII.107-109, trans. de Selincourt（1954, pp. 478-9）. Strabo, *Georgraphy*, VIII.319, frg. VII. Pliny, *Natural History*, IV. 18, 11, 40. Harrison（1903, p. 371）所引用的 Paulinus。

35 Cook（1914-40, I, pp. 400-1）；Parke（1967, p. 159）.

36 Cook（1914-40, I, p. 371）；Parke（1967, p. 220）.

活动迹象相呼应，而历史记录、考古发现、地名和宗教膜拜上的对应性对此都可以证明。与其他年代的情况一样，腓尼基人在很大程度上吸收并发展了埃及文明。[37]因此，尽管有证据可以清楚地表明埃及文化对色雷斯造成了影响，但是我们仍然无法由此推断出这种影响始于公元前两千纪初期和色梭斯特里斯的征服。

据我所知，在俄罗斯南部的塞西亚并没有关于色梭斯特里斯或埃及人之类的传说。考虑到俄罗斯大草原地区的政治动荡，再加上其后的两千年中那里完全没有文字记录，那么即使非洲军队曾途经此地，也不可能在民间记忆中留下痕迹。但是，黑海东部的情况就迥然不同了。

科尔基斯：埃及的殖民地？

科尔基斯具有悠久的文化和语言延续性。这里很早就开始使用两种属于高加索语系的语言，一种是南高加索语族，其中最著名的就是格鲁吉亚语，一种是属于西北高加索语的阿布哈兹语（Abkhaz）。这里发生过的唯一的重大转变就是公元9世纪阿拉伯统治时期内陆的伊比利亚-格鲁吉亚人（Iberian-Georgian）从山区扩散到海边，这就把原本居住在科尔基斯亚热带沿海地区的讲西南高加索语的人挤到了南部和北部，他们在那里与讲阿布哈兹语的人杂居在一起。[38]不过，也存在时间上更晚的语言族群——亚美尼亚语、伊朗语和土耳其语。该地区似乎一直是保持语言多样性的典范，部分原因在于其连续性，部分原因是有很多穿过高加索来到这里的移民，但主要原因在于山区国

---

37 参考第三卷。这并不是否认这一地区在公元前两千纪下半叶受到过这种影响。

38 Lang（1966, pp. 20-2）. 就如同高加索的阿尔巴尼亚人（Albanian）与巴尔干的阿尔巴尼亚人没有关系一样，格鲁吉亚的伊利亚人也与西班牙的伊比利亚人无关。当地对于 Iberian 这个名称的解释是它来自亚美尼亚和波斯指代格鲁吉亚人的名称 Virkʼ（Lang, 1966, p. 18）。不过，我发现更可信的是，伊比利亚人和希伯来人的名称都来自公元前两千纪在黎凡特普遍使用的 ʿp/bri。尽管 Moshe Greenberg 在对这个名字的审慎研究中没有提到这一点，并指出在城市中或城市附近有很多 ʿp/bri 定居（1955, pp. 86-7），但是我发现传说中所认为的这个名字源自动词 "ʿâbar"（渡过）和 "êber"（跨越的地区），以及 ʿp/bri 与违法者的联系，都是有说服力的。有趣的是注意到，在西班牙和高加索，伊比利亚人都是未被同化的内陆人，与沿海地区生活在海洋经济下的人不同。这些地名的词源基础是由博沙尔在17世纪建立的。Albanian（阿尔巴尼亚人）和表示苏格兰的古老名字 Albany，以及来自多佛（Dover）的白色悬崖的 Albion，还有 Lebanon，都只是来自闪米特语和印欧语的普通词根 √(a)lbn（白色），因此也就来自石灰石或白雪覆盖的山脉。

家在地理上的隔绝性。公元前 1 世纪，斯特拉博记录说，在狄奥斯基里亚斯（Dioskyrias），也就是今天的苏呼米，集市上有 70 个不同的部族。[39]在海岸地区，这种杂居现今表现为极其多样化的体型特征，朗格令人信服地指出，这是"几千年来的民族融合"造成的。[40]

在这样的背景下，我们应该回到希罗多德对色梭斯特里斯征服的描述：

> 在归途中，色梭斯特里斯来到了科尔基斯的费西斯河。很有可能的是，他在这里命令一支队伍留下来定居——或者，也有可能发生的是，在他的队伍中，一些人厌倦了长途跋涉，因此离开了大部队。我无法肯定地说哪种情况是真实的，但事实无疑就是，科尔基斯人是埃及人的后裔。没有人和我提到这些，是我自己注意到的，想到这点之后我在科尔基斯和埃及都做了问询，但是我发现，与埃及人对科尔基斯人的印象相比，科尔基斯人对埃及人要记得更加清楚。不过，埃及人的确表示，他们认为科尔基斯人原本来自色梭斯特里斯的部队。[41]

伊阿宋和金羊毛：黑人在科尔基斯居住的证据

迄今为止，有关黑海地区的最著名的希腊传说就是伊阿宋寻找金羊毛的故事，对此最完整的记录就是罗得岛的阿波罗尼奥斯于公元前 3 世纪在埃及亚历山大所写的《阿尔戈英雄纪》。在故事开始时，一位父亲，波伊奥提亚的奥尔霍迈诺斯的国王阿塔玛斯（Athamas）无奈地把他的孩子佛里克索斯（Phrixos）和赫勒（Helle）带到山顶献给了宙斯。宙斯于是派下一头公羊来救他们，当公羊把他们驮在背上穿过达达尼尔海峡时，赫勒坠入海中。公羊带着佛里克索斯渡过黑海来到科尔基斯，在那里被宰杀献祭。公羊的金羊毛则被保留下来，直到被伊阿宋偷走。

迈克尔·阿斯特证明，这个故事和亚伯拉罕（Akedah 或 Abraham）捆绑以撒（Isaac）作为祭品的故事之间存在着复杂而惊人的对应关系。阿斯特认为，

39　Strabo, XI.2. 16.

40　Lang（1966, p. 18）.

41　Herodotos, II. 104-5, trans. de Selincourt（1954, pp. 167-8）.

阿塔玛斯的传说是闪米特人对希腊的影响造成的，[42]这令人信服。而传播论的捍卫者贾拉兹伯伊（R. A. Jairazbhoy）指出了公羊和羊毛作为主题在埃及宗教中所具有的重要性，并提到了下面所列的希罗多德的记述。在解释了膜拜公羊神阿蒙的底比斯人为什么从来不把公羊献祭之后，希罗多德继续写道：

247

> 不过，在一年一度的宙斯［阿蒙］的节日庆典上，他们打破了这一习俗，宰杀了一只公羊，但是仅仅宰杀了一只。他们把羊切开，剥掉羊皮，把羊毛放在宙斯的神像上，就像宙斯自己化身为羊时所做的那样。[43]

劳埃德在详细评论这一段叙述时总结说，希罗多德对仪式的描写"或许是正确的"。[44]阿蒙、宙斯和公羊之间复杂的相近关系会在第四卷中予以讨论。这里我想进一步指出的只是，以阿蒙为公羊神和神谕者的传说最早是在新王国时期的底比斯得到了证实，但或许也可以追溯到中王国时期。[45]这就让我们回到了科尔基斯，斯特拉博记录说，在那里，在由佛里克索斯创设的神谕中，公羊不会用于献祭。[46]

在科尔基斯传说中的公羊／羊毛与埃及对公羊神阿蒙的膜拜之间，似乎有极其相近的对应关系。贾拉兹伯伊注意到，《阿尔戈英雄纪》中的一段文字描述了由一条巨蛇守护的金羊毛。他将之与阿蒙-拉的形象联系起来，因为太阳神阿蒙被表现为由太阳轮和带有拉的蛇头的神圣毒蛇盘绕着的公羊头。不过，如果二者有联系，似乎就指向了后来发生的影响，因为对于太阳神拉的这种描写是在第十八王朝时才开始出现的，而贾拉兹伯伊给出的例子来自第十九王朝。[47]总体上看，与安纳托利亚的膜拜一样，没有什么能够表明这些得到公认的来自埃及的影响始于何时。

伊阿宋的海上航行据信发生在公元前13世纪。[48]不论这一传说是否具有史

42　Lloyd（1967, pp. 164-5, 282-3）.

43　Herodotos, II. 41, trans. de Selincourt（1954, p. 146）; Jairazbhoy（1985, p. 60）.

44　Lloyd（1976, pp. 192-5）.

45　参考第三卷和 Borghouts（1980, pp. 33-46）。

46　Strabo, XI. 2. 17-18.

47　*Argonautika*, II. 402; Jairazbhoy（1985, pp. 59-60）.

48　根据埃拉托斯特尼，这发生在公元前 1225 年。根据尤西比尼斯：Bacon（1925, p. 143），这发生在公元前 1263 年—公元前 1257 年。

实性，它都属于最早的史诗系列和留存下来的著述。赫西俄德在其公元前 10 世纪的作品中提到了佛里克索斯和金羊毛。[49] 因此，这一传说至少可以追溯到这一时期。

我们当然无法评估阿波罗尼奥斯关于科尔基斯的记述的准确性。不过朗格曾写道："值得注意的是，《阿尔戈英雄纪》中有多少细节与考古发现吻合，又有多少细节符合赫梯、亚述和乌加里特的资料记录。"朗格接着列出了阿尔戈英雄在前往科尔基斯的途中所遇到的民族的特点。他甚至更加强调苏联的考古发掘如何证实了阿波罗尼奥斯对科尔基斯的描述。[50]

因此，在这位古代作家对于黑海南部和东部的记述中，可信的似乎不仅是有关他那个时代的描述，也有对许多个世纪以前的描述。在他对科尔基斯传说的记述中还提到了 1600 年前的事件，这些事件真实与否就是另一个问题了。不过，对于下面这段讲述科尔基斯或埃亚（Aea）历史的史诗，如果仍然视而不见就有些愚蠢了。

> 遥想那旋转的星座尚不存在的年代，人们寻觅神圣的达那厄人，发现的却只是阿毗达尼亚的（Apidanaean）阿卡狄亚人，据说他们在月亮形成前就已在那里生活，食物是山上的橡子。在高贵的丢卡利翁的后裔统治佩拉斯吉人的土地以前，情况就是这样。更古老的种族的埃及母亲被称为黎明曙光中的丰饶之国；灌溉了整个流域的尼罗河被称为特里同河，这条大河慷慨地流过干旱无雨的土地，却通过泛滥的洪水带来了庄稼的丰收。现在有人告诉我们，某位国王从这个国家出发，在强大而忠诚的军队的支持下穿过了整个欧洲和亚洲，沿途建立起很多城市。一些城市得以留存，一些则在岁月里湮没，但是埃亚城至今仍然矗立在那里，其居民的祖先就是当年应国王之命定居于此的人们。[51]

这段文字非常有趣。"旋转的星座"似乎是指岁差，或者说是约为 26000

49　Hesiod（Merkelbach and West, 1983, frg. 68 and 255），from the *Catalogue of Women* and *Great Eoii*, Loeb, p. 177.

50　Lang（1966, pp. 65-9）.

51　Apollonios, IV. 260-80.

个太阳年的一"大年"。[52] 与柏拉图对亚特兰蒂斯的年代界定一样，这段文字与阿波罗尼奥斯提到的其他天文学的内容似乎都是数学象征和夸张诗句的结合，所指的是最古老的希腊传说开始之前的时期。下面还会讨论到特里同这个名字为什么会被用来表示尼罗河。"Apidanasn"中的 Api- 似乎是指伯罗奔尼撒的神秘名字，其复杂的埃及起源曾在第一卷中讨论过。[53]

文中提到"穿过了整个欧洲和亚洲"的埃及国王，这一直被认为是指色梭斯特里斯。[54] 因此我们需要考虑的是，阿波罗尼奥斯的叙述是基于希罗多德有关埃及人在科尔基斯殖民的记录并添加了同时代埃及创作的内容，还是完全来自历史记述。

如上所述，阿波罗尼奥斯一生主要生活在亚历山大。由于他非常博学，所以被任命为那里最大的图书馆的馆长。他所著的有关黑海地区的其他记录非常准确，表现出他对这一地区有很深的了解，并不需要依靠希罗多德的记述。因此，我认为这两个人所记录的可能都是真实的科尔基斯传说，也就是科尔基斯人的城市曾经是埃及的殖民地。很难说这是否属于史实，抑或只是一个遥远的民族为让自己拥有古老的核心传统所做的尝试。

希罗多德相信自己找到了相关的独立证据：

> 关于这个问题，我的观点首先基于这一事实：他们都是黑皮肤，一头卷发（这并不是最重要的，因为其他民族也有同样的特征）。其次，更重要的是，只有科尔基斯人、埃及人和埃塞俄比亚人是从古代开始就施行割礼的民族。腓尼基人和巴勒斯坦的叙利亚人承认，他们是从埃及习得了这一做法。居住在特尔莫冬（Thermodon）河和帕耳忒尼俄斯（Parthenius）河附近的叙利亚人，以及他们的邻居麦克罗尼亚人（Macronian）说，他们是在不久以前从科尔基斯人那里学会这样做的。……
>
> 现在我想到，在科尔基斯人和埃及人之间还有更多的相似性，那就是他们都采用与其他民族不同的编织亚麻的方式，在语言和生活方式上也有

52　参考 Santillana and von Derchend（1969, pp. 58-9）。关于岁差，参考第一卷，第 126 页。（地球自转轴的空间指向并不固定，呈现为绕一条通过地心并与黄道面垂直的轴线缓慢而连续地运动，约 26000 年环绕一周，同时使春分点以每年 50.2 角秒的速度向西移行。这种现象叫作岁差。——译者注）

53　Volume 1, pp. 92-3.

54　参考 Riew intro. to Apollonios, pp. 27-8。

相似之处。希腊生产的亚麻被称为撒丁岛（Sardonian）亚麻，来自埃及的亚麻则被称为埃及亚麻。[55]

有趣的是，制作亚麻也是科帕伊斯湖沿岸地区的特点，我们在第二章和第三章中已经看到，该地区显然表现出了埃及的影响。[56]但是，我们无法说出这一技术是在何时传播到了波伊奥提亚和科尔基斯，即使这是传播的范例。同样不幸的是，希罗多德关于科尔基斯的亚麻和推广割礼的记述尽管极其重要，却无法得到检验。

不过，有趣的证据可以证明科尔基斯当时存在黑人。希罗多德并非唯一提到这点的古代作家。比他更早一些的作家品达提到了伊阿宋在远征过程中进攻了深色皮肤的科尔基斯人。后来的一些作家也提到了科尔基斯人是黑人，当然，这些作家在这方面可能受到了希罗多德的影响。[57]

体质人类学未能给我们提供帮助。居住在山区的伊比利亚-格鲁吉亚人显现出了体质上的高度连续性。如同今天的格鲁吉亚人，这些人是"短头颅"或者超短头颅的，这是高加索人的典型特征。与此相对的是，科尔基斯沿海地区呈现出了相当程度的混杂，包括一些可能来自非洲的"长头颅的"人。[58]阿布哈兹语言学家和人种学者德米特里·朱利亚（Dmitri Gulia）认为科尔基斯人具有阿比西尼亚-埃及（Abyssino-Egyptian）起源，同时也声称在地名、人名和神的名字中发现了埃及影响阿布哈兹的证据。[59]

最令人兴奋的证据是，在公元 20 世纪，阿布哈兹的苏呼米附近仍然生活着非洲黑人，其位置在古代科尔基斯以北。显然，这些黑人中至少有一些是在阿布哈兹隶属于土耳其帝国时，于公元 16 世纪到 18 世纪期间从非洲运来的奴隶。不过，该群体已经植根于这一地区，他们中的大部分人只会讲阿布哈兹语，尽管苏联政府曾经试图让他们散居开来并与其他种族通婚，但他们似乎保留了自己的种族特性。[60]

250

55　Herodotos, II. 104-5.

56　参考本书第二章注释 1。

57　Pindar, *Pythian Odes*, 4.11; Vradii（1914, pp. 116-17）。Prokopios, *Wars*, VIII.3. 10-12.

58　Lang（1966, pp. 19-20）; English（1959, pp. 49-50）.

59　Tynes（1973）; Blakely（1986, pp. 10-11）.

60　Blakely（1986, pp. 5-12, 75-80）.

这些黑人中是否有一些就是希罗多德曾经见到过的黑人的后裔呢？这在一个多世纪里一直是苏联和格鲁吉亚学术界争论的焦点。美国学者帕特里克·英格利希（Patrick English）近年曾撰文对肯定性的观点表示支持，这篇旁征博引的文章即使不具有关键性的作用，也具有重要意义。他在文中指出，公元 4 世纪末前后在圣·杰罗姆（St. Jerome）和索福洛尼斯（Sophronius）的作品中显示出，人们相信科尔基斯存在黑人，而这距离希罗多德的时代已经过去八百多年了。[61] 这就把有关这一地区生活着黑人的古代记述和现代记述之间的时间间隔缩短到了大约一千二百年，如果考虑到高加索地区其他小规模种族群体的连续性，那么这里的连续性也是有可能的。另一方面，科尔基斯的亚热带气候也使之能够在不同时期吸引非洲人。

精神地理学

现在，我们来探究一下埃及和科尔基斯之间的一系列复杂的对应关系，我们可以称之为"神圣的"或"精神地理的"对应关系。我们首先再读一遍阿波罗尼奥斯的记述：

> 在高贵的丢卡利翁的后裔统治佩拉斯吉人的土地以前，情况就是这样。更古老的种族的埃及母亲被称为黎明曙光中的丰饶之国；灌溉了整个流域的尼罗河被称为特里同河，这条大河慷慨地流过干旱无雨的土地，却通过泛滥的洪水带来了庄稼的丰收。[62]

我们在第二章中谈到过，Tritōn（特里同）这个名字似乎与埃及语的 tryt（尊敬）有关，是利比亚很多河流水系的名字。特里同可能是波塞冬的一个儿子。[63]

阿波罗尼奥斯继续写道：

> 但是埃亚城至今仍然矗立在那里，其居民的祖先就是当年应国王之

---

61 English（1959, p. 53）. 由 Bochart（1646, IV. XXXI, p. 286）引用。

62 参考本章注释 51。

63 参考本书第二章注释 53。

命定居于此的人们。而且他们保留了祖先的石板，上面雕刻的地图勾勒出了陆地、海洋和族群分布的轮廓。地图上有一条河流，其最远的支流与洋流相通，宽度和深度足以商船航行。地图上标示的这条河距离埃亚很远，名称是埃斯特［（Ister）通常被认为是多瑙河（the Danube）］。在北风（the North Wind）之外的遥远地方，河流源头从利派昂山脉（Rhipaean Mountains）奔涌而下。而后河水流过广袤的平原，其间没有支流汇入，但是在色雷斯和塞西亚交界的地方，河水分出支流，其中一条汇入了爱奥尼亚海［黑海］，一条［罗讷河（Rhone）？］向南流入西西里海（Sicilian Sea）深入陆地所形成的海湾中。阿刻罗俄斯（Achelous）河是从希腊（Hellas）流入西西里海的，如果我没有说错，那么它冲刷的就是你们的海岸。[64]

251

从这里开始，阿尔戈英雄不再是相对平稳精确地沿着黑海航行，而是变成了狂野地冲入欧洲和地中海。这里，史诗的宇宙哲学特征显然超过了它的地理特征。

文本中提到了尼罗河与多瑙河这两条大河，这很重要。在下一章中我会讨论，埃及语中的名字 itrw 表示尼罗河以及世界范围内的大片水域或"海洋"，我认为它在希腊语中是以词根 Atla- 的形式出现的，这不仅见于词语 Atlantic（大西洋）中，而且也见于多瑙河的名字中。不过，在这段文字里，如同在整部诗篇中一样，阿波罗尼奥斯所提到的地理概念既是现实中的，也是天国的、地狱的和精神的，因为死者的灵魂要在其中航行。

对于这种地理概念，最详细的描述来自《斐多篇》（Phaedo），其中柏拉图记录了苏格拉底关于死亡和不朽的最后演说：

> 我相信，大地是巨大的，我们居住在费西斯河与海格力斯之柱之间的区域中，而这只是大地的一小部分。我们沿着大海生活，就像蚂蚁或青蛙围绕着一个池塘，还有其他许多人居住在其他类似的区域。[65]

64　Apollonios, IV. 270-93, trans. Riew, p. 154.
65　*Phaedo*, 109B, trans. Fowler, p. 375.

由于被置于地理的平面上，这里所认识到的宇宙范围显然有限。这个宇宙以地中海和黑海盆地为中心，四条或更多的大河自环绕在其周围的天空或大地上的海洋流入其中。柏拉图在此引用了荷马的话，认为河水流进了"大地下面最低的深渊"，以此来解释地中海水被太阳蒸发的神奇现象。[66]四条大河通常包括南方的尼罗河、西方穿过赫拉克勒斯之柱从大西洋流入的海水、北方的多瑙河［和/或罗讷河与波（Po）河］，还有东方的费西斯河。

K₃š 和科尔基斯：埃及渊源？

252
由于从埃及溯尼罗河而上的土地和科尔基斯富饶的费西斯河谷是"大地"的两个端点，并且居住在那里的似乎是黑人，那么这两个地区是否会共用一个名称 K₃š/Kolkhis（科尔基斯）呢？这里我要先举几个例子，它们可以表明黑海地区有可能使用了埃及地名。我已经提到了锡诺普和阿拜多斯的例子，不过还有一个更加突出的例子。

本都（Pontos）这个名字是在古典时代被用来指称黑海、安纳托利亚北部海岸和俄罗斯南部海岸的。这也是希腊表示"大海"的词语之一。传统上人们认为这个词源于印欧语词根 √pent（走，道路），由此衍生出的词语就包括拉丁语 pons-pontis，意为"桥梁"和我们的"道路"。下面会谈到，即使是海上的民族也会认为大海是障碍或边疆，而且在印欧语中没有其他这样使用的词根。但是，我们没有理由认为海洋不应被视为"道路"或"通道"，实际上，这非常符合连接爱琴海和黑海的达达尼尔海峡的情况。

不过，当这个词被用来指代本都（黑海）两岸的土地时，就会带来一个问题。在这方面，埃及地名 Pwnt 似乎有一个更好的对应者。这个国家可以通过红海和印度洋的海上航行抵达，热带产品可以通过这样的方式运抵埃及。尽管没有记录可以表明这个名字曾用来指代北方的地点，但它是埃及宇宙哲学和地名学中用于指代成对地点的标准地名。在希腊和罗马的地理学中，经常同时出现的对应方位（coincidentiae oppositorum）是东方和西方，[67]在下面两个有关埃塞俄比亚的例子中就可以看出这点。不过在埃及，以尼罗河为轴划分出来的对

---

66 *Iliad*, 8.14. *Phaedo*, 112.A. 关于这些问题存在有趣的讨论，尽管最终并非很有启发作用，参考 Santillana and von Derchend（1977, pp. 179-212）。

67 Nagy（1979, pp. 206-7）。

应方位通常是北方和南方。几乎下埃及的每个城市在上埃及都有同名的对应城市。外界的地名有时也是一样，例如上面提到过的北方和南方的 Stts。同样，T3 nṯr（神圣的土地）要么是从安纳托利亚延伸到东非，要么是代表另外一对南方和北方的地区。

这样，在遥远的南方和遥远的北方，似乎就很有可能存在 K3š 或 Pwnt，尽管它们尚未得到证实，不能作为独立的证据，但是不管怎样，它们都拓展了埃及人在这一地区活动的整体模式的深度。

地名 Colchis 或 Kolchis（科尔基斯）的词源仍然未知，有可能来自 Chalk-，这在以 Chalk- 为词根的地名 Chalkis（凯尔基斯）或 Chalkidike（凯尔基戴克）中可以看出。我认为，通常指代"青铜"或"金属"的这一词根源自闪米特语词根 √ḫlq（平滑，使平滑，锻造，制造）。[68] 由于该王国以矿产资源和冶金业著称，Colchis 或许来自这个词的闪米特语形式或希腊语形式，也有可能来自西高加索地区众多语言中的某一种。

不过还有另一种可能性。圣·杰罗姆和索福洛尼斯在公元 4 世纪时提到了科尔基斯是"第二个埃塞俄比亚"。因此，Kolchis 这个名字也有可能是来自 K3š，也就是位于埃及南部边疆的上努比亚的埃及语名称。它的希伯来语译名是 Kûš（古什），在《圣经》的《七十士译本》中被译为 Xous（克索斯）、khus（古什）或 Aithiopia（埃塞俄比亚）。前面多次提到过，3 在早期是作为流音 r 或 l 使用的。由于在埃及语和其他语言中 š 和 ḫ 经常互换，并且希伯来语的元音显示出有后元音 o 或 u，因此在语音上 *Kolš/ḫ 与 Kolchis 是非常契合的。

如果接受了埃及语的词源，那么 Kolchis 的形式就应源于 K3š 将 3 发成流音 r 或 l 的中王国形式，而不是保留在希伯来语名字 Kûš 中的新王国的发音。因此，这在时间上指向了第十二王朝，毕竟在新王国以前只有在这一时期埃及的政治和文化影响可能会传播到如此遥远的北方。从语义上看，努比亚和科尔基斯都出产大量黄金，气候也相似，因为 K3š 在下努比亚的沙漠之外就是草木

253

68　尚特莱纳并没有解释这个词根。波科尔尼看到了从外国文化中借入的印欧语词根 *ghelĝh。尚特莱纳称其词源"费解"的词干 ēlek[t]*ālek[t]（耀眼），似乎也来自 √ḫlq，这有两种可能。首先，这个词根在闪米特语和原始印欧语中是普通的词根，而 *ālek[t] 则是缺失了喉音 ḫ 的结果。第二种可能是，这是从迦南语的 √ḫlq 借来的，发生在迦南语中的 ḫ 与 h 融合之后。

葱茏的，即使在今天，那里的降雨虽然不多，但是颇为重要。

科尔基斯和埃兰的黑人

Kɜš 和 Colchis（科尔基斯）可能是同时存在于南方和北方的成对地名，而让这种可能性变得极其复杂的原因是，很多现代学者认为，《圣经》中的名称古什通常指代努比亚或埃塞俄比亚，但是也会用来指代另两个地区和那里的民族：阿拉伯西部的米甸人（Midianite），还有美索不达米亚东部的加喜特（Kaššû）人，后者在公元前两千纪中期的大部分时间里控制着美索不达米亚。[69]

实际上，确实存在两个毫无关联的相似名称，不过它们似乎都是指黑色或黑人。因此，古什成了这些人的种族名称。这样，这个词就被用来指代迦南东南部的肤色更深的米甸人，他们就和现今阿拉伯南部地区的人一样，与索马里人和非洲东北的其他人相似。

加喜特人来自美索不达米亚边缘，是个情况不明的民族。为了确定加喜特人的生活环境，我们有必要考虑埃兰自身的主要文明。埃兰人居住在苏撒拿（Susiana），也就是现今伊朗的胡泽斯坦（Khuzistan），它位于底格里斯河以东的平原。在公元前两千纪讲伊朗语的人到来以前，埃兰人也居住在伊朗高地的部分地区。[70]现在几乎可以肯定，埃兰语属于更大的达罗毗荼语系。[71]很多讲埃兰语的人从外表上看也可能是"南印度人"，因此比其西边的人肤色更深。他们或许是黑人或"与非洲黑人有关"。[72]欣茨（Hinz）教授是埃兰研究的资深专家，他曾这样介绍公元前 500 年左右的刻画波斯王大流士的埃兰卫士的釉砖浮雕：

> 一些护卫是白皮肤的，显然是代表波斯人，尽管身穿埃兰服装。另一群人是棕色皮肤的。还有一种人肤色很暗，几乎是黑色，他们肯定是来自内陆的埃兰人。即使今天，在胡泽斯坦仍可以见到深色皮肤的人，他们并

69　Sasson（1980, p. 212, n. 3）；Speiser（1967, pp. 25-6）.

70　Hinz（1973）；Carter and Stolper（1984）.

71　McAlpin（1974, pp. 89-101; 1975, pp. 105-15）.

72　Rashidi（1985, p. 20）.

非黑人。[73]

在这些浮雕刻好的 20 年后，希罗多德描写了同一支军队，他所指的可能也是内陆高地的埃兰人：

军队中有两种埃塞俄比亚人，其中东部的埃塞俄比亚人与印度人一起服役。他们和南部的埃塞俄比亚人一样，区别只在于语言和头发：他们的头发是直的，而利比亚的埃塞俄比亚人的头发是世界上最为卷曲的。[74]

希罗多德明确区分了埃塞俄比亚人的直发和科尔基斯人的卷发，并强调了后者头发的卷曲程度。因此他在这里所指的几乎不可能是后者。

关于两种埃塞俄比亚人的记录早在希罗多德之前就已存在。《奥德赛》把埃塞俄比亚人描写为居住在"被一分为二的最遥远的地方，一些人居住在光神亥伯龙神（Hyperion）升起的地方，一些居住在亥伯龙神落下的地方"。[75]因此就有了黑人，也就是埃塞俄比人（Aithiope，这个名字的意思是"烧焦的脸"），他们分布在从利比亚（非洲）西部到美索不达米亚东部的范围内。

这两种埃塞俄比亚人是与两种古什人对应的吗？一些作者试图把名字 Khuz（胡兹）——例如在 Khuzistan（胡泽斯坦，埃兰）中——与 Kūš 联系在一起，这种可能性是存在的，但是并不令人信服。无论如何，在埃兰和名字古什之间是存在着关联的。希罗多德曾这样描写看着波斯帝国行省地图的米利都的阿里斯塔格拉斯（Aristagoras of Miletos）："在更远的东方是奇西亚（Kissia），你可以看到被标注出来的恰斯佩斯（Choaspes）河，河岸边是苏撒（Susa）。"[76]斯特拉博也提到了奇西亚。这个名字在当地只有一种可能的存在，那就是位于

73 Hinz（1973, pp. 21-a）。最近在乌拉尔图（Urartu），也就是现今的亚美尼亚，发现了公元前 8 世纪的埃兰版本的吉尔伽美什传说，这显示埃兰人享有亚洲西南地区的整体文化，包括演员与合唱的"戏剧演出"传统。参考 Diakonoff and Jankowska（1990, pp. 109-10）。

74 Herodotos, VII.71, trans. de Selincourt（1954, p. 468）。他在这里指的似乎不是讲苏西安语的古埃兰人（Susian Elamite），因为他在别的地方提到过基辛人（Kissian）。不过奇怪的是，尽管 Hinz 指出大流士军队中的埃兰人身穿埃兰服饰，但希罗多德描写的薛西斯一世（Xerxes）的军队中的基辛人身穿波斯服装，只不过他们会戴头巾（VII.62）。不过，制服和民族服饰能够发生变化，而且的确会发生突然的变化。

75 *Odyssey*, I.22-5.

76 Herodotos, V.50, trans. de Selincourt（1954, p. 358）。

胡泽斯坦／埃兰的河流的现代名称卡什干（Kashghan）。不过，欣茨将之归结为加喜特的影响。[77]

因此，让我们回来继续讨论加喜特人。他们在阿卡德语中被称为 Kaššû（加苏），在努斯（Nuzi）方言中被称为 Kuššû（库苏）。在希腊语中他们被称为 Kossaioi（加赛奥伊），美索不达米亚和《圣经》专家斯派泽（E. A. Speiser）认为，这显示出词语包含与《圣经》中的 Kûš 同样的后元音。不过，这些人自称为 Galzu、Galdu 或 Galšu，也就是阿卡德语的 Kaššû，这意味着存在着一个 a。[78]

加喜特人起源的地方位置很难确定，所能说出的只是他们来自美索不达米亚边缘的山区。[79] 不过，他们后来的定居地是在美索不达米亚以东的札格罗斯（Zagros）山脉，因此与埃兰接近，并且肯定处于埃兰的影响下。没有多少疑问的是，后来在埃兰地区存在加喜特人，尽管在他们的语言中几乎发现不了什么，但是其中是否有埃兰语的痕迹一直是学者们争论的对象。[80] 另一方面，很多埃兰人的"黑皮肤"使得加喜特人有可能也被视为黑人。问题仍然悬而未决。

《圣经》中的美索不达米亚征服者宁录（Nimrod）也应被纳入我们所考虑的语境之中。他被称为古什的一个儿子。[81] 爱德华·迈尔和库尔特·泽特认为宁录可能是埃及人，但是仍被视为这一研究领域主要权威的斯派泽直接否定了他们的说法。泽特提出，这个征服者的名字来自 Nibmuaria（尼卜穆阿里阿），这是已经得到证实的 Nb M3ʿt 的楔形文字形式，而 Nb M3ʿt 是阿蒙

77　Strabo, XV.3.2; Hinz（1973, p. 99）。

78　关于加喜特人和埃兰人的可能联系，参考 Speiser（1930, pp. 122-3）。关于 Kassite/Kossaioi 的发音，参考 Speiser（1967, p. 25）。关于 Galzu 等，参考 Balkan（1954, pp. 131-2）。Galšu 与 Kȝš 的相近关系令人尴尬，因为它们可能属于同一群体，而阿卡德语把 Galdu 的 -ld 翻译为 -šš-，这看起来类似于美索不达米亚后来的征服者迦勒底人（Chaldaean），它在希伯来语中是 Kašdîm，但是在亚述语中是 Kaldu，在阿拉姆语中是 Kalday，这令人感到不安。Steiner（1977, pp. 137-43）为原来的音加了一个边擦音 l 或南闪米特语的 s²，这似乎是合理的。在缺少这一辅音的语言中，这个音有时被表示为 š，有时则是 l。那么加喜特和迦勒底人（Chaldaeans）原本都被称为 kal/śu 吗？这里的巧合不容忽视。不过，与加喜特人不同的是，迦勒底人似乎来自南方，原本是讲闪米特语的。

79　Gadd（1973, pp. 224-5）。

80　Delitzsch（1884, pp. 39-47）。

81　Genesis X.8-9。在犹太民间文学和拉比的记载中，宁录扮演了重要的角色，或者说是反面角色。其中最突出的是，他被视为修建巴别塔（Tower of Babel）的人。金兹伯格在作品《犹太人传说》（Legends of the Jews, 1968）中，在索引里列举了 195 处关于宁录的引用。

霍特普三世的一个名字，这位法老在美索不达米亚即使没有军事力量，显然也有政治力量。[82]

我同意早期学者的观点，也就是尽管存在着东方的古什，但是我们不应轻易地否定其与非洲的联系。我也认为，赋予森乌塞特一世的头衔 Nb r-dt（宇宙之主）具有更加有趣的词源，虽然很少有神灵能够获得这一称号，但这个体现出勃勃雄心的头衔格外适合《圣经》中描述的"大地上的强者"，以及傲然自封为神的人。[83]

斯派泽认为 Nimrod 源自 Tukulti-Ninurta（图库尔蒂-尼努尔塔），这种想法别出心裁，但是未免牵强，从语音上看，Nb r-dr 当然更令人信服。[84] 即使抛开主要的语音困难，斯派泽的假设在语义上也有很大问题。首先，图库尔蒂-尼努尔塔不是加喜特人，而是把加喜特人逐出巴比伦的亚述人，第二，他的统治是在公元前 13 世纪，这显然过于接近《创世记》完成的时间。宁录很早就在《创世记》的故事中出现了，在《塔木德》的传说中他是"第一个"征服者，这显然意味着他是非常早的人物，其重要性可与图库尔蒂-尼努尔塔、阿蒙霍特普三世甚至加苏或加喜特的国王相比。[85]

不过，我在这里并不想仅仅论证宁录是希伯来版本的色梭斯特里斯。这位伟大猎人的征服被描述为从美索不达米亚南部直抵北部，这种描写实际上更符合阿卡德的萨尔贡或他的孙子纳拉姆辛而不是埃及人。因此我认为，宁录这个人物可能集早期伟大征服者的特点于一身，包括萨尔贡、纳拉姆辛和色梭斯特里斯。然而，由于阿卡德人与埃兰或加喜特人丝毫无关，因此宁录的名字和渊源似乎最有可能来自最后一种假设。

256

有关埃及在科尔基斯殖民的论述的总结

现在，让我总结一下这一极其复杂的论述。在公元前两千纪和公元前一千纪，亚洲西南部似乎生活着两种黑人。生活在科尔基斯的黑人具有非洲人的相

82　Speiser（1967, pp. 41-2）.关于其他美索不达米亚的词源，参考 Gesenius（1953, p. 650）。

83　Gardiner（1957, p. 79, 100. 1）.有趣的是，这个名字在《七十士译本》中写成 Nebrōd，而约瑟夫斯（Josephus）则将之写成 Nebrōdēs。Burton（1972, p. 167）看出，狄奥多罗斯的短语 pros tēn tōn holōn dynasteian（获得整个世界的统治权）保留了 nb-r-dr。

84　Speiser（1967, pp. 47-52）。

85　Ginzberg（1968, V, pp. 199-201）。

貌，或许还具有非洲起源，他们可能源自埃及的 Kꜣš（埃塞俄比亚）。希腊人并没有把他们称作埃塞俄比人，但是教父可能会这样称呼他们。另一种是生活在埃兰的亚洲黑人，他们被称为埃塞俄比人。这些黑人使用了名称古什的不同形式，但他们有可能是来自附近的加喜特人，其名字似乎是通过当地的独立发展形成的。

总体上看，希罗多德、阿波罗尼奥斯和狄奥多罗斯都认为，定居在科尔基斯的是来自色梭斯特里斯军队的黑人远征军。希罗多德说，他不是在埃及，而是在科尔基斯获知这一情况的，按照他的说法，埃及人对于他们的"科尔基斯殖民地"所知甚少。狄奥多罗斯的叙述可能是基于埃及的资料。阿波罗尼奥斯的信息来源不可考，他有可能参考了希罗多德、埃及祭司和时代更早的作品。另一方面，阿波罗尼奥斯的史诗展示出了关于黑海南部海岸的丰富而准确的知识，因此他很可能与希罗多德一样，曾从科尔基斯人那里了解到早期殖民地的情况。

因此，至少在公元前一千纪下半叶，科尔基斯当地人很可能相信他们的国家是由埃及法老创建的，这位法老或许就是色梭斯特里斯。这种传统观念可能是错误的，其产生原因可能是人们渴望拥有值得尊敬的文化渊源，或者更有可能是由于人们不仅希望解释科尔基斯与非洲在文化上的对应性，也希望解释一些族人为何具有黑人相貌。不过，倘若如此，人口构成本身仍然是个问题。20世纪时，伯顿在讨论阿布哈兹的黑人时概括说：

> 在旧大陆，这可能是位于非洲和印度洋海岸之外的唯一的黑人群体。显然他们不可能是色梭斯特里斯军队的后裔，因为第十二王朝的国王都不曾进入这一地区，但是他们的起源仍然成谜。[86]

257

当然，没有证据显示科尔基斯是色梭斯特里斯远征的结果。不过，要弄清现有的证据，最简单的方法就是认可科尔基斯人和希腊人的记述，接受非洲军队的确曾在公元前 20 世纪到达黑海东部的说法。

---

86 Burton（1972, p. 170）. Blakely（1986, p. 11）指出在南斯拉夫和伊朗有小规模的黑人社区。

美索不达米亚和伊朗

希罗多德并未说过色梭斯特里斯征服了美索不达米亚或伊朗。正如我们所看到的，狄奥多罗斯之所以认为存在这些征服，似乎是出于埃及人想与亚历山大竞争的需要；而希罗多德写作于公元前 5 世纪中期，几乎过了一个世纪后亚历山大才出生，因此希罗多德当然不会感受到这种竞争的需要。在狄奥多罗斯的时代，"亚洲"一词的含义已经从安纳托利亚扩展到指代整个大洲。下面会讨论到的有关门农的传说在时间上更加古老，其中的确提到了在尼尼微（Nineveh）和苏撒活跃着一支埃塞俄比亚军队，但是我认为，这些在很大程度上可以通过上面讨论的埃兰的"埃塞俄比亚人"来解释。不论是当时的记录还是后来的传说都没有提到埃及入侵者，因此美索不达米亚完全被埃及征服的可能性极小。

不过，这并不是说美索不达米亚没有受到埃及的影响。亚述在大约公元前 19 世纪初期的衰败，似乎很可能与当时阿舒尔在安纳托利亚东部和高加索南部的商业网络的断裂有关。

埃及有可能经过美索不达米亚入侵伊朗，倘若真是这样，在当地就应该留有一些埃兰或美索不达米亚的记录。因此更简单的办法，就是将第五章中提到的在托德发现的中亚天青石和伊朗印章视为来自安纳托利亚的亚述商人。

关于门农及其征服安纳托利亚的希腊传说

在描写色梭斯特里斯的征服时，希腊作家希罗多德、阿波罗尼奥斯和狄奥多罗斯都没有依赖自己国家的传说，而是借鉴了埃及和科尔基斯的资料。同样，人们普遍认为《色梭斯特里斯传奇》（*Romance of Sesonchōsis*）基本上是埃及人写的。[87]这不会令人感到惊奇，原因不仅在于希腊历史的断裂——尤其是公元前 1150—公元前 800 年"黑暗时代"的断裂，更是因为根据这些作家的说法，色梭斯特里斯的征服似乎并没有影响到希腊。希罗多德就是这样认为的，狄奥多罗斯则提到了法老曾经使基克拉泽斯臣服，但那也只是发生在希腊的外围地区。[88]

258

87　Lloyd（1982, pp. 37-40）.

88　Diodoros, I.55.6.

不过我认为，有一种希腊传说与征服相关。它以安纳托利亚西部海岸属于亚洲的爱奥尼亚为中心，这并不出人意料。埃及传说认为这一地区曾经被埃及军队征服。爱奥尼亚的传说和埃及的传说之间的本质差异在于，在爱奥尼亚的传说中从不曾提到色梭斯特里斯。取代他的是门农。在希罗多德的描述中可以看到埃及和安纳托利亚西部的传说之间的对立，他描写了安纳托利亚西部雕刻的"埃及人"或"埃塞俄比亚人"的形象："一些见过这一形象的人认为它代表门农，不过这不着边际，因为色梭斯特里斯已经在其他地方清楚地留下了真相。"[89]下面我会指出，门农是色梭斯特里斯的儿子阿蒙涅姆赫特二世。不过在这之前，我会先探讨一下有关他的希腊传说。

现在所知，最早提到门农的似乎是赫西俄德，他在《神谱》[（Theogony）诸神创生］中写道："厄俄斯（Eōs）与提托诺斯（Tithonos）生下了戴着黄铜头盔的埃塞俄比亚国王门农。"[90]在这之前更早的传说中，门农身穿华美的盔甲去帮助特洛伊。他杀死了涅斯托耳（Nestor）之子安提罗科斯（Antilochos），但是死在了阿喀琉斯（Achilles）手下。这一概述是米利都的阿克提诺斯（Arktinos of Miletos）所著的史诗《埃塞俄皮斯》（Aithiopis）的缩影。[91]阿克提诺斯应该是生活在公元前8世纪早期的，不过，赫西俄德与荷马显然都知道这个故事。因此，传说肯定能追溯至赫西俄德写作时的公元前10世纪甚至更早。20世纪的古典学者克拉克（Clark）和科尔森（Coulson）指出了门农之死与神话人物萨尔珀冬（Sarpedon）之死的惊人的对应性。萨尔珀冬是弥诺斯和拉达曼提斯的兄弟，为安纳托利亚南部王国利西亚（Lycia）的创建者，也是利西亚人和所有在特洛伊战争中前来帮助特洛伊的人的领导者，被阿喀琉斯最亲爱的同伴帕特洛克罗斯（Patroklos）所杀。克拉克和科尔森认为，"写出《伊利亚特》的诗人显然熟知《埃塞俄皮斯》中提到的有关安提罗科斯和门农的事件，但是决定不描写这些英雄……而是建构出有关萨尔珀冬的插曲来取代门农"[92]。现代古典学者格雷戈里·纳吉（Gregory Nagy）否定了萨尔珀冬的命运源自门农的命运的说法，认为造成这种对应性的原因是二者源自同一种传说。

89　Herodotos, II. 106, trans. de Selincourt, 1954, p. 168.

90　Hesiod, 1 .984, trans. Evelyn-White（1914, p. 153）.

91　Proklos, *Krestomanthia*, II，见 Kinkel（1877, pp. 32-4）。

92　Clark and Coulson（1978, p. 73）.

不过他也认为，门农的神话比萨尔珀冬的神话要更加基础。[93]

　　更难确定的是，后来的记录中有哪些细节属于原来的故事，哪些是后来添加进去的。不过，一些主题在公元前 6 世纪的图像和公元前 5 世纪的作品中广泛传播，并且拥有旁证，因此确实是十分古老的。在所有的传说中，门农都是厄俄斯和提托诺斯的儿子。曙光女神厄俄斯和海洋女神忒提斯（Thetis）争相恳求宙斯让自己的儿子活命，以及宙斯把门农和阿喀琉斯的灵魂放在天平上称量，这些传说也都十分古老。[94]佚失史诗的题名"埃塞俄皮斯"和史诗中表现的场景都显示出门农是埃塞俄比亚人，因此黑人应该是故事的主角。[95]

　　另一方面，门农来自哪个"埃塞俄比亚"似乎也一直是个问题。[96]他肯定是自东方来到特洛伊的，到 5 世纪时，希罗多德把埃兰的苏撒描写为"门农的城市"。[97]数十年后，波斯帝王阿尔塔薛西斯二世（Ataxerxes II）自称门农，或许是想巩固自己在居住于冬季都城（苏撒）和附近地区的埃兰人中间的地位。因此，至少在那时，门农似乎已被视为埃兰的民族英雄。比利时古典学者古森斯（Goosens）也借用了斯特拉博对埃斯库罗斯佚失的戏剧《门农》的引用，戏中说门农的母亲是"苏撒人"（来自苏撒）。实际上，引文中只是说她是"奇西亚人"，尽管斯特拉博显然是相信了这点，但这也可能表示她来自古什，或者只是黑人。[98]

　　古森斯认为，苏撒的传说是原初的，南方的传说要更晚一些，在这一点上他得到了斯诺登（Snowden）的追随。[99]不过另一方面，与此相悖的是，门农通常被描绘成黑人，长着紧密卷曲的"非洲式"头发，在前面引用的希罗多德的

93　Nagy（1979, p. 205, 42 n. 3）. 我相信，这两种传说甚至比克拉克、科尔森、纳吉想到的更加接近，因为我认为，阿波罗的名字和一些特性源自埃及的 Ḥprr，黎明之神，因此与门农的母亲厄俄斯非常相似，对此我会在第四卷中讨论。这似乎会支持克拉克和科尔森的说法。

94　Lung（1912, pp. 13-27）.

95　Lung（1912, pp. 10-12）承认，门农是埃塞俄比亚人，总是与黑人一起出现。不过他认为，一些早期的装饰瓶显示出这位王子是希腊人，尽管其他图画都把他表现成黑人。我认为不应该过于强调这一点，因为另一位被认为是色雷斯人的"蛮族"英雄俄耳甫斯被描绘成身边环绕着色雷斯人的希腊白人。参考 Guthrie（1966, pp. 45-6, plates. 4, 6）.

96　Lung（1912, p. 10）.

97　Herodotos, V.54; VII. 151.

98　Strabo, XV.3.2; Goosens（1939, p. 337）.

99　Goosens（1939, pp. 377-8）; Snowden（1970, pp. 151-5）.

记述中，他和色梭斯特里斯混淆在了一起。[100] 最后，对于希腊人来说，本质上的埃塞俄比亚似乎总是属于非洲的，这在我看来也是最重要的一点。例如，从锡拉岛的壁画来看，非洲黑人或许至少在公元前 17 世纪时就出现在爱琴海地区了。[101] 不过，不论哪一方面的证据都还不足，关于门农所属的埃塞俄比亚的两种不同位置的传说似乎是同样古老的。

另外，从很早开始，人们就试图调和这两种传说。尼多斯的克特西亚斯（Ktēsias of Knidos）是公元前 400 年前后阿尔塔薛西斯·门农的王室御医，据说这位希腊人曾写道：

> 图特摩斯统治亚洲时……希腊人和阿伽门农远征特洛伊……普里阿摩斯，他是特罗阿德的国王和亚述国王的附属者……派出使团求助；图特摩斯派遣了一万名埃塞俄比亚人和相似数目的苏撒人，以及两百辆战车，任命提托诺斯的儿子门农为将军。[102]

门农的父母

后来的作家对两种传说都有所依循，但是越来越多地强调非洲的埃塞俄比亚和埃及的重要性。[103] 不过，在继续探讨这一点以及门农的名字之前，似乎应该从这位英雄的父母出发，审视一下传说的一些神话特征。门农的母亲厄俄斯是黎明女神，因而也代表着东方。门农的父亲提托诺斯是更复杂的人物。根据荷马的记述，他是特洛伊国王普里阿摩斯的兄弟。前面提到，克特西亚斯似乎还把他与亚述王联系在了一起。[104] 荷马也把提托诺斯与东方联系在一起。这位诗人两次提道："现在黎明女神从尊贵的提托诺斯身旁起身。"[105]

不过，如果考虑门农这个名字可能存在的亚非词源，那么情况就会变得更加复杂。这些会在第四卷中详细讨论，如果简单来说的话，它的词源似乎有两种。首先是加上族类后缀 -n 的闪米特词语 ṭiṭ（泥），意为"泥人"或"埋

100　Lung（1912, pp. 10-13）; Snowden（1970, pp. 45-9, plates. 15, 16, 18, 19）.

101　参考第九章注释 139。

102　引自 Diodoros, II. 22. 1-3。

103　更详细的参考书目见 Snowden（1970, pp. 151-3）。

104　*Iliad* XX.239; Diodoros, II. XXII.3.

105　*Iliad* XI. 1; *Odyssey*, V, 1.

在西方的死者"，希腊的杀婴巨人提提亚斯（Titias）、提堤俄斯（Tityos）和提坦（Titan）都是由此派生出来的。第二种来源是 Tdn/Dtn/Ddn，意为一个基点，以及居住在美索不达米亚西部和叙利亚—巴勒斯坦南部的野蛮民族。这与第一种来源的双关传统由来已久。这些闪米特-苏美尔名字似乎与在南方的努比亚和埃及以西的利比亚发现的神灵 Ddwn 有关。[106]Ddwn 膜拜与 imn/ 阿蒙膜拜存在密切关联，阿蒙又与努比亚、埃塞俄比亚和埃及南部有密切联系，这些在体现出宙斯与埃塞俄比亚人的特殊关系的希腊传说中都可以看出。[107]

　　Tdn/ 提托诺斯可能来自除北方之外的任意方向或所有方向，由此引起的歧义会在某种程度上被这样一种观点消解，那就是他居住在环绕着这个世界的"海洋"或溪流的岸边，我们已经看到，希腊宇宙观认为这个世界是埃塞俄比亚人的家乡。回到其与 imn/ 阿蒙 / 宙斯的关联上，重要的是注意到，埃及语中的 imn 也意味着"西方"，其闪米特语同源词是 √ymn，意为"右手"或"南方"。[108]提托诺斯被视为东方人，具体而言是亚述人，这种身份可能源自生活在美索不达米亚西部沙漠的提努（Tidnu）族人。不过更有可能的是，和埃塞俄比亚人的形象一样，提托诺斯只是来自世界边缘的人。因此，提托诺斯和他的儿子都是来自遥远的东方和南方的人。我们现在应该关注后者清晰的神话特征。

门农和奥西里斯

　　19 世纪比较宗教学的开拓者罗伯逊·史密斯（Robertson Smith）认为，这位传奇英雄的一方面特征是门农和迦南的 Năˤămån（心爱的人）混合的结果，这个修饰词通常用于在希腊被称为阿多尼斯的早亡的年轻神灵，其名字来自迦南语 ˤådônî（我的主人）。希腊的一种花的名称 anemōnē（阿尼墨涅）或许就

261

　　106　Dōdōna 这个名字和有关的膜拜源自 Ddwn，关于这点以及在利比亚沙漠中的 Siwa 神示所对他的膜拜，还有我们所谈的这种混乱情况，参考第三卷。

　　107　*Iliad*, I.423. 用于埃塞俄比亚人的形容词 amymonas（无可指责的），似乎就是 Amun 的双关，而且通常被与之等同起来，正如我们在第一卷第 114 页看到的那样，对此在第三卷还会更详细地讨论。这当然会加强一种可能性，那就是荷马想到的主要属于非洲的埃塞俄比亚。amymonas 中的词根 mym-（责备）似乎来自西闪米特语 mûm（污点，毁损）。使词源更加复杂的是，中世纪英语中的"maim"具有完全相同的意义。不过，"maim"没有已知的词源，问题仍然悬而未决。

　　108　参考 Rendsburg（1981, p. 198）。他断言，西闪米特人认为自己来自东方的太阳之源，而埃及人的目光则转向南方的尼罗河源头。因此 √ymn，右手，分别是南方和西方。

源自 Nãʿǎmǎn。[109] 不论是否存在这种谐音双关，这样的情况都非常符合门农、濒临死亡的神灵奥西里斯和狄俄尼索斯，还有其对应者阿多尼斯的征服。[110] 这里应该注意的是，安纳托利亚西北部地区有自己的早亡的丰饶之神阿提斯，对他的膜拜与对奥西里斯和阿多尼斯的膜拜极其相似。[111]

门农的墓葬据说是在特罗阿德［安纳托利亚西北特洛伊附近的地区和叙利亚的帕尔托斯（Paltos）］，它们与被称为门农伊迪丝（Memnōides）的黑鸟联系在一起。据说，这些黑鸟是英雄的少女伴侣，她们的哀恸打动了神灵，因此神灵把她们变成了鸟。[112] 在自然史的层面上看，黑鸟聚集在特洛阿德的门农墓葬周围，这指的是来自中非的年度迁徙，希腊人从荷马时代开始就已对此有所了解。[113] 在神话层面，这与伊希斯和奈芙蒂斯的故事非常近似，她们为奥西里斯的死哀恸，最后变成了鸟。[114]

就连门农的黑色皮肤都可以从这些膜拜中得到解释，因为奥西里斯被表现为黑人。[115] 同样有趣的是，虽然奥西里斯在埃及最重要的墓葬和膜拜中心位于阿拜多斯，但是特罗阿德既有门农的墓葬，也有一座被称为阿拜多斯的城市，尽管它们相距 50 多英里。记载中叙利亚帕尔托斯的墓葬让我们重新想到迦南语 Nãʿǎmǎn 或阿多尼斯及其在希腊传说中的俊美形象。这与荷马把门农描写

109　Robertson-Smith（1894, p. 507）. 关于这些神灵与春天花朵的联系，参考第三卷关于 Hyakinthos 的内容。

110　关于这点的概况参考第一卷，第 115—116 页。更多的细节见第三卷。

111　有关细节参考 Frazer（1914）。

112　Strabo, XII.I.2; XV.II.2; Aelian, Nat. *Anim.*, V.I; Servius on *Aeneid*, I.751. 整体情况的介绍参考 Frazer（1898, V, p. 387）。

113　荷马描述道，"疾飞的鹤鹳，试图逃避冬日的狂风和不止的骤雨，它们发出冲天的喧喊，尖叫着展翅飞向洋流，给俾格米人送去流血和毁灭"（*Iliad*, III. 3-7）。表示"矮子"的希腊词语 nanos 没有印欧语同源词，或许来自埃及语 nm(w)（矮子）。无疑，埃及人对中非有很多了解。那里不仅有代尔拜赫里浮雕，实际上，第十二王朝的眼睛绘画被表现为来自乌干达的 Busumbi。参考 Dayton（1982a, p. 164）。Pygmē（pygmy, 俾格米人或拳击者）源自 pyx（拳头），pxy 本身的词源完全不为人知。锡拉的壁画上或许描绘了非洲拳击者，此外，非洲人和这一运动后来的关联，加上埃塞俄比亚的古代俾格米人的明确的遗址，都使这个希腊词语有可能来自埃及语或更南方的语言。它可能与名字 🐦🔤🔤🔤🔤 有关，通常读作 gnb(tw)［一个黑人民族，来自 Pwnt（非洲海边）长有紧密卷曲的头发］。这或许是假定 *bgn(tw) 的换位，或许是定冠词 p3 gnb(tw)。无论如何，鹤杀死了俾格米人的传说可能与 (p3)gm🔤 的双关有关，实际上它们并不是鹤鹳，而是黑鹦。gmi🔤（发现，控制，毁灭）和 gmgm🔤🔤🔤（粉碎，撕碎，等等）似乎增加了传说中的双关。

114　Griffiths（1980a, pp. 49-50）。

115　Plutarch, *De Iside*, 359E. Griffiths（1982a, col. 628）强调，一些肖像上的黑色呈现出了青绿色调。

为特洛伊"最英俊"的人相对应。[116] 而且，门农与大多数希腊英雄一样，在死后获得了不朽，因此也与奥西里斯相似。

不过，并非所有与门农有关的神话都可以通过与奥西里斯的联系来解释。与奥西里斯的尸体复活的神话相反，传说门农的尸体在被焚烧之后，从烟雾中飞出了被称为门农伊迪丝的黑鸟。这可能与凤凰从灰烬中复生的故事对应，因此也就把门农与赫利奥波利斯的太阳膜拜联系在一起，对于太阳膜拜我们会在第四卷中加以讨论。同样重要的是，这里的烟和鸟都是黑色的。[117]

这当然适合于埃塞俄比亚人，尽管黑色也是埃及民族的肤色。Kmt（黑色的土地）的意思是"埃及"，带有表示"人"的义符的 kmt 的意思则是埃及人。最后，奥西里斯不是唯一以其肤色为标志的埃及神灵，因为阿蒙的肤色也是黑色的。这些联系会在下面继续讨论。

天平上的英雄

在门农的传奇故事中，另一项明确的神话因素是有关赛科斯塔西亚（psychostasia）或克罗塔西亚（kērostasia）的传说，也就是称量灵魂。这明确地体现在赫克托耳（Hector）和阿喀琉斯的最后决战之中，宙斯通过称量两位英雄的灵魂的方式，来决定谁会在这场生死之战中获胜。

> 这时父亲（宙斯）高高举起黄金天平，在两边放进代表生死命运的砝码 [kēre]，一个属于阿喀琉斯，一个属于赫克托耳；他从中间托起天平开始称量。赫克托耳这边的命定之日 [aisimon ēmar] 开始下沉，朝冥王哈得斯倾斜。[118]

---

116 *Odyssey*, XI.522.

117 Ovid, *Metamorphoses*. XIII; Aelian, *Nat. Anima*, V.1.

118 *Iliad*. XXII. 208-13. Murray trans., 1925, II, pp. 469-71. aisimos 的词根 aisa 在迈锡尼语中常见，意思是"被给予的部分"，引申为"命运"，据信具有印欧语同源词 Oscan aetis（部分）。希腊语词根似乎同样或更有可能来自埃及语 isw、科普特语 asou 和 esou（回报，补偿）。对于 isos 或 eisē（均分，数字或正确）源自 isw，希腊方言的形式 wiswos 或 hisos 似乎意味着其存在不确定性，但是并不能提供实质的反对理由。已知的英语前缀 iso- 来自这个词源。令人失望的是，尚特莱纳提出的 isos 的印欧语同源词并不确定，而且过长。

262

　　这个主题在希腊人和特洛伊人的其他作品中都有所体现。荷马以其他方式提到的称量灵魂更有趣也更重要。德国学者迪特里希（Dietrich）的说法听起来是可信的，他认为，这个主题的简称表明这一概念长期存在，荷马和他的读者对此都是耳熟能详。[119] 德国古典学者伦格（G. E. Lung）谈及这点时则略带怀疑地提到，在迈锡尼的一座墓葬中发现了用金箔制成的天平。[120]

　　显然，在门农和阿喀琉斯之间存在过**天平上的称量**。在萨尔珀冬之死的故事中也提到了"天平"（talanta），克拉克和科尔森已经向我们展示了萨尔珀冬之死与门农之死的密切的对应关系。[121] 而且，埃斯库罗斯在佚失的剧作《门农》中描写了这一场景。[122] 如果对门农和阿喀琉斯的**称量**仍有怀疑，图像研究也可以将之消除。有关阿喀琉斯之母忒提斯女神和门农之母厄俄斯为了自己的儿子哀求宙斯的情形，存在着很多描述，伦格找到了七幅瓶子上的彩绘，它们描绘了门农和阿喀琉斯在**天平上的称量**，克拉尔和科尔森又添加了三幅可供证明的图画。[123]

263 　　称量死者的灵魂，以此确定谁该得到祝福、谁该得到诅咒，这是埃及神话、文学和艺术中最普遍的意象。它与称量门农和阿喀琉斯的命运具有惊人的对应关系，直到 20 世纪早期还有相关的描述。神话学家奥托·格鲁普（Otto Gruppe）认为这两者之间有对应关系，并指出希腊神话中的赫尔墨斯在称量过程中具有关键性的作用，就如同赫尔墨斯的埃及对应者图特（Thoth）在埃及的场景中总是被表现为正在记录天平数值一样。[124] 伦格对这种具有潜在危险性的观点进行了评估。"在此，形式［格鲁普的理论］是无法维持的，因为在希腊的灵魂称量中并没有发现埃及的影响，我们只能说赫尔墨斯在某种程度上与图特相似。"[125] 这种混乱充分表现出，在一种范式——这里是雅利安模式——

　　119　同时参考 *Iliad*, VIII. 60-70, 以及 Dietrich（1964, p. 108），引用于 Clark and Coulson（1978, p. 67）。

　　120　Lung（1912, pp. 20-1），tomb. 3（Schliemann, 1878, pp. 196-8）.

　　121　*Iliad*, XVI. 658；Clark and Coulson（1978）. 词语 talant- 具有明确的印欧语词源 Mḫ3t，这个表示天平和上面的横杆的标准的埃及词语，出现在希腊的 mochlos（杠杆或横杆）中，而 mochlos 出现在荷马的作品中。

　　122　Plutarch, *De audiendis poetis*, 2, schol. on *Iliad*, VIII.70.

　　123　Lung（1912, pp. 13-19）；Clark and Coulson（1978, pp. 70-1）.

　　124　Gruppe（1906, II, p. 681, n. 7）.

　　125　Lung（1912, p. 20）.

缺少解释力时会发生什么。当然，在两种情形之间存在重要差异：在埃及，这种称量并非两个灵魂的竞争，而是把一个灵魂与羽毛ʃ◠ǀšwt的重量进行比较。另一方面，如果注意到赫尔墨斯不只是图特的对应者，也是阿努比斯的对应者，而在《白日前往之书》中阿努比斯总是被表现为在查看天平，那么格鲁普的说法就可以得到强化。实际上，我相信可以提出这样的看法：他们日后在埃及宗教和希腊宗教中的融合，就来自他们在这一重要场景中的近似的角色。[126] 在关于称量门农的故事中，赫尔墨斯有时被表现为扮演了阿努比斯的主要角色，也就是在生与死之间来往穿行，引导灵魂走向永生不朽。[127]

埃及人和希腊人的灵魂

亚历山大时代对早期文本进行注释或评论的人宣称，在荷马笔下的克罗塔西亚与埃斯库罗斯笔下的赛科斯塔西亚之间存在对立。19 世纪的德国学者认为这是不必要的希腊化的赘述，并简洁地论述说"Ker 其实只是 psyche 的更古老的形式，表示的是同一事物"。[128] 从希腊的角度来看，这二者的确很难区分，但是亚历山大时代的注释者是在埃及进行写作的，我相信他们或许了解埃及形而上学中的差别。要深入进行了解，就必须审视这两个希腊词语的埃及词源。

希腊语的 kēr 有时在多利安语和伊奥利亚（Aeolic）方言中写成 kār，是一个具有丰富而复杂的宗教内涵的术语。它无疑具有"命运、厄运或暴亡"的含义。不过，正如我们前面所看到的，荷马也用它指代了其他事物，即个人的命运或"灵魂"。根据《伊利亚特》中的一段文字，它是在一个人出生时被指派给他的，当人死去时就会与之相见。[129] 同样的场景也保留在古代雅典人庆祝安塞斯特里昂节（Anthesteria）的仪式中，在这个节日里死者的灵魂会重访生者，"离开吧，kēr，安塞斯特里昂节结束了"。[130] 因此，kēr 的核心的原始意义似乎

264

126　关于这一融合参考第一卷，第 141 页。

127　Clark and Coulson（1978, p. 71）。

128　Lung（1912, p. 14）。

129　*Iliad*, XXIII.78。Malten（1924, col.885）强调了 kēr 的这种含义。Parvulescu（1968）清楚地展现出，*kēr* 不应仅仅意味着"厄运"或"死亡"，但是他在论述这个词也具有"受苦"的含义时并不那么肯定。

130　关于安塞斯特里昂节，参考 Parke（1977, pp. 116-17）。关于 Anthesteria 的词干 anth-，参考第四章注释 123。

是单独的灵魂。这个词没有印欧语词源。

埃及神学的核心概念 k3 通常写成 ka，它具有丰富的语义场。正如象形文字符号凵代表张开的或拥抱的手臂一样，k3 原本的含义似乎是存在者之间的一种关系：神与神、神与人、人与人之间的关系。从父与子的意义上看，它具有表示人和风俗习惯的连续性和永恒不灭的内涵意义，尤其是在王室语境之下。似乎 k3 后来作为鬼魂的含义就是由此而来。即使在古王国时期，k3 就已经形成了指代灵魂伴侣或人在濒死时看见的分身（doppelgänger）的含义，由此就出现了 k3 得到广泛使用的指称含义"命运"。[131]

在 k3 和 kēr 之间存在语义上的完美契合，它们在语音上也存在着对应，不过不像语义上那样一致。埃及名字的一种阿卡德语译名给出了 ku 的发音，后来希腊语和科普特语把 k3 写作 ke、ki 或 choi。[132] 这可能暗示着在更早时候存在 *kʷer，它会为 kēr 提供合理的基础，不过这只是在希腊语的圆唇软腭音分解之后，这样 kār 可以通过逆生构词来解释。然而，3 发成流音似乎意味着有更早的借词。尽管存在这一问题和发音上的不确定性，语音上的相似性还是足以证实语义上的对等。

Psyche 的埃及词源不具有同样的准确性。这是一个语言的悖论，因为同样的词语会同时被用来描写"太阳"和"阴凉"。印欧语词根 skāi、skəi 和 ski 都具有这两个意思，似乎希腊语单词 skia（阴影）和同义词 skotos 就源自这些词根。[133] 后者可能来自印欧语词根，该词根带有出现在英语"shade"（阴凉）中的齿音。不过，它同样可能来自具有相同含义的埃及语单词 šw(y)t。埃及语词根 šw 与其印欧语对应者具有同样的模糊性：šw, 𓇜𓏤, 意为"太阳和太阳光"以及"被晒干"；šw, 𓈙𓏤𓏸（阳伞，庇护所）；šw(t), 𓈙𓅱𓏤（空的）。尤其与我们有关的是 šwyt, 𓈙𓏭𓏤𓏸, 或 šwt, 𓈙𓏤𓏸（阴影，阴凉），和 šw(y)t, 𓋹𓏤（作为人性的一部分的灵魂，神灵）。

埃及语单词 šw 加上阳性冠词 p3，可能就是希腊词语 psychē 的来源。在 psychē 和 p3 šw(t) 之间存在完美的语义对应。而且，语音上的问题实际上并没

131　这一非常密集的语义场由于 k3（公牛的力量）一词而变得更加复杂，有关的全面论述参考 Kaplony（1980, cols 275-82）。他在注释里提供了基本的参考文献。关于 k3 在埃及和后来的欧洲政治思想中的政治作用的讨论，参考 Springborg（1990, pp. 89-117）。

132　Erman and Grapow（1925-31, V, p. 86）.

133　Pokorny（1959-60, I, pp. 917, 957）. 他把它们写作 skāi、skəi 和 ski。

有像表现出来的那样难以解释。在公元前两千纪晚期，人们越来越倾向于用阳性定冠词 p3 替换阴性定冠词 t3。比如说，中期埃及语的"中性"抽象词如 ḏwt（邪恶）等在晚期埃及语中变成了"阳性"词。[134] 如果 p3 šw(t) 中的 š 保留了龈腭音的特性，所形成的语音在希腊语的表述中就是几乎不能发音的 *pschy。于是，似乎可以合理地为 psych 假定一个音位转换。能够进一步证明这个词源的是一组单词 psychros、psychos 和 psychō，它们与 šw 的语义范围相同，意思都是"阴凉的，冷的，没有生命的，空的"。后来，psychō 在使用中甚至具有了"通风"和"干燥"的意思，因此指向了这个埃及词语的另一个矛盾的含义。[135]

如果这些词源无误，那么 kēr 和 psychē 就代表了 k3 和 šw(t)，即人格的两种不同灵魂或特征。加德纳等埃及学家认为，埃及人把灵魂分成了两种，这是错误的。原因在于，首先，他们"构想这种概念的方式比我们更实在也更具个人色彩"，其次，以 ka 为例，它"仍然是模糊的、界定错误的概念，在不同语境下被以不同方式看待"。[136] 因此，这些非欧洲人可能一如既往地在两个方向上都犯了错误。不过实际上，一个人认为是模糊混乱的内容，对另一个人而言可能会是精妙的形而上学或神学。因此我认为，埃及祭司肯定是认真地区分开了这两种形式。而另一方面，这种区分对于普通人和希腊人等没有相关背景知识的外国人来说，很可能是无法理解的。

借词的语音似乎证实了伦格所辨识出的模式，原因不仅在于 kēr 是更古老的形式。如上所述，3 的流音性质在新王国早期就消失了。因此，尽管可能仍然有古语意识的存在，但是来自埃及语的借词可能出现在公元前 1500 年以前。由于在竖井墓中发现了用于丧葬的天平，因此，希腊人很可能在公元前两千纪中期就知道称量灵魂一事，而克罗塔西亚一词可能那时就已经存在。我在第一

134　Gardiner（1957, p. 417, 511.4）。

135　Chantraine（1968-75, pp. 1295-6）承认，这一组单词没有已知的印欧语词源，但是思路灵活资源丰富的 Pokorny（1959-60, I, p. 146）就此创造了一个词根，*bhes（呼吸，吹）。当然，这些词源中的一些或全部都可能只是来自 šw，不带冠词，因为字母 Ψ 看起来显然是用来表示几个模糊的咝音，开头的 p- 的添加是对于发音为埃及语的单词矫枉过正。参考 Bernal（1990, pp. 118-19）。科普特语中有一个单词是 šoou（香，香味）。Černy（1976. p. 257）将它的来源归结为 h̠3w（花朵）。不过，考虑到 šooue（干的）和 šouo（空的）都来自 šw，šoou 肯定至少是曾经受其影响的。无过，这为希腊词语 thumos（心灵或灵魂）提供了很好的类比，thumos 来自出现在英语单词 fume（烟）中的表示"烟"的印欧语词根。关于埃及语的 sntr（焚香）以及我所认为的它的希腊衍生词 xanthos，参考下文。

136　Gardiner（1957, p. 173）。

卷中提出，埃斯库罗斯既拥有丰富的、时间相对较晚近的埃及资料来源，也能掌握到古老的埃及资料。这就可以解释他为什么用赛科斯塔西亚替换了荷马所使用的词语。[137] 使用以 psycho 为基础的词语应该是合理的，因为在埃及的称量行为中，与死者的灵魂进行比较的是羽毛 šw，**β**。

门农与安纳托利亚西北部地区的联系

上述门农传说与埃及的神话和词语的复杂的对应模式尽管具有启发性，却不能告诉我们任何传说的具体细节。如果希腊文化在整体上都受到了埃及的影响，如同我在整部作品中所声明的一样，那么情况就尤其如此。能够让我们最有效地获取历史洞察力的传说并不是民间故事或神话主题，而是地理特性和专有名词。如果存在可供校验的历史参照，这道理就更是显而易见，例如威尔士的《马比诺吉昂》（*Mabinogion*）和德国的《尼伯龙根之歌》（*Nibelungenlied*），里面英雄的名字就与已知的历史人物一致。

我们已经详细讨论了门农的"埃塞俄比亚"起源。这里我想强调的是他与安纳托利亚西北，尤其是与特罗阿德之间的关系。我们也提到了门农和特洛伊的关系，他的"墓葬"就在特洛伊以东大约 70 英里的地方。帕萨尼亚斯写过一段关于用青铜制造的古代武器的耐人寻味的话，其中写道，"在尼科米底亚（Nikomedea）的阿斯克勒庇俄斯（Asklepios）神庙［门农"墓葬"以东 80 英里］存放有门农之剑，剑刃、矛头和整把剑都是用青铜制造的"。[138] 这意味着武器非常古老。但是，正如人们都知道的那样，遗迹不可完全信赖，这些武器实际上不太可能是门农时代武器的历史原型。而且，如果门农与色梭斯特里斯的远征相对应，正如我试图论证的那样，那么在公元前 20 世纪即使有刀剑，也是少之又少。

帕萨尼亚斯还在另一处记录说，"弗里吉亚人仍然指向他所选的那条路，他［从苏撒］挑选了穿过这个国家的近路。道路时有中断"。[139] 这符合希罗多德关于吕底亚以及从安纳托利亚西北部直到特罗阿德南部的当地人的记录，他们

137　第一卷，第 93 页。

138　Pausanias, III. 3.8; Levi（1971, II, p. 17）。

139　Pausanias, X.31.3; Levi（1971, I, p. 487）。

相信，希罗多德认为属于色梭斯特里斯的那些雕像实际上是属于门农的。[140] 总之，门农与安纳托利亚西北部地区具有重要的联系。

门农的埃及身份

修筑在底比斯的河对岸的 imn ḥtp III 巨像也被希腊人称为门农像。现代学者称 imn ḥtp III 为阿蒙霍特普三世，曼涅托则称之为阿蒙诺菲斯。[141] 这一石像在罗马时代以黎明时会发出奇怪的声音而著称——这符合曙光女神厄俄斯之子的身份。[142] 人们并不知道这种声音最初是在何时被听到的，但是它有可能影响了人们对门农母亲的确定，并加强了门农和东方的联系。我在前面提到过，即使门农的身份是埃及人，这位英雄也是与提托诺斯有关联的。巨像上的众多希腊涂鸦之一称巨像为"提托诺斯或阿蒙诺斯的儿子门农"。这一描述所呈现出的不确定性在另一处铭文中表现得更为直接，该铭文称巨像为"门农或法莫诺斯"。[143] 这种互用似乎标示着混乱的源头。不过，很多希腊旅行者似乎更清楚这一巨像代表什么。Amenoth（阿蒙诺斯）、Phamenoth（法莫诺斯）和 Phamenoph（法莫诺普）似乎都是 (p3) imn ḥtp，也就是 Amenōphis（阿蒙诺菲斯）的合理译名。诸如 Phamenos 等形式似乎是大幅简化的结果，或者只是 p3 imn，"阿蒙"。帕萨尼亚斯这样总结了相关的观点：

267

> 在埃及的底比斯，在你可以渡过尼罗河前往"芦苇海"（Reeds）的地方，我看到了一座鸣响的雕塑，雕刻的是一位坐着的人。大多数人称其为门农，他进入埃及，一直到达了埃塞俄比亚之外的苏撒。不过，底比斯人说这不是门农像，而是生活在他们那里的法莫诺斯的雕像。我也曾听到有人称之为色梭斯特里斯。[144]

埃塞俄比亚国王进入埃及并前进到苏撒，这一意象似乎是基于征服了埃及

140　参考前面的注释89。

141　Goosens（1939），Gardiner（1961b）。

142　关于这点的参考文献见 Frazer（1898, II, pp. 530-1）。

143　*Corpus Inscriptionum Graecarum*, nos.4731，4727.

144　Pausanias, I.42.1; Levi（1971, I, pp. 116-17）。

的埃塞俄比亚人沙巴卡（Shabaka，公元前 716 年—公元前 695 年）和塔哈尔
卡（Taharḳa，公元前 689 年—公元前 664 年）。这些记述当然来自赫西俄德、
荷马和阿克提诺斯，因此不可能是他们的门农形成的灵感来源。

这座雕像名为门农像，我们该如何对此进行解释呢？关于这一问题的主要
研究认为，希腊英雄的名字与当地的名字发生了混淆。依循雅利安模式从事研
究的人也不会考虑到，这一名字本身可能来自埃及。

古森斯认为，与门农相混淆的是埃兰神灵，这一神灵的名字是胡姆班
（Humban）或乌曼（Umman），也有可能是安曼（Amman）。[145] 加德纳认为雕像
的名字源自 Memnonion（门农的纪念建筑），公元前 1 世纪的希腊地理学家斯
特拉博用这个词来表示前面立有两座巨像的祭庙，其中之一就是"门农"像。
根据加德纳的说法，产生这种混淆的原因是，阿蒙诺菲斯三世名字的第一部
分，也就是 Nb m₃ʿt Rʿ——前面提到过这个名字与宁录有关——在青铜时代晚
期写作 Nibmuaria 或 Nimmuria。底比斯的门农纪念建筑的名字 Memnonion 受
到了阿拜多斯的庙宇群的影响，希腊人用同样的名字称呼那些庙宇。修建该建
筑的并非是阿蒙诺菲斯，而是第十九王朝的法老塞提（Sethos）一世，在埃及
语中，塞提名字的第一部分 Mn m₃ʿt Rʿ 出现在惯用语 t₃ ḥwt Mn m₃rt Rr ib ḥr m
₃bdw（Mn m₃ʿt Rʿ 的处所，阿拜多斯的满足的心）之中。[146] 从语音上看，名字
Memnōn 或 Memnonion 与 Nimmuria 明显不像是会被混淆的，尽管该名字与
Mnm₃ʿt Rʿ 似乎有混淆的可能。

在我看来，斯特拉博提供了一条线索，但是这条线索并不是在解释与
这位希腊英雄错误地混淆的埃及名字 Amenhotep，而是解释了 Memnōn 这
个名字本身。斯特拉博写道，由阿蒙涅姆赫特三世修建的位于法尤姆 El
Lâhûn 的迷宫——这在第四章中已有所讨论——可能是一座门农的纪念建筑
（Memnonium），因为埃及人说埃斯曼德斯（Ismandēs）是门农。斯特拉博在
更早的时候写道，埃斯曼德斯就埋葬在这座迷宫里。[147] 因此，尽管一些埃及
人似乎不赞同将门农的名字用在阿蒙诺菲斯的雕像上，但是其他人却将之等

268

---

145 Goosens（1939, p. 339）.

146 Gardiner（1961b, pp. 95-6）.

147 Strabo, XVII. 1.37, 42. Gardiner（1961b, p. 96）认为，在希腊词语 labyrinth（迷宫）与埃及名称之
间存在混淆。词语 labyrinth 来自用以表示阿蒙涅姆赫特三世的另一个头衔 Ny-m₃ʿ t-Rʿ，有关的论述参考本
书第四章，注释 117—119。

同于阿蒙涅姆赫特。imn m ḥt/Amenemḥe/Ammenemēs 比 imn ḥtp/Amenḥotep/
Amenōphis 更有可能是 Memnōn 的来源。实际上，imn m ḥt 和 Memnōn 之间语
音上的配合关系比 Sesōstris 和 Sesoōsis 的要更合理。不过，如果曼涅托难以区
分出不同的 imn m ḥt（参考第五章），那么对于在某个特定时间所提到的究竟
是哪一个 imn m ḥt/Ammenemēs，试图遵循埃及资料来源的希腊人当然同样不
清楚，甚至比曼涅托还不清楚。[148] 但是，希腊传说中的门农的身份最有可能是
色梭斯特里斯的儿子、继承人、共同摄政者和共同出征的同伴——imn m ḥt/ 阿
蒙涅姆赫特二世。

　　尽管容易被指责为循环论述，但是这似乎足以提供一个基础并由此推定一
系列事件，而有关门农的神话就围绕着这些事件形成并得到发展。

　　在公元前 1900 年左右，如果有一支大部分成员为黑人的埃及军队，在一
名黑人王子——前面已经提到了第十二王朝的法老来自遥远的南方——的率领
下从东向西穿过安纳托利亚，这会在人们的记忆中留下什么呢？人们会记住他
的强大力量和华丽装束。他被视为厄俄斯之子，这可能是因为他来自东方。他
的肤色是黑色，这可以解释他与苏撒人（埃兰的"埃塞俄比亚人"）的联系，
或许也可以解释人们为什么认为他的父亲是提托诺斯，因为提托诺斯同样来自
东方和南方。他与奥西里斯对应可能是因为他们都是黑人和埃及人，以及（前
面提到的）阿提斯膜拜在安纳托利亚西北部地区所具有的强大力量，也可能如
上所述，因为奥西里斯 / 狄俄尼索斯征服世界的神话或许是由第十二王朝法老
的战役激发产生，或者至少是受到了战役的影响。[149] 门农与阿喀琉斯的战斗似
乎是不同时期的英雄的配对。这在许多神话中都是常见现象，尤其是在希腊，
比如说，伊阿宋的阿尔戈号的船员并不属于同一年代，围攻特洛伊的英雄也是
年代不一，就如同前面提到的萨尔珀冬的情况。[150]

　　前面提到了世界征服者色梭斯特里斯 / 森乌塞特之间的密切联系和他们的
传奇故事，《色梭斯特里斯传奇》对于最早的《亚历山大传奇》的形成具有重
要的影响。[151] 在亚历山大去世两千多年后的公元前 323 年，整个欧亚大陆都流

269

148　曼涅托在这方面的不同版本参考 Waddell（1940, pp. 62-73）。

149　关于这一神话的埃及起源，参考第一卷，第 115 页。

150　参考本章注释 92。

151　参考本书第五章注释 51 和本章注释 12—16。

传着亚历山大的传奇故事。这提供了很好的有关对应的范例，我们可以由此假定，奇妙的故事之所以能够在流行层面上以复杂多样的形式广为传播，是基于征服四方的统治者的真实成就。[152] 实际上，在公元前的最后两千年里的文化连续性，要比公元后的一千年里更加普遍和稳定，因此色梭斯特里斯和门农的故事似乎很可能会从公元前 20 世纪青铜时代中期开始时一直延续到公元前 10 世纪，并进入此时的希腊传说当中。

总之，我想说明的是，我相信，如果仅仅根据关于传奇人物门农的零散传说就认为埃及人曾经远征安纳托利亚西北部地区，这是荒谬的。但是，由于存在其他资料可以证明第十二王朝在安纳托利亚进行过军事行动，这些传说似乎就沿着这个方向提供了进一步的证据。简单地说，门农的传说提供了一根支柱，尽管它无法独立存在，但是可以为整体结构提供支撑的力量。

公元前 1900 年左右埃及人对特洛伊的征服

希腊传说清晰地显示，尽管门农具有强大的力量，最终还是在特洛伊被希腊英雄阿喀琉斯所杀。不过，我们应该考虑到埃及人占据特洛伊城市的可能性。特洛伊 V 的结束和特洛伊 VI 的开始无疑就是在这一时期（这些数字指的是在特洛伊这一地点出现过的不同城市）。特洛伊 V 并未被火焚毁，但是梅拉特认为，那里发生的文化上的根本性转变应该被视为公元前 1900 年左右一系列毁灭的一部分，其中包括一些离特洛伊非常近的地方，如前所述，他认为造成这些变化的是来自东方的入侵者。[153]

从米特·拉辛纳碑文中，我们看到色梭斯特里斯和阿蒙涅姆赫特摧毁了——b₃，一个不一定涉及焚烧的单词———座叫 iw₃i 的城市。这可能是名称 W₃iwry 的更早的形式，一些学者认为 W₃iwry 与 (W)ilios（特洛伊）相同。[154]

还可以加入三个细微的证据。首先是来自埃及的特洛伊囚徒的记录。不过，就如泽特和加德纳指出的，这些可能是与埃及地名 T₃ R-₃wy 双关的结果，该地名当时与特洛伊等同，位于开罗上游 10 公里的地方，今天那里被称为图拉

152　Lane Fox（1980, pp. 38-46，第一章参考文献）。

153　参考本书第五章注释 121—125。

154　参考本书第五章注释 163—166。

（Ṭurah）。无论如何我们都无法排除这种可能性：在埃及，存在着来自安纳托利亚西北部地区的奴隶。[155]

其次，荷马和后来的作家都记录说，赫拉克勒斯在那次著名的围城之前占领了特洛伊。如同罗伯特·格雷夫斯所指出的，如果这具有历史基础，那么所指的肯定是特洛伊 V 的陷落。荷马笔下所描绘的赫拉克勒斯显然是希腊人，所有的记录都指出他自海上而来。[156] 不过，正如我们在第二章中谈到的，希腊的赫拉克勒斯是许多不同来源的结合体。尽管他是与太阳相关的征服者，征程由东向西，与自西向东进行征服的奥西里斯／狄俄尼索斯有所不同，但是在二者之间存在可以把他们联系起来的对应关系，由此也将之与色梭斯特里斯／门农联系起来。我在第二章中还指出，赫拉克勒斯有时被视为来自埃及底比斯的埃及人。[157] 希罗多德显然这样认为，他把赫拉克勒斯描述为埃及的"十二神灵"之一。[158] 狄奥多罗斯也写道：

> 根据神话，最古老的赫拉克勒斯生于埃及，以武力征服了有人居住的世界的大部分地区，在利比亚竖立起赫拉克勒斯之柱。[159]

一些记录甚至暗示他是黑人。[160] 再加上前面讨论过的 Ḥry š.f／赫拉克勒斯与"攻击之神"和色梭斯特里斯之间的联系，这进一步暗示着中王国时期出征的法老非常可能在建构神话人物赫拉克勒斯的过程中起到了重要作用。[161]

关于埃及人征服特洛伊的第三种假设更加牵强。这来自罗得岛的阿波罗尼奥斯对科尔基斯人的声明的记述：

155　Strabo, XVII. 1.34; Diodoros, I.56. 4. 见 Gardiner（1947, II, pp. 126-7）。

156　*Iliad*, V. 640-5; Diodoros, IV. 32; Apollodoros, II. 6.4. 其他古老的资料见 Frazer（1921, I, pp. 244-5）和 Graves（1955, II, p. 174）。

157　见本书第二章注释 172—183。

158　Herodotos, II. 42-5. 有关埃及人不曾建立十二神灵的膜拜体系的观点，以及对这一段落表示怀疑的分析，见 Lloyd（1976, p. 202）。

159　Diodoros, III. 74,3, trans. Oldfather（1935, p. 331）。

160　Servius on *Aeneid*, V.30; Tzetzes on Lykophron 472; Hyginus Fabula 89.关于他是非洲黑人的图像，见著名的卡西里装饰瓶上（Caeretan hydria）描绘他攻打国王布西里斯（Busiris）的画面。

161　见本章注释 13—15。

现在有人告诉我们，某位国王从这个国家出发，在强大而忠诚的军队的支持下穿过了整个欧洲和亚洲，沿途建立起很多城市。一些城市得以留存，一些则在岁月里湮没，但是埃亚城至今仍然矗立在那里，其居民的祖先就是当年应国王之命定居于此的人们。[162]

如果我们将这段话视为严肃的历史记述，那么从公元前1900年左右到公元前14世纪延续了五百多年的繁荣的特洛伊VI是否就是这些城市之一呢？这些非常模糊的信息片段本身作为历史依据是完全无用的，不过，在表现第十二王朝对安纳托利亚的影响的整体语境中，它们的确提供了一些外围的证据。

色梭斯特里斯／森乌塞特和阿蒙涅姆赫特的征服：证据的小结

我们在这章和之前各章所看到的证据，承载着希腊和埃及作家记录中的有关色梭斯特里斯在北方进行征服的各种资料所能提供的新信息，我现在想试着将这些证据拼凑起来。米特·拉辛纳碑文描述了森乌塞特一世和阿蒙涅姆赫特二世远至叙利亚以外地区的出征，这促使希罗多德和后来的作家声称他们笔下的色梭斯特里斯——即森乌塞特一世——曾经征服"亚洲"。在努比亚发现的堡垒和军事布防的考古证据显示，第十二王朝的军队有能力进行这样的远征。在安纳托利亚发生了一系列的毁灭，并出现了属于该时期的来自埃及的物品，这些都是合理的证据。在埃及南部的托德也发现了一处献给蒙特的宝藏，其中包括有来自安纳托利亚的物品，而蒙特是与亚洲有特殊联系的征战之神。

图像学证据可以支持到达叙利亚和安纳托利亚的军事远征的存在，它们显示出，在这一时期之后不久出现了与埃及法老相似的攻击之神。当地和希腊的传说都描写了黑人王子门农率领一支庞大的军队穿过安纳托利亚西部的情形。这些可能代表着民间对森乌塞特之子阿蒙涅姆赫特二世的记忆，在米特·拉辛纳碑文的描述中，阿蒙涅姆赫特二世在远征异国的过程中扮演了重要角色。因此，如果认为"亚洲"意味着安纳托利亚——就像荷马有时似乎表述出的那样——我们就很有理由相信希腊作家所说的色梭斯特里斯曾经穿过了"亚洲"。

162　见本章注释51。

关于在欧洲的远征的可靠证据更少。不过，远征军征服色雷斯似乎是可信的，因为这一地区在公元前 20 世纪下半叶发生了范围广泛、长期持续的毁灭，这也正是森乌塞特的战役最有可能在此发生的时期。埃及-希腊人声称这支军队穿过了塞西亚，也就是现代的俄罗斯南部，对此没有什么考古学或传说的证据可以予以支持。但是在这样一个游牧国家，可见的破坏痕迹似乎会更少，传说也更难保存下来。与此不同的是，希腊作家记录说，在科尔基斯，在苏联的格鲁吉亚，当地的传说一直认为这个国家是由色梭斯特里斯的军队创建的，而从很久以前就生活在这一地区的黑人中的一部分极有可能是这支军队成员的后裔。

272

在据称为森乌塞特远征的时期，高加索的其他地区似乎遭到了毁灭。那里冶金业高度发达的古老地区遭到了破坏，高加索的冶金工人显然向受到埃及影响的黎凡特的城市中迁徙，这似乎是支持发生过远征的进一步的证据。这与米特·拉辛纳碑文和其他埃及文本的记述相符，也与希腊作家的记述相符。在这些记述中，森乌塞特一世就像他的名字 s-n Wsrt 一样，送回或带回了规模空前的战利品，尤其是金属和奴隶。这样的模式不仅可以解释发生在高加索地区的远征，也可以解释在安纳托利亚西部和色雷斯进行的远征。所有这些地区都富含金属矿藏，其中很多地方都拥有非常发达的冶金业。因此，森乌塞特和阿蒙涅姆赫特应该会利用埃及的军事力量、有效的国家机构和强大的经济基础，来夺取政治上集权程度较低的社会的优良技术。在这方面他们似乎是成功的。在接下来的时间里，安纳托利亚的发展停滞了，但是黎凡特和埃及的冶金业都得到了蓬勃发展，而它们至少在部分上是以安纳托利亚和高加索的工艺为基础的，比如，这一时期埃及的饰物就深受来自东方的影响。艺术史学家西里尔·奥尔德雷德（Cyril Aldred）写道："由于埃及和亚洲在第十二王朝时期更紧密的接触，移民很可能带来了新的技术，这些技术被当地金匠所采用。"[163]

在诸多方面，只有在这一时期，埃及才完全从石器时代进入了普遍使用金属作为原材料的社会。同样有趣的是，在这一时期，亚述人对于安纳托利亚中部的贸易垄断被打破了，受埃及统治的叙利亚与安纳托利亚中部建立了商业联系。这些可能是埃及远征有意或无意造成的结果。

163　Aldred（1971, p. 113）.

前面提到的寻找贵金属和宝石的行动同样可以解释埃及与巴尔干地区的接触。[164] 穿过俄罗斯南部的远征似乎不那么容易解释。或许是因为埃及人希望得到更多的战利品。更有可能的是，就像亚历山大一样，他们的征程超出了军事上或政治上的正常范围，而他们的成功催生了一种高傲的精神——埃及-希腊的说法称之为 hybris，在这种精神的指引下，人们进行探险并绕过黑海，抵达了容易获取利益的高加索。[165] 因此，希罗多德所描写的战役，或者狄奥多罗斯所认为的持续了九年的战争，从战略上看这其中几乎没有什么是不可信的。

思想成熟后的吉本对其不去研究色梭斯特里斯"征服"的明确表述是，"我不再敢把希腊、犹太和埃及的古代联系起来，它们已经消失在遥远的云端了"。[166] 自从 18 世纪 70 年代以来，语言学和考古学领域的进展至少部分地吹散了这片积云。不过，我们仍然要面对吉本内心深处的想法，而后来的北方学者们当然也和吉本持有同样的想法，那就是在思想意识上拒绝相信"文明的"非洲人曾胜利进军，不仅穿过了亚洲西南部地区，而且穿过了"野蛮的"欧洲地区。在公元 19 世纪和 20 世纪的大部分时间里，人们难以想象关于非洲人的传说具有任何真实性。现在到了该重新评估这些观点的时候了。

273

164　见本书第五章注释 142—143。

165　Hybris 用印欧语无法解释，尽管 Szemerényi（1974a, p. 154）认为它来自未证实的赫梯-卢维语形式 *Hu(wa)ppar。我认为，似乎有理由将这个词归于得到证实的埃及词语 wr ib，它字面上的含义是"伟大的心"，但是也具有"粗鲁傲慢"的含义。这让我们想到关于青蛙和牛的伊索语言。希腊语最初的送气音是自动的，带有字母 Y（upsilon）。

166　Gibbon（1794, p. 137），以及第一卷，第 185 页。

第七章　锡拉火山爆发造成的影响：从爱琴海到中国

这一章主要关注公元前两千纪中期发生在锡拉岛，即圣托里尼岛
（Santorini）的火山爆发。首先要谈的是，我想将锡拉火山此次大规模喷发的
时间由公元前 1450 年或公元前 1500 年更改为公元前 1628 年。这样的调整在
很多方面都具有重要意义。首先，从社会学知识的角度来看这是十分重要的。
围绕着此次火山喷发时间的重新界定存在着诸多争论，这些争论可以很好地说
明，持有传统学术观点的人在面对大量的反面证据时是多么顽固。这些反面证
据是由一些圈外学者从独立的资料来源处获得的，他们并不想惹是生非，通常
也不愿去打破原有的学术体系。接受这些新证据的过程极其缓慢，这也可以证
明，学者们常常会一致支持传授给他们的传统体系，他们自己的假设都是在此
基础上构建的；他们苛求质疑者拿出确凿证据，却从不曾反思自己的理论基础
是否无可指摘。实际上，在有关锡拉火山喷发时间的问题上，很多学者奉行的
观点都是极端不足信的。

重新界定锡拉火山喷发的年份，对于建立起公元前两千纪中期整个爱琴海
和地中海东部地区的精确年表具有至关重要的作用。这是因为我们要把这次火
山喷发的时间纳入基于这一时期陶器型式的陶器分期中。这样，所有的时间就
都必须提早很多年。

虽然有关锡拉火山大规模喷发的史料记载出人意料地匮乏，但是不少传

275 说似乎都涉及了这一事件。在这一章里我将主要探讨最可信的两个传说，一是《出埃及记》中的有关内容，一是柏拉图讲述的亚特兰蒂斯神话。关于亚特兰蒂斯神话，比较有趣的一点是，发生在公元前 18 世纪和公元前 17 世纪的希克索斯人入侵和锡拉火山爆发，或许被人们与发生在公元前 12 世纪的两大事件混为一谈了，那两大事件就是海洋民族的入侵和公元前 1159 年冰岛海克拉火山的第三次大规模喷发。这两组事件发生的时间相隔将近 500 年，在它们的影响下，人们对历史发展的模式似乎形成了一种看法，这种看法也正是柏拉图认为埃及祭司们所信奉的。根据这种模式，历史的发展曾经因为灾难而中断，这些灾难不仅毁灭了除埃及之外的所有文明，也清除了埃及之外所有国家的历史记忆，而埃及得益于尼罗河生生不息、亘古不变的力量，因此才幸存下来。

　　这一章随后将探讨的是，中国的传统可能也受到了这两组世界性事件的影响。我认为，中国的"天命观"（Mandate of Heaven）就是在这两次系列事件的影响下形成的，它认为，上天会剥夺一个朝代的统治权力，将之赋予另一个朝代，朝代的变更会通过离奇的自然现象昭示出来。这种有关长期历史循环的观念对于中国的朝代更迭具有根本性的影响。直至今日，"天命观"仍然影响着中国的政治思想和政治活动，因为中国与印度、日本等其他亚洲国家不同，具有革命的内在传统，也就是"拿走天的授权"。

关于锡拉火山爆发时间的争议

　　锡拉岛又称圣托里尼岛，位于克里特岛北部 70 英里，风光壮美。现今，如果乘船穿过锡拉岛的参差边缘，就会进入一座巨大火山的火山口，里面仍然在沸腾冒泡，一些小岛仍是烟雾缭绕。这里最初是一座大山，但是在公元前两千纪的某个时候发生了火山喷发。

　　此次火山喷发规模巨大，超过了苏门答腊（Sumatra）岛与爪哇（Java）岛之间的喀拉喀托（Krakatoa）火山在 1883 年的喷发。在喀拉喀托火山的那次喷发中，连 120 多英里外的巴达维亚［（Batavia）现雅加达］的窗户都被震碎了。火山爆发还引发了海啸，淹死了锡兰［（Ceylon）现斯里兰卡］的一些居民；在随后几年间，火山向大气层释放的大量火山灰造就了辉煌壮观的日落景象，据称，这种日落景象影响了现代印象派艺术的发展，这种说法倒也不无道理。更为重要的是，喀拉喀托火山喷发导致全球气温下降，就连美国西部的气温都连续几个月下降了 2° 至 4°。[1]同样，地质学家和物理学家已经证明，锡拉火山的爆发非常猛烈，向大气层释放了大量火山灰，并很可能导致了海水涌上陆地，灌入了火山口，从而引发了海啸或滔天巨浪。[2]

276

直到 1988 年，对于锡拉火山喷发的时间一直存在相当大的争议。1939 年，后来在希腊考古领域备受推崇的学者斯派雷登·马瑞纳托斯以学术著作的形式展示出了当时普遍流行的观点，即弥诺斯文明在公元前 1450 年的此次火山爆发中覆灭，迈锡尼人借机占领了该地区。埃及方面的证据表明，公元前 15 世纪中叶，"迈锡尼人"取代"弥诺斯人"成为克里特岛的霸主，因而马瑞纳托斯认为，锡拉火山爆发应该发生在公元前 1450 年左右。[3]但是直到 20 世纪 60 年代他才得以检验自己的猜想。在充足资金和先进设备的支持下，他开始挖掘锡拉岛南部斜坡上的阿克罗蒂里遗址，因为他相信这里的发掘条件是最理想的。

挖掘结果令人惊喜：仅仅几个小时后，考古学家们就在火山灰和熔岩下发现了一座城址。在之后的几年里，他们挖掘并保护了十几座建筑物，尽管由于技术上的困难和考古学家们的诸多顾虑，他们没有进一步挖掘范围显然更大的遗址。[4]遗址的挖掘引起了巨大轰动，使马瑞纳托斯声名大振，再加上他颇有才华，富于想象，善于结交希腊政要，而且他的观点在整体上令人信服，因此多年里一直不曾受到质疑。

然而，几乎从着手挖掘的那一刻起，马瑞纳托斯在确定年代时就遇到了重重困难。首先，从阿克罗蒂里遗址挖掘出的罐子都来自弥诺斯文化后期一段 A 的陶器时期或更早。当时人们认为，下一个陶器时期，也就是弥诺斯文化后期一段 B，是在公元前 1500 年开始的，因而锡拉火山爆发就必然发生在这一时间之前，两者取中间值，火山爆发的时间就被定为公元前 1550 年到公元前 1500 年间。如果接受更早的时间，就彻底推翻了马瑞纳托斯最初假设的前提，即锡拉火山爆发在公元前 1450 年左右并颠覆了弥诺斯文明。然而这并未引起足够注意。

1　La Marche and Hirschbeck（1984, pp. 124-6）. Kelly and Sear（1985, pp. 740-3）表示，气温并没有下降这么多。

2　McCoy（1980）；Stanley and Sheng（1986）.

3　参考 Marinatos（1939）。关于符合这一思路的更早的理论表述，参考 Ramage（1978, pp. 39-41）和 Vitaliano（1978, pp. 143-4）。

4　Doumas（1983, pp. 11-14，29-42）.

277

　　退休商人利昂·波默朗斯（Leon Pomerance）多年以来一直反对锡拉火山在公元前 15 世纪喷发的说法，他的反对基于三种理由。第一，锡拉火山爆发为《出埃及记》中描写的种种迹象和征兆提供了历史解释，包括"冰雹和大火交织""黑暗触手可及""日间烟柱""夜间火柱"，以及大海一分为二，巨浪席卷而来。这情形如同海啸。人们普遍认为《出埃及记》有坚实的历史依据，与埃及法老拉美西斯密切相关。由于这些可以将出埃及这一事件追溯为公元前 13 世纪或公元前 12 世纪，因而波默朗斯认为锡拉火山爆发必然是在这一时期。[5]

　　波默朗斯提出的第二个理由是，公元前 15 世纪埃及举国繁荣，丝毫没有显示出在火山大规模喷发这种巨大灾难后会出现的历史断层；反而是在公元前 13 世纪末 12 世纪初埃及出现了历史断层。它标志着青铜时代晚期和铁器时代早期的分水岭，这也正是大灾后会出现的历史断裂。波默朗斯反对锡拉火山爆发于公元前 15 世纪的第三个理由是，这一时期不仅保存有大量的埃及史料，也留下了关于埃及与克里特岛的关系的详细信息。波默朗斯认为，锡拉火山喷出的火山灰必然要降落到埃及，引发的海啸也肯定会登陆地势较低的埃及三角洲并在那里造成巨大灾难。他相信，即使没有受到这些灾难的波及，埃及人也肯定会注意到发生在爱琴海的这一浩劫并留下相关的记录。[6]

　　波默朗斯并非专业人士，其理论也与正统观点大相径庭，但是对他不利的还有其他一些因素，首先是他的犹太人身份，其次是他把爱琴海的火山爆发与《圣经》联系到了一起。在其反对者看来，这就产生了两种让人不快的结合：一是宗教神话与"科学的"考古学的结合，一是希腊人与黎凡特人的结合——本书的主旨之一就是要破除关于后者的禁忌。面对这些障碍，波默朗斯的主张饱受冷落是不足为奇的，令人称奇的反而是，他的观点竟然得到了零星的关注。波默朗斯的聪明才智、坚定意志和雄厚财力让他争取到了表达观点的机会，不过他只是被置于可有可无的边缘位置。1977 年他参加了第二届锡拉岛国际会议，但他的演讲被安排在清早，那时几乎无人出席，他的论文也被重重压在了其他会议论文下面。[7]

5　Pomerance（1970；1978）.

6　Pomerance（1970；1978）.

7　私人通信，纽约，1983 年 12 月。

尽管如此，波默朗斯的一些观点还是受到了欢迎。现在人们普遍承认锡拉岛产生的海啸袭击了科斯（Kos）岛、罗得岛、塞浦路斯、叙利亚、以色列，而且很可能也袭击了下埃及地区。[8] 另外，锡拉岛的火山灰无疑也降落在了尼罗河三角洲。正如沉积学家丹尼尔·斯坦利（Daniel Stanley）和哈里森·盛（Harrison Sheng）在研究这方面的证据后得出的结论那样：

> 圣托里尼岛的火山灰出现在以上这些地区，为在多部早期文献中都有记载的一种重要自然现象提供了进一步的有力的非考古学证据。特别值得注意的是《出埃及记》中记载的"黑暗之灾"（"黑暗可能笼罩埃及的大地，黑暗甚至……"《出埃及记》10：21）。[9]

278

除了将锡拉火山爆发与《圣经》中的记载联系起来，新的研究还展现了这次火山爆发对埃及的影响，从而支持了波默朗斯的一个观点：公元前 15 世纪保留下来的埃及文字材料相对较为丰富，但无一提及可能发生过的这场大灾难，这实在是不合理的。另一方面，在有个问题上波默朗斯的确出了错，他太过一板一眼地逐字解读《出埃及记》，因而接受了出埃及的事件发生在公元前 12 世纪的说法（《出埃及记》的史实性将在后文予以讨论）。然而无论如何，波默朗斯认为此次火山爆发发生在公元前 15 世纪之后，而非缺乏依据的公元前 15 世纪之前。

放射性碳引发的质疑

就在波默朗斯推介他的假说时，出现了支持锡拉火山在更早的时间喷发的力证。20 世纪 70 年代，美国考古学家菲利普·贝当古（Philip Betancourt）以及其他学者在发表的论文中指出，从紧邻火山喷发层的下方提取出的很多短寿命的放射性碳样本表明，此次火山爆发发生在公元前 17 世纪。[10]

只有短寿命的样本才能用于精确定年，这是因为，生命体一旦死亡，其中的碳 14 就会开始衰变（对于树心来讲就是在那一圈年轮死亡之后）。然而，树

8　Stanley and Sheng（1986, p. 733）.

9　Stanley and Sheng（1986, p. 735）.

10　Betancourt and Weinstein（1976）; Betancourt, Michael and Weinstein（1978）.

木可能在"死亡"几百年后才被砍伐用来造房，树心才会变成木梁；之后可能又要经过更长的一段时间，房屋才会倒塌。因而，与房屋倒塌同一时期断落的树枝和橄榄核中的碳才是更为精确的测年样本。

不过，那些短寿命的碳放射样本显示火山在公元前 17 世纪爆发，这确实给传统观点造成了致命一击。瑞典的爱琴海考古学家阿斯特罗姆于 1978 年写道：

> 属于锡拉岛覆灭或稍早时期的七份短寿命的样本，它们修正的碳 14年代平均值为公元前 1688±57。这些结果显然荒唐可笑，因为其他证据表明此次火山爆发是在公元前 15 世纪上半叶（我认为是公元前 1475 年左右），这已经是广泛共识了。[11]

同年，英国考古学家杰拉尔德·卡多根（Gerald Cadogan）撰写了题为《无需放射性碳的爱琴海青铜时代年代测定》（"Dating the Aegean Bronze Age without Radiocarbon"）的文章。在这篇文章中他写道，既然利用放射性碳技术测定的年代明显有错，考古学家就应该毫不犹豫地忽视这种方法得出的年代。[12]另一些学者对此则持更为开明的态度。1980 年，埃及学家巴里·肯普和地中海考古学家詹姆斯·梅里利斯依据埃及和爱琴海的对照性历史年表与放射性碳测定的年代，提出锡拉火山爆发应该在公元前 1600/1575 年，"甚至更早"。[13]有趣的是，1979 年爱琴海考古学家彼得·沃伦提议将弥诺斯文化后期一段 A 的陶器时期（锡拉火山爆发就发生在这个时期）的起始年代从公元前 1550 年提早到公元前 1600 年，依据是其在这一时期与黎凡特陶器的共时性特征。因而，尽管他当时仍然拒绝考虑依据放射性碳测年结果重新判定锡拉火山爆发的年代，但是几乎默认了后来基于树木年代学而提出的公元前 1628 年这一时间。[14]

1980 年，把火山喷发确定为较晚时间的另一个缺陷也被揭示出来。那时，希腊考古学家玛沙里（M. Marthari）指出，锡拉火山喷发层出土的陶罐与希腊

11　Åström（1978, p. 88）.

12　Cadogan（1978）.

13　Kemp and Merrillees（1980, p. 259）.

14　Warren（1979a, pp. 106-7）.

大陆青铜时代中期的传统器型十分相似。[15]《剑桥古代史》认为青铜时代中期于公元前 1600 年结束，但是如北欧和美国学者一贯的那样，他们对这一希腊学术专著关注甚少。

不论如何，正统的观点仍然根深蒂固。发表放射性碳测年结果的学者们从一开始就感到不安，因为他们的结论与传统观点之间存在巨大分歧。贝当古之后曾写道，1978 年他就已经"毫无保留地同意爱琴海青铜时代晚期的精准年表已经建立"。[16] 他的两位同事迈克尔（H. N. Michael）和盖尔·温斯坦（Gail Weinstein）试图用火山喷出的气体导致失真来解释其发现，尽管不得不承认并非所有的样本都能由此得到解释。[17] 他们同时强调所得出的放射性碳测年结果是分散的，因而并不可靠。所以他们得出的结论十分谨慎保守：

> 至多可以说，弥诺斯文化后期一段 A 的放射性碳测年结果暗示可能存在更早的年代。然而这两派所认为的锡拉火山爆发时间都存在一些问题。不论用什么方式解释，我们都必须小心谨慎，将这些有关锡拉岛的年代用于编年时更是如此。[18]

由于这些学者犹豫迟疑，加上传统观点的捍卫者坚决反对，放射性碳测年结果引发的对传统观点的挑战似乎已被压制下去。然而，肯普和梅里利斯的反对声音尚未平息，另一个领域的证据也揭示出了传统观点的漏洞，那就是树木年代学。

树木年代学的证据

在 20 世纪 60、70 年代，树木年代学已经有了迅猛的发展。树木年代学主要通过计算及测量树木的年轮，将不同树木上的相同序列的年轮相匹配，来建立大范围地理区域内的年代学序列。在美国西部极为长寿的狐尾松上已经发现

280

15　Marthari（1980）.

16　Bctancourt（1987, p. 45）.

17　Michael（1977, p. 794）.

18　Weinstein and Michael（1978, p. 208）.

了世界上最长的年轮序列，而最为有趣的则是那些处于雪线上的松树。通过观察树木年轮每年的宽度和颜色可以发现，这里的温差相当小。夏霜是独有的特征。这些特征与已经证实的历史上的火山爆发相联系，在这些火山爆发的过程中，火山灰上升到大气层中，从而使全球，或者至少是大气层的气温下降。科学家们注意到，很多夏霜出现在此类世界性事件发生后的三年里，而这种几率比夏霜偶发的几率高六倍。因此，他们提出了"喀拉喀托火山效应"的概念，来解释这种现象。[19]

20世纪70年代中期，树木年代学的奠基人之一瓦莫尔·拉马什（Valmore Lamarche）发现，在公元前15世纪或公元前14世纪并没有出现喀拉喀托火山效应，因而也就不会存在人们认为会有的与锡拉火山同等规模的火山爆发。公元前两千纪中期唯一的喀拉喀托火山效应出现在公元前1628年。因此他推断，公元前1628年肯定就是锡拉火山爆发的时间。由于这个问题对他的研究并不是特别重要，再加上担心遭到考古学家们的反对，所以那时拉马什并没有专门发表他的推论，只是在1976年的《国家地理杂志》（National Geographic Magazine）上随意地提到过这一看法。[20] 于是，虽然这一引起轰动的发现很快就在持"异见"的考古学家圈子里流传开来——他们认为这个结果与放射性碳测定的较早的时间一致——但是这一发现还是不能成为正式学术辩论的主题。

1984年瓦莫尔·拉马什在《自然》（Nature）杂志上正式发表了他的论断，在20世纪80年代中期，情况随即发生了变化。[21] 很快就出现了树木年代学的新证据，这一证据所支持的火山爆发时间是公元前17世纪。贝尔法斯特皇后大学的迈克尔·贝利发现，在爱尔兰沼泽中得以保存的公元前15世纪或公元前16世纪的橡树树干上并没有出现喀拉喀托火山效应的显著标记，但是在公元前1628年出现了明显的断裂，实际上，有多棵橡树就是在这一年死亡的。[22] 他的这一研究成果直到1989年才正式发表，但是，在那之前的三四年里，他的看法早已为众人所知。

---

19 Lamarche and Hirschbeck（1984, pp. 124-5）.

20 Matthews（1976, p. 610）.

21 Lamarche and Hirschbeck（1984）.

22 Baillie and Munro（1988）; Baillie（1988a; 1988b; 1989b）.

锡拉：与中国的联系

来自放射性碳和树木年代学的证据都显示，锡拉火山的爆发需要追溯到更久远的年代，现在，沿着一个令人吃惊的方向，我们可以找到另一个提供证据的地方，这就是中国。不过，在考察来自中国的关于锡拉火山爆发时间的证据之前，我觉得很有必要先离开主题，考察一下在欧洲发生的另两次火山爆发在中国留下的印痕。

1984 年，美籍华人、气象学家彭凯文和汉学家周洪祥（Hung-hsiang Chou）联合发表了一篇论文，题为《格陵兰岛冰芯反映的气候变化范围与古代气象记录的关系》（"A correlation between Greenland Ice Core Climatic Horizons and Ancient Meteorological Records"）。[23] 他们将中国的记录与两次火山爆发联系在一起，这两次爆发分别是公元前 44 年发生在西西里（Sicily）岛的埃特纳（Etna）火山喷发和公元前 1120 年左右发生在冰岛的海克拉火山喷发（根据新的研究成果，这次喷发很可能发生在公元前 1159 年）。

记录中说，在埃特纳火山爆发一年后出现了一颗由红尘环绕的彗星，其中似乎存在火山爆发造成的影响。在西方，这据信标志着恺撒之死。[24] 中国的天文学家和历史学家也记下了没有暖意、"照不出影子的蓝色太阳"，他们还记下了不合时节的冰霜。[25]

彭凯文和周洪祥两位学者将公元前 12 世纪的火山爆发与后来中国文献所提及的气象现象联系在一起。不过，这些联系遭遇的是一场已经持续了两千多年的争论，争论对象就是商朝灭亡的具体时间。传统观点是由公元前 2 世纪的中国史学奠基人司马迁提出的，他认为商朝的灭亡和周朝的建立都在公元前 1122 年。但是，另一个少数派的观点则与《竹书纪年》（Bamboo Annals）相关，它给出了另外一个商灭亡的时间。《竹书纪年》是写在竹片上的年表，在公元 281 年出土于一个地方统治者的墓葬中，当时其已经被埋藏了六个世纪。这些竹片上的记录显示，商朝的灭亡时间应该是在公元前

23　Pang and Chou（1984）.

24　Plutarch（Caesar, 53.1）记录下了公元前 44 年恺撒死后出现的与此非常相近的现象。这里的年代上存在着差异，但是它们似乎毫无疑问地描述了同样的现象。

25　Ban Gu（1959, IX, pp. 297-9；1959, XXVII. 2.2, p. 2377；1959, XXVII. 3.2, p. 2452）.

11 世纪中期。[26]

这场论争引发的最近一次争论是在 20 世纪 80 年代，当时美国汉学家倪德卫（David Nivison）和班大为（David Pankenier），还有中国的古代史学家陈梦家，提出商朝灭亡和周朝建立的时间应该在公元前 1050 年—公元前 1020 年。[27] 他们认为《竹书纪年》是准确的，同时强调了一种罕见的天文现象的意义，那就是在公元前 1059 年，水星、金星、火星、木星和土星这五大可见行星连成了一线。至少到公元 3 世纪，这一天文现象被认为是发生在商朝灭亡前不久。[28] 彭凯文反驳了这一观点，他指出五星连珠的既定时间是处在某一个可以得到准确检测的时间周期之内，他认可更早的传统观点，即五星连珠是由后来的学者计算追溯得出的。[29] 彭凯文更愿意强调一个他认为是更确定的时间，那就是发生在公元前 1137 年即周文王三十五年时的月食现象。周文王是商朝灭亡前的周族首领。这表明商朝是在公元前 1117 年灭亡的。[30] 然而，班大为则把同一次月食的时间定在了公元前 1065 年。[31]

尽管我对具体的天文学和数学的研究不够了解，但是我认为，彭凯文和他的同事们无疑拥有更多的理据。造成我这种态度的外部原因是，正如第五章所讨论过的，事实上，20 世纪的考古学家和古代历史学家们普遍倾向于把年代估计得离现在更近，在放射性碳、树木年代法等科学检验方法得出不同信息时，这种普遍倾向很容易就会受到质疑。我也更相信自然科学家的判断，他们不会像考古学家和历史学家那样受到学术传统的过多制约。在我们所讨论的事件上，考古学家和历史学家面对的学术传统就是把年代估计得更晚近。彭凯文和他的同事们同时还指出，在有关锡拉火山爆发的"短"（公元前 1027 年）和"中间"（公元前 1045 年）年表中，存在一些简单的计算误差。[32] 而且，他们也主张更早的年份，这样的年份与针对周朝早期进行的放射性碳测年得出的结果

26 关于这一争论的概述，见 Shaughnessy（1985-7）。同时参考 Nivison（1983），Pang（1987, pp. 142-3），Hsu and Linduff（1988, pp. 387-90）。

27 Chen Mengjia（1977, p. 53）；Nivison（1983）；Pankenier（1981-2）.

28 Pankenier（1981-2, p. 25）.

29 Pang（1987, pp. 147-8）.

30 Pang（1987, pp. 147-8）。他引用了 Chen Zongguei（1984, p. 1009）.

31 Pankenier（1983, p. 5）.

32 Pang, Espenak, Huang, Chou and Yau（1988, p. 19）.

相一致。[33]

彭凯文和他的同事们指出，在周懿王在位期间的公元前 899 年发生过一次日食，这个时间无法与短年表和中间年表相协调。[34] 他们综合考虑这次日食的发生时间以及公元前 1953 年——商朝的前一个朝代夏朝的第一位统治者禹在位时——发生的五星连珠的现象，将公元前 1953 年至公元前 899 年之间共1054 年的时间间隔与从禹到懿所间隔的世代数（37 代）相比较，由此指出，这明显与传统的以 30 年为一代的标准接近。

通过运用这种方法，并考虑到周懿王和周朝最初的征服之间隔了七个世代，而周武王又与周朝史上著名的"共和"时代（被公认为公元前 841 年）隔了九个世代，彭凯文和他的同事们把周朝征服商朝的时间定为大约公元前1100 年。[35] 这不符合短年表和中间年表，但是与公元前 1117 年这一时间相当吻合，而公元前 1117 年这个年份是根据公元前 1137 年（周文王三十五年）发生的日食推断出来的。[36]

如果认为商朝灭亡于公元前 1117 年，那么商朝末年所发生的很多气象事件就都与某次火山大爆发后所产生的现象相吻合。例如，根据历史记录，公元前 1164 年（商纣王五年），大量灰尘从天空飘落到亳都中。这与迈克尔·贝利所判定的海克拉火山第三次爆发的时间，即公元前 1159 年，只有五年的差距，所以，尽管这个结果并不完美，但仍在可接受的范围内。[37]

彭凯文和周洪祥也在卜骨中找到了证据。这些卜骨是由牛和羊的肩胛骨或龟甲做成的，古人将甲骨灼烧使其产生裂痕，这些裂痕则被认为是神的旨意（下面还会对此做深入探讨）。彭凯文和周洪祥以一块最新发现的甲骨为例，放射性碳测定的结果表示这块甲骨产生于公元前 1095 年（误差在 ±90 年）。甲骨上的刻铭内容提到有一年庄稼发育不良，粮食断收。[38] 这有可能是指商朝末

283

33　Pang, Espenak, Huang, Chou and Yau（1988, p. 10）；Shaanxi Zhouyuan Kaogu Dui（陕西周原考古队，1979）.

34　Pang, Yau, Chou and Wolff（1988, pp. 6-8）.

35　Pang, Espenak, Huang, Chou and Yau（1988, p. 19）.

36　公元前 1100 年这个时间吻合日本历史学家 Shirakawa Shiztuka 的年表，他认为周朝的征服是在公元前 1087 年；见 Hsu and Linduff（1988, p. 390）。但是这并没有天文学的依据，也没有得到彭凯文和他的同事所代表的传统权威的支持。

37　Baillie（1989a）；Keys（1988）.

38　Pang and Chou（1984）.

年的某一年，但非常不精确。同样，甲骨文也记载了公元前 1121 年到公元前 1120 年，即商纣王四十八年，天空中同时出现了两个太阳。这种气象现象一般是由灰尘折射引起的，所以，这通常被认为与大规模的火山爆发有关。[39]

这些气象学的证据无疑是零散的，不过商和周这两个王朝之间旷日持久的争斗很有可能发生在公元前 1159 年至公元前 1140 年间，贝利认为在这些年份中都会存在海克拉火山的影响。而且，周朝的效忠者们宣称，周文王在他辞世（公元前 1128 年）前九年，也就是公元前 1137 年，得到了"天命"。这一年发生了月食，而且就在与海克拉火山第三次爆发相关的自然灾害发生之后不久。[40]

然而，与有关朝代更迭的气象学解释不同的是，新王朝的首任统治者周武王在其政治宣言中并没有用这类天灾来为自己推翻商朝正名。这令人费解，因为周武王曾自比于推翻夏朝的商朝开国统治者汤，而汤据说十分强调在王权发生更替时所发生的自然灾害。另一种可能则是，汤的这些言论至少在周朝开始时就被重写了。[41]

284 　　1985 年，彭凯文和周洪祥发表了另外一篇文章，这篇文章重申了他们关于这些火山爆发的论述，并讨论了另外一场火山爆发，即圣托里尼岛火山爆发。他们认为这场火山爆发和夏朝灭亡的时间相关。毋庸置疑，当时发生了一系列的气象事件，例如干雾、暗淡的太阳、不合季节的寒冷天气以及粮食绝收，这些现象似乎都可以被视为大规模火山喷发的结果。[42]彭凯文在 1985 年接下来发表的文章中为强化他的观点引用了这一例证，即在异常的洪水泛滥后出现的连年干旱，他认为这是火山爆发所引起的，灾害一直延续到商朝初期。[43]

对于这些气候变化发生的确切时间，彭凯文和周洪祥的结论都相当不精确，这也是由于锡拉火山爆发和夏朝灭亡的年份尚不确定。他们将锡拉火山爆发的时间界定在公元前 1600 年—公元前 1400 年间，而夏朝灭亡的时间则是公元前 16 世纪。他们界定的锡拉火山爆发的时间，是常规观点认为的公元前 1450 年—公元前 1500 年与树木年代学所支持的公元前 1628 年的一种折中。

39　（古）*Zhushu Jinian*《竹书纪年》。见 Wang Guowei（1941, XXVI.I, p. 7b）。

40　*Songshu, Furuizhi*（《宋书·符瑞志》），引用于 Wang Guowei（王国维, 1941, XXXVI. II, p. 27a）。

41　*Taishi*（《太誓》），*Wucheng*，（《武成》），收录于 *Zhoushu*（《周书》），出自 *Shujing*（《书经》）。

42　*Shujing*（《书经》）. *Tang shi*（《汤誓》）I.3.; *Zhonghui zhi Gao*（《仲虺之诰》），II. 2. *Tang gao*（《汤诰》），V. Pang and Chou（1985）.

43　Pang（1985, p. 10; 1987, p. 145）.

至于中国夏商两朝更替的时间，他们的观点则受到了传统年表给出两个时间点所能容许的时间范围的影响，在传统年表中夏朝和商朝开始的时间分别是公元前 1765 年和公元前 1557 年。对商朝早期地层的放射性碳测定的结果为公元前 16 世纪，这些年份符合这一结果。[44]

不过，彭凯文至此已经确信，夏商两朝更替的时间应该在公元前 1600 年左右，让他形成这种看法的部分原因在于学界对锡拉火山爆发年份的认识发生了转变，但是也有其他原因。第一个原因就是，如前所述，他越来越相信商朝的灭亡时间应在公元前 1100 年左右。根据中国伟大的史学家司马迁所著的《史记》记录的年份，商朝持续了 471 年，这就表明商朝的建立时间应在公元前 16 世纪初。而在另外一种以《竹书纪年》为依据的年表中，商朝持续了 508 年，这个记录符合儒家学者孟子在公元前 4 世纪所提出的商朝持续了 500 多年的说法。[45] 以此推算，夏朝的灭亡时间就是公元前 1600 年左右，通过彭凯文提出的世代比例也可以计算出相同的结果。[46] 如果由天文学推断得出的公元前 1117 年就是周朝取代商朝的时间，那么倒退 508 年就是公元前 1625 年，也就是夏朝灭亡的时间，这样就与修正后的锡拉火山爆发的年份，即公元前 1628 年，十分契合。

在 1984 年—1987 年间，彭凯文和他的同事们提出了更多的证据，来证明锡拉火山爆发的年份是在公元前 17 世纪晚期或 16 世纪早期。

285

重新判定的锡拉火山的爆发时间

到了 1986 年，放射性碳的数据、来自美国和爱尔兰的树木年代学数据、来自中国的证据，加上事实上埃及第十八王朝期间没有迹象显示出现过火山爆发，在我看来已经可以充分证明锡拉火山的喷发时间是公元前 1628 年，而不是公元前 1500 年或公元前 1450 年左右。我这样说的主要原因是，较晚的时间界定只是基于这一时间段与弥诺斯衰败之间的脆弱联系。正如我在第一卷的绪

44　Keightley（1983, p. 525）. 同时参见考古学家高明 1985 年写给彭凯文的个人通信，引用于 Pang（1987, p. 146）。

45　*Mencius*（《孟子》），VII. 2. 38.

46　Pang（1987, pp. 144-6）；Pang, Espenak, Huang, Chou and Yau（1988, p. 10）.

言中所写到的：

> 这次灾难的巨大规模允许我对通常反对的"默证"做一次例外的对待。但是，我承认这一类论证本质上是虚弱的。而且，树木年代学、碳和"中国"日期都可以被质疑。尽管如此，既然公元前 15 世纪的日期极端没有说服力，四项证据加起来使公元前 1626 年看起来要可信得多〔我现在认为这是在公元前 1628 年〕。[47]

虽然我认为这种论说在逻辑上无可辩驳，但我仍然有所忧惧，因为从感情的角度来说，我又怎能去质疑这么多学者考虑多年才得出的观点呢？要知道他们是耗费了整个学术生涯去研究这一问题以及其他类似的问题。在这方面，正如围绕着第一卷的出版发生的很多事情一样，我是非常幸运的，因为学术界原本一直认为锡拉火山爆发于公元前 15 世纪，但是这一观点终于在1987 年崩溃了。

最早向该学说开炮的是菲利普·贝当古，他收回了对传统观点的认同，也不再谋求放射性碳测年结果与传统观点的调和。他指出，"如果大量的年代数据是均衡的"，那么围绕火山爆发时间出现的任何可能的失真都会得到克服，而锡拉火山爆发的情况就是这样。而且，他彻底摒弃了模糊不清而又据信会导致数据失真的"岛效应"。[48] 他继续指出，由于更新了火山爆发的时间，重新划定陶器时期的周期也就变得必要，而这并不会与埃及王朝或黎凡特陶器的同步性相冲突。

贝当古遇到的唯一困难来自刻有希克索斯王朝统治者基安（Khyan）名字的石头盖，阿瑟·埃文斯声称这个石盖是在克诺索斯的弥诺斯中期三段的地层中发现的。贝当古接受了这位法老出现在公元前 17 世纪中期或晚期的时间界定，但他新给出的一系列年代将弥诺斯中期三段的结束时间定为公元前 1700年，二者无法协调。[49] 不过贝当古比较幸运。由于埃文斯所考察的地层地质复杂，挖掘数据存在不确定性，所以他发表的数据受到了印欧语言学家伦纳

286

47　第一卷，第 42—43 页。

48　Betancourt（1987, pp. 45-6）.

49　Betancourt（1987, p. 46）.

德·帕尔默和波默朗斯的质疑。[50]

为了回应贝当古的论点，彼得·沃伦维护了埃文斯的学说，批评其他学者对埃文斯给出的石盖年代的攻击具有偏见。（这里我要说的是，其实这个问题并不像他们所想的那样严重，因为这位希克索斯统治者的统治时间完全可以在数十年的范围里进行校正，这就使基安很有可能处在弥诺斯中期三段时期。）沃伦针对放射性碳测年结果提出的质疑只是，对短寿命的样本进行校正，去除那些偏离很多的数据后，得出的时间大约有 1σ（从公元前 1620 年到公元前 1520 年）的标准误差，但是标准误差为 2σ 则更为合理一些，这样锡拉火山爆发的时间就应该在公元前 1670 年到公元前 1510 年之间。[51] 然而，沃伦就这一范围中距离现在较近的时间点所给出的证明被削弱了，这不仅因为他没有把树木年代学的证据考虑在内，而且他自己也承认，来自希腊克里特岛米尔托斯-皮尔戈斯（Myrtos-Pyrgos）的迈锡尼文化后期一段 B 地层的一系列短寿命样本显示出应采用更高位的年表。[52] 因此，他并不能应对贝当古的挑战。事实上，当时的主流观念命运已定，贝当古重新开启了关于放射性碳测年法的争论，而来自另外一个截然不同的学术领域的证据很快就使这场争论更加激化。

数十年来，学者们在研究格陵兰岛冰盖上每年夏天融雪后随之而来的冬季降雪时，一直在尝试复制树木年代学的研究方法。四季更迭，产生出不同的冰层，为研究早期气候变化提供了独立的信息。这里有三个不同的参数：放射性同位素组成、粉尘含量和酸度。

十多年来，以地球物理学家哈默（C. U. Hammer）为首的丹麦团队一直致力于研究从格陵兰冰层上钻取的冰芯。1980 年，他们发表了一篇文章，宣布他们通过对北格陵兰岛冰芯的研究发现，锡拉火山的爆发时间是公元前 1390 年左右。[53] 这个结论几乎与所有研究得出的结果相悖，只有波默朗斯支持这种观点，因此，学界对这项研究几乎没有给予任何关注。

1987 年，哈默和他的同事们发表了一篇新的文章，放弃了以前的观点。

50　Palmer（1969, pp. 63-4），Pomerance（1984）. 埃文斯得到了胡德和黑尔克的支持，尽管黑尔克认为弥诺斯中期三段开始于公元前 1610 年。见 Helck（1979, pp. 48-9）。关于这个盖子和其语境的更多参考文献，见 Cline（1987, p. 31）。

51　Warren（1987, pp. 209-10）.

52　Warren（1987, p. 210）.

53　Hammer, Clausen and Dansgaard（1980, pp. 230-5）.

他们使用了从格陵兰岛南部取得的新冰芯，这比北格陵兰岛的冰芯更为合适，因为它们含有更多的夏季融冰，而且对北半球大气层的重大变化的反应也更加灵敏。他们发现在公元前 1644 年出现了一个酸度峰值，并将这个结果与贝当古的放射性碳测年结果以及自己的证据联系在一起，得出了 1σ（公元前 1630 年—公元前 1530 年）和 2σ（公元前 1675 年—公元前 1525 年）的加权平均值。较长波段的结果符合他们提出的火山喷发出现在公元前 1645 年和下一年出现酸度峰值的结论。他们估计标准偏差在 ±7 年，而误差范围在 ±20 年。[54]

主流理论的回应来自考古学家杰拉尔德·卡多根，他强调了哈默的理论中的一些不确定性，也分析了利用冰芯测年方法得出的公元前 1645 年和树木年代法得出的公元前 1628 年的差别。他承认，有了放射性碳测年法的结果后，把公元前 1500 年作为锡拉火山爆发时间的传统观点已站不住脚，但是由于与埃及的关系，卡多根仍然坚持认为火山爆发于公元前 16 世纪这个时间段，明确反对贝当古的高位年表。[55]

在 1988 年 3 月出版的一期《自然》杂志上，剑桥出身的澳大利亚年轻考古学家斯特尔特·曼宁（Sturt Manning）明确地提出，锡拉火山爆发于公元前 1628 年—公元前 1626 年，他这样反驳认为锡拉火山爆发于公元前 16 世纪的杰拉尔德·卡多根：

> ……并不准确，只有传统的陶器研究才可以支持这种观点，而且，运用传统的考古证据可以得出几种看似合理的相反解释。……三种各自独立的科学技术（冰芯法、树木年代法、放射性碳方法）得出的结果在 3600 年的漫长时间段里只有 30 年的差别，杰拉尔德·卡多根却认为，由于这一差别，这些结果都应该被摒弃。他反而建议我们去接受考古学家主观断定的比这晚一个世纪的年代。[56]

曼宁接着试图调和这三种科学方法。也就是说，他接受了树木定年法，但是认为，之前的科学家们未能去掉一个异常的放射性碳测年时间，如果他们做

54　Hammer, Clausen, Friedrich and Tauber（1987）.

55　Cadogan（1987）.

56　Manning（1988）.

到了这一点，就可以得出标准误差只有 1 σ 的公元前 1675 年—公元前 1609 年，校准范围为公元前 1629 年—公元前 1622 年。他认为，哈默和他的团队所得出的以公元前 1645 年为基点上下浮动 20 年的误差，也符合公元前 1628 年—公元前 1626 年的年份。[57] 哈默和克劳森（Clausen）回应说，他们认为曼宁与之前的学者贝当古、迈克尔一样，急于删除掉异常的放射性碳测年数据，这种做法是不正确的，尽管这样做可以支持他们所判定的较早的年份。问题的关键在于，哈默和克劳森都相信：

> 在公元前 1645 年—公元前 1644 年的冰层中出现的酸度信号显然与一场大规模的火山爆发有关。然而，公元前 1628 年—公元前 1626 年出现的霜冻灾害虽然从统计学意义上来说很有可能与火山爆发相关，但是也有可能是气候条件变化的表现，而非火山爆发所致。我们认为，通过放射性碳或其他方法来获取比我们更精确的年份数据，这种做法显得过于草率。我们之所以要给公元前 1645±7 年这一时间打上问号，原因就在于此。[58]

288

这样的谨慎似乎无可指责。不过，哈默和克劳森在强调自己的方法应居首位时并没有提到，处理冰芯要比木头困难得多，他们在北格陵兰取样冰芯时所犯的错误就可以说明这一点。他们也没有解决这个问题：如果树木年轮学体现出的喀拉喀托效应并非锡拉火山喷发的结果，那么作为半球性事件的其他火山喷发的效应也就不会在别的地方展现出来。他们似乎并不了解贝利和门罗（Munro）对爱尔兰沼泽的橡木所做的研究，该项研究清晰地指向了公元前 1628 年或公元前 1627 年，而非公元前 17 世纪 40 年代。最后，曼宁在提到允许 ± 20 年的估算误差值时，无疑正确地引用了他们的话。

《自然》杂志上的这场争论尚未结束，《考古》（Archaeometry）上也开始了另一场争论。这是在贝当古和他的老同事迈克尔与沃伦之间展开的，英国考古学家艾特肯（M. J. Aitken）则居中调停。在此，支持较早年份的人显然又一次取得了胜利，沃伦唯一获胜的一点就是对基安的盖子的地层位置的确

57　Manning（1988）.

58　Hammer, Clausen, Friedrich and Tauber（1988）. 曼宁（1990）现在在这个问题上开始接受了他们的观点。不过他比以往更相信，放射性碳测年指向的时间是公元前 17 世纪。

定。[59] 于是，到了 1988 年年末时，几乎可以肯定，考古学界已经普遍认同锡拉火山的喷发时间是公元前 17 世纪晚期，确切地说或许就是公元前 1628 年。[60] 在 1989 年，支持锡拉火山于公元前 1628 年喷发的北爱尔兰证据得到了来自爱尔兰、英国和德国的新材料的证实。[61]

重新确定年份的意义

我之所以要详细叙述这场有关锡拉火山爆发时间的争论，是出于以下三方面的原因：首先是表明锡拉火山的确在公元前 1628 年喷发，这是极为重要的；其次是想揭示将假说具体化的危险，以及既定的学术观是以什么样的方式如此成功地长期捍卫其地位；第三是要说明，公元前 1500 年和公元前 1450 年这两个时间点是如何嵌入整个年表结构中的，这一结构实际上是捍卫正统思想的最有效的手段。如果确立了更早的年份，那么我们就需要重新考虑青铜时代晚期的年表，所涉及的不仅是爱琴海地区，而是整个地中海东部盆地。

实际上，在新的年代被提出之前，就已经出现了把这一时期的年代提前的趋势。1980 年，埃及学家巴里·肯普、澳大利亚外交家和塞浦路斯考古学家罗伯特·梅里利斯在所涉范围广泛的研究课题《公元前两千纪埃及的弥诺斯陶器》(*Minoan Pottery in Second Millennium Egypt*) 中已经开始这样做了。他们在书中提出，基于与埃及新王国时期的共时性，克里特的弥诺斯文化后期一段 A、一段 B 和二段的陶器时期时间应该比此前的传统看法提前大约 75 年。就如我之前提到过的，在这一年表中锡拉火山的喷发时间就可以是公元前 1628 年，因为锡拉火山是在弥诺斯文化后期一段 A 期间喷发的，而在这种年表中，这一时期的时间并非传统所认为的公元前 1600 年到公元前 1500 年，而是从公元前 1675 年—公元前 1650 年到公元前 1600 年—公元前 1575 年之间。

我在写于 1986 年的本书第一卷的绪言中讨论过，我们有必要将弥诺斯文化后期一段 A 的开始时间定在公元前 1628 年，并且我谨慎地将这一时间段提前到公元前 1650 年—公元前 1550 年。同时，贝当古更加大胆地把这一时期的

---

59 Aitken（1988）; Michael and Betancourt（1988a, b）; Warren（1988）.

60 Colin Renfrew，私人通信，剑桥，1988 年 12 月。

61 Baillie（1989b）.

时间提前了大约一个世纪。我相信肯普和梅里利斯的说法，在某种程度上也受到了贝当古观点的激发，因此现在我已经修改了我划定的年代，把年份提前，尽管我所划定的年份通常比贝当古、肯普和梅里利斯的年份要晚。[62] 这也解决了此前让我困惑的一个问题，那就是，在迈锡尼文化后期一段 B 时才出现在陶器上的各种图案，例如表示水的抽象符号，却在锡拉火山爆发之前的壁画中就已经出现了。[63] 如果弥诺斯文化后期一段 A 被视为从公元前 1675 年到公元前 1600 年，那么在公元前 1626 年之前绘制的这些图案就应该属于 "成熟的" 弥诺斯文化后期一段 A 时期。

　　如同前面提到过的，在确定带有希克索斯法老基安的名字的盖子的年代时，传统主义者胜过了放射性碳测年结果的支持者，埃文斯声称这个盖子是在克诺索斯的弥诺斯中期三段的地层中发现的。贝当古、肯普和梅里利斯分别认为这一陶器时期结束于公元前 1700 年或公元前 1675 年—公元前 1650 年，而传统的编年将基安的统治时间定为公元前 17 世纪下半叶。激进者试图避开这种分歧，通过依循帕尔默和波默朗斯不牢靠的研究结果以否定埃文斯经过深入考虑给出的地层学结果。这在我看来是处理问题的错误途径。我们现在必须考虑到埃文斯判定的年代的合理性和传统上划定的基安的统治时间的合理性。我相信，尽管埃文斯的结论仍然允许存疑，但是要比现在给出的希克索斯时代的年表更加可靠。

锡拉和卡利斯提

　　根据希罗多德的说法，锡拉原本被称为卡利斯提（Kalliste）。当时在此定居的是腓尼基的孟布利阿罗斯（Membliaros），在此之后过了 "八个世代"，后来的殖民者，卡德摩斯的拉科尼亚人（Lakonian）或腓尼基人的后裔锡拉斯（Theras），才占据了这个地方，锡拉的名字就由此而来。[64] 名称 Membliaros 的闪米特渊源会在下面讨论。Kalliste（卡利斯提）这个词可能只是表示 "最美丽" 的意思，就像台湾岛的另一个名字 "福尔摩沙"〔（Formosa）这个葡萄牙语单词的意思是 "美丽的"〕一样，这个名称实在是太适合这个富含火山土壤的地

290

62　见图表 1。

63　参见 Morgan（1988, pp. 166-7）的讨论。

64　Herodotos, IV. 147.

方了。这个词也可能与仙女卡丽丝托有关，这个名字的含义会在第四卷中讨论。对于岛屿的名字从卡利斯提变成锡拉，一种可能的解释就是，在火山爆发后岛屿的外观发生了变化。

Thera，或者更准确地说是 Thēra，传统上被认为是源自 thēr-（野兽，猎物），后者又有可能源自传统上被表示为 *ghwēr 的重构了的原始印欧语形式，对此我们并不确定。[65] 不过，名字 Thēra 并没有出现在 B 类线形文字泥板中，尽管词语 Qerajo（Qera 的他）的确出现了。在这个基础上，迈锡尼语言学家约翰·查德威克认为，Thēra 来自圆唇软腭音 *Qʷera。[66] 第三卷会讨论到，虽然以 q- 开头的一系列符号原本代表圆唇软腭音，但在这一系列音消失之后它们被用来标示这些音所转化成的唇音、软腭音或齿音。而后我们面对的就是 *Qʷēra 的起源和意义，通常的解决这个问题的方法是简单的，但是细节非常复杂。毫无疑问，在公元前两千纪的地中海东部地区，存在着一个读成 *kʷer、*qʷer 或 *kior，意思是"壶"或"大锅"的单词。不过，这个词根的起源和发展极难追索。语言学家约翰尼斯·弗里德里希（Johannes Friedrich）曾经研究过腓尼基和安纳托利亚的语言，认为希伯来文的 kiyôr 源自乌加里特语的 kiri。[67] 与此相反，威廉·奥尔布赖特认为，kiyôr 来自阿卡德语的 kiuru，而后者又源自苏美尔语的 ki.ur。[68] 弗里德里希注意到了乌加里特语，这显然是正确的；而最近的苏联学者为原始东高加索语中表示"容器"的词语重构了 *kʷar V 这种形式。[69] 犹太学者亚伦·多尔戈波利斯基（Aron Dolgopolskii）认为，这与乌加里特语（属于东北高加索语，与胡里安语有关，是安纳托利亚东部所讲的语言）和原始印度−赫梯语中表示 *kʷer 的词语都是来自原始闪米特语词根 √qˁr-，后者通常发成 *quˁar 的音，意思是"深的，变成凹形的"。这又被借回到阿卡德语和希伯

65　Chantraine（1968-75, I, p. 436），Pokorny（1959-69, I, p. 493）。这个圆唇软腭音是由单词 phēr 的存在推演而来，在荷马笔下这个词只出现在复数形式 phērsin *(Iliad*, I.268) 和 phēras *(Iliad*, II. 743) 中，其含义是"半人半马怪"，但是后来被视为与 thēr- 同源。这意味着它们都来自一个更早的圆唇软腭音。我认为更合理的是，希腊语的 *phērs（半人半马怪）来自闪米特的 prs（马人），并把 thēr 与印欧语词根 *dēr 或者传统上的 *dhēr 联系了起来。该词根与词根 *deures 或 *dheures 同源，从后者中我们获得了 deer（鹿）和德语的 Tier（野兽）。

66　Ventris and Chadwick（1973, p. 577）。

67　Friedrich（1933, p. 67）。

68　Albright（1942, pp. 151-3, 216）；Ellenbogen（1962, p. 84）。

69　Diakonoff and Starostin（1986）。

来语中，变成了带有一个 k 的 kiuru 或 kiyôr。[70] 这未必可以作为答案，但是这样复杂的方案对于解释看似明显而又不简单的关系是十分必要的。

词根 √qˤr 在亚非语中不限于闪米特语。在埃及语中可以发现 ḳrr 或 ḳr，意思是"洞、洞穴或容器"。而且，还有个词是与义符 ⍟ 写在一起的 ḳrḥt（容器），这与古代的 ⍟（大锅）非常相似，因此 ḳrḥt 可能会用于表示这一意义。[71] 不过，地名 *kʷeraʾThēra 最有可能的来源是迦南语 kûr，这个词具有"熔炼用的锅"或"熔炉"的特定含义。它的发音很可能是 *kʷer，对此将在第三卷进行讨论。

291

对于一座以火山口为主要特征的岛屿来说，"熔炼用的锅"似乎比"野兽"更适合充当岛屿的名称。如果存在来自闪米特语的借词，那么借用就发生在希腊语的圆唇软腭音分解之前，人们通常认为那是在公元前 16 世纪或公元前 15 世纪。上面提到过，到了公元前 13 世纪时，克诺索斯和皮洛斯都有了文字泥板（对此我会在第十章中有所讨论），而 Qerajo 已经被读成了 *T(h)eraio。

要重构火山爆发前岛屿的形状是不可能的，不过在那时，巨大的火山口可能是岛屿的重要特征。如果借词是在火山爆发之后才发生的，那么我们新判定的公元前 1628 年这一年，就可以容许以火山口为岛屿命名发生在火山爆发之后、圆唇软腭音分解之前。这也支持了这一观点：这座岛屿在火山爆发之前被称为"最美丽的"，也就是希腊语中的 Kalliste。

《出埃及记》中关于火山的典故

在接下来的几节中我要探究的是一系列传说，它们似乎提到了锡拉火山爆发。在《黑色雅典娜》的大部分内容里，我都试图利用神话和传说来解读历史事件和进程。这里我想逆转方向，用已知的、有数据可考的事件来解释神话和传说。这些事件包括锡拉火山爆发、希克索斯人受到驱逐和海洋民族的入侵。这一过程本身就趣味盎然，而且有助于评估古老传说的历史可信度，确定是否可以在历史和考古证据不足的情况下利用这些传说来重构历史。

我在前面提到过，波默朗斯的观点是，《出埃及记》中的一些段落提到了

70　Dolgopolskii（1987, p. 5）.

71　埃及语中也有 ḳwr（矿工，挖洞）。世俗体 gwri 和科普特语 kour（枢纽，门底部钻的孔）强化了这一观点：它在埃及语中的发音通常要加上一个 u。

292

锡拉火山爆发。但是他并非唯一持有这种观点的人。[72] 毫无疑问，就如同他所指出的，《出埃及记》中的一些段落的确显得与"火山"密切相关。例如，在耶和华与摩西加诸埃及的七种灾难中就包括："黑暗笼罩着埃及的土地，触手可感的黑暗……三天里埃及遍地漆黑一片。"[73] 在像锡拉火山这样的大规模喷发后，像埃及这样的距离范围内很可能会感受到这种影响。第二处涉及"火山"的内容同样令人印象深刻：

> 他们［以色列人］从疏割（Succoth）起行，在旷野边的以倘（Etham）安营。上帝为他们领路，日间在云柱之中……夜间在火柱之中。[74]

这也是在锡拉火山那样的喷发后从很多英里之外都能看到的情景。不过问题是，三角洲东部距离锡拉有 500 英里远，而地球表面的曲度使人们不可能在这么远的距离上看到烟柱。[75] 这样，尽管这一传说最早的叙述者显然了解这一现象，但是并没有什么能把这一段落与锡拉具体地联系起来。实际上，在《圣经》的记述里，上帝总是居住在火和云之中，而不限于《出埃及记》这一部分。[76] 另一方面，我在第四卷中也会谈到，尽管耶和华与他的子民约定，只要他们表现良好就会善待他们，而他也的确表现得较为平静良善，但是耶和华在整体上就和塞特、雅姆、波塞冬一样，是不可预测的毁灭之神，尤其是与火山爆发引起的混乱有关。所以，这些叙述是很符合耶和华的形象的。

波默朗斯认为，最能暗示火山爆发的篇章是关于毁灭法老军队的：

> 耶和华驱使强劲的东风，使海水一夜之间退去，海床就成了陆地。海水分开，以色列人下到海中走在干燥的地上，海水在他们的左右作了墙垣。埃及人追赶他们，法老所有的马匹、车辆和军队都跟着下到海中。到了清晨，耶和华从云和火中向下观望……天一亮海水复归原位，埃及人避开水

72　波默朗斯引用了前人的话作为证据（1970, p. 19）。之后埃及学家戈迪克也加入了支持这一看法的行列。参考本章注释 80。

73　Exodus 10. 20-3.

74　Exodus 13. 20-1.

75　Pomerance（1970, p. 19）并没有注意这个问题。

76　例如，Exodus 3.2, 19.18, 34.5, Deuteronomy 4.24, 9.3 和其他很多地方。

逃跑，但是耶和华把他们推翻在海水中。[77]

　　摩西为庆祝胜利所唱的歌，即或没有体现出这一文本，也显示出这一意象极其久远。这首歌被公认为是非常古老的，其中包括下面的句子：

> 你发出怒气，海洋聚起成堆，
> 大水直立如岸，
> 远处深深的海水凝结……
> 你叫风一吹，大海就把他们淹没。[78]

293

　　尽管歌中并没有直接提到在上面段落中出现的海水分开，就像作为火山爆发属性的两道烟柱一样，但是摩西所唱的这首歌的词作者，非常有可能了解**海啸**的情形。在这里，最有可能发生的海啸就是锡拉火山爆发引起的，我们在前面也看到，几乎可以肯定海啸确实席卷了下埃及的沿岸地区。[79] 而且，如果可以信赖《圣经》中的记录，那么就肯定存在火山爆发与火柱和云柱之间的联系。另一方面，如果我们认可锡拉火山爆发是在公元前 1628 年，那么这首歌也肯定是在若干个世纪之后写出的，因为其中提到了非利士，它是在公元前 13 世纪末海洋民族第一次入侵后才出现的。

　　正如波默朗斯和其他人所指出的，这给一些学者造成了困难，比如埃及学家汉斯·戈迪克（Hans Goedicke），他试图使以色列人出埃及与锡拉火山爆发的时间相一致，将其定于公元前 1450 年或公元前 1500 年。[80] 把出埃及的时间定为公元前 13 世纪末，这也为那些重视埃及人提到的所谓的"以色列石碑"

77　Exodus 14. 21-8.

78　Exodus 15. 8-10.

79　见本章注释 8。

80　Pomerance（1970, p. 19），Khramalkov（1981, p. 52）. Goedicke（1986, pp. 40-1）解读了《莱因德纸草书》（*Rhind Papyrus*）背面的一条注释，其中提到了"塞特的声音"，接着第二天伊希斯的天空坠落。这些现象发生在不知名的法老统治的第 11 年，戈迪克认为这位法老是阿赫摩斯（Ahmose），埃及第十八王朝的首任统治者，他采取了低位年表，认为阿赫摩斯的在位时间是在公元前 16 世纪下半叶。"塞特的声音"，以及与伊希斯有关的事件，确实暗示着火山活动的结果，包括出现爆炸的声音，第二天火山灰纷纷落下。他指出，这不可能是表示正常的献给神灵的补充的或多余的几天。但是这一段落非常晦涩，我会在下一章（注释22）的讨论中指出，第 11 年更有可能与希克索斯法老阿波比的统治时间相契合，通常认为《莱因德纸草书》是在他统治期间被复制的。不论如何，戈迪克的假说受到了重新界定的锡拉火山爆发时间的影响。

（Israel Stela）的学者带来了困难，因为这一石碑出自公元前 1219 年第十九王朝法老麦伦普塔赫（Mereneptaḥ）统治期间。在这里，以色列这个名字明确指向了居住在巴勒斯坦的一个民族，但根据大多数的传统年表，以色列人此时刚刚开始迁出埃及。[81] 因此，他们出发的时间肯定要比这更早。为了与此相协调，奥尔布赖特等学者试图说明，出埃及发生在公元前 13 世纪中期以前。[82] 如果能够像波默朗斯那样既接受主流的《圣经》中的记述，同时也把公元前 12 世纪作为锡拉火山的喷发时间，那么提到非利士当然就不是问题了。[83]

我倾向于认为，《出埃及记》这一传说的基础，是关于埃及人所描述的驱逐希克索斯人的零散的民间记忆。（出埃及和希克索斯人被逐之间的关系将在下两章里进一步讨论。）不过，即使如此，把这些政治事件与锡拉火山爆发及其引发的海啸联系在一起也是不可行的，因为希克索斯人被驱逐的时间最早是公元前 16 世纪 70 年代，这距离锡拉火山爆发已经过了 50 多年。[84]

总之，这些描述的性质的确显示出，《出埃及记》的传说包含了有关锡拉火山爆发的记忆。而且，似乎这些记忆在某种程度上与民间关于希克索斯人被逐出境的记忆融合到了一起。不过，这些描述并没有形成连贯的传说。例如，"触手可感的黑暗"与在埃及发生的其他六种"与火山喷发无关的"灾难并列，而且我们似乎也没有理由去尝试把锡拉火山爆发与被驱逐／出埃及过于紧密地连结在一起。

294

孟布利阿罗斯与无边的黑暗

我们会在后面各章中看到，以色列人不是唯一与锡拉相关的讲迦南语的人。不过，这里我们关心的是那些可能指向火山喷发的传说，其中一些在西闪米特的传说中保留了下来。我在前面提到过希罗多德的这一段落：

这个岛屿被称为卡利斯提，上面居住着腓尼基人波伊基勒斯（Poikiles）

81　关于这篇文本关键段落的翻译和讨论，见 Gardiner（1946, p. 46 and 1961a, p. 273）。同时参考本书第八章注释 148。

82　Albright（1957, pp. 255-6）.

83　参考 Pomerance（1970, p. 20）。

84　第一卷，第 107 页。

之子孟布利阿罗斯的后代。阿革诺耳之子卡德摩斯在寻找欧罗巴时途经此地，或许是由于他喜欢这个地方，或许是出于其他原因，他在这里留下了一些腓尼基人，其中就有他的亲人孟布利阿罗斯。[85]

迈克尔·阿斯特曾指出，就如 Theras（锡拉斯）显然是 Thera（锡拉）这一地名的由来一样，Membliaros（孟布利阿罗斯）显然来自地名 Membliaros 或 Bliaros（布利阿罗斯），也就是距离锡拉最近的岛屿阿纳菲（Anaphe）的旧名字。他表示，Bliaros 这个形式使得 Membliaros 不可能像有人说的那样源自 memblomai，即 melô（照顾）的从属中间形式，因为这在任何情况下从语义上看都是非常不合理的。相反，他提出，这 "是乌加里特语或古腓尼基语的 mêm bli-ʾår（没有光的水）或更短的 bli-ʾår（没有光，黑暗）的非常准确的音译"。[86] 雅利安主义者维安反对阿斯特的假设，因为 mêm bli-ʾår 没有得到证实。不过，阿斯特回应称，西闪米特语的记录非常不完整，而毕布勒的斐洛的宇宙生成论充满了已知词语的未知组合。[87] 斐洛是公元 1 世纪和 2 世纪的腓尼基人，据说他当时在翻译古代腓尼基的资料，这是很可信的。对阿斯特的反驳还包括，这个地名在讲迦南语的黎凡特并不存在，在爱琴海也没有以类似的借用短语表示单独的名字的情况。阿斯特对此并没有回应。

无论如何，语音上的配合是极佳的，与腓尼基语的联系也是明显的。阿斯特进一步引用了公元前 3 世纪的罗得岛的阿波罗尼奥斯的说法，我们在上一章中讨论过他的内容丰富的《阿尔戈英雄纪》。[88]

他们立刻迅速穿过宽阔的克里特海，然而夜晚令他们恐惧，他们称这个夜晚为无边的黑幕：星星和月光都无法刺破这黑暗，只有黑色的混乱自天而降，偶尔会有其他类型的黑暗从最遥远的深处升起。[89]

阿尔戈英雄们呼唤着阿波罗，从而逃离了黑暗。

85　Herodotos, IV, 147, trans. de Selincourt（1954, p. 319）.

86　Astour（1967a, p. 114）.

87　Astour（1967a, p. 389）.

88　参考本书第六章注释 42—54。

89　*Argonautika*, IV. 1694-98. Seaton, 1912, pp. 408-11.

很快啊，勒托（Leto）之子，你很快听到呼唤，从天空来到大海中的墨兰托（Melantian）礁石上。你从双子峰中的一座跃起，右手把你的黄金弓箭高高举过头顶，弓箭的炫目光芒照彻四周。……黎明立刻升起，带给他们光明，他们在荫凉的林中为阿波罗建起堂皇的居所，还有荫凉处的祭坛，呼告带来光明［Aiglētēs］的福玻斯（Phoibos），因为那光芒从远处就可见到，那荒岛被他们称为阿纳菲（Anaphe），因为福玻斯把它呈现给那些混乱困惑急需帮助的人。[90]

这里提到的阿纳菲岛，可以得到铭文证据的支持，斯特拉博也表明，在岛上存在阿波罗膜拜。[91]

阿斯特指出，阿波罗的弓与大洪水后诺亚看到的照亮世界的云中之虹具有相似性。[92] 他主要关注的是，在对孟布利阿罗斯和"无边的黑幕"的描述中有哪些与《圣经》和其他迦南的宇宙起源论的描述相对应。在《圣经》中，世界开始之前是这样的：

地是空虚混沌，渊面黑暗，强大的风吹过水面上。上帝说，要有光，于是就有了光。[93]

几乎可以肯定的是，阿斯特讲明了他的观点，而且，不仅孟布利阿罗斯的名字，还有围绕着岛屿的传说，都展示出西闪米特的宇宙生成论。（在第四卷，我会探讨后者与埃及的宇宙生成论的相似性和某种程度上的渊源。）不过，阿斯特未能解释，为什么这些希腊神话会集中在克里特北部的锡拉和阿纳菲周围。原因似乎在于这里存在着对锡拉火山爆发的记忆。因此，关于孟布利阿罗斯和不见星月的无边黑暗的描述，既象征着创世之前的混乱，也记录了公元前1628年锡拉火山爆发后火山灰遮天蔽日的情形。

90　*Argonautika*, IV. 1706-18. Seaton, 1912, pp. 411-13.

91　Farnell（1895-1909, IV, 365）, Strabo, X.5.1.

92　Genesis 9.11-14.

93　Genesis 1.2.

亚特兰蒂斯的神话

第一卷里提到过，柏拉图记录了雅典政客梭伦与埃及祭司的对话。[94] 之所以会注意到这段内容，不仅是因为其说明了雅典娜和奈斯以及她们 / 她的城市雅典和赛斯的特征，还因为其中提到了老年祭司在开始陈述时所说的"梭伦啊梭伦，你们希腊人总是小孩子，在希腊没有人能成为老人啊"。当梭伦询问这是什么意思时，祭司继续说道：

296

> 你们的心灵都是年轻的，你们每一个人都是这样。因为你们中没有任何基于悠久传统的古老观念，也没有上了年岁的科学知识。这就是原因：过去和将来都有很多次人类的毁灭，最严重者是火灾和水灾导致的毁灭，其他次要的灾难就数不清了。

祭司继续理性地讲述了有关法厄同（Phaeton）和赫利俄斯的神话，谈到那时天体偏离了轨道，导致大地上发生大火，造成了毁灭。[95] 他继续说道：

> 那时生活在山上和较高的干燥地方的居民比生活在河流或海洋附近的居民遭受了更彻底的毁灭，可是我们有尼罗河，它以其他方式保护了我们，在这场灾难中，尼罗河泛滥起来，从而解救了我们。另一方面，当神灵用洪水清洗大地时，山上的牧羊人和羊群能够得以幸免，但是你们那里的城邦中的居民被洪水卷入海中……留给你们的只是未开化的野蛮状态，因此你们就永远年轻，对古时候发生在你们土地上的事情一无所知。

94　第一卷，第 107 页。

95　奥维德（Ovid）的 *Metamorphosis*, I.755—780 对此讲述得最为完整。关于这一神话的详细概述，见 Ahl（1985, p. 394）。神话叙述的是，赫利俄斯（太阳）的儿子法厄同驾走了父亲的太阳车，但是他无力控制拉太阳车的马沿正常路线行驶，太阳车先是升得太高，大地骤然变得冰冷，而后又降得太低，把大地都烤焦了。宙斯只好放出雷电击死了法厄同，他从车上摔落到地面。如同埃及祭司所说的，这个神话的实质是对异常的气象现象的解释。Phaethōn 的名字似乎来自复杂的埃及-希腊双关语。Phaethōn 可能来自希腊词根 phae-（照耀），被荷马用来修饰赫利俄斯（太阳）。不过，神话中的法厄同似乎也来自一系列埃及语的称号。首先是 P3 idn(w)，或世俗体 P3itnw（代表，代理人，副手）。pha- 源自 p3，这也表现在来自 P3 rnnwt 的月份名称 Pharmuthi 中。第二个称号也作为故事的一个特点出现，就是 P3 itn，可能衍成带元音的 *pa ˀatun（太阳轮）。第三个是 P3 itn（对手或敌人）。最后是在科普特语 e-p-itn 中发现的短语，被名词化为 epitn（通向下方的空间）。于是这个希腊神话就似乎完全包含在这些词根的互动之中。

在对希腊传统表现出轻蔑态度之后，他继续说：

梭伦啊，在这洪水带来的特大毁灭之前，现在称为雅典的城邦在战争中是最英勇的，在治理上和其他方面也是无与伦比的。[96]

在详细讲述了古代雅典的荣光之后，祭司继续说：

在我们的记载里提到，你们的城邦曾经阻挡了一支强大的军队，他们来自大西洋的遥远一端，不可一世地攻击了整个欧洲和亚洲。那时的大西洋是可以航行横越的，因为在那被你们希腊人称为……"赫拉克勒斯之柱"的海峡入口前有一座岛屿，利比亚和亚洲加到一起还没有它大，那时的旅行者可以从这里抵达其他一些岛屿上，再从那些岛屿航行前往大西洋彼岸。我们这里所拥有的，在我们所说的海峡入口之内，显然就是有着狭长出口的小海湾；真正的海洋则在远方，围绕着海洋的土地从最适合与最完整的意义上看，应被称为大洲。现在，在这名为亚特兰蒂斯的岛上崛起了具有强大势力的国王联盟，他们首先统治了整座岛以及其他许多岛屿和大洲的一部分。在我们的海峡内，他们统治了利比亚，势力扩展到了埃及，对欧洲的统治远至托斯卡纳（Tuscany）。因此这股势力集中力量，企图一举奴役你们和我们的国家，以及海峡内的所有地区。此时，梭伦啊，你们的城邦向全人类展示出了你们有多么英勇无畏……它使那些尚未被奴役的国家免遭奴役，并且毫无保留地解放了我们所有居住在赫拉克勒斯之柱内的民族。但是后来发生了频繁的地震和洪水，可怕的一日一夜降临到人们头上，你们所有的勇士都被大地吞噬了，亚特兰蒂斯岛同样沉入海底，就此消失了。[97]

一名德国作家最近估计说，涉及柏拉图的这些篇章的各类作品有两万多种，其中包括七千本图书。[98] 因此，即使我们希望能这样做，我们也不可能全

96　Plato, *Timaeus*, 22-3, trans. Bury pp. 33-5.

97　Plato, *Timaeus*, 24-5, trans. Bury pp. 41-3.

98　Steuerwald（1983, p. 11）。

面考虑到所有关于亚特兰蒂斯的二手资料。由于这些原因，我这里的讨论仅限于近期关于这一主题的学术著作和重要资料。

或许从柏拉图的学生亚里士多德开始，上述的故事就被视为是不符合史实的神话，在19世纪40年代的乔治·格罗特的时代，这种怀疑的传统更是根深蒂固。[99] 另一方面，也有其他一些人相信这个故事完全是真实的。[100] 不过，大多数著作采取的态度都处在这两个极端之间，或者在极端的观点间摇摆犹疑，或者认为神话中有一些历史真实性，尽管历史远非柏拉图重述这个故事的唯一原因。

在这个问题上我属于温和的多数派。我相信，这一叙述并不能成为独立的历史事件。另一方面，叙述中显然有一部分内容确实提到了真实的地点和事件，问题是如何确定这些内容。

爱尔兰古典学者约翰·卢斯（John Luce）建构了强有力的论证，认为梭伦的确在公元前600年后不久去到了埃及，他可能有名叫柯里西亚斯（Kritias）的一个侄子和一个曾侄子，后者出现在了柏拉图的对话录中，也是这位哲学家的曾祖父。这非常符合柏拉图借柯里西亚斯之口说出的话语。因此，尽管在梭伦的访问和柏拉图完成对话录之间有两百多年的时间差，但是柏拉图很可能是借用了一个家族的传说。不过，如同卢斯所指出的，柏拉图也可能是在自己出游埃及时获得了更多的信息。[101]

298

亚特兰蒂斯和“大西洋”

无疑，柏拉图提到“大西洋”（Atlantikon Pelagos）时，所指的就是我们今天所说的大西洋。这是因为，柏拉图清楚地表明它位于赫拉克勒斯之柱，也就是直布罗陀海峡以外。从地理上看，同样清楚的是，比“利比亚［非洲］和亚洲加到一起”还要大的那座岛，并不是位于大西洋中间消失在如今的大西洋海底山脊处的大陆。

99　Ramage（1978, pp. 23，32-3）.

100　完全相信故事真实性的传统，可以追溯到柏拉图的第一个评论者 Krantor（公元前335年—公元前275），这一点可参考 Ramage（1978, pp. 23-45）。在1987年，美国学者玛丽·塞特加斯特（Mary Settegast）在一本制作精美的书中阐明了同样的态度。

101　Luce（1978, pp. 76-7），极端怀疑论反对把柏拉图的故事和锡拉火山爆发的事实联系起来，雅利安主义的古典学者相信，Fredericks（1978）把二者结合到了一起。

另一方面，学者们在哥伦布发现新大陆之后很快就认为，亚特兰蒂斯可能是美洲。[102] 在第一卷中，我考虑了非洲与墨西哥从公元前一千纪开始接触的可能性。[103] 我们也从希罗多德那里得知，法老尼科［（Necho）公元前610年—公元前595年］雇佣的腓尼基人曾周游非洲，以及公元前5世纪时迦太基人曾沿着西非海岸一直航行到几内亚湾。[104] 因此，像葡萄牙航海者卡布拉尔（Cabral）在公元1500年那样避开非洲海岸的风浪在巴西登陆的可能性是很大的。所以我看不出有什么理由去认为，到了柏拉图所在的公元前4世纪早期，或者梭伦所在的公元前6世纪晚期，博学多闻的埃及人会不了解美洲。

虽然，从一方面看，柏拉图所说的大西洋就是现在的大西洋，大洋中的巨大岛屿可能是美洲，但是从其他方面看，它们之间显然又无法等同。我们很难相信，美洲的"国王联盟"会统治包括埃及在内的非洲地区和包括托斯卡纳在内的欧洲地区，也不可能有人严肃地想象出美洲"被大海吞没"。

我会回到这些问题上，也会重新探讨亚特兰蒂斯和锡拉之间的关系。但是在此之前，先探究一下希腊语词根 Atla- 的来源和意义，对我们会有所帮助。

亚特兰蒂斯、阿特拉斯和阿特拉斯山脉

有关北非阿特拉斯山脉的名称来源的最广为接受的理论是由法国地理学家维维恩·圣·马丁（Vivien Saint Martin）在1863年提出的，瓦尔特·斯坦豪泽（Walter Steinhauser）则在1936年用恰当的专业语言形式对其进行了表达：他们认为阿特拉斯山脉的名字来源于当地的柏柏尔语（Berber）词语 adrār（山脉）。[105]Adrār只到19世纪才得到证实，但是没有理由认为这不是个古老的词语。尽管斯坦豪泽对原始柏柏尔语单词 *atlār 的重构令人质疑，但是认为 Atlas 源自 adrār，在语音上似乎并没有什么大问题。不过，在语义上还是有一些问题的，因为阿特拉斯山在当地的名称并不是 adrār，而是有时构成复合词 Adrār n

---

102　在书面记录中，最先认为柏拉图的亚特兰蒂斯是美洲的是 Francesco lópez de Gómara，那是1553年（见 Ramage 1978, p. 30），但是这种联系出现的时间肯定比这更早。

103　第一卷，第486页，注释168。

104　Herodotos, IV. 42. 同时参考 Bartolini（1988, pp. 74-5）。

105　Saint Martin（1863, p. 154），Steinhauser（1937, pp. 229-36）。

Deren 的 Deren 或 Durin。[106] 可能就是由于 Deren 这个当地的名字，让斯特拉博在提到这座山时称之为 Duris，普林尼则称之为 Addiris。[107] 在公元前 5 世纪迦太基旅行者汉诺（Hanno）的旅行描述（periplous）中间接提到了阿特拉斯山脉，此后，"Atlas" 这个名字在古代广为流传。[108]

斯坦豪泽认为，巨人阿特拉斯的名字源于地名阿特拉斯。情况可能是这样，但是我们也不能忽视那些很早就得到证实的人名及其神话含义。阿特拉斯这个名字首先在赫西俄德和荷马笔下被证实为提坦或巨人的名字，他把天与地分开，背负起高高的柱子支撑在天地之间。[109] 从这种能力上看，巨人阿特拉斯似乎就源于舒，舒是埃及的干旱之神和大气之神，他把天空之神努特和大地之神给布分开。[110] 有趣的是，在舒和西方之间存在两方面的联系。第一种联系是他的名字𓇓𓏏。𓇓明显是指可能有关联的词语 šwi（空气，空的，自由的）和 šwt，𓆄（羽毛），但是符号𓆄也是利比亚和生活在埃及以西的利比亚人的象征，因为利比亚人似乎会在头上佩戴大支的羽毛。第二种联系是，舒显然与神灵 Tm 有密切关联，Tm 则是傍晚或西方的太阳之神。[111]

最早把阿特拉斯作为地名指称的是希罗多德，但他所指的并不是群山，而是一座锥形的山，山峰总是缭绕着云雾。根据希罗多德的说法，当地的居民被称为亚特兰提斯人（Atlantes），这是因被称为"天柱"的山而得名的。[112] 因此，这个词的原初意义似乎是"世界边缘"或赫拉克勒斯之柱。在关于赫拉克勒斯的十二项使命的神话中有一个故事非常出名，那就是阿特拉斯骗赫拉克勒斯帮他背负苍天，而赫拉克勒斯又骗阿特拉斯重新把天空背到了身上。第二章中已经涉及了阿特拉斯和赫拉克勒斯的对应或关联。在赫西俄德的记述中，已经出现了肩负柱子的阿特拉斯的形象，那些柱子在世界之门处支撑

106　Steinhauser（1937, pp. 233-5）.

107　Strabo, 17.825, Pliny, *Nat. Hist.*, 5.5-16.

108　Hanno, *Periplous*, 7.14.

109　Hesiod, *Theogony*, 509.746, Odyssey, I.52.

110　例如，Evelyn-White（1914, p. 93）。

111　Budge（19o4, II, pp. 85-94）. 在本书第四卷有关阿耳特弥斯的部分，会对 Tm 进行更详细的讨论。关于赫拉克勒斯和舒的联系，参考本书第二章注释 185—190。关于写成 šw 的一组单词，参考本书第六章注释 134—135。

112　Herodotos, IV. 184, trans. de Selincourt（1954, p. 333）. 这会起到一些误导作用，因为希罗多德提到 Atlantes 是根据"群山"命名的，而这个词实际上是单数形式。

起了天空。[113]

300　　巨人和阿特拉斯山脉的关联符合阿塔兰提斯（Atarantes）这个部族名称，根据希罗多德的说法，这个部族居住在非洲西北部的沙漠中，他同时也提到，亚特兰提斯人居住在山区。[114] 总之，Atlas/Atlantis 的来源之一似乎很有可能是柏柏尔语中的 Adrār。

阿特拉斯和海洋

不过，Adrār 似乎不会是名称 Atlas/Atlantis 的唯一来源，因为 Adrār 不能用以解释这个名字的诸多特征。例如，希罗多德用阿特拉斯这个名字称呼多瑙河的一条主要支流，这条河源头的山脉被称为阿特律斯（Athrys）。[115] 这些不可能是柏柏尔语，但是可能来自对立统一（coincidentiae oppositorum）的观念，或者至少是一种基本点的相似性，正如上一章中所讨论过的那样。在某些方面，大西洋和多瑙河在那时都被视为世界的边缘。[116] 阿特拉斯被用作河流的名字，这就加大了 atla 不仅指山脉，而且指"河流"或水域的可能性。这样，大西洋的名字 Atlantic 就不会是源于表示阿特拉斯山脉的 Atlas，相反，可能是阿特拉斯山脉的名字源于大西洋的名字。

至少从赫西俄德和荷马的时代开始，希腊的宇宙生成论就认为阿特拉斯和环绕世界的海洋或河流俄刻阿诺斯之间无疑有密切的关系。赫西俄德认为阿特拉斯是佩勒艾德斯（Peleiades）或普勒阿得斯（Pleiades）的父亲，她们代表风暴中的星辰；其母亲是普勒俄涅（Pleione），她则是俄刻阿诺斯的女儿。[117] 实际上，普勒阿得斯有时被称为亚特兰蒂德斯（Atlantides）。[118] 阿特拉斯也被认为是许阿得斯（Hyades）的父亲，同时也是西方大洋的星星／岛屿赫斯帕里得斯。环绕世界，构成天与地的边缘的"大洋"，似乎更有可能是星座的来源，而非一系列山脉。这似乎尤其符合 Pleiades 的情况，这些星辰从古代开始就被

113　Hesiod, *Theogony*, 746-750. 关于舒和赫拉克勒斯的关系，参考本书第二章注释 198—203。

114　Herodotos, IV. 187-188.

115　Herodotos, IV. 50. Georgiev（1966, p. 134）认为 Athrys 源自日耳曼语 *attel。

116　参考本书第六章注释 66。

117　Hesiod, *Works and Days*, 383, *The Astronomy* frg. 1, trans. Evelyn-White（1914, p. 66）。同时参考 Apollodoros, III. 10。

118　关于这点的学术文献概述，见 Frazer（1921, II, pp. 2-3, n. 1）。

用于导航——希腊语中写作 plein。[119]

　　在荷马看来，阿特拉斯"思想邪恶，了解所有海洋的深度，他自己撑起了高高的柱子，把天和地分开"。[120] 根据荷马的记述，阿特拉斯还是卡吕普索的父亲，后者是生活在遥远海洋中的奥杰吉厄岛上一处洞穴里的女神。另一方面，赫西俄德提到卡吕普索时说她是俄刻阿诺斯的女儿。[121]

　　总的来说，巨人阿特拉斯的主要作用显然是分开天与地。不过，要做到这一点，可以有两种方式，一是通过位于世界边缘的山一样的柱子，一是通过构成两个半球的分界的海洋。从神话的证据来看，他的主要本性似乎与水有关，因此大西洋是主要的，阿特拉斯山脉是第二位的。总之，阿特拉斯-阿特兰托斯与俄刻阿诺斯是对等的。这可以用来解释大西洋和阿特拉斯的名字，因为它们都与世界另一边的多瑙河的支流有关。

301

　　名字 Ōkeanos（俄刻阿诺斯）并没有印欧语词源，通常认为它是来自非印欧语的借词，可能与卡吕普索的岛屿 Ōgygia（奥杰吉厄）有关，第二章中讨论过 Ōgygia 和闪米特语词根 √ʿwg（画个圆圈）以及巴珊国王噩（ʿŌg）的关系。Ōgygia 与那条环绕着世界、将世界与天空分开的大河 / 龙 / 巨蛇 Okeanos（俄刻阿诺斯）的关系，体现在名字 Ōgenos（奥吉诺斯）和 Ogên（奥根）中，前者在公元前 5 世纪早期为神话收集者斐勒库德斯所提及，后者为词汇学家赫西基奥斯提及。[122] 尽管我相信，Ōgygia 还有另一个可能的词源，那就是埃及语的 Wg₃（洪水），但是 √ʿwg 和 Ōgygia 的关联在语音上和语义上都是可能的。[123] 不过，它们之间的联系也只是松散的。

　　另一种可能性是，Ōkeanos 源自苏美尔语中的 *A ki an(u)（天空和地上的水）。[124] 在美索不达米亚的宗教中，大地 ki 和天空 an 的边缘都是水，它们互相平行或相交。[125] 而且，美索不达米亚的宇宙学和宇宙生成论无疑对希腊神学和思想产生过重要影响，其中最相近的形象就是巨蛇一样环绕着世界边缘的海

119　Servius on Virgil, *Georgics*, I. 138.

120　*Odyssey*, I.52.

121　*Theogony*, 359-64.

122　本书第二章注释 35—36。同时参考 Roscher（1884-1937, III, col.816），Onians（1988, pp. 248-50, 315-17）。

123　本书第二章注释 35—36。

124　阿斯特在口头上提出过这点（私人通信，David Owen）。

125　Jacobsen（1976, pp. 168-71）.

洋。[126] 不过，词语 *Akian 未得到证实，因此这一词源是不确定的。

无论如何，Okeanos 都有可能是黎凡特或美索不达米亚的名字。那么 Atla- 会不会只是它在埃及语中的成对词或对应者呢？埃及语单词 itrw 通常被翻译成 "河流"。不论 itrw 是否同印欧语词根 *wet（湿的、流动的）有亲缘关系——印欧语词根 *wet 经常在末尾带有 -r，例如赫梯语中的 wa-a-tar［英语中的 water（水）］，它的语义范围无疑比河流更广。[127] 加上形容词 ⸢3（伟大的），itr(w) ⸢3（大河）也被广泛使用。这个词后来指的是尼罗河三角洲的一条或多条分流。不过，它也用来指 "尼罗河的整个或主要河道"。科普特语形式的 Eiero 或 Iaro 被用来指代幼发拉底河、约旦河之类的其他大河，也包括多瑙河，这从我们的观点出发来看颇为有趣。[128] 来自后期埃及语形式的迦南语借词是希伯来语的 Yᵉôr——到了第十八王朝，itrw 中的 -t- 似乎就被去掉了。与 itr(w) ⸢3 一样，这也被用来表示作为伟大河流的尼罗河以及其他大河。[129]

302 《白日前往之书》更为人知的书名是《亡灵书》。在这本可以追溯到第十八王朝（公元前 1575 年—公元前 1300 年）的灵魂的引导手册中，itrw 的复数形式被用来表示永恒的河流。在后来的年代，人们似乎至少是用这个词来表示环绕着地球的河流或海洋。狄奥多罗斯写道："埃及人用他们的语言谈起尼罗河时说的是俄刻阿诺斯。"[130] 公元 5 世纪时，上埃及作家赫拉波罗（Horapollo）也把尼罗河等同于作为世界创生地的大洋，用**名词**表示就是 "深处" 或 "深渊"。[131] 因此，itrw 或 itr(w) ⸢3 可能指尼罗河或者大洋或者其他的大片水域。

尽管从 itr(w) 或 itr(w) ⸢3 到阿特拉斯-阿特兰托斯的希腊语借词似乎取自河流 / 大洋的含义，但是在两种语言中都存在与任意一种水体混淆的很大可能。因此，尽管没有什么可以证明 itr(w) 或 itr(w) ⸢3 是 W3ḏwr 或 yam 的对等词，但它们很有可能就是这样使用的，因为埃及人用 W3ḏwr 这个名字来表示作为

---

126 Walcot（1966, pp. 27-53）；Onians（1988, pp. 247-9, 316-18）。

127 关于词尾的 -r，情况显然很混乱。参考 Pokorny（1959-69, I, pp. 78-80）。博姆哈德（Bomhard）的解决办法是，推测在印欧语中有两个不同的词干：*hhuer（下雨，播撒）和 *wet（使湿润）。不过他承认，两个词干 "在语义上是重叠的"（1984, p. 121）。除了 itrw 之外似乎还有一个例子，那就是阿拉伯语中的亚非语词根 oued 或 wadi（水道）。参考 Partridge（1958, p. 798）。

128 围绕着这点展开的论述见 Gardiner（1947, II, pp. 156-68）。

129 Ellenbogen（1962, p. 80）。

130 Diodoros, I.96.7.

131 Horapollo, I. 21. 见 Budge（1904, I, p. 284）。

整体的海洋和作为个体的爱琴海，后来又从迦南语的 yåm（海洋）中借用了 yam 这个词。

柏拉图的亚特兰蒂斯与锡拉火山爆发

现代学者经常把柏拉图的亚特兰蒂斯及其在火中的毁灭与锡拉火山联系在一起，现在我们就来看一下两者的关联。[132] 对于将大西洋中的巨大岛屿同爱琴海中的锡拉岛的地理位置相混淆这一点，最可信的解释就是，考虑到 itr(w) 或 itr(w) ⌜3、Atla- 和 Okeanos 的特殊联系，柏拉图对话录中的柯里西亚斯或梭伦认为有必要把消失的岛屿同世界边缘的大西洋中的波塞冬、阿特拉斯和俄刻阿诺斯联系到一起。

在柏拉图的文本中，除了存在大西洋和地中海的地理位置的混淆之外，似乎还存在着时间上的混乱，那是埃及人所说的第二中间期（也就是公元前 18 世纪—公元前 17 世纪）和第三中间期（也就是公元前 12 世纪）的混淆。柏拉图所描述的亚特兰蒂斯国王，加上 itr(w) 的正常含义，看起来很像是那些海洋民族的首领，也就是在公元前 12 世纪初攻打埃及的联盟首领。在拉美西斯三世的著名碑文中提到了这一联盟："至于那些国家，他们在岛屿上进行了共谋。没有哪个国家能够抵挡他们的军队。赫梯、靠德（Qode）、卡开麦什（Carchemish）、阿匹瓦和阿拉什亚（Alashiya）……他们的联盟……"[133] 这看起来很像上面引用的柏拉图的话：

> 现在，在这名为亚特兰蒂斯的岛上崛起了具有强大势力的国王联盟，他们首先统治了整座岛以及其他许多岛屿和大洲的一部分。在我们的海峡内，他们统治了利比亚，势力扩展到了埃及，对欧洲的统治远至托斯卡纳。因此这股势力集中力量，企图一举奴役你们和我们的国家，以及海峡内的所有地区。[134]

303

132　见 Luce（1969, 1978）；Ramage（1978）；Fredericks（1978）。

133　Sandars（1978, p. 119），Astour（1967a, p. 11），同时参考第一卷，第 446 页。

134　Plato（*Timaeus*, 25, trans. Bury, pp. 41-3）. Luce（1978, p. 62）指出了普遍的对应性，尽管他更倾向于认为，这是受到了描绘海洋民族战败的著名浮雕的影响，并没有体现出对文本有任何了解。

上面引用的地理名称进一步显示出一种密切的关联，尽管拉美西斯的碑文中并没有直接提及，但是在海洋民族组成的著名联盟中包括利比亚人，还有来自 Trš 或特沙（Tursha）的人，他们被认为是后来的伊特鲁里亚（Tyrsēnoi/Etruscan）人，这是可信的。[135] 如果柏拉图的文本指的是公元前 12 世纪，而且在海洋民族的入侵与数十年后"多利安人入侵"希腊南部之间存在对应，那么柏拉图关于雅典城邦的描述就是有历史根基的，尽管在他的描述中显然充满夸赞乃至夸张：

> 它是希腊人的领袖，后来其他城邦背信于它，它就孤军作战，历经千难万险，最终击败了入侵者，取得了胜利。它使那些尚未被奴役的国家免遭奴役，并且毫无保留地解放了我们所有居住在赫拉克勒斯之柱内的民族。[136]

根据希腊传说和考古学提供的证据，雅典和阿提卡的确抵抗了多利安人和其他北方民族，并为逃离入侵者爪牙的难民提供了避难所。[137]

但是柏拉图描述的不仅是公元前 12 世纪的情形。在《蒂迈欧篇》的续篇《柯里西亚斯》中，柏拉图提到"那个时期的战争"时，将之与雅典国王凯克洛普斯、厄瑞克透斯（Erechtheus）、厄里克托尼俄斯（Erichthonios）和厄律西克同（Erysichthon）联系在一起。[138] 然而，多利安人入侵时的雅典国王不是他们，而是梅朗图斯（Melanthos）和柯德罗斯（Kodros）。当然，我们并不能确定该对这样的信息重视到什么程度。这些年表，甚至这些国王的名字，都是非常不连贯的，让人无法信赖。不过我已经反复强调过，我认为人们可以从这些传说中筛选出可能具有史实性的内容。

刻于公元前 264 年的帕罗斯碑（Parian Marble）呈现了最完整的古希腊年表，其中凯克洛普斯的统治始于公元前 1582 年，《柯里西亚斯》中提到的其他国王是此后大约一个多世纪里的凯克洛普斯的继任者，这似乎与主流的雅典

135　Gardiner（1947, I, pp. 197-9）.

136　Plato, *Timaeus*, 25, trans. Bury, p. 43.

137　Helck（1979, pp. 146-7）列举了公元前 12 世纪早期发生在迈锡尼、梯林斯和皮洛斯的毁灭。Snodgrass（1971, pp. 28-34）认可了伯罗奔尼撒南部的毁灭发生的时间，但是认为这一时间对于迈锡尼来说太早了。在希腊传说中，最后的攻击发生在公元前 1120 年。参考 Hammond（1975, pp. 682-706）。

138　*Kritias*, 110B.

传统观点一致。[139]凯克洛普斯这个名字可能指的是更古老的人物色梭斯特里斯，这会在第三卷中进行讨论。即使不考虑这一点，帕罗斯的年表也似乎把时间推得太靠后了。根据传说，希腊史上最大的洪水，也就是丢卡利翁大洪水，发生在凯克洛普斯的下一任统治者克洛诺斯（Kranaos）统治时期。[140]这次洪水与锡拉火山爆发之间或许存在关联，有可能是火山爆发后发生的海啸所致，也有可能像是由于出现了持续多年的强降雨。当时的中国就出现了这样的降雨，类似情况很可能也发生在其他地方。假如这两大事件果真有关联，那么凯克洛普斯的统治时间就只能是在公元前 1628 年之前。[141]不论情况如何，尽管也没有与后者相吻合的描述，但是柏拉图似乎是把关于战争、海洋民族入侵与希克索斯人入侵的描述混合在了一起，公元前 18 世纪希克索斯人入侵埃及的情况会在下一章里讨论。我们甚至可以认真看待柏拉图的这段记述：

> 但是后来发生了频繁的地震和洪水，可怕的一日一夜降临到人们头上，你们所有的勇士都被大地吞噬了，亚特兰蒂斯岛同样沉入海底，就此消失了。[142]

这一段里讲述的亚特兰蒂斯是否等同于锡拉呢？在《柯里西亚斯》中，柏拉图详细地描述了这座岛屿。他认为岛屿的名字来自第一位国王阿特拉斯，他是波塞冬的长子，还有更多的特征也是来自他的海洋本性。与《蒂迈欧篇》一样，这里的岛屿位于大西洋上的赫拉克勒斯之柱以外。波塞冬在岛屿外围建起了一系列复杂的陆地和海洋，用地下通道把它的中心与外部连接在一起。[143]柏拉图所描述的一些特点可能来自锡拉或卡利斯提在火山爆发之前的富庶情形。不过，这些建筑的象征意义，在对岛屿结构的描述中涉及的复杂详细的数学与占星术的数律分析法，以及岛上的巨额财富，都极大地遮蔽了内在的史实性。[144]

139 *Parian Marble*, II. I-18. 同时见 Apollodoros, III. 14。有关的讨论参考 Frazer（1921, pp. 88-96）。

140 *Parian Marble*, II. 4-7.

141 Luce（1969, pp. 145-7; 1978, pp. 70-1）［我并不认同他对此的编年史。］关于中国的情况参考本章注释 32，同时参考 Baillie（1989b）。

142 Plato, *Timaeus*. 25, trans. Bury, p. 43.

143 *Kritias*, 113-21.

144 关于数字命理学，参考 McClain（1976, pp. 161-201）。

波塞冬在迈锡尼文明时期的希腊是最受崇拜的神灵，他与埃及的塞特相对应，根据埃及人的说法，塞特是希克索斯人全心膜拜的对象。岛屿同波塞冬的联系可能在某种程度上与这些有关。而且，波塞冬是战车的庇护神，这类战车被希克索斯人引入埃及，或许也引入了爱琴海。[145] 不过，在海神波塞冬作为阿特拉斯之父以及海洋和毁灭性的地震的庇护神的故事中，可能存在的史实性已经被神话意义掩盖了。

305

冰岛的海克拉火山喷发

我们讨论了把第二中间期和第三中间期联系到一起的政治和军事理由，现在似乎有必要重新考虑柏拉图或埃及祭司提出的第一个要点："过去和将来都有很多次人类的毁灭，最严重者是火灾和水灾导致的毁灭，其他次要的灾难就数不清了。"我们完全可以认为，埃及祭司所特指的是两大事件：公元前 1628 年的锡拉火山爆发和其造成的影响，以及公元前 1159 年海克拉火山的第三次喷发。前面提到了这两场灾难在中国造成的后果，对此下面还将进行讨论。这里我想探讨一下公元前 12 世纪的火山喷发给欧亚西部带来的冲击。

由于海克拉火山位于冰岛，因此最严重的影响自然会出现在英国。古气候学家克里斯·西尔（Chris Sear）和米克·凯利（Mick Kelly）指出：

> ［火山喷出的］烟尘在不列颠岛上造成了低压和低温。研究显示，由此产生的大量降雨加上极寒天气，致使苏格兰高地、南部高地、奔宁山脉（Pennines）、湖区和威尔士的农作物绝收。[146]

考古学家约翰·巴伯（John Barber）推断，公元前 12 世纪中期不列颠北部出现了大灾难，变成了不毛之地。他和贝利试图将此与海克拉火山第三次喷发联系起来。[147] 他们也提出，发生在高地的经济崩溃引起了社会动荡：

145　参考本书第三章注释 111—126。
146　Keys（1988）.
147　Keys（1988）；Baillie（1989a）.

重大的灾难突如其来，数十万人不得不离开他们在高地的家园，到已有人居住的山谷和低地谋求生路。大范围的战争接踵而至，公元前 12 世纪下半叶，山谷中的聚落开始堡垒化。[148]

不过，这场混乱有其背景。巴伯和贝利同意这一观点：在火山爆发前的几个世纪里，由于长期的气候变化，苏格兰高地已经出现了严重的环境危机。不过，他们坚持认为，最后的崩溃是在火山爆发之后才发生的。

这些数据能在多大程度上运用于其他地方呢？我们显然不可能认为，地中海东部盆地的社会动乱是在公元前 1159 年之后才出现的。海洋民族入侵并毁灭哈梯［（Hatti）安纳托利亚中部的赫梯人的帝国］和其他国家，这是在数十年之前就已开始的，而爱琴海地区的动荡始于公元前 13 世纪晚期。这些事实似乎符合美国古典考古学家里斯·卡彭特（Rhys Carpenter）在数十年前提出的理论，20 世纪 70 年代考古学家布赖森（Bryson）、兰姆（Lamb）和唐利（Donley）以另一种方式重新强调了该理论。[149] 不过，最近的研究并没有探查到长期的衰败。而且，尽管进行研究的学者承认，希腊南部肯定发生了干旱，并且有一些可能持续了数年时间，但他们还坚持认为，更早的年代里也发生过类似的灾难，但是都没有造成人口锐减。[150]

在第十一章里我会谈到，在公元前 1470 年左右到公元前 1220 年，也就是和平的埃及时期，埃及的谷物曾被运送到爱琴海地区，至少缓解了那里的饥荒。[151] 在第十二章中，我提出，正是这一政治结构和依赖政治结构的贸易模式的瓦解，导致了迈锡尼经济的崩溃，结果就是，以此为保障的高密度人口无法在恶劣的气候条件下得以维系。这里我要指出的是，在地中海以外的地区，类似于在不列颠出现的长期的气候恶化至少在部分程度上加速了海洋民族的入侵，但是在地中海东部地区，青铜时代终结的主要原因似乎是政治上的，而非气候上的。[152]

不管怎样，公元前 1159 年之后，形势无疑突然急转直下。在这之后，迈

148　Keys（1988）.

149　Carpenter（1966, esp. pp. 14-21）; Bryson, Lamb and Donley（1974）.

150　Bintliff（1977, I, p. 51）; Shrimpton（1987, pp. 140-4）.

151　参考本书第十一章注释 191—199。

152　参考本书第十二章注释 135—137。

锡尼和梯林斯遭到毁灭，爱琴海南部的岛屿被多利安人占据，安纳托利亚南部被爱奥尼亚人占据，弗里吉亚人一路破坏，占据了安纳托利亚中部的大部分地区。同时，位于现今伊朗的中埃兰帝国神秘瓦解。[153] 虽然我们无法将青铜时代末期的社会、经济和政治灾难归因于海克拉火山第三次爆发，但是几乎可以肯定，贝利所揭示出的这次大规模火山爆发在世界范围内造成的影响，有一些也波及了危机最严重的年份。[154]

因此，正如后来的文本把锡拉火山爆发与围绕着希克索斯人发生的政治和军事事件联系在一起一样，海克拉火山第三次喷发似乎也被视为公元前 12 世纪社会和政治混乱的一种表现。因此，柏拉图和他的前辈柯里西亚斯、梭伦不仅把希克索斯与海洋民族联系到了一起，也把锡拉火山爆发和海克拉火山第三次喷发联系到了一起。

中国：历史学的影响

这一章前面曾提出合理的假设，那就是锡拉火山爆发就发生在夏朝被推翻之前，或许也促成了商朝成功地取代了夏朝。如果加上海克拉火山第三次喷发，从过去 3600 年间中国的整体历史进程上对其加以审视，对于人们了解火山爆发的影响会产生有趣的启发意义。不过，在考虑这样长期的影响之前，我想探讨一下锡拉火山喷发与历史记载中的夏朝覆灭的关系。

前面提到，彭凯文和周洪祥搜集了关于夏朝覆灭的资料，其中一些据称是出自成书于这一时期的《书经》（又称《尚书》），其他材料则出自之后一千年内的不同资料。这些资料描述了暗淡无光的太阳和月亮、多个太阳同时出现、干雾、灰尘自天空洒落、夏季霜降、庄稼绝收等现象。所有这些都符合微型的"核冬天"的情形，在公元前 1628 年似乎就出现过核冬天，人们认为这是由锡拉火山爆发造成的。[155]

就彭凯文和周洪祥所提出的观点而言，他们所注意到的气象事件在相关时期的中国记录中并非唯一的。而且，有人批评说，他们只是基于一系列未经

153　Labat（1975, pp. 500-3）．

154　Baillie（1989a）．

155　参考本章注释 37—52。

证实的假设而将欧洲的火山爆发与中国的朝代更替同步，这种批评并未得到回答。另一方面，如同我在这部书中反复提到的，所有关于史前时代或原史时代的概括性假说都是这样的，就连那些否认上述关联的假说也不例外。在包括这些领域在内的很多领域里，当证据不足以支持自然科学中的大多数结论，并且显然无法成为这些领域的公认观点的基础时，要求新方案提供证据显然是不公平的。在这样的情况下，我们能够期望的至多是更高的可信度。这里我认为，对于锡拉火山爆发与夏朝覆灭之间的关联，彭凯文和周洪祥已经提供了足够确凿的解释，因此这种关联可以充当有效的假设。

如果彭凯文和周洪祥是正确的，那么一些古代中国气象记录所显示出的准确性就意味着，我们应该更认真地看待早期的历史资料。这些记录就包括《书经》，据说这部书是孔子在公元前6世纪编写的。20世纪的学者倾向于认为，《书经》基本上是由孔子和后来的作家尽职编撰的。新的气象学证据显示出，在很多情况下，孔子或许就如其所言，只是辑录了某些真实的古代资料，其中的一些文本的确可追溯到周朝早期甚或商朝。

除了对《书经》中若干部分以及《竹书纪年》中的商朝年表的证实之外，还要加上现代考古学的成果和下面将要讨论的甲骨文内容。这些新的信息资料显示出，对于许多中国古典作品的古老程度和准确性，我们需要进行重要的重新评估。

中国的传说无疑与夏朝和商朝这两个最早的王朝有关。不过，在19世纪晚期，西方和中国的学者受到了流行的实证主义和怀疑论的影响，认为这些内容大部分或完全是儒家学派和后来其他学派的哲学家出于道德说教目的的杜撰出来的。因此，就如同对西亚和地中海东部地区的历史研究一样，中国史的"科学"研究方法就是把传统的王朝年代推后，缩小古人旅行、征服或接触交流的地理范围。

在西方，"良知论"的研究方法几乎是不受阻碍地继续了下去，但是在中国，在20世纪20年代末，大规模的考古发现无情地动摇了这种思路的基础，那就是大量刻在"占卜甲骨"上的卜辞。古人把这些甲骨加热并使之形成裂纹，他们认为这些裂纹是祖先神对祈问的回答，并且会把这些刻到甲骨上。这些甲骨通常出土于传统上和商朝联系在一起的遗址中，人们发现甲骨文中包含有商王的名字，所记录的帝王之间的关系非常符合传统认定的历史顺序。自1949年以来，大规模的考古学活动继续加深了这一传统的可信度。而且，如同世界

308

上其他地方一样，碳 14 的测年结果尽管并没有得出与某些传统说法相同的古老年份，但是仍然与持怀疑论的学者认为的较近年份相差较远。

不过，20 世纪的主流精神并不会如此轻易地退让。甲骨文是有关商朝的唯一被接受的资料。关于这一朝代的传统资料，尤其是《书经》中的记述，被视为是不可利用的；而且，仍然存在着完全否定夏朝具有史实性的倾向，尽管越来越多的考古证据支持夏朝的存在。

对《书经》的怀疑实际上由来已久。孔子的追随者孟子在公元前 4 世纪说，"尽信书则不如无书"。[156] 不过，对于孟子和很多后来的学者来说，最好的途径显然就是相信《书经》某些部分的内容，同时舍弃其他部分。20 世纪 30 年代，当怀疑论者风头正劲时，汉学家顾立雅（H. G. Creel）否定了这一语料属于孔子的时代，认为包括《汤誓》（Oath of Tang）在内的很多著作"无疑是前孔子时代的"。[157] 他有意选择了"前孔子时代的"这种模糊的说法，这在本质上只是意味着孔子提到了，或引用了这份资料。不过，那些显然属于反常现象的气象学证据，无疑在气象学层面上支持了与夏商周三代有关的其他文本中所引用的观察结果。这些加在一起就使《书经》的某些部分的真实性变得非常可靠，它们不仅是"前孔子时代的"，而且至少可以追溯到公元前 12 世纪或公元前 11 世纪的周朝早期，甚至是公元前 17 世纪的商朝早期，据称这些文本就出自这个时期。

轴心时代的谬论

要认识对《书经》和《竹书纪年》这些篇章所写时代的怀疑，我们需要考虑 19 世纪晚期和 20 世纪的"良知论"，以及被德国历史学家和哲学家卡尔·雅斯贝尔斯（Karl Jaspers）清晰表述为"轴心时代"的影响广泛的相关概念。

根据这一方案，公元前一千纪中期，通过思想观念的神奇散播，世界各地同时发生了文化突破，希腊出现了苏格拉底、柏拉图和亚里士多德，伊朗出现了琐罗亚斯德，印度出现了佛陀，中国出现了孔子和道教鼻祖老子。[158]

156　*Mencius*（《孟子》），VII. II. iii. 1.

157　Creel（1951, p. 111, n. 7）.

158　Jaspers（1949）.

由于涉及伊朗、印度和中国，这一方案在提出时不像其他同时期的方案那样以欧洲为中心。不过有趣的是，这一突破的本质显然是不明确的。汉学家本杰明·史华兹（Benjamin Schwartz）提出了一个操作型定义，他在以轴心时代为主题的两次会议中使用了这个定义：

> 如果在所有这些"轴心"活动中仍存在某些普遍的潜在推动力，我们就可以将之称为趋向超越的极限。……我这里所指的是与这个词的词源含义相近的东西——向后站，向远看——对于现实和远处的新视野进行思辨性的质疑。……我们把注意力集中在这些超越性的突破上……我们强调预言家、哲学家和智者等小群体的认知，但他们或许对于其所处的环境只产生了非常小的影响。[159]

这里的描述完全符合我们所知道的公元前三千纪和公元前两千纪埃及和美索不达米亚的祭司群体的情况。人们为什么会坚持认为在公元前 6 世纪和公元前 5 世纪出现了转变呢？在某些方面，整个方案可被视为雅利安模式的结果和强化。轴心时代的概念否定了青铜时代文明在科学、哲学和宗教上的重要性，也就否定了美索不达米亚、黎凡特和埃及是希腊乃至欧洲文明的源头，同时将古风时代和古典时代的希腊定位成了"真正的文明"的先驱与中心。[160]

在本书第一卷里，我对轴心时代的概念提出了反对意见，因为它影响了希腊。[161] 涉及伊朗的情况也令人怀疑，因为现在有证据显示，伟大的宗教改革者琐罗亚斯德生活在公元前两千纪。[162]

伟大的中国哲学家孔子说，他只是古代文化的传播者。他出生于公元前

310

159　Schwartz（1975, pp. 4-5）。

160　轴心时代的理论赋予希腊领先的核心地位，在有关这一主题的总共 483 页的最新讨论中，前 126 页都是针对希腊的。见 Eisenstadt（1986）。

161　第一卷，第 276—280 页。

162　Boyce（1979, pp. 18-19）认为琐罗亚斯德生活在公元前两千纪上半叶，哈罗德·贝利爵士（Sir Harold Bailey）认为琐罗亚斯德生活在公元前 11 世纪前后（私人通信，剑桥，1988 年 12 月）。关于赞同公元前两千纪的参考资料，见 Kingsley（1990, p. 245, n. 4）。Kingsley 也令人信服地指出，让人认为琐罗亚斯德生活在公元前 6 世纪的，是毕达哥拉斯（Pythagoras）曾经跟随琐罗亚斯德学习的希腊传说，而非伊朗本土的传说。

550 年，但是他似乎毫无困难地看到了在那之前一千年左右的精英阶层是如何以"儒家的"方式生活的。[163] 人们越来越相信《书经》中一些内容的古老程度，因此，在公元前两千纪晚期甚至中期，可能存在着完全"儒家的"世界观。这样，支撑"轴心时代"概念的来自中国的理据就同样显得不牢靠了。

夏朝和商朝的年表

现在看来，夏朝很可能是在公元前 1628 年后的 10 年或 20 年内结束的。了解一下之前对于朝代更迭时间的界定，或许会对我们有所启发。彭凯文的结论是，夏朝约在公元前 1600 年覆灭，而在 20 世纪 50 年代，颜慈（Perceval Yetts）就已经根据司马迁和《竹书纪年》的年表推测出了这一时间。[164] 另一方面，研究商朝的顶尖的西方历史学家凯特利（David Keightley）也根据甲骨上记录的天文学数据尝试着提出了公元前 1460 年这一年份。[165] 不过，另一位杰出的商朝史专家张光直（K. C. Chang）不赞同天文学数据，而是支持基于早前对商朝进行的放射性碳测年所得出的公元前 17 世纪早期这一时间。[166] 正如这章前面提到的那样，来自商朝最早的都城的信息显示，商朝在公元前 16 世纪上半叶就建立了。[167]

锡拉火山爆发的宗教影响

锡拉火山爆发似乎对中国的宗教和政治思想都产生了冲击。在"宗教"这个词的严格意义上看，火山爆发对其影响似乎不那么持久。在公元前 1620 年夏朝结束后不久，似乎一度出现了对天和最高神灵上帝真实的敬畏。根据同时代的人和 500 年后的作家的记述，商朝创建者汤说过一段似乎具有《圣经》意味的话：

上天孚佑下民，罪人黜伏，天命弗僭，贲若草木，兆民允殖。俾予一

163　对孔子取材于历史表示怀疑的观点，参考 Fung（1952, I, pp. 56-7）。更为开放的观点见 Creel（1951, pp. 153-9）。

164　Moule and Yetts（1957, pp. xii-xvi）。

165　Keightley（1983, p. 524）。

166　Chang（1980, pp. 322-9）。

167　参考前面的注释 44。

人辑宁尔邦家，兹朕未知获戾于上下，栗栗危惧，若将陨于深渊。[168]

20 世纪最著名的中国哲学史学家冯友兰指出，"在不到 150 个汉字的《汤诰》中，天和上帝重复出现了三次"。[169] 因此，新教传教士喜欢汤王这个人物，也就不足为奇了。例如，19 世纪的德国传教士郭士立（K. F. A. Gützlaff）就写道，"他反复呼告上帝，因此我们可以相信他是个虔诚的王子，对真神有所了解"。[170]

不过，在中国，天的超常力量被以某些具有重要意义的方式削弱了。首先，下面还要谈到，人们自始至终认为收回天命的原因是朝代最后一任统治者的放荡行径，这会引起自然的不平衡。因此，这里就出现了清晰的人类中心主义。不过，到了商朝末期，在中国只有帝王家族才能够与天对话。在中国，要为灾难负责的是朝代而不是人，这与以色列等地的情况不同。其次，与以色列的传统迥然不同的是，在中国，通过强调这种事件的规律性、循环性乃至"季节"特性，人们会试图夺去上天随意赋予某位帝王的权力。

312

政治影响：天命

锡拉火山爆发和海克拉火山第三次喷发造成了长期的影响，体现在中国有关"天命"的宗教-政治概念的形成过程中。在考察这一概念及其与火山爆发的可能的关联之前，我们应该先考察一下古代中国人会如何看待帝王的角色和"天"的性质。

美国知识分子、历史学家本杰明·史华兹最近在综述他所说的"早期文化倾向"时，认为公元前 1000 年以前中国的主要特点是强大的祖先崇拜和等级制的家族模式，其中亲缘关系极其重要，尽管他接着就强调这并没有削弱个人的地位。他认为家族模式不仅是大宗族的核心，而且对社会甚至自然都有影响。他提出，在中国，在等级制家族和国家中间，平等的、竞争的"公民社会"概念与其他国家相比要更为脆弱。[171]

168　*The Announcement of Tang*（《汤诰》），*Shu-ching*（《书经》）IV. III. 5-6, trans. Legge（1972, p. 188）.

169　Fung（1952, I, p. 30）.

170　Gützlaff（1838, p. 306），引用于 Legge（1972, III, p. 190）。

171　Schwartz（1985, pp. 23-55）.

与家庭和国家直接相连的是，皇帝和帝王家族成了世界的缩影，是人与天之间的唯一关联。史华兹相信，中国科学史学家李约瑟（Joseph Needham）——史华兹简化了他的观点——夸大了中国宗教和思想中的无处不在的神或泛神论现象，不够重视帝或最高神灵上帝和天的超验作用。

史华兹认为帝王垄断了人与天之间的联系，他坚持说，在中国传统中萨满教或对灵魂附体的膜拜没有地位，而在其他文化中，萨满的灵魂会离开躯体，升到天上。这一观点似乎需要附加一个重要的限制条件，那就是帝王作为唯一统治者的形象似乎只是始于夏朝中期，更早的统治者则是诸多君主的首领或霸权者。[172] 同样，或许是在商朝中期之后，帝王才被视为天与地之间唯一的沟通者。在那之前，帝王似乎得到过"方士-经师"群体的帮助，但是到了商朝末期，他们的作用几乎就完全从属于帝王了。[173]

即使只考虑较晚的时期，我也认为史华兹对萨满教在中国的作用的否认是过于仓促了，在中国，萨满教传统远比他所说的强大得多。史华兹也没有把萨满教和道教以及其他观念中的"灵知"联系到一起，这种观念认为得道之人能够羽化成仙，对此李约瑟已经进行了清楚的介绍。[174] 但是就商朝末期之后的情况而言，史华兹强调了帝王作为居间者的核心作用，并且还强调说，在这方面中国比其他古代社会更进一步，在其他社会里人们可以直接接触到天的力量，或者至少祭司群体可以这样。[175] 在这些观点上他显然是正确的。

在此，我们要考察过去三千年来主导中国历史的三个相关概念。它们就是**天**、**天子**和**天命**。现代的中西方学者对于"天"的含义一直争论不休。有人认为它就是指天空，也有人认为它所代表的超凡力量等同于犹太人、基督徒和穆斯林的上帝或主。20世纪中期，主导了西方的早期古代中国研究的瑞典汉学家高本汉（Bernhard Karlgren）认为，商朝甲骨上的字符形式是拟人化的神灵。[176] 从这个字符的形式来看这似乎是合理的，但是研究甲骨文的日本专家岛邦男（Shima Kunio）坚决反对这种观点，现在岛邦男的主张仍然占主导地位。[177]

172 Hsu and Linduff（1988, p. 11）.

173 Hsu and Linduff（1988, p. 26）.

174 Needham（1954-, II, pp. 132-9）.

175 Schwartz（1985, pp. 32-6）.

176 Karlgren（1957, p. 104）.

177 Shima（1958, p. 214）; Hsu and Linduff（1988, p. 106）.

313

　　在商朝和商朝之后，中国人的"天"的概念既包括天空也包括超凡的神灵，但是仍以作为"庄严的天穹"存在的天为核心。[178] 一些学者表示，在商朝不可能存在把天视为神灵的概念，因为甲骨文中表示"大"和"天"的字符经常是混淆的，后者只比前者多出了上方的一条横杠。但是我们对此不应过于较真，因为在公元前两千纪时，这些刻在甲骨上的字符似乎已经是非常古老的了。而且，在商朝，大多数的"天"字都写成上方加一个圆圈而非一横。[179] 无论如何，大多数学者今天都认为，具有宗教意义的"天"的概念是在商朝时从西部的周国发展起来的，周国后来发展成了推翻商朝的周朝。他们的理据是，在商朝甲骨文中"天"不具有宗教意义。[180] 虽然商朝对神圣的"天"的关注要比这更宽泛，但是在周国无疑存在对天的特殊崇拜，从周初开始对这种崇拜的兴趣更是风生水起。

314

　　商朝的皇帝被称为"帝"神，至少在商末，他们自身被视为强大的神灵，地位仅次于作为祖先的先祖或"帝王之帝"的"上帝"。[181] 这种神圣化的模式在周朝被加以改动，"帝"这个词似乎变得不那么流行，死去的周朝统治者则被认为是生活在天上。而且，到了周朝初期，帝王开始被称为"天子"，也就是天的儿子，其传统原因就是帝王把天敬奉为父。

　　与"天子"的称号紧密联系在一起的，是帝王接受了天命的观念。这一概念也是在周初形成的。在《诗经》的《周颂》中就经常提到天命，人们已经广泛接受了它出现得很早这一事实。[182]《诗经》上说，"天命无常"。[183] 据信，帝王的错误统治可以搅扰自然的进程，以至"天"会降下异兆进行干预，包括洪水、干旱、地震、畸形儿的出生，等等。此时的天是最高神或管理者，或者仅仅是一个无为的施动者。

　　现代对这一传统的普遍解释是，这基本上是一种政治策略，旨在把天命转交给新的统治者，由此赋予篡位者合法性。而且，在中国这样大的国家中，人

178　Hsu and Linduff（1988, p. 106）.

179　Karlgren（1957, p. 104）.

180　关于这些论辩的参考文献见 Hsu and Linduff（1988, p. 107, n. 90）。

181　Hsu and Linduff（1988, p. 106）.

182　*Shijing*（《诗经》），III.i.1, 6-7；IV. i.3.1. Karlgren（1950, pp. 186-9; odes 235-6）.凯特利指出，"天命"这个词语并没有出现在这个朝代开始时的甲骨文上，并认为，它只应该追溯到大约30年后周朝的第三个统治者周康王，（私人通信，伯克利，1989年4月）。这很有趣，但在我看来，以此否定那些含有词语"天命"的诗篇写于周朝征服之后不久，似乎属于错位的精确。

183　*Shijing*（《诗经》）III. 1.I 3.

们总能找到"反常的"事件来达到这一目的。

在周朝早期无疑已经形成了这种改变天命的观念。商朝对于"天"的认识并不确定，因此，人们普遍认为这个概念在该朝代并不存在，也就不足为奇。不过有趣的是，凯特利推测，在商朝有可能存在"帝命"的概念。[184] 我无法确定的是，证实了周国和周朝存在"天"的概念之后，是否就可以把这一概念限制在这一地区和这一时期？早期的周朝统治者声称获得了天命，而商汤则在向我们暗示，我们不应轻易否定《尚书》中那些据说出自商朝早期、与天命相关的文本的真实性。

如果在夏朝和商朝末期都出现了重大的自然灾害，它们又会如何改变我们对天命的认识呢？夏朝人晦涩的重要声明或许具有意义："时日曷丧？予及汝皆亡。"[185] 如今看来，这可以被视为出现自然造成的"核冬天"时宣誓效忠的有力证明。

公元前两千纪中期或晚期存在有关自然灾难和朝代更迭的文本，这减轻了我们对新王朝创始人的声明的怀疑，他们声称，若非天从此前的统治者那里收回了天命并将其重新赋予他们，他们就不会起而反叛。这反过来也有助于解释一个核心性的悖论，那就是为什么一个文明在如此强调帝王家族是天与人之间的唯一桥梁的同时却又会做出推翻前朝帝王的激进之举。不过，要是认为自然灾难本身可以使朝代终结，就几乎没什么道理了。夏朝的灭亡似乎需要三个条件：政治危机、另一个帝王家族的存在、大灾难。三者缺一不可。在夏朝和商朝覆灭时，这三个条件都同时存在。夏朝开始时就存在商和周的王子和诸侯国，古代的大事记详细记录了政治危机，现在我们也了解到了自然灾难的存在。

因此，锡拉火山爆发似乎是商朝成功建立的必要条件，但并不是充分条件。正如我们看到的，商朝灭亡时的情况并不明确。不过，商朝是在建立大约500年后被推翻的，而且也可能与自然异象有关，这些似乎都促成了500年的周期循环模式的建立。在汉朝，在公元前的最后一个世纪，这种模式显然与五星连珠的现象联系到了一起，这种天文现象每516年出现一次，孟子在提到每500多年会诞生一位新的王者时，或许指的就是这种现象。[186] 前面提到，公元

184　引自 Schwartz（1985, p. 46）。

185　*Speech of Tang*（《商书汤誓》）, *Shu-ching*（《书经》）IV. I.3, 引自 *Mencius*（《孟子》）, I.II.iv.4。

186　Mencius（孟子）, II. II. xiii-3. 见 Shaughnessy（1985-7, p. 38）。

前 1953 年的确出现了五星连珠的现象，这大约就是夏朝开始的时间，此后出现五星连珠的时间也被人为地描述成与周朝和汉朝的开始时间相吻合。[187] 因此，尽管前面谈到宗教上的影响只是短期的，但是到了公元前一千纪中期，人们似乎已经确立或重新确立了神无处不在的原则，并把天视为自然的一部分而非主导。这样的循环模式似乎适合中国这种处于非热带的农耕文明，这里的基本气候结构就是四季的循环更迭。

还有一种证据似乎可以支持火山假说，那就是，周朝晚期的一些思想家曾经感到惊奇，为什么过了 500 多年仍未出现天命的改变。[188] 代替其出现的，是公元前 7 世纪的诸侯争霸，留给周朝帝王的是一个小国和完整的"宗教"核心地位。这可以用纯粹的政治话语来解释，原因就是帝王缺乏统治其他封建统治者的军事和经济实力。不过，这时并没有出现像夏朝和商朝末期那样的诋毁和怀疑，这或许正是由于缺少毁灭世界性的自然灾难。

有趣的是，这种世俗霸权模式后来在日本得到采用，成为幕府统治的形式。天命的概念在日本并不存在，据称帝王家族并没有出现中断。造成这种现象的原因或许是，尽管在日本，火山爆发和其他自然灾害频发，但是由于日本帝国是在公元一千纪初才建立的，锡拉火山爆发和海克拉火山第三次喷发那样的自然灾难并没有与政治危机同时出现。

而在中国，天命可废的传统如此强大，秦庄襄王得以在公元前 249 年利用这种传统观念夺去了周朝最后一个帝王的宗教和世俗权力。这就为中国自此以后持续不断的朝代更迭传统创下了先例。

公元前 4 世纪，孔子的后继孟子看出了天命的另一种表现，认为失去天命的迹象就是人们离弃不仁义的统治者，转向新的统治者，就如水向山下流。[189]孟子以人们的选择作为天转移天命的表现——民意即天意（vox populi vox dei）——标志着正统的儒家传统的创立，根据这种传统，大众的反叛可以创立一个新的合法王朝。

日本人选择了用 Kakumei（除去了授权）来表示西方的"revolution"（革命）

187　Needham（1954–, III, p. 408）；Pang（1985, p. 21; 1987, pp. 151-2）. 同时参考 Pang, Espenak, Huang, Chou and Yau（1988, p. 17）。

188　Mencius（孟子），II. II. xiii.3. 见 Shaughnessy（1985-7, p. 38）。

189　Mencius（孟子），I.I.vii.6.

一词。不过，在一个间接获得这一概念的文化中，这样的词语缺乏汉语"革命"一词的效力。从民族主义者孙中山开始，20世纪的革命者就认为自己代表了新的天意，因此在传统意义上是合乎法理的，而别人对他们的看法也是一样。[190]

在毛泽东开始执掌政权时，他的形象很容易就被等同于天的儿子，尤其是开创秦朝并重新统一中国的始皇帝。这在传统意义上赋予了他改变世界以适应新时代的权力。1949年中国革命的胜利是诸多因素共同作用的结果，包括旧政权面对帝国主义列强时的不团结、农民的不平等地位和令人绝望的经济情况、传统的平等观念所受到的冒犯、马克思列宁主义的理论、毛泽东本人的睿智。无论如何，天命和除去天命的传统政治意义在中共革命中起到了重要作用。

不过，政治和社会变革与自然灾难之间的联系从不曾消失，这一传统一直具有生命力。1976年，周恩来、朱德和毛泽东相继离世，还有造成数十万人死亡的唐山特大地震，这些都被视为一个时代的终结，或许标志着天命的移除。无论如何，1949年和1976年的两次重大变革需要的实现条件，都体现在互相矛盾的"天的儿子"与移除天命的传统观念之中，而移除天命是由自然灾害和大众运动表现出来的，这种传统可以追溯到三千多年前夏朝覆灭之时，部分上也可以追溯到锡拉火山爆发之时。

锡拉火山爆发在世界范围内的影响

锡拉火山爆发在世界范围内的影响为我们提供了有趣的范例，显示出不同文化对同一事件具有不同的反应。中国的情况与西亚形成了有趣的对应和对照。不论是否同意波默朗斯把出埃及的传说与锡拉火山爆发联系在一起的观点，毋庸置疑的是，以色列文化是清楚地了解自然灾难的毁灭性影响的。在几乎可以肯定是公元前1628年之前的传说中，以色列的神灵主要是动乱之神，他就如同埃及的塞特和希腊的波塞冬，直接负责地震、大潮、火灾和水灾。因此，这类灾难就证实了他的威力和他的民族的威力，哪怕族人就是牺牲者！而且，他有力量选择在任一时候打击任一地点。无论如何，以色列

190　Schiffrin（1968, pp. 99-100）.

的方案是人类中心主义的，他们认为，产生灾难的原因在于受到灾难影响的人是有罪的。

318

在以色列的传说中，人们强调不可测的灾难可能从天而降。在美索不达米亚，人们更关心洪水而非火山，这也不足为奇。关于洪水的神话早于锡拉火山爆发的年代。我们在这一章里已经讨论过，希腊传说中的大洪水有很多因素是从更早的近东传说中引借来的。其中最著名的就是丢卡利翁大洪水的传说，而他的妻子名叫皮拉（意味着火）。人们普遍认为这发生在公元前两千纪。

在其他地震事件中，另一个可能体现了锡拉火山爆发的希腊传说是雅典娜和波塞冬之战，雅典娜是秩序女神，波塞冬则是动乱之神，尤其是大海和地震之神。对此我们已经在第二章中讨论过。[191] 不过，有关大灾难的希腊传说在整体上不如以色列和中国的传说那样有力度。

矛盾的是，有关灾难的希腊传说尽管缺乏力度，却有可能是从灾难中直接产生的。正如埃及祭司告诉梭伦的那样，在希腊传统中存在着严重的断裂，他们将之归因于灾难。在希腊发生过频繁的地震和锡拉火山爆发，却缺乏关于灾难的传说，这是因为怡人的地中海气候并未发生变化。另外，希腊传统是依赖于埃及的，在埃及，不受控制的超凡力量是最不起作用的原则。如果我们相信柏拉图，那么公元前 6 世纪的埃及祭司就是完全了解毁掉其他国家的周期性的大火和水灾的，但是他们笃信埃及本身总会被尼罗河拯救。

在作为整体的古代埃及文化中，太阳、星辰的运行和尼罗河水的泛滥都既复杂又具有可以预测的规律性，而且通常对人类有益。而在希腊，尽管有悲剧或"尼采式的"悲剧人性观，尽管宙斯和波塞冬喜怒无常，但是人们对待自然的主导观念仍然是这种整体积极向上的态度。

结　论

我们现在可以看到，锡拉火山大爆发对于世界史产生了长期持续的巨大影响。它的影响似乎在数千英里之外的中国最为持久，但是如果考虑到只有中国拥有自公元前 1628 年以来持续未断的文化史，这也就不足为奇了。所有其他

191　本书第二章注释 64—71。

319   主要的同期文明，包括埃及、美索不达米亚和埃兰，都已消散如烟。一些提到火山的传说在希腊和以色列得以保留下来，但是正如埃及祭司所指出的，希腊人并没有长久的文化记忆。至此，我们必须回到这本书的核心主题上，思考一下这个问题：对于公元前两千纪中期地中海东部的历史，新获得的自然知识和我们新得到的火山爆发年份都能告诉我们什么。